# STRATEGIC RESTRAINT

IS NEW CHINA-US RELATIONSHIP POSSIBLE

# 战略克制

## 新型中美关系的构建

赵明昊　著

人民出版社

# 序

王缉思*

2017年1月，唐纳德·特朗普将正式就任第58届美国总统，美国内政外交将进入新的调整期。明年秋季，中国共产党第十九次全国代表大会将在北京召开，这是事关中国国家发展走向的一件大事。在这一重要时间节点，中美关系何去何从的问题正引起广泛的关注和讨论。研判中美关系的前景，需要对过去几年来两国关系的发展进行梳理，也需要对今后一个时期两国关系面临的核心挑战展开分析。赵明昊博士这本书即是为此而著。

正如本书所指出的，近年来越来越多的人开始担心中美是否会走向战略对抗，两国需要思考如何为中美关系构建一个新的框架。从2012年开始，中国领导人提出中美两国应探索构建避免对抗"新型大国关系"。虽然"新型大国关系"作为一个政策概念未得到美国官方的完全认可，但过去数年中美关系出现了哪些新特点新挑战、"新型"中美关系"新"在何处等一系列问题，的确值得探讨。本书从分析中美两国实力和大战略的变化入手，围绕

---

* 王缉思，北京大学国际关系学院教授，中华美国学会荣誉会长。

双方重塑经贸关系、在“印太亚洲”的互动、应对“新型冲突”、培育全球发展伙伴关系等重大问题，就如何构建新型中美关系提出了自己的观察和思考。书中既有学理性的分析，也不乏政策研究的锐度，还有很多源于外交实务和智库交流的心得，有助于读者更好地理解中美关系的“脉动”和走向。

2009年奥巴马总统上台执政以来，中美关系总体保持了稳定，并在合作应对气候变化、促进两军关系发展等方面取得重要成果。但正是在过去几年中，中美关系进入了一个合作与竞争同时增强、国内因素对两国外交影响更大的“新常态”，双方关系仍呈现较大脆弱性和战略误判的风险。我认为，这种脆弱性和风险表现在以下三个方面的强烈反差。

首先，双方在经贸、人文、全球治理等领域的合作加深，同两国在亚太地区安全领域的战略竞争性增强，形成了鲜明对照。美国近年来实施“亚太再平衡”的战略调整，对中国加紧了防范、牵制活动。美国增加在中国周边的军事存在、军事演习和侦察活动，巩固其亚太安全同盟体系，拉拢一些同中国有领土纠纷或历史芥蒂的国家，高调介入南海争端，决定在韩国部署“萨德”系统，继续发展对台军事关系，无可避免地加深了中国对美国是否要实施对华全面“遏制”战略的疑虑。两国军方或执法部门如在南海或东亚其他区域发生相互碰撞的突发事件，极易转为严重的战略对抗，直接影响两国内部政治和经济的发展方向，冲击国际秩序。

其次，中美战略竞争加强这一趋势所得到的媒体报道和公众关注，大大多于中美关系中积极、正面的消息。这一反差是很自然的，尤其是在社交媒体日益成为公众了解国内外形势主要渠道的趋势之下。更何况两国存在社会制度和意识形态方面的巨大差异，宣扬有关对方国家和双边交往的“好事”，可能会冒一定的政治风险。尽管中美政府高层保持着频繁、顺畅的沟通，交往气氛良好，但两国的民间舆论往往“不买账”，不断要求政府更加“强势”。在今年美国大选进程中，两党总统候选人争先恐后地保证在当选后会采取更加坚定的对华政策，特别是在经贸方面。这种国内政治背景和舆论环境，在很大程度上抵消了中美合作的实际效益，也加大了达成某些战略谅解的难度。中美关系中任何“一招一式”的不当，都可能引发舆论战和政治冲突。

第三个反差是战略思维层面的。在许多中国人眼里，美国是最大的战略威胁，没有之一，据此很容易想象美国也已经把中国视为最大的战略威胁。其实，从美国近年来的国家安全文件、领导人讲话和实际外交活动、军事部署看，中东动荡、极端势力、暴恐活动、俄罗斯挑战，牵扯了美国的巨大精力。中国崛起是美国在世界上的几大挑战之一，而且是机遇和挑战并存，挑战往往不像美国面临的其他国际危机那样迫在眉睫。这种战略思维上的反差，容易使人夸大中国在美国全球战略中所处的现实地位，对美国（特别是美国的中国问题专家）关于中国的言论过于敏感，不利于中国更好地抓住美国在世界其他地区、其他问题上对中国的战略需求，扩大合作面。从长远看，防止美国视中国为最大的战略威胁，应成为中国对美政策的重要目标。

上述三个强烈反差，并非自今日始，而是至少持续了十几年。中美实力对比发生变化，战略竞争性日益上升，社交媒体日趋发达，都促使上述反差更为强烈。此外，从本书中不难看出，在中美关系的“新常态”中，规则之争越来越成为矛盾的焦点。在政治领域，中国主张“国际关系民主化”，即在发展中国家占大多数的国际体系中，以国家为单位实现民主化。美国则继续鼓吹巩固“自由主义的国际秩序”，推动“世界民主化”。这两大规则之间，存在着难以逾越的障碍。

在经济领域，奥巴马政府通过主导跨太平洋伙伴关系协定（TPP）、跨大西洋贸易与投资伙伴关系协定（TTIP）、全球服务贸易协定（TISA）等谈判，试图制定或强化限制国有企业发展、提高劳工标准、信息自由流通、保护生态环境、保护知识产权等一系列国际规则，其中有些（如歧视国企）是中国不能接受的。美国不承认中国的市场经济地位，不参加中国倡导建立的亚投行，对“一带一路”采取观望犹疑立场，在双边投资协定（BIT）谈判中提出苛刻条件，对向中国输出高技术产品设置障碍，为维护美元主导地位而对中国在国际金融组织中扩大投票权和人民币国际化态度消极，以国家安全审查为工具限制中资企业（包括民营企业）在美发展。如此等等，都是试图“规范”中国内外经济政策和行为，树立和保护有利于美国的规则。两国经济模式互不兼容的一面，比过去更加突出。

在国际安全领域，中国人视南海为“祖宗海”，强调在南海等问题中的领土主权原则和权益，而美国人坚持说南海绝大部分海域为公海，强调“基于国际法的航行自由”。在这一规则争执的背后，是地缘政治之争。中美两国都高度重视网络安全，视对方为威胁本国网络安全的主要来源之一，但两国的关注点很不一致：中国更多关切对国内网络的政治渗透，而美国关切“网络黑客”盗窃美国商业机密或攻击安全部门网站。

对于上述中美关系面临的若干重大难题，本书做出了更为详尽的分析，并努力呈现两国战略界有关这些问题的辩论和主要观点，试图在此基础上寻求应对之道。2012 年，我曾和美国的中国问题专家李侃如先生联名发表了《中美战略互疑》的报告，建议双方政府、智库和民间开展新的对话，以减轻相互的疑虑。我发现，4 年过去了，当时所观察到的双向怀疑和不信任不但没有减轻，反而更多、更深了。中国人担心，不管是谁 2017 年入主白宫，美国都会加强对中国的压力和牵制。美国人则对中国政治经济的新形势表示不安或不解，担心中国放弃韬光养晦的战略观念，对邻国、对美国都更加咄咄逼人。

由此，我很赞同本书作者提出的核心观点，即中美双方应当坚持一种“战略克制”的态度和方略，“需要深入地体认本国权力的有限性，更加精确地界定自身国家利益而非盲目地追求'绝对优势'，不以非敌即友、非黑即白的方式看待彼此，同时都要对全球不稳定因素和不确定性增加的态势保持足够警惕，共同确保国际秩序的平稳演进"。我认为，过去几年来，在相互理解、管控分歧、避免危机方面，中美两国政府是成功的，也有决心、有能力继续维护中美关系的大局。在"新常态"下更需努力的方向，是把双方政府反复向对方阐明的不冲突、不对抗的战略意图和合作意愿，向本国的公众说清楚，以减少舆论混乱的干扰，形成更广泛的社会共识。我希望本书能够有助于实现这一目标。

赵明昊博士曾是我的学生和助手，虽然从北京大学毕业后进入政府部门从事国际问题的政策研究工作，但一直没有放松学术研究和写作，并积极参与学术界的各种活动。他的工作岗位使他对中美两国的政策制定过程相对熟悉，与国内外政界和智库人士得以深度交流，这些都对他的研究大有助益。我在本书中读到许多新意和创见，期待赵明昊博士能够不懈探索，做出更多、更优秀的成果。

2016 年初冬于燕园北阁

# 目　录

## 绪　论

# 中美两国会走向战略对抗吗

当思考21世纪的全球政治图景时，几乎所有人都会同意，中美关系的性质和走向将是塑造未来世界的最关键因素之一。

中国在短短30多年时间里，以年均10%的GDP增长率成为世界第二大经济体。而当它在20世纪70年代末实行改革开放政策之际，中国的GDP总量甚至比不上西班牙。据国际货币基金组织、经济合作与发展组织（OECD）等机构估计，以“购买力平价”（PPP）方式计算，中国经济总量在近年已经与美国旗鼓相当，很可能在2020年左右完全超过美国。英国《经济学家》杂志智库则估计，中国会在2018年左右问鼎世界头号经济大国。[1]无论人们对中国经济发展前景抱有什么观点，只要不出现极为重大的突发事件，“历史的惯性”似乎真的会将中国带向“世界第一经济大国”的地位。最活跃的亚洲思想家之一、新加坡前驻联合国常任代表马凯硕（Kishore Mahbubani）认为，过去500多年中国在世界上陷入落后境地不过是历史的“偏轨”，依其幅员和人口等因素，中国重回“世界第一经济大国”地位是一件再正常不过的事情。但他并不确定美国是否做好了成为“世界老二”

的准备。[2]

虽然上述预测普遍建立在线性发展的基础之上，有的看法甚至过于乐观，但中美经济力量对比的巨大变化已使美国如鲠在喉，即便中国在人均GDP、民众生活水平、技术创新能力等诸多方面与美国仍有显著差距。人们开始非常认真地讨论在世界历史上已多次上演的宏大剧目：一个实力快速增长的崛起国后来居上，挑战一个长期占据全球霸主地位的守成大国。中国和美国会不会陷入战略对抗从而重演大国政治的悲剧，中美最终会不会建立起“新型大国关系”，是一个引起激烈争论但注定不会有唯一明确答案的世纪之问！

## 一

距今2500多年前，古代希腊的两个城邦国家——雅典和斯巴达——在伯罗奔尼撒半岛上爆发战争。作为雅典精英阶层的一员和历史的亲身经历者，修昔底德写就《伯罗奔尼撒战争史》。自修昔底德以来，冲突的逻辑以及国际政治中的很多重要方面（如联盟与势力均衡）似乎并没有什么显著变化。

修昔底德到底给我们讲了一个什么样的故事呢？在古代希腊，有很多城邦国家，其中斯巴达是一个保守的、面向陆地的国家，而雅典则是一个商业发达的、面向海洋的、外向型的国家。雅典和斯巴达在公元前5世纪之初，曾联手打败了意欲侵占希腊的波斯帝国。到公元前5世纪中叶，不断壮大的雅典创建了环爱琴海国家联盟，而斯巴达则在伯罗奔尼撒本岛上领导着另外一个国家联盟。

正如同千年之后发生的第一次和第二次世界大战，雅典和斯巴达之间的战争实际上是由发生在边缘地带的小规模危机引发的。公元前434年，小国埃皮达姆努斯（简称埃国）发生内战，另一个城邦国家科林斯在埃国政治人士的请求下选择介入，这引起埃国前宗主国科西拉的不满。科西拉派出舰队直接占领了埃国，科林斯感到自己因此受到侮辱，于是便向科西拉宣战。

雅典和斯巴达密切注视着这场冲突，它们都不想过多卷入小国之间的麻烦事，但又都担心希腊城邦国家之间的势力均衡因此受到影响。雅典人认为，科林斯和科西拉都是希腊的海军强国，一旦科林斯征服科西拉并控制其海军力量，这将严重威胁雅典的利益和地位。雅典后来非常谨慎地采取有限介入的策略，但这仍然激怒了科林斯。于是乎，科林斯人跑到斯巴达那里诉苦求助，提醒他们不能无视雅典势力的增强，拼命鼓动一直居于中立地位的斯巴达向雅典开战。

斯巴达人左右为难，但对雅典崛起的恐惧最终占了上风，而骄傲的雅典人也拒绝了斯巴达的最后通牒。公元前431年，战争爆发，直到交战10年之后（公元前421年），双方才达成了停战协议。然而这只是脆弱的和平，心有不甘的雅典采取了冒险政策，派兵攻打西西里岛，而这个岛上却有斯巴达的盟友。更糟糕的是，在征服西西里岛失败之后，雅典内部发生政变，寡头政治支持者推翻了民主派政权。而斯巴达人从一直希望击溃雅典的波斯人那里得到援助，在公元前404年战胜雅典。在内忧外患之下，雅典这一崛起力量被彻底击垮了。但斯巴达因为常年征战不断、国力消耗巨大，不久后便被另一个新兴的力量底比斯打败，其后再被马其顿的亚历山大大帝征服，最终也不出人意料地走向衰亡。

那么，伯罗奔尼撒战争的真正动因是什么呢？历史学家修昔底德认为，正是雅典力量的增长及其引起的斯巴达的恐惧，使得战争不可避免。换言之，崛起中的大国总是会与居于主宰地位的大国发生冲突。这被称为“修昔底德陷阱”，人们也常常以此来进行历史类比。除了20世纪初期的英德冲突以及后来的美日冲突，冷战时期的美国和苏联也被分别比作雅典和斯巴达，前者是民主和海权国家，后者则是专制和陆权国家，而美苏陷入一种类似伯罗奔尼撒战争的长期性、历史性大冲突之中。

哈佛大学教授埃里森（Graham Allison）指出，如果中国和美国不能做得比古希腊人或20世纪初的欧洲人更好，那么，21世纪的历史学家也将用“修昔底德陷阱”来阐释中美之间的冲突与灾难。[3] 的确，作为“修昔底德陷阱”的两大要素，崛起和恐惧似乎在不同程度上已经成为中美关系图景的一部分。

借古喻今具有启发性，但常常也会出现简单化的历史类比，从而误导人们对当今事务的观察和理解。实际上，雅典和斯巴达之间最终爆发战争有着复杂的因素，正如美国海军军事学院教授詹姆斯·霍姆斯（James Holmes）所言，“引发伯罗奔尼撒战争的，与其说是雅典崛起这一现实，不如说是雅典崛起的特征”。[4] 傲慢是希腊历史和文学的中心主题，雅典人建立了横跨地中海大部分地区的航海帝国，加之它们对于打败波斯人总是夸夸其谈，这让雅典的崛起看上去来势汹汹，从而极大加剧了斯巴达人的恐惧。

因此，单单是实力的崛起并不必然导致激烈冲突，崛起国家选择什么样的战略，守成大国如何回应挑战，这些因素也是相当重要的。在20世纪初，大英帝国面临的不仅是来自德国的挑战，美国和日本海上力量的快速增强对于英国也是一种重大威胁。德国舰队隔着北海与英伦三岛相望，且当时的德国皇帝威廉二世抛弃了俾斯麦的“韬光养晦”战略，甚至试图在非洲与英国一争高下。与之相对，美国和日本与英国签署协定，向英国舰队开放通往北美和远东地区的航道，努力缓和与老牌帝国之间的敌意。由此，我们便不难理解缘何德国的崛起中途夭折，并在一战后沦为英法等传统欧洲强国报复和欺侮的对象。当然，日本在二战期间疯狂挑战美国太平洋霸权并最终遭受原子弹“灭顶之灾”，则是另外一个引人深思的故事。

此外，人们也常常倾向于用冷战时期的美苏关系类比今日之中美关系，这种类比也是有严重缺陷的。美国和苏联当年分别领导着两大相互对立的阵营，它们各自拥有相对封闭的经济圈，美苏之间长达50年的“漫长和平”建立在双方大体对等的军事实力基础之上，是一种“以核武相互确保摧毁”的恐怖平衡之下的消极稳定。20世纪70年代初到80年代末，苏联和美国之间的贸易只占各自贸易总量的1%。如今，中美之间有着高度相互依存的经济关系，中国还是美国大多数盟国数一数二的贸易伙伴。中国并不具备与美国全面抗衡的军事实力，美国根本难以对中国实施全面遏制战略。美苏关系带给中美关系的最大历史启示或许是，冷战越是到后期越是演变为一场对抗双方比试“内功”的竞争，美国靠国内变革赢得冷战，苏联及其集团的最终瓦解，恰恰是其“内功”不济的表现和结果。[5]

如果要为中美避免“修昔底德陷阱”寻求历史教训的话，仔细研究中美关系自身发展的历史也许更有针对性。美国和中国在第二次世界大战中曾是共同抗击日本等法西斯国家的盟友，但在1949年新中国成立后，因为美国继续承认流落台湾的国民党政权，中美关系长期处于敌对状态。20世纪五六十年代，两国之间不仅因台海局势而陷入严重对抗的危机，还在惨烈的朝鲜战争、越南战争中各自蒙受巨大损失。中美虽然一直在波兰华沙等地秘密举行大使级别会谈，但在美苏对抗的冷战两极格局之下，始终无法弥合彼此间利益冲突。直到1969年美国总统尼克松上台后，出于拉拢中国应对咄咄逼人的苏联的考虑，美国开始调整对华政策，而毛泽东等中国领导人也希望通过缓和对美关系更好地维护国家安全，两国关系开始“解冻”。[6]

经过三年多的反复折冲，中美两国决策层就共同应对苏联、越南甚至是日本问题达成妥协，并通过“战略模糊”方式在台湾问题上形成“权宜之计”。“台湾事小、世界事大”，为了两国的战略利益，中美努力弥合了意识形态、社会制度等方面的巨大差异。美国总统尼克松于1972年2月“越顶日本"、成功访华，两国签署了20世纪最重要的外交文件之一——《上海联合公报》，带来"改变世界的一周"。[7] 然而其后，围绕建交的谈判波折不断，历经尼克松、福特两任总统，直至卡特总统上台，才最终于1979年1月正式建交。

20世纪80年代可谓中美关系的"蜜月期"，1989年春夏之交中国国内发生政治风波后，两国关系陷入低谷。1995—1996年，李登辉访美和台湾"大选"，中美针锋相对，一度出现美国航母陈兵台湾海峡、两军冲突一触即发之势。1999年美国在科索沃战争中轰炸中国驻南联盟大使馆以及2001年的"撞机事件"，激起中国民众的强烈愤慨。[8] 此外，美国对台出售武器、美国领导人会见达赖等，也一直是造成中美关系起伏不定的主要因素。

中美关系之所以能在起伏不定中实现螺旋上升，得益于双方能够着眼大局、恪守底线，"斗而不破"，彼此都留有余地，努力避免"摊牌"，不因个别事件影响中美关系长远发展的大局。在"不打不成交"的历史过程中，中美深化了对彼此国家战略、国内政治、政策手法的认识，也都能秉持一种基本共识：中美关系的积极发展符合两国和两国民众的长远、根本利益。由此，中美要想避免"修昔底德陷阱"，建立一种"前无古人、后启来者"的新型大国关系，没有什么现成的历史教科书可供遵循。要想解决这一世纪难题，中美两国唯有"逢山开路、遇水搭桥"，而这首先要求双方必须直面一个让人不快的现实：中美两国关系中的竞争性因素在上升，人们开始越发担心中美走向战略对抗。

## 二

2013年7月，皮尤世界民情调查项目发布的报告显示，与2011年相比，美国人对中国的好感度下降了 14%，至 37%；中国人对美国的反感度上升了 9%，至 53%。[9] 翻开报纸或打开电视机，人们可以很容易听到两国政治分析人士相互指责的观点，其中不少充斥着深深的敌意和强烈的“必胜主义”情绪。中国国防大学教授、《中国梦》一书作者刘明福认为，无论中国如何致力于和平崛起，中美两国的冲突都不可避免，这种冲突是与生俱来的，中美关系将是一场“马拉松大赛”，是一场“世纪对决”。[10] 美国芝加哥大学教授约翰·米尔斯海默（John J.Mearsheimer）认为中国不可能和平崛起，中美之间不可避免地会出现“激烈的安全竞争”。这是因为中国出于安全考虑，希望成为亚洲的主导力量，实现这一目标的方法就是把美国赶走。曾任副总统顾问的美国普林斯顿大学教授阿隆·弗里德伯格（Aaron L.Friedberg）称，中美关系即使暂时得到改善，但新兴大国与老牌大国之间必然产生摩擦，中美意识形态的差异也阻碍着信赖关系的构筑，美国政府对华政策的重心会逐渐转向强硬。[11] 美国联邦参议员理查德·卢格（Richard Lugar）认为：“未来 50 年，美中两国将展开竞争，正如过去美国和苏联争夺盟友和全球影响一样。”近年来，美国国内智库围绕对华政策展开新一轮辩论，有些人认为加速崛起的中国是美国的长期性威胁，是比俄罗斯、“伊斯兰国”等更为有力的对手，他们主张美国政府加大对中国的制衡力度，将整体对华政策向“遏制”方向回调。[12] 此外，国际上“看衰”中美关系前景的声音也有所涌现，不少人称两国关系难以摆脱陷入“战略对抗”的宿命。

人们之所以越发担心中美走向战略对抗，其原因是多方面的，有权力对比变化的影响，有国内政治的因素，也有谋取利益的考量。但更令人担心的是，认知常常和现实混淆在一起，有些时候，对一时一事的认知甚至会代替现实。“中美必然走向对抗”的念头很有可能会是一种“自我实现的预言”。

2008 年或许会成为中美关系史上一个十分重要的年份。中国在当年成功举办奥运会，成就了与世界大国身份相互关联的“百年梦想”。同年，起源于美国次贷危机的全球金融危机恶化，其后又引发欧洲债务危机，这是第二次世界大战后首次发生在资本主义世界核心地带的一场重大经济危机。美国显然因此经受了硬实力和软实力的挫伤，巨额公共债务、高失业率以及黯淡的经济发展前景致使美国长期主权信用评级从1941年以来一直维持不变的最高级AAA被调降至AA+。美国民主、共和两党的政治缠斗加剧，国会的“政治极化”日趋严重，无休止的党派纷争劫持了国家的长远利益，美国耶鲁大学政治学教授雅各布·哈克（Jacob S.Hacker）等学者直言，“美国面临的不仅是一场债务危机，也是一场民主危机”。[13] 连奥巴马也公开承认美国缺少“AAA级的政治体制”，甚至一度有大约50%的美国民众认为自己的国家正走在错误的道路上。而在金融危机中依然保持较高经济增长率的中国被认为是“风景这边独好”，中国很多分析人士开始热烈讨论美国霸权衰落的话题，也有人提出这将是中国加速崛起，实现民族复兴、强国之梦的重要窗口期。

2009年奥巴马上任伊始，中美关系破天荒地实现了平稳过渡，奥巴马政府最初的对华政策以“务实接触”为主调，时任常务副国务卿斯坦伯格（James Steinberg）还提出了“战略再保证”（Strategic Reassurance）构想。[14] 甚至一时间，前总统安全事务助理布热津斯基（Zbigniew Brzezinski）等人呼吁中美搞“两国集团”（G2，或译为“美中共治”）。但到了2010年，随着韩国“天安”号警戒舰沉没事件的出现，东北亚地区迅即剑拔弩张，加之南海问题骤然升温，中美关系显著趋紧，美国对华政策向压制的一面回摆，两国摩擦斗争的一面上升。当时美国决策层和战略界的普遍“共识”是，中国把奥巴马政府的低姿态视为美国衰落的标志，中国任意扩展对“核心利益”的界定，对外政策已经决定性地转向“强硬”。在国务卿希拉里·克林顿（Hillary Clinton）主持的一场内部会议上，她甚而提出“为何中国有核心利益，而美国不能有核心利益”。[15] 显然，“第三方”因素惹出的麻烦进一步搅乱了中美关系，《纽约时报》等美国媒体就“整个南海都是中国的核心利益”问题造出的“乌龙事件”加重了两国之间的战略猜疑，在全球经济危机背景下，中国国家实力逆势而升使美国方面对“权力转移”危险的认知变得更加真切。

美国人不仅察觉到中国国内不断增长的“必胜主义”情绪，也认为中国在对外政策方面转向“强硬”，他们更担心的是一种日益迫近的现实：中国将在 2020 年前后超越美国成为世界第一经济大国。中美在国家实力方面的接近，致使美国陷入一种战略性的焦虑心态。国际政治的“权力转移”理论告诉我们，崛起国和守成国的实力越是接近，双方发生冲突的可能性就越大，因为崛起国希望冲刺，而守成国则会不惜一切保住自己的头把交椅。

除了实力对比变化外，意识形态和价值观方面的因素也是不可忽视的。在很多美国精英人士看来，中国之所以会取得如此大的经济成就，主要是因为中国采取了一种“经济自由 + 政治专制”的发展模式，而这种以“国家资本主义”为特征的中国模式正从“一种软实力挑战”演变为“新的意识形态威胁”。冷战结束后，美国领导人曾自信满满地宣称：“经济自由带来自由的习性，自由的习性带来对民主的期待。”但中国经济的“自由化”并没有带来美国所界定、所期待的“民主化”，而且在世界范围内，也出现了“专制主义浪潮的回头和掠夺型政府的重新崛起”。甚至还有人认为，中国政府正有意识地将软、硬实力相结合与西方世界抗衡，对外“出口”中国模式已成为中国崛起大战略的重要组成部分。

当然，并不是所有美国人都认为中国前景一片光明，也有很多人一直相信中国早晚会陷入崩溃。难以持续的经济发展、不断扩大的贫富悬殊、日益严重的环境问题、急剧上升的资源能源制约，特别是越来越激化的社会矛盾和民族矛盾等等，都表明中国是一个“脆弱的大国”。[16] 在这种情况下，中国未来发展的不确定性增大，在民族主义和民粹主义情绪的挑动之下，中国与外部世界发生激烈冲突的可能性也会大大上升。

中美关系的竞争性还体现在地区和全球层面。近年来，随着美国政府推进将军事、政治、外交资源向亚太地区转移的“再平衡”战略，中美之间的紧张感进一步增强。很多中国分析人士认为，美国重返亚太就是为了遏制中国，并且不惜利用中国和日本、菲律宾等周边国家之间的领土纷争“挑事”，纠结这些国家构建反华包围圈。而不少美国人则认为，中国在亚太地区越发强硬，其长期意图就是要把美国赶出亚太，要把西太平洋和南海变为中国的“内湖”，中国建设“海洋强国”将直接且严重挑战美国在亚太地区的主导地位和关键利益，“中国梦”不过是“军国梦”“帝国梦”。习近平在2014年5月召开的亚信峰会上提出新亚洲安全观，呼吁搭建地区安全合作新架构，强调“亚洲的事情，归根结底要靠亚洲人民办”。[17]美国方面对这一表态存在着广泛的误读，牵强地将之解释为中国想要在亚洲“称霸”。加之中国不断推出建设“丝绸之路经济带”和“21世纪海上丝绸之路”、建立亚洲基础设施投资银行等战略构想和政策倡议，美方很多政府和智库人士深感中国正加紧在亚洲排挤美国，想要撇开美国构建新的地区秩序，将中国的经济实力加快转化为地缘政治影响力，进而增强对亚太地区事务的主导权。[18]

而在全球层面，美国也极为担心中国“另起炉灶”，与美国施展或明或暗的对抗。一方面，警惕中俄形成准盟友关系，尤为忧心中国从普京政府“以武力吞并”克里米亚方面学到错误的经验，并在南海地区如法炮制，破坏所谓“现状”。另一方面，怀疑中国借推动建立金砖国家开发银行等举措逐步“侵蚀”美国主导的国际金融秩序，美国战略与国际问题研究中心资深学者古德曼（Matthew Goodman）等称，美国低估了中国对全球秩序的制度挑战，中国正以打持久战的方式构筑“红色国际金融圈”。美国被认为是通过建立跨太平洋、跨大西洋的经济政治联盟对中国实施新一轮孤立，中国被认为是要最终颠覆美国在第二次世界大战后建立并主导的自由主义国际秩序，中国和美国在应对气候变化、网络安全、中东地区局势等重大国际问题方面缺乏共识。国际制度和规则的“赤字”越来越大，中美合作应对全球治理问题的意愿和能力都在下降，日趋复杂严峻的全球性挑战将对中美关系的稳定造成冲击。

由此，中美实力日益接近和战略心态之变、两国各自发展前景存在的不确定性、地区和国际形势的新变化等因素，导致人们越发担心中美走向战略对抗，而事实上中美之间的“战略互疑”也在上升。[19] 中美两国领导层察觉到这一趋势，因而希望通过探索构建新型大国关系，努力适应新的现实，把握未来航向，推动“共同进化”，引导两国相向而行而不是迎面相撞，为中美关系开辟一种“不对抗、不冲突，相互尊重，合作共赢”的新格局。

## 三

环顾当今世界，地缘板块之变、国家转型之痛、发展方式之争、力量重组之显、有效治理之难无不表明，一个全球政治的新时代已然到来。基辛格认为，美国正处于数百年未见的国际大变局之中。而中国领导人也一直在强调，当今世界正处在“大发展大变革大调整”时期。中美构建新型大国关系，必然要适应和服从于新的全球环境。

在19、20世纪，大国通过结成相互敌对的意识形态阵营和军事集团，争夺殖民地和势力范围；而现如今，“帝国”早已不复存在，大国争霸不再是国际关系的主要特征。这主要得益于两大因素：一是经济全球化使得各国之间形成了相互依存的关系，相对封闭的经济圈和势力范围难以为继；二是核武器的出现带来“大国战争你死我也不能活”的局面，大国之间不再能够轻易发动战争，基辛格在1957年出版的成名作《核武器与对外政策》一书中提出了“有限战争”理论。

第二次世界大战结束以来，世界已经安然享受了70多年的和平，即便很多地区性的武装冲突一直未能停息。在大国争霸变得越来越不现实的情况下，增强经济和技术竞争力要比领土扩张重要得多，地缘经济因素对国际政治的影响日趋增大。气候变化、能源安全、生态环境退化、流行性疾病等成为国家安全面临的新的重大威胁，核武器、核材料以及大规模杀伤性武器的扩散会对整个人类造成极大伤害，分散在多个国家但通过信息网络彼此相连的恐怖主义势力成为国际社会的共同敌人。没有哪一个国家可以仅仅依靠自己的力量应对这些全球性挑战，北京和华盛顿的战略规划者们必须摆脱传统的战略思维，必须要看到传统国家和传统威胁之外的世界。可以说，经济开放稳定、资源能源安全、技术发展、气候变化、人口问题、网络安全等共同构成了这个多极化世界中的“隐性一极”，也是所有大国凭一己之力或简单结盟都难以对付的一极，这些全球性问题带来的挑战比当年中美共同面对的苏联威胁要严重得多。

虽然我们已经处于一个新世界，但新的规则、规范和治理体系还远远没有完全建立起来，这主要是因为中国、美国等大国之间缺乏足够共识和动力。从理论上讲，大国都不会是利他主义者，它们也不会心甘情愿地主动承担自己的国际责任，除非责任、权力和利益能够一致起来。此外，大国通常都会希望，新规则能够尽量约束别人而不是自己的行动自由。比如，关于航行自由问题，1945年美国率先宣布将领海管辖延伸至大陆架，并认为国际法和国际惯例赋予其在世界其他国家海岸12海里以外开展活动的权利，包括搜集情报和在公海航行通过。当年确定12海里这个范围时，舰船、武器和情报搜集技术并不像今天如此高级，12海里是一个相当大的缓冲地带。然而，现在却不然，已加入《联合国海洋法公约》的中国根据该公约坚持200海里专属经济区概念，美国在中国近海进行抵近侦察是让中国相当恼火的事情。虽然中国和美国都时常呼吁对方遵守国际法，但它们各自所提到的国际法却不总是一回事。[20]

几十年之前，随着核武器的出现，战略学者和政界人士开始讨论如何应对核时代的“大规模毁灭”风险，美国、苏联等核国家也在艰难复杂的谈判之后，同意共同遵守一些旨在控制核风险、防止核扩散的条约和规范。然而，谁也不会想到，在今天的世界中，网络安全成为又一个与“大规模毁灭”相关联的重大风险，21 世纪的大国必须应对如何处理网络间谍、网络商业窃密、网络战等问题，否则所有国家和社会都可能遭殃。在这样一个新世界之中，中国和美国都面临严峻的国家安全威胁，这种威胁不再是像过去几个世纪中那样来自某一个或某几个国家，而是由传统威胁和非传统威胁构成的复杂网络。如何在这样一个新世界中最大限度地维护国家安全、国土安全和国民安全，无论是美国还是中国，都还远未做好准备。

中国已经成为全球最大的能源消费国，并已超过美国成为全球最大的温室气体排放国。美国总统国家安全事务助理多尼隆（Thomas Donilon）公开表示，气候变化对美国国家安全构成“现实、紧迫、严重”的威胁。[21]近些年，中美遭遇的极端气象灾害越来越多，民众对气候变化的影响也有了切身感受，这种非传统威胁给两国带来的损失将是难以估量的。即便美国能够实现“能源独立”，它也无法承受其他国家高能耗、高污染、高排放所带来的全球影响。“只有一个地球、共处一个世界”的约束从来没有像今天这样现实而紧迫。

在这样一个新世界之中，中美之间形成了一种复杂的、竞争性的相互依存关系，既有经济的相互依存，也有安全的相互依存。但是，相互依存并不必然导致分歧减弱、冲突消弭，中美仍在很多方面存在矛盾和竞争。中美构建新型大国关系的重要任务就是管理这种人类历史上前所未见的“竞争性共存”（Competitive Co-existence），共同合作应对棘手复杂、层出不穷的全球性问题，为各自发展争取良好的外部环境，让国民能够最大限度地享受和平与繁荣，进而为世界的长期稳定和可持续发展做出贡献。

在中美两国，很多人都还未能充分认识到双方相互依存的程度，以及这种相互依存带来的巨大好处或是政策限制。中美现在已互为第二大贸易伙伴，2015 年双边贸易额约为 5 600 亿美元，较两国建交之初增长了近 200 倍，每天有超过 14 亿美元的商品和服务在两国之间流动。根据美中贸易全国委员会统计，仅在 2001 至 2010 年间，美对华出口增幅达 468%，而同期对世界其他国家和地区的总出口增幅为 55%，美国本土 400 万至 800 万个就业岗位与中美贸易直接相关。奥巴马政府曾通过增加对中国轮胎征税创造 1 200 份工作，但根据美国彼得森国际经济研究所学者的研究，这种做法将导致美国消费者需额外支付高达 11 亿美元。

对于中国是美国最大债权国，很多中国人提出质疑。既然美国对中国心怀歹意，为什么中国还要通过购买国债借给美国人钱。根据美国财政部 2013 年 7 月公布的统计数据，中国持有美债总额首次突破 1.3 万亿美元，创下历史之最。至于为什么中国要买，那是因为仅从安全性角度而言，投资美债要优于其他国家的债务。虽然中国持有美债也会承担风险，但美债或许是“篮子里最不烂的那个苹果”。还有人认为，既然中国是美国的最大“债主”，中国就会拥有更多有力手段，在必要时教训美国。但千万不要忘记凯恩斯的名言：“当你欠银行 1 万英镑时，你受银行摆布；当你欠银行 100 万英镑时，银行受你摆布。”购买国债这个例子非常生动地证明，也许中国和美国并不喜欢对方，甚至有时很嫌弃对方，但却不得不继续“尴尬的拥抱”。这便是复杂的相互依存。也许中美做不到真心实意的彼此欣赏，但在一个威胁更加多元、风险更加分散的新世界，两国除了同舟共济之外似乎没有其他更好的选择。

## 四

2012 年 2 月，时任国家副主席习近平访问美国，正式提出中美探索建立新型大国关系的倡议。半个月后，克林顿国务卿对这一倡议作出回应，她在美国和平研究所纪念尼克松访华 40 周年的讲话中表示，两国在“共同树立典范，力争在合作和竞争之间达到一种稳定和彼此都能接受的平衡”，“在支持正在崛起的中国与增进美国利益之间并无本质矛盾。一个蒸蒸日上的中国对美国有利，一个蒸蒸日上的美国对中国有利”。

美国方面并没有从一开始正式同意接受“新型大国关系”的说法，主要是没能完全搞清楚中方提出这一说法的真实用意，担心北京借此给美国“设套”，让美国“吃亏”；此外，美国对于“新型大国关系”所暗含的中美平起平坐，也感到难以接受。后来或许认识到“新型大国关系”虽然模糊但具有“潜在作用”，可以为其所用，以此来促动中国与美国合作。2013 年 3 月，时任美国总统国家安全事务助理的多尼隆在阐述奥巴马政府第二任期亚洲政策时，提及“构建崛起大国与既有大国间的新型大国关系”的说法。同年 6 月，习近平和奥巴马总统在美国加州举行不打领带的“庄园会晤”，习近平用三句话概括中美新型大国关系的内涵：一是不对抗、不冲突，二是相互尊重，三是合作共赢；奥巴马表示将“探讨构建在互利互尊基础上的国与国之间新的合作模式”，“要把比较宽泛的（共同）认识降到具体问题的层次上来”。

不同的话语在国际政治中具有不同的深刻政治含义，中美两国有关“新型大国关系”的理念分歧和表述差异表明，双方之间仍存在显著的“信任赤字”，构建新型大国关系之路将是复杂的、渐进的。这种差异实际上也反映了中美两国的政治文化和政策行为模式差异，即中国方面重整体、重概念、倾向于在建立信任后解决具体问题；美方重细节、重问题、倾向于通过解决具体问题建立信任。

如果中美真心希望构建新型大国关系，而不仅是把它当成争取时间或是规制对方的权宜之计，就首先需要双方领导层想清楚三件事。第一，新型大国关系不会使很多长期困扰中美关系的棘手问题（如美国对台军售）在一夜之间得到解决，很多问题受两国内部政治等因素影响，在可预见将来无法找出根本解决之道，不能因为某些具体问题未能获得满意的解决，就失去构建中美新型大国关系的信心和方向感。第二，不要总想着“让对方做什么”，而是应该多想想可以“共同做什么”；新型大国关系不能总是着眼于“避免什么”，而是应当多探索“成就什么”。第三，能否成功建立新型大国关系，不是一件仅和外交部门、外交官相关的工作，它更多是一种融合内政、外交、第三方力量等诸多因素的“立体工程”。

美国对外关系委员会主席理查德·哈斯（Richard Haass）总是强调，好的外交政策始于国内。[22] 实际上，中美构建新型大国关系无疑也将“始于国内”。一个自信的中国与一个自信的美国，更容易打交道。中国和美国选择什么样的发展道路，是分道扬镳还是殊途同归，是两相对抗还是“共同进化”，这将从根本上决定中美关系的性质和走向。

在未来数年，两国都需要致力于促进国内经济社会的发展与变革，美国要恢复实体经济活力、重塑制造业优势、推动出口倍增、减少财政赤字、调整移民政策、扩大医疗保险覆盖面、提高能源效率，以及加大对教育和基础设施的投入，等等；中国则需要加快发展方式转变、推动金融和财税等领域改革、建设低碳经济、促进国内消费、跨越中等收入陷阱、打造中国经济升级版、健全社会保障网、加大环境治理力度、鼓励创新发展、激发社会活力，等等。

如果中国能够坚持以市场为导向的改革大方向，能够下大力气创建更加公平、开放、可预期的经济环境，能够坚持民主法治精神推进政治体制改革；如果美国能够有力防范债务危机并维护宏观经济政策的稳定性，能够不以邻为壑、不搞贸易和投资保护主义，能够切实放宽对华高技术出口限制并降低中国企业赴美投资的障碍，中美双边经济关系就能够培育新的互补性、找寻更多更大利益汇合点，在发展新能源、现代农业、金融合作等方面建立更有凝聚力和创造力的利益共同体。[23]

中美新型大国关系的国内发展支柱与国际环境支柱是相辅相成的，一个包容、公正、开放、以规则为基础的国际秩序将为中美关系的长期健康发展提供有力的保证。正如哈斯所言，“华盛顿和北京接近的最初动力（反对苏联）不复存在，继之出现的动力（为相互经济利益合作）也太过狭隘以至于无法仅靠它无法维持两国之间的和谐。在解决重大地区和全球性挑战方面的密切合作应当成为两国关系发展动力组合中的一个关键部分”。[24]

虽然中美“两国集团”构想遭到很多人的反对，也并未被两国政府所接纳，但在共建国际机制和完善国际规则方面，一种非正式“两国集团”或“两国协调”（C2，戴秉国语）的确是符合现实需要的。作为世界上最大的两个经济体，中美有义务维护开放的世界经济格局，双方应在二十国集团（G20）、亚太经合组织（APEC）等平台展开沟通协作，促进全球金融、贸易、货币、投资治理体制的应有变革，纠正全球经济失衡，而不是竞相建立排斥对方的经济集团。在地区热点问题、核安全、核裁军、太空安全、网络完全等问题上应逐渐形成更多共识，并努力使之成为更大范围的国际共识。

中美新型大国关系的国际环境支柱还与两国各自对外战略调整有关。在美国实力似弱仍强、前景若明若暗的情况下，它的全球战略总体展现守势，局部采取攻势。奥巴马政府从大中东地区“抽身”的意愿明显，但却因埃及动荡、叙利亚危机等因素难以遂愿，实施亚太再平衡战略受到的各种牵制不容忽视。而反观今日之中国，在地缘政治、地缘经济上的全球定位可谓“非东、非西、非南、非北”；换言之，又是“亦东、亦西、亦南、亦北”。中国处于特殊的社会发展阶段，拥有与众不同的文明传统，是在人类历史上承前启后、承上启下的名副其实的“中间国家”，可更加积极主动地在世界大国和地区强国之间“谋势”，需要将对美关系放在更大的棋局中予以运筹。如果中美对彼此全球战略调整能够有及时而恰切的把握，则有望顺势而为、渐行渐近；反之，则有可能误判形势，进而殃及两国关系。

值得强调的是，中美构建新型大国关系，有两项更具紧迫性的问题需要着力解决。一是建立和健全危机预防、危机管理机制，“两军关系要服从于两国整体关系”，中美两军交流应更具实质性，需要尽快确立两军海上、空中行为准则，并对双方就某些问题画出的所谓“红线”形成默契，管好各自盟友和伙伴，尽量避免中美直接冲突这类意外情况发生。二是寻求中美共享价值、优化各自国内舆论氛围，对自由、民主、公平、正义等重要价值理念的认知虽有不同，但在两个国家，这些理念在不同程度、不同语境和不同侧重点上其实都受到重视、得以倡导，“中国梦”和“美国梦”应有其相近相通之处，中美应通过人文交流、公共外交等方式努力减少两国之间的“认知赤字”，引导国民理性看待中美关系的成就与问题、机遇与挑战。

应当看到，中美两国都在全球政治和国际格局发生重大转变的背景下进行着复杂、深刻而艰难的自我转型，对彼此的能力、意图和动向都有些吃不准，不确定感和不安全感都有所上升。[25] 尽管两国高层领导人不断强调稳定、积极、合作的中美关系的重要性，但不可否认也不应回避的事实是，外界普遍认为，中美战略竞争关系已然存在，中国已成为美国的主要战略对手。有美国学者提出，这种状态虽然不是“冷战”，但却无疑是一种令人忧心的“凉战”。[26] 在高度信息化的时代，中美两国社会之间的互疑和威胁性认知似乎并未减少，两国关系长期健康发展的社会基础正受到越来越大的考验。

随着未来中国总体经济规模有望超过美国，问鼎世界第一大经济体，两国可能会更快地滑向一种“战略对抗”关系。从“竞争”到“对抗”显然不是人们愿意看到的景象。说到底，中美建立新型大国关系为的是避免战略对抗，其核心在于顺应世界发展大势，相互调适彼此政策，努力管理世所未见的“竞争性共存”关系。“探索构建新型大国关系”这个想法本身只是为中美避免“修昔底德陷阱”指出了一种方向，但远未提供答案。在艰辛的探索过程中，笔者认为，最重要的是中美领导层以及两国坚持一种“战略克制”的态度和方略。“战略克制”意味着中美需要深入地体认本国权力的有限性，更加精确地界定自身国家利益而非盲目地追求“绝对优势”，不以非敌即友、非黑即白的方式看待彼此，同时都要对全球不稳定因素和不确定性增加的态势保持足够警惕，共同确保国际秩序的平稳演进，“秩序永远需要克制、力量和合法性三者间的微妙平衡”。[27]

1972 年，尼克松访华时，对毛泽东主席说了一段意味深长的话：“主席的一生我们是非常熟悉的。你从一个非常贫穷的家庭登上了世界上人口最多、一个伟大的国家的顶峰。……我也出身于一个很贫穷的家庭，并登上了一个非常伟大的国家的顶峰。历史把我们带到一起。问题是，我们的哲学不同，但我们都脚踏实地，都来自人民，我们可以实现一个突破，这个突破不仅有益于中美两国，也在今后的岁月中有益于全世界。这就是我来到这里的原因。”

与 1972 年相比，今天中美关系的复杂性和重要性不可同日而语，但尼克松上述话语中透露出来的真诚、互谅、务实精神仍应受到赞赏。自 20 世纪 70 年代以来，中美关系充满了数不清的“不得不为之”的权宜，而如今两国又一次走到达成“大交易”的门槛之上。基辛格在《世界秩序》一书中认为，“新型大国关系是规避历史上大国竞争悲剧的唯一道路”。构建中美新型大国关系，既需要大战略谋划，也需要细致推进；既需要登高望远，也需要脚踏实地。无论如何，中美两国领导人要以超越前人的全球视野、战略气度、历史远见和政治智慧，努力塑造未来数十年中美关系的新格局。中美避免战略对抗并非是“不可能的任务”。面对一个新世界，中美相向而行才不会错过对方，过去两国要靠“反对什么”走到一起，如今则需要更多从“建设什么”的角度化解分歧、凝聚共识、规划合作。在这样一个时刻，中美两国领导人必须意识到，应对共同挑战的最好方式就是保持战略克制、合作塑造未来。

## 注释

1 Szu Ping Chan, “China is About to Overtake the US to Become world’s Largest Economy,” *The Telegraph*, October 9, 2014; Simon Rabinovitch, “OECD: China Forecast to Overtake US by 2016,” *Financial Times*, March 25, 2013; Laurence Knight, “Economist Magazine Bets Professor over China’s Future,” *BBC News*, November 11, 2013.

2 Kishore Mahbubani, “Is the US Ready to Be Number Two?” *Yale Global*, February 11, 2013.

3 Graham Allison, “Thucydides Trap Has Been Sprung in the Pacific,” *Financial Times*, August 21, 2012; Graham Allison, “The Thucydides Trap: Are the US and China Headed for War?” *The Atlantic*, September 24, 2015.

4 James Holmes, “Beware the ‘Thucydides Trap’ Trap,” *The Diplomat*, June 13, 2013.

5 王缉思：《国内变革：美国大战略及其赢得冷战的基础与动力》，王缉思、牛军主编：《缔造霸权：冷战时期的美国战略与决策》，上海人民出版社 2013 年版。

6 James Mann, *About Face: A History of America's Curious Relationship with China from Nixon to Clinton*, New York: Knopf, 1999.

7 William C. Kirby, Robert S. Ross, and Li Gong, *Normalization of U.S.-China Relations: An International History*, Cambridge, Mass: Harvard University Asia Center, 2005; Yafeng Xia, *Negotiating with the Enemy: U.S-China Talks during the Cold War, 1949–1972*, Bloomington: Indiana University Press, 2006; Margaret MacMillan, *Nixon and Mao: the Week that Changed the World.* New York: Random House, 2007. 代表性中文著作见张曙光：《接触外交：尼克松政府与解冻中美关系》，世界知识出版社 2009 年版。

8 唐家璇：《劲雨煦风》，世界知识出版社 2009 年版，第 265—287 页。

9 “In China the US, Mutual Distrust Grows, Study Finds,” *New York Times*, July 18, 2013.

10 刘明福：《中国梦》，中国友谊出版公司 2010 年版。Liu Mingfu, “The World is Too Important to Be Left to America,” *The Atlantic*, June 4, 2015.

11 Aaron L. Friedberg, “The Debate Over U.S. China Strategy,” *Survival 57*, no.3, June-July 2015.

12 Robert A.Manning, "America's China Consensus Implodes," *The National Interest*, May 21, 2015.

13 Jacob Hacker and Oona Hathaway, "Our Unbalanced Democracy," *New York Times*, August 1, 2011.

14 James Steinberg and Michael E. O'Hanlon, *Strategic Reassurance and Resolve: U.S.China Relations in the Twenty-First Century*, Princeton: Princeton University Press, 2014.

15 Elizabeth Economy, "The Game Changer: Coping with China's Foreign Policy Revolution," *Foreign Affairs*, November/December, 2010.

16 Susan Shirk, *China: Fragile Superpower*, Oxford University Press, 2008.

17 Xi Jinping, "New Asian Security Concept For New Progress in Security Cooperation: Remarks at the Fourth Summit of the Conference on Interaction and Confidence Building Measures in Asia," *Ministry of Foreign Affairs of the People's Republic of China*, May 21, 2014.

18 Robert D. Blackwill and Ashley J. Tellis, *Revising U.S. Grand Strategy Toward China*, Council Special Report no. 72, New York: Council on Foreign Relations, March 2015.

19 Kenneth Lieberthal and Wang Jisi, *Addressing U.S.-China Strategic Mistrust*,Thornton China Center Monograph Series No. 4, Washington DC: Brookings Institution, March 2012.

20 Truong-Minh Vu and Trang Pham, "International Law and the South China Sea," *The Diplomat*, December 22, 2014.

21 "Remarks by Tom Donilon at the Lauch of Columbia University's Center on Global Energy Policy," Office of Press Secretary, the White House, April 24, 2013.

22 Richard Haass, *Foreign Policy Begins at Home: The Case for Putting America's House in Order*, New York: Basic Books, 2013.

23 C. Fred Bergsten, "A Partnership of Equals: How Washington Should Respond to China's Economic Challenge," *Foreign Affairs*, July/August, 2008; Lyle J. Goldstein, *Meeting China Halfway: How to Defuse the Emerging US-China Rivalry*, Washington, DC. Georgetown University Press, 2015.

24 Richard Haass, "The Irony of American Strategy," *Foreign Affairs*, May/June 2013.

25 "US-China Security Perceptions Survey: Findings and Implications," Report by the Carnegie Endowment for International Peace, December 2013.

26 Noah Feldman, *Cool War: The US, China, and the Future of Global Competition*, Random House, 2015; David Rothkopf, "The Cool War," *Foregin Policy*, February 20, 2013.

27 [美] 亨利·基辛格:《世界秩序》，胡利平等译，中信出版集团 2015 年版，第 303 页。

# 第一章

# 美国：漂移的超级大国

## 第一节　美国在衰落吗

纵观世界历史，大国的兴起与衰落是常见的“戏码”。从 2000 多年前的罗马帝国，到近代以来西班牙、荷兰、法国等殖民主义强权，再到 19 世纪触角遍及各大陆的“大不列颠”、占据欧亚大陆核心地带的奥斯曼帝国等，世界舞台上的重要玩家们一一亮相，而又逐渐从舞台的中央退隐。自 1776 年获得独立以来，在短短两百多年间，美国从偏居北美大陆东海岸的殖民地合众国一跃成为世界历史上最为强大的“霸权”。按照罗伯特·卡根（Robert Kagan）的说法，我们所有人都生活在“美国缔造的世界”之中。[1] 美国是不是正在衰落，中国会不会取代美国在世界上的“老大”地位，美国衰落后的世界会是什么样子……这些都是我们在思考中美关系前景时绕不过去的关键问题。

# 一

为了解释世界历史中并不鲜见的大国兴衰现象，以奥根斯基（A.F.K. Organski）为代表的学者们创立并不断丰富着“权力转移”（Power Transition）理论。该理论的基本假设是，国际体系是一种等级性结构，从上至下分为居于支配地位的主导国，处于次一等地位但实力相当的若干大国，然后是中等国家，最下层的是其他小国。主导性大国控制了国际体系的大部分资源，它会运用权力构建符合其利益的制度架构和行为规范，以确保自身的安全和主导地位。并不是所有国家都愿意生活在主导国的阴影之下，会逐渐出现一些挑战国。如果一国的力量增长到主导性大国的80%，则该国可被视为国际体系中的挑战国。随着国家实力发展的不平衡，国家在国际权力结构中的位置发生相应改变，原有的主导性大国地位下降，而后崛起的大国地位上升，并逐渐获得主导性大国地位，这一“权力转移”过程伴随着挑战国和主导国之间的利益冲突以及持续展开的战略竞争。[2]

那么，什么是权力呢？从国家间关系的角度而言，权力就是一个让其他国家做它们本来不愿意做的事情的能力。一个国家的权力，可以大致分为经济、军事等方面的“硬实力”，和社会、文化等方面的“软实力”。[3]一般而言，影响国家权力的主要因素在于人口数量、经济生产力、国家政治能力、军事实力等。“人口规模与大国地位成正比”，人口数量被认为是国家权力的决定性因素之一。国民生产总值（GDP）与人口数量之比为一国的经济生产力，反映了该国的经济体制对资源分配和利用的合理程度。政治能力则反映了一国政权汲取、吸纳和运用各种资源的能力。“权力转移”理论认为，在主导国和挑战国双方势均力敌之前，战争爆发的可能性较低；两者实力接近平等或权力持平（Power Parity）时，爆发战争的可能性最大。也就是说，在崛起的挑战国实力快要“赶上”主导国之际，双方常会兵戎相见。[4]

值得强调的是，人们对权力对比的“认知”常常比权力对比的现实更为重要。在2008年金融危机爆发的数年后，2011年7月美国知名民意调查机构皮尤中心公布的一项民调结果显示，72%的法国人、65%的英国人、67%的西班牙人和61%的德国人认为，中国正赶超美国成为世界的“超级大国”，46%的美国人也持这种看法。这次调查的22个国家中，有15个国家的多数受访者都认为中国将要或是已经取代美国的“世界老大”地位。[5] 一时间，“美国衰落、中国崛起”成为人们讨论世界事务的一个主题，这其中，对美国实力地位走向的判断殊为关键。不论美国衰落与否，毋庸置疑的是，美国人尤其是各界精英在内心之中实际上对“美国的衰落”有一种深深的焦虑乃至惧怕。

讨论美国外交，需要了解“绝对优势”（Primacy）这个概念，“绝对优势”不仅指权力层面的无与伦比，还蕴含着道德层面的极大优越感。[6]17世纪早期，一大批在欧洲大陆受到宗教迫害的清教徒乘坐“五月花号”，横渡大西洋，来到当时英国在北美大陆的殖民地。他们自诩为“上帝的选民”，并誓言要在北美建立“山巅之城”，认为自己从道德和能力上都要远远优越于欧洲的“旧大陆”。1776年7月，《独立宣言》的发表标志着美利坚合众国的成立，乔治·华盛顿领导了美国摆脱英国统治的独立斗争，并在1788年当选为美国的首任总统。美国虽然建国时间不过200余年，但却以世界上历史最长的民主国家而自豪，具有强烈的“例外主义”情怀——认为美国在国家起源、价值观念、政治体制等方面与其他国家具有根本上的不同，这是一种极大的民族主义优越感。直到今天，在大多数美国精英看来，美国仍是“自由世界”的领导者，它的“天定使命”就是战胜由美国的敌人所代表的“邪恶”世界。可以说，自由与非自由、善与恶、民主与专制等体现的二元对立的世界观，早已成为美国的一种国家意识形态。[7]

美国实现“天定使命”的基础，在于其所拥有的巨大权力，但是基于

“例外主义”情怀，美国坚信自己不同于历史上的“帝国”，美国是一个“仁慈的霸权”。实际上，美国也是一个“踌躇的霸权”，其霸权权力的形成是一个漫长的历史性过程，而且其中不乏偶然因素。[8]美国在18世纪晚期建国，但是直到19世纪60年代美国“南北战争”结束之后，国家统一的使命方告结束。到了19世纪晚期，美国的工业能力超过老牌的世界霸主——英国。在外交上美国变得更加强势，将整个美洲大陆视为自己的“势力范围”，并开始在世界舞台上大展拳脚。1895年，时任国务卿理查德·奥尔尼（Richard Olney）对英国毫不客气地表示，“美国今天实际上是这个（美洲——作者注）大陆上至高无上的国家，它的命令就是法律”。1898年美国与西班牙开战，将垂垂老矣的西班牙帝国赶出加勒比海，吞并了波多黎各、夏威夷、关岛和菲律宾。1905年，西奥多·罗斯福成为“第一位全面审视美国的世界角色的总统”，他在就职演说中宣称“我们成了一个伟大的国家”。[9]

20世纪发生的两场世界大战，进一步将美国推到了世界霸主的地位之上。欧洲老牌帝国在惨烈的战争中分崩离析，拥有地理位置巨大优势、强大经济实力和政治社会制度活力的美国异军突起。当然，作为一个新兴的强国，美国一直在对外干涉和“孤立主义”之间犹豫不决，虽然是第一次世界大战的战胜国，但美国仍然不愿过多承担领导世界的责任，它宁愿退回到“山巅之城”。直到第二次世界大战之后，美国才最终选择成为独步天下的全球霸权。当时，美国通过“马歇尔计划”等向经济凋敝、国力衰弱的欧洲国家提供援助，将欧洲大部分变为其势力范围，并成立“北大西洋公约组织”与苏联领导的社会主义阵营对抗，甚至不惜扶植第二次世界大战战败国德国和日本，以抗衡苏联，遏制中国等社会主义国家。此外，美国还通过倡导建立联合国、世界银行、国际货币基金组织等机构，逐步构筑起以往世界霸主不曾拥有的“制度霸权”，将国际机制打造成为施展全球领导力的手段。美元也打败英镑，成为世界上最重要的储备货币，构成了美国全球霸权的金融基础。[10]

由此，第二次世界大战后的数十年间，美国几乎成为世界上权力最大的国家，只有苏联勉强可以与之匹敌，苏联的军事能力超群，但在经济等方面与美国存在显著差距。第二次世界大战结束后不久，世界就陷入了“冷战”，美国和苏联开启了基于意识形态竞争和地缘战略博弈的对抗。在西方阵营中，美国建立起一套以同盟关系、国际制度、美元主导权、民主价值观等为核心要素的霸权体系，构造所谓“美国治下的和平”。针对苏联、中国等社会主义国家，美国则制定和实施了“遏制”战略，甚而不惜开打朝鲜战争、越南战争等“热战”。此外，还利用美国国际开发署、“美国之音”等机构对第三世界国家实施经济、政治和文化方面的渗透，美国中央情报局等则在全球多国开展“隐蔽性行动”，扶植亲美势力，对美国不喜欢的政权领导人实施暗杀。[11]

为了追求和捍卫自己在全球体系中的“绝对优势”，在很多方面，美国都难以称得上“仁慈”：对内倡导权力制衡，对外则主张美国独霸；对内强调人人生而平等，对外则否认大小国家一律平等；对内主张法律高于一切，对外则经常无视国际法的基本准则；对内摈弃政治斗争的暴力方式，对外则动辄使用武力解决国际争端。美国历史学家施莱辛格（Arthur Schlesinger,Jr）曾言：“我们总自以为是一个温和的、宽容的、仁慈的民族，一个受法治而不是君主统治的民族。……然而，这决不是我们传统中唯一的气质。因为我们一直是一个崇尚暴力的民族。看不到这一点，我们就不能正视我们国家的现实。我们必须承认，我们的身体内有一种破坏性的欲望。”

长达40多年的冷战最终以苏联的失败告终，美国的权势达到了又一个高度。20世纪90年代初，在苏联解体之后，美国以其超强的国家实力“傲视群雄”，成为全球格局中的所谓“单极力量”。[12] 弗朗西斯·福山（Francis Fukuyama）等美国政治精英认为美国代表的资本主义自由民主制度即是人类历史演化的终点，美国是全世界所景仰的"山巅之城"。信奉"新自由主义"且对苏联颇具进攻性的美国总统里根被认为是冷战终结者，他在1989年发表卸任演说时说，"在整个政治生涯中，我曾经一再谈起这座辉煌的山巅之城……如果这座城市建有城墙，那么城门一定向所有梦寐以求来到这里的人们敞开"。[13]

美国在冷战结束后拥有巨大的权势，就连传统的均势理论似乎也因之受到质疑。均势理论认为，如果权力差异对较弱一方构成了一种根深蒂固的安全威胁时，较弱的国家就会去制衡较强的国家。沃尔茨（Kenneth Waltz）等人认为，传统上，制衡可以通过两种方式实施，一是通过结成针对强国的防卫联盟进行外部制衡；二是通过加强自身军事建设以降低与强国之间的权力差异，从而进行内部制衡。[14]然而，冷战后的很长一段时期内，美国超强的权力优势虽然导致国际政治进入单极状态，但日本、德国、俄罗斯、法国等二等强国并没有对美国实施明显的外部制衡或内部制衡。[15]威廉·沃尔福斯（William C.Wohlforth）认为，这些强国之所以没对美国进行制衡，主要是因为它们都不愿做"出头鸟"，不想让自己成为第一个站出来与美国进行抗衡的国家。[16]

在过去20多年中，美国在经济、军事、科技、文化等诸多方面牢牢占据优势地位。美国是世界上规模最大的经济体，在最富裕国家俱乐部中也处于上流，它的经济产出占世界总量的比例一直保持在四分之一以上。2015年美国GDP接近18万亿美元，大概是中国的1.7倍，美国人均GDP则是中国的5倍多。美国的军事实力遥遥领先，它的军费开支年均超过6 000亿美元，约占全球军费总量的37%，是中国的4倍多。美国在世界各地拥有700多个军事基地，这使得美军成为世界上唯一一支具有全球力量投送能力的部队。美国的海军实力尤为强大，拥有11艘航空母舰，而全球航母总数为20艘。凭借日本等50多个正式的同盟国，美国构筑起世界历史最大的同盟网络。美国具有突出的创新和技术优势，每年用于研发的费用约为 5 000 亿美元，占全球研发总费用的 30%。世界排名前 20 位的顶尖大学几乎都在美国，吸引了来自世界各地的优秀人才。遍布全球的麦当劳、颇受追捧的好莱坞电影等被认为是美国“软实力”强大的标志，其他国家的民众被美国文化所吸引，“羡慕它的价值观，将之作为榜样，渴望达到与美国一样的繁荣和开放”。[17]

## 二

作为处于全球权力之巅的国家，美国最担心的就是走下坡路，对于“衰落”的忧惧让美国患上了难以医治的心病。正如曾担任奥巴马总统国家安全事务助理的多尼隆所言，“尽管美国人生性乐观，但总是对自己的世界地位感到担忧。这种忧虑存在于我们美国人的 DNA 之中……每隔 10 年左右，就会有一波新的、严重的悲观情绪席卷美国”。[18]

“美国衰落论”可谓源远流长。早在 1815 年英国和美国开打战争时，就有人预测美国会很快衰败。1941 年，《时代》周刊主编亨利·鲁斯（Henry Luce）欣喜地宣告“美国世纪”到来，但在 20 世纪的后半期，各种版本的“衰落”论说却接踵而来。1957 年 10 月，苏联成功发射“斯普特尼克”号卫星，这像珍珠港事件一样给美国人带来巨大冲击。人们担心，真的会像苏联领导人赫鲁晓夫所说的那样，资本主义的美国最终被苏联“埋葬”。1961 年，基辛格在《选择的必要：美国外交政策展望》一书中写道，“只有自我欺骗才能使我们不去承认自己的衰落”。20 世纪 60 年代，越南战争及其引发的美国国内巨大裂痕，成为衰落论的有力证据。到了 20 世纪 70 年代，石油危机、伊朗人质事件、经济滞胀等强化了美国人的忧虑。日本的崛起则成为 20 世纪 80 年代美国衰落论再度兴起的主要原因，日本企业收购洛克菲勒大厦等新闻让美国人感到十分紧张，哈佛大学教授傅高义（Ezra Vogel）所写的《日本第一》成为人们争相阅读的畅销书。1987年，在耶鲁大学任教的英国历史学家保罗·肯尼迪（Paul Kennedy）出版《大国的崛起和衰落》一书，他提出，美国很可能会步历史上英国和西班牙等帝国的后尘，“帝国的过度扩张”将导致美国陷入衰落境地。及至21世纪初，美国相继开打阿富汗、伊拉克战争，“帝国的过度扩张”似乎更为明显，另一位来自英国的历史学者、哈佛大学教授尼尔·弗格森（Niall Ferguson）专门著书，详细阐述“美利坚帝国”的崛起和衰落，并认为21世纪将属于中国。[19]

然而，与“美国衰落论”相抗衡的声音实际上也并不弱，坚信美国必将维持全球领导地位的分析家大有人在，约瑟夫·奈是其中的代表性人物。奈生于1937年，在普林斯顿大学接受本科教育，其间以“罗德学者”身份在英国牛津大学学习，1964年获哈佛大学政治学博士学位后留校任教，这是典型的美国精英成长之路。他后来“学而优则仕”，受邀出任卡特政府副国务卿、克林顿政府国家情报委员会主席和负责国际安全事务的助理国防部长。1990年，奈出版《注定领导世界：美国权力性质的变迁》一书，对保罗·肯尼迪等人的观点进行了批驳，并系统论证了“软实力”概念，认为不应低估美国拥有的各种权力资源。他相信，“美国依然是最庞大、最富有的国家，并拥有塑造未来的最大能力”。在那以后，奈一直坚持自己的基本观点，并在2015年出版的《美国世纪结束了吗》一书中明确表示，“将21世纪描绘为美国衰落的世纪是不准确的和具有误导性的。‘衰落’的话语令人困惑。……美国有许多问题，但它绝对没有衰落，甚至相对而言，在未来几十年，它很有可能比任何一个国家都强大”。奈还特别强调，美国世纪不会因中国的崛起而消失，不应忽视中国可能会遭遇的重大发展挫折，以及中国在亚洲的地缘政治劣势。[20]

奈之所以站出来再一次为“美国世纪”鼓与呼，很大程度上是因为

2007—2008 年发生的金融危机让“美国是否衰落”的问题重新成为辩论的焦点。对美国未来抱持悲观情绪的人认为，金融危机实际上暴露了美国的“痼疾”，包括实体经济的“空心化”、联邦财政赤字巨大、政治体制“运转不良”等严重问题。美国国债总额已超过 16 万亿美元，养老、医疗以及其他社会福利支出数额巨大。2009 年，美国土木工程师学会发布的报告称，美国基础设施的总体评级为 D 级（中国为 A 级）。[21] 同年，在“世界经济论坛”有关基础设施水平的排名中，美国名列世界第 9 位，到了 2014 年竟然降至第 19 位。就连多尼隆也感叹，“我们的公路和桥梁年久失修，从环境、政治和经济角度看，都陷入了无法维系的处境”。此外，美国的教育体系竞争力下降、社会不平等加剧等问题也成为“衰落论”者的关注重点。对此，英国《金融时报》资深专栏作家吉迪恩·拉赫曼（Gideon Rachman）不无焦虑地说道，“过去几年中，西方在冷战后支撑世界的三个领域都失去了信心，即市场、民主和美国的权力”。[22]

美国政治学家亨廷顿（Samuel P.Huntington）曾言，“只要公众不时地深信美国即将衰落，美国就不太可能衰落。衰落论者在防止他们的预言成真方面发挥了不可或缺的作用”。反对“衰落论”的人认为，不应把“美国面对严重问题”和“美国衰落”画等号，衰落并不是美国的必然命运，决定权在美国人自己手中。正如“单极时刻”的鼓吹者查尔斯·克劳萨默（Charles Krauthammer）所说，衰落不过是一种选择。“新保守主义”思想的旗手之一罗伯特·卡根认为，“美国的体制尽管常常有一些令人厌倦的性质，但也显示出比其他许多国家（包括其地缘政治竞争对手）更大的适应和恢复能力”。[23] 德国《时代》周报主编、斯坦福大学胡佛研究所研究员约瑟夫·约费（Josef Joffe）在对过去 50 多年“美国衰落的迷思”进行全面评析之后，认为“衰落论”者是不成熟的，他们常常把苏联导弹研发优势、日本经济增长等暂时现象错误地当作长远趋势，美国对自身的衰落实际上过于担忧了。

还有人强调，应就测量一个国家的崛起和衰落，重新制定标准。达特茅斯学院教授威廉·沃尔弗斯（William C.Wohlforth）等认为，如果仅仅看GDP，就会严重低估美国和中国之间真实的经济差距，20世纪中期所设计的GDP这一指标更适合衡量制造业经济体，而非像美国这类以知识为基础、全球化程度较高的经济体。GDP只是反映了一国经济实力的数量变化，而无法表明该国经济质的变化。如果运用联合国新近制定的标准“包容性财富”对美国和中国进行比较，美国的“包容性财富”将近144万亿美元，而中国只有32万亿美元。“包容性财富”不仅统计一个国家拥有多少生产资本（如道路和设备），还会将人力资本（如教育水平）、自然资本（如国土资源）纳入计算范围。“GDP的问题在于，它衡量的是流量（一年内产出的商品和服务的价值），而‘包容性财富’衡量的则是存量”，“包容性财富”是一个政府可用来实现其战略目标的资源总和。他们还指出，美国经济地位的下滑未尝不是好事，可以迫使美国领导人更加聚焦美国大战略的核心使命，而不是被卷入复杂混乱、无关紧要的冲突。[24]

金融危机已经发生8年有余，至少从目前看，这场危机对美国造成的影响是可控的，反倒是欧洲、日本以及俄罗斯等新兴国家面临的压力更大。为了保持金融市场流动性，美国实施了大规模的“量化宽松”等市场干预政策。但美联储从2014年1月开始削减每个月的购债规模，显示出对美国经济复苏的信心。此外，美国政府降低预算赤字的努力也初见成效。2013年度美国政府预算赤字降至6 500亿美元以下，这是2008年以来的最小规模赤字，约为2011年的一半。与金融危机爆发后的几年相比，美国经济增长率重新回到2.5%以上，失业率则从2009年的10%降至目前的7%左右。相对世界上的其他大国，美国“走出危机”的表现在所有发达国家中是最为抢眼的。更重要的是，通过这场金融危机，美国似乎更清楚地认识到制约经济发展、损害竞争力的突出问题，并努力予以解决，以图强本固基。从实体经济看，近年美国制造业复苏势头非常明显，过去 50 年来制造业占 GDP 份额下滑的势头首度发生逆转。之所以出现这一转变，主要推动因素是页岩油气开发带来的“能源革命”，劳动力成本相对其他发达国家较为低廉等。根据麦肯锡全球研究院预测，这场“能源革命”对美国年度 GDP 增长的贡献值达到 4%，并能在 2020 年前创造 170 万个新就业岗位。2014 年，美国取代俄罗斯成为世界第一大石油生产国。此外，波士顿咨询公司研究报告指出，美国正成为发达国家中制造业成本最低的国家之一，预计到 2020 年，美国将新增 250 万—500 万个与制造业相关的就业岗位。

在这种背景下，相比金融危机发生后的前几年，美国战略界人士的信心有所回升。多尼隆认为，美国已经摆脱了最深重的经济危机，经济韧性、军事同盟、人口结构等方面的核心优势依然突出，如果美国能做出必要的改革，今后仍将是“头号大国”。理查德·哈斯认为，美国将保持全球领导地位，这或许不是因为美国有多么强大，而是因为美国的对手们都更加虚弱；如果美国有问题，那么，美国的对手们面对的挑战则更大。现任副总统国家安全事务助理的“少壮派”学者拉特纳（Ely Ratner）等人称，美国没有衰落，它拥有“战略新优势”的时代即将来临，华盛顿应准备再次领导世界。他们强调说，美国拥有人口、地理条件、高等教育和创新等方面的极优组合；美国军队正在获取新的技术优势，并研发能应对联合行动和大规模战役的指挥与控制系统，世界上的军事强国大多是美国的盟友。此外，美国正在推动重塑全球贸易规则体系，并在网络、太空等新型安全问题上主导国际准则的制定，以确保美国的长期繁荣和安全。[25]

美国衰落与否，看来将继续是一个充满争议的话题，这种争论也将始终伴随着美国推动自身变革的历史进程。美国的确衰落了，但这种衰落是相对的而非绝对的，它再也无法回到第二次世界大战刚结束后那种“君临天下”的地位。无论是学界精英如弗朗西斯·福山还是政治人物如奥巴马总统，他们都对美国政治体制的衰败感到担忧。伊恩·布雷默（Ian Bremmer）则直言美国的联盟存在“空心化”的危险。[26]美国似乎也已不再是自由贸易和全球化的倡导者。制度优势、联盟网络、全球主义等都曾经是让美国与历史上其他“帝国”所不同的特质，然而这些核心因素的基础正受到前所未有的冲击。与此同时，我们也需要充分认知美国的“纠错”能力和自我恢复的韧性，这在美国200多年的国家历史中尤其是过去60多年里曾有多次体现。美国是一个泥足巨人，但它仍然是一个巨人。

美国未来何去何从，无论是乐观看法还是悲观看法，都会给中国带来重要启示。美国或许会变得更加强大，那么，中国就需要向这个强大对手学习，学习美国直面新的挑战、不断进行自我变革的危机感和韧性。中国需尽早筹谋如何应对一个转强的美国。一个实力恢复或较前上升的美国会更好相处吗？2017年上台的新总统会不会采取比奥巴马更为强势的对华政策？当然，美国或许会因财政危机、社会不平等、政治体制“机能失调”等因素而裹足不前，难道中国不也是在不同程度上面临相似的挑战吗？在一个国家间竞争日趋激烈复杂的时代，更深入地了解自己的对手，必要时善于和勇于向对手学习，显得尤为重要。

## 第二节　“特朗普现象”的背后

2016年是美国总统大选年，现任总统奥巴马出身民主党，将在2017年1月20日正式卸任。美国总统被认为是“世界上最有权力的人”，不仅是政府元首，也是美国军事力量的最高统帅。在竞逐这一“宝座”的总统大选中，从来都不缺少响当当的“大人物”。然而，唐纳德·特朗普（Donald Trump）这位既不是出身政治望族也从无从政经历的“小人物”却着实给2016年美国大选带来一股强劲的旋风。面对 2016 年美国大选呈现的“反常态”，人们不禁要问，为什么特朗普这样的人物会在美国总统大选中“异军突起”呢？简单来说，这既是美国党派政治畸形发展、政治“功能不调”的产物，也是美国经济、社会、族群等方面矛盾进一步深化的反映。“特朗普现象”是美国之困的一种折射。

## 一

特朗普 1946 年出生于纽约，是一位成功的地产商人。他一直非常高调，善于自我包装，他所写的书《做生意的艺术》《回归的艺术》等都是《纽约时报》评出的最畅销书籍，《飞黄腾达》则是一部为他量身打造的真人秀节目，招募了很多“想做唐纳德”的人参与这档节目，在美国颇为流行。特朗普此前也支持了不少政治人物，但直到 2015 年 6 月才决定亲自披挂上阵，以共和党人身份参加总统大选，并提出了“让美国再次强大起来”的竞选口号。截至 2016 年 3 月，特朗普在内华达州、密歇根州、密西西比州等赢得了预选胜利，并在阿拉巴马州、阿肯色州、马萨诸塞州等占据领先优势。可以说，作为一个毫无从政经验的人，在短短几个月内，特朗普已经成功地从一个“真人秀人物”成为“白宫的有力争夺者”。

的确，与那些侃侃而谈的候选人不同，特朗普是个“暴脾气”，口无遮拦，“雷人”之语不断。他在竞选中表示，要在美国和墨西哥的边境修一堵巨大的墙挡住外来移民，提出要禁止所有穆斯林进入美国，赞同对恐怖主义嫌疑人实施酷刑，并称要杀死恐怖主义分子的家人。此外，特朗普还对俄罗斯总统普京表示赞赏，要求美国的亲密盟友日本向美国支付“保护费”。这些充斥着种族主义、排外主义的言论，无疑已经跨越了美国政治生活中的“红线”，让很多人认为特朗普的参选根本就是美国政治的一个“笑话”。[27]

然而，特朗普却出乎意料地在预选中连连获胜，这让美国国内外舆论一片哗然，就连共和党党内也掀起了“阻击特朗普”的行动。共和党的另一位重要候选人罗姆尼（Mitt Romney）激烈批评特朗普，说他是“骗子、欺诈者”（a phony,a fraud），“把美国人当傻子”。罗伯特·卡根警告称，特朗普是共和党“人为制造的怪物”，其足以毁掉共和党。[28]2016 年 3 月，60 位共和党籍的前高官和政界大佬公开发表联名信，反对共和党提名特朗普为总统候选人，警告如果这样做，党将不党，国将不国。美国前常务副国务卿、世界银行前行长罗伯特·佐利克等联署者在信中表示，特朗普是“诈骗者”（racketeer），“一旦（特朗普）当选总统，他会滥用职权并将美国带入更为缺乏安全的境地，并且损害我们在世界中的地位”。[29]美国中央情报局前局长、军界大佬迈克尔·海登（Michael Hayden）则称，如果特朗普真的当选总统，美国的军事力量有可能会拒绝执行他的命令。[30]

2016 年 3 月初，纽约前市长、现年 74 岁的传媒大亨迈克尔·布隆伯格（Michael Bloomberg）正式宣布，决定不以独立候选人的身份参加 2016 美国总统大选。布隆伯格在其就决定退选发表的公开信中称，“美国民众正面临着维护我们共同价值观与民族希望的严峻挑战”，“特朗普在选举中利用人们的偏见与恐惧，给美国社会造成的分裂与破坏是我所未曾见过的”。他警告说，“在美国历史上，民主、共和两党所提名的竞争人选都接近并崛起于美国的权力中心。但这一传统可能即将被打破，极端势力正在抬头，除非我们出手阻拦，否则美国在海内外遭遇的问题会更加严重”。[31]

对于“特朗普现象”，美国参议院民主党领袖哈里·里德（Harry Reid）毫不客气地指出，特朗普是共和党反对奥巴马政府所有重大举措造就的“怪物”，对此共和党只能咎由自取。里德表示，从 2009 年奥巴马开始担任总统以来，共和党就认为奥巴马是一位“不合法的”总统，为了给奥巴马政府“搅局”，共和党通过七年的时间，召唤出了一些美国“最黑暗的力量”，造就了当前的“特朗普现象”。里德还警告说，如果共和党不能阻止特朗普，他会使这个党比现在更加分裂。[32]

在奥巴马当政的过去几年，美国的政党政治出现了空前的“极化”现象。简而言之，“极化”就是左的太左、右的太右，难以相互妥协，难以形成政策共识。奥巴马政府自2009年上台执政以来，他想要推进的国内变革可谓举步维艰，共和党方面几乎对奥巴马的任何一项改革议程都给予强烈反对，不仅移民、税收等方面的改革难以展开，医保方面的改革成果也面临被推翻的危险。在外交政策上，共和党则一直指责奥巴马政府太软弱，破坏了美国的全球领导地位，让美国在世界上变得更加不安全。共和党政治人士拼命攻击奥巴马本人，说他是一个“非法掠夺者”，是一位“道歉总统”“投降司令”，甚至还有人称奥巴马其实是一个“穆斯林”。特别是，以“茶党”成员为代表的共和党内极端保守势力坚决不愿与民主党达成妥协，他们顽固地采取“走边缘策略”与奥巴马政府相抗衡。“茶党”的支持者一度在全美国多达800万，这些人大多是保守的白人中产阶级。

可以说，“特朗普现象”实际上是前些年“茶党”势力在美国崛起的一种延伸。在2010年的中期选举中，共和党人通过攻击奥巴马政府的经济刺激、增税和医保改革等政策，重新掌控了众议院多数席位，新当选的众议员大部分都是“茶党”成员。为了应对2008年金融危机对美国经济带来的挑战，奥巴马政府加大了对经济活动的干预，增加了对基础设施建设和社会保障等领域的政府支出。这些举措被共和党的极端势力攻击为“搞社会主义”，他们主张削减财政支出，强烈反对“大政府”。他们似乎并不关心如何实现美国经济的尽快复苏，而是死死纠结于限制政府、平衡预算和避免增税，坚信“税收对政府的作用如同威士忌对酒鬼”。茶党成员普遍认为，政府已变得“太大且太过靡费”，损害了宪法和个人自由，且“华盛顿与华尔街同床共枕，相互串通，以牺牲小人物为代价获取利益”，突出表现就是奥巴马政府拿着纳税人的钱拼命救助那些银行、保险和汽车行业巨头。

在国会被共和党掌控的情况下，政治“极化”的氛围日趋严重，加大了奥巴马政府的施政难度，从第二任期一开始奥巴马就被认为成了一只权力有限的“跛脚鸭”。党派政治的“极化”有增无减。无休止的党派纷争“劫持”了国家的长远利益，“不妥协”的少数议员肆意违背大多数民众的意愿，府会之间的宪政性平衡受到破坏，使政府难以做出“好的决策”并予以实施。面对美国两党议员的“恶斗”，英国《经济学人》杂志评论称，美国国会的口水仗不少，但议案产出率却是1947年以来最低的，美国普通民众对国会的信任率仅为7%。[33]

然而，国会山的“恶斗”并不应全部归罪于“茶党”，自20世纪70年代以来，美国两党政治的“极化”现象日趋严重，国会的立法效率、督政质量和政治责任感显著下降。根据探讨美国公共政策的重要刊物《国家日志》(National Journal)30余年的跟踪研究，美国国会的“极化”达到历史最高程度，最“左”的共和党人比最“右”的民主党人还要保守，这意味着作为“两党妥协”基础的温和中间派力量基本上已经不存在了。

两党在国会互不相让、互不妥协的突出表现之一就是，参议院的“阻挠议程”(Filibuster)做法以往主要是少数派在极具冲突性的议题(如种族问题)上使用的一种非常规手段，如今却成了家常便饭。2009年，参议院共和党议员对80%的民主党议案使用了“阻挠议程”。此外，“结束辩论”(Cloture)做法在1919年至1960年间只使用了27次，但在2003年至2006年共和党控制参议院期间，共使用130余次“结束辩论”来打破民主党的“阻挠议程”，而从2007年到2010年，民主党则做出了257次“结束辩论”动议。不论各州人口多少，每个州都有两名参议员，如此看来，仅代表全国10%人口的参议员就可以阻挠事关全美国人的议案通过，无怪乎，美国知名时事评论家扎卡利亚质问道："一个民主政体应当如此运行吗？"国会"极化"的后果就是"政治瘫痪"，比如，奥巴马上台以来，有上百个政府重要职位因得不到参议院的批准而空缺，甚至是处于刺激经济增长第一线的财政部也有诸多高级职位长期无人充任。正如一位美国政治学者所言，"国会不能或是不愿坚守自己的职责，转而选择挑剔'他的'计划、'他的'战争和'他的'经济，同时否认国会需要对这个烂摊子负责"。

国会的"权力重组"、预选机制的束缚、政治议题的"道德化"和媒体的"放大"效用是导致两党政治"极化"愈演愈烈的主要因素。首先，自20世纪70年代以来的国会改革，使党团权力大大增强，本党议员的同质性进一步提升，两党之间的意识形态分歧日益扩大。其次，为从"预选"中胜出，两党的政治人物必须依靠极端化的政见迎合本党的积极分子和"基础选民"（the base），这就导致他们需要"思想上更纯洁"，至少要做出这样的表现。在美国的政治语汇中有一种表述叫作"他被预选了"，这便体现了预选对政治人物所带来的深刻影响。再次，两党政治人物（特别是"茶党"成员）将日常政治议题"道德化"，要么高呼"拯救地球"的口号，要么打出"伸张宪法"的大旗。当政治目标变得越发"道德化"时，政治妥协的空间也就自然消失了，因为所有的"反对者"都会成为所谓"不道德的人"。最后，"极化"政治成了大众传媒的"消费对象"，滔滔不绝、大言不惭受到追捧，客观、冷静、折中的看法则因为太过乏味而难以赢得媒体的欢心，"媒体需要的是打架（combat），而非礼让（comity）"，2010年美国最高法院关于私人资本可不受限制地为政治宣传服务的判决进一步助长了这种风气。

党派政治的"极化"使美国面临"政治功能失调"（political dysfunction）的严峻挑战。2011年8月5日，美国信用评级机构标准普尔公司宣布将美国长期主权信用评级由自1941年以来一直维持不变的最高级AAA级下调一级至AA+级，且评级展望为负面。标普就此决定解释称，美国联邦政府在提高债务上限问题上陷入的政治僵局表明“美国决策与政治体制的有效性、稳定性和可预见性都在降低”。换言之，美国主权信用评级之所以被下调，并不是因为对美国还债实力的质疑，而是对美国还债意愿与能力的质疑。对于债务上限危机造成的这种结局，美国耶鲁大学政治学教授雅各布·哈克（Jacob Hacker）等学者直言，“美国面临的不仅是一场债务危机，也是一场民主危机”，连奥巴马也公开承认美国缺少“AAA 级的政治体制”，甚至当时有大约 47%的美国民众认为自己的国家正走在错误的道路上。

对于这场债务上限危机，英国《金融时报》刊文将之描述为，“由一群没有头脑的食人族统治的国会，正对着一位懒得动弹的总统大快朵颐”。虽然在最后一刻，两党达成了一份避免美国主权债务违约的协议，但这场债务上限风波无异于是一场“华盛顿强加给美国的危机”。美国本可以采取更积极、更果断、更负责、更有效的方式解决长期债务问题，避免主权信用评级遭到下调，并保持经济增长的“基本支柱”不受损毁。2010 年 12 月，由克林顿执政时期的白宫幕僚长厄斯金·鲍尔斯和怀俄明州共和党前参议员艾伦·辛普森担任主席的减赤联合委员会曾提出在未来 10 年削减 4 万亿美元赤字，使债务占 GDP 比例稳定在 65%左右的方案。奥巴马与众议院议长、共和党人博纳也曾在 2011 年 7 月一度达成协议，在未来 10 年按照 4∶1 的比例进行公共支出削减和增税，以实现削减 4 万亿美元赤字的目标。如果这两项方案中的任一项能得以执行，标普都不会调降美国的主权信用评级。但是，高度“极化”的两党政治使府会之间最终未能达成对美国最为有利的“大交易”。

实际上，在美国巨额债务问题上，之前的共和党政府显然难辞其咎。1980 年，里根在反对高税收和大政府的民意潮流下入主白宫，虽然在他 1989 年卸任时税收占 GDP 的比例已从之前的 20%降至 18%，但在他任内公共支出占 GDP 的比例却达到 22.4%，而 1971 年至 2009 年的均值为 20.6%，特别是农业补贴支出增长140%。在这种低税收、高支出的情况下，美国的国家债务从1980年的7 120亿美元增至1988年的20 000亿美元。再就是，2001年至2008年间执政的布什政府因发动伊拉克、阿富汗两场战争，实行大规模的减税和扩大医保等政策，不仅耗尽了克林顿时期出现的预算盈余，还使美国债务升至10.6万亿美元。由此看来，共和党在公共支出问题上对奥巴马政府的指责是极不公平的。

很大程度上，民主的力量正是在于它能使不同的政治派别和利益集团通过辩论和制衡实现某种妥协，从而确保政府做出好的决策，服务于全社会的最大利益和国家的长远利益。而且，政治人物不仅要勇于承担责任，在关键时刻敢于发挥领导力，也要善于将好的政策“推销”给选民，而不是由选民来左右政策的制定。根据这种标准，无论是共和党，还是民主党，都不是这场债务上限危机的赢家。“极化”和“僵化”的党争局面减损了美国民众对政府和政治人物的信心。《纽约时报》和哥伦比亚广播公司进行的联合调查显示，82%的美国公众对国会的表现非常不满，这是自1977年该项调查开始进行以来得到的最高纪录。美国有线电视新闻网的调查则显示，77%的受访者认为华盛顿的公职人员在债务上限问题上的表现像是“被宠坏的孩子”。布鲁金斯学会高级研究员丹尼尔·考夫曼在对“世界经济论坛”所作的多项调查结果进行分析后指出，自2002年以来，美国商界高层对美国立法机构的信心一直在持续下降。

美国两党政治的失能让很多有识之士感到忧心，但他们也普遍认为美国的民主体制有望实现“自行更新”并重新发挥积极作用。牛津大学政治学教授蒂莫西·阿什（Timothy Garton Ash）在分析美国债务上限危机中两党的表现后指出，“美国政治已经变得毫无希望，但我现在已开始满怀希望，因为改革的力量正在从愤怒和憎恶中诞生”。2010年的调查显示，70%的登记选民认为共和党立场太过保守，76%认为民主党立场太过自由；有三分之二的美国人希望摆脱两党政治，将选票投给第三党或无党派候选人。投资银行家彼得·阿克曼（Peter Ackerman）等人还提出了“美国人的选举”（American Elect）倡议，旨在利用网络进行公开讨论、提名和表决选出可信赖的中间派候选人，而这个候选人必须指定其他党派或无党派人士作为自己的竞选伙伴，以确保政府的“超党派性”。此外，不少州也已开始启动预选机制改革。

虽然这场债务上限危机没有赢家，但最大的输家却无疑是美国自己。“美国像是经历了一场政治上的越战”，“右翼的疯狂使美国成为一个根本不健康的国家”，其制度效能和国家信誉受到无可挽回的损害。从美国历史看，当年华盛顿、汉密尔顿等“立国之父”正是在解决了严重债务危机的基础上使美国获得真正的独立。或许今天的这场债务上限危机也能够成为美国政治自新的催化剂，因为“极化”“失能”的政党政治不仅对美国无益，仍然蹒跚前行的世界经济也着实经不起这样的“折腾”。大约25年前，1989年夏，苏联正式解体前夕，福山曾大胆地宣称：人类意识形态演变的终点是“西方自由民主的普遍化，这是人类政府的最终形式”，此所谓“历史的终结”。而在2014年，福山出版了《政治秩序与政治衰败》一书，旨在对金融危机后美国乃至西方面临的制度危机进行思考。福山指出，立法、行政、司法的三权分立是美国的立国理念，美国人不信任政府的传统由来已久，美国宪法也深深体现了这种传统，但问题在于一旦民主过了头，对行政机构的监督和制衡就会沦为“否决体制”，导致决策体系过于松懈，施政成本过高且效率低下。福山对美国民主党、共和党之间越发“极化”的党派之争颇感不满，并悲观地认为不易找到有效解决这一问题的办法。[34]

## 二

应当看到，美国两党政治的高度“极化”具有深刻复杂的经济社会背景。

金融危机以来，美国经济长期低迷，失业率高企不下，中等收入群体仅能勉强维持生活水准，而低收入群体则因次贷泡沫崩溃背负巨额债务，近六分之一的美国人要依靠政府的食品补贴度日，社会不满情绪总体呈上升态势。而美国政府出台的一系列经济刺激政策，使高收入阶层成为事实上的最大受益者。在收入最高的三成美国人中，失业率只有4%；而在收入最低的三成美国人中，失业率为16%左右。贫富差距进一步扩大，美国1%的人口目前掌握着近40%的全体国民财富。以上状况极大强化了民众的焦虑情绪和利己主义倾向，其政治立场也更趋于保守。盖洛普（Gallup）在2010年进行的一项调查显示，42%的美国人认为自己是“保守主义者”，只有21%的人认为自己是“自由主义者”。当然，美国社会与政治的保守化与“外部因素”也不无关系，正如美国进步中心高级研究员马特·米勒（Matt Miller）所指出的，美国正失去至高无上的经济霸权地位，中产阶级因为印度、中国等国家的崛起而面临压力，这让美国人对无力保护他们免遭这场风暴侵袭的政客们感到失望和愤怒。[35] 这正是助推“特朗普现象”的更深层次原因。

支持特朗普的选民大多数抱持“反建制”、反精英思想，他们对自己的生活现状极为不满，一种深深的愤怒情绪驱使他们向特朗普靠近，并通过选择特朗普来发泄心中的怒火。[36] 虽然过去近年从经济数据上看美国的经济形势在好转，比如失业率从2010年的10%降到现在的6%，但是很多民众认为这不过是一种“无感的复苏”，他们对自己、家人乃至整个国家的未来感到不确定。2015年8月，美国拉斯穆森（Rasmussen）民意调查项目的数据显示，有66%的美国人认为美国正朝着错误的方向行进。[37] 美国的社会不平等问题仍在进一步恶化，根据美国皮尤研究中心2015年12月发布的报告，美国的中产阶级正在“萎缩”，高收入和低收入美国家庭的数量已经超过了中等收入家庭，中等收入家庭自20世纪70年代以来首次成为美国的少数家庭。据调查，最愤怒和最悲观的美国人恰恰是年收入在5万—7.49万美元之间的家庭。他们认为，自己的下一代要比自己的生活还要差劲，“美国梦，或者说他们眼中的美国梦已经死亡”。[38]

特朗普在维护白人群体利益方面可谓更进一步，他不仅争取到白人中产阶级的支持，还成功地迎合白人工人阶级的诉求。“茶党”领袖、阿拉斯加州前州长萨拉·佩林等人对特朗普给予了毫无保留的支持。在党派政治的影响下，特朗普与奥巴马之间形成了一种鲜明对比，前者恰恰是后者的对立面。奥巴马平和，特朗普暴戾；奥巴马低调，特朗普夸夸其谈；奥巴马是黑人政治活动家，特朗普是白人富豪。此外，普通美国民众也对自己的安全状况感到焦虑，尤其是很多人认为奥巴马政府过于软弱，无力应对“伊斯兰国”等新的恐怖主义势力带来的威胁。在这种情况下，特朗普关于“把‘伊斯兰国’彻底炸飞”“对恐怖分子采取更残忍的刑罚”等主张为他赢得了大量的选票。他还说，美国应当禁止穆斯林进入美国，需要应对墨西哥移民的“入侵”；美国应当从欧洲和日本撤军，以便更好地保护美国本土。对于很多普通美国人来说，虽然特朗普的这些主张听上去有些“疯狂”，但却是直截了当的，不拐弯抹角，也不假慈悲，让人很是“解气”。选民需要像特朗普这样的人物，把他们心中深藏的焦虑、不安、愤怒、不满一股脑地发泄出来。在这种情况下，即便特朗普经常口出狂言，但不少人认为这是“可以饶恕的”失态行为。

与特朗普“异曲同工”，民主党人伯纳德·桑德斯（Bernard Saunders）也具有这样一种迎合普通美国人诉求的能力。与希拉里所代表的民主党精英阶层不同，桑德斯的支持者主要是拉美裔年轻人、女性劳动者和底层工人阶级。桑德斯从不掩饰自己对“华尔街富人”的反感，声称美国资本主义欺骗了99%的美国人。2008年他反对美国政府注资拯救银行业的法案，2010年他在国会发表了超过八小时的演讲，反对税改法案，认为新税制将扩大贫富差距，这让他成为替草根发声的英雄人物。在此次竞选中，桑德斯称，应该调高劳动者的最低薪资，还提出了高等教育免费计划和免除学生债务等主张，这让很多底层劳动者和年轻学生为桑德斯叫好。竞选美国总统绝对是一件“烧钱”的事情，但桑德斯却拒绝接受大财团、大企业、大商人的资助，在他筹得的竞选基金中有超过80%属于200美元以下的小额捐款。显然，桑德斯这种“特立独行”为他赢得了相当多选民的支持。

无论是特朗普还是桑德斯，这些“非主流”政治人士吸引大量选民的背后，实际上是美国经济社会不平等现象日益加剧的现实。金融危机发生后，美国政府对大财团和大企业实施了“救助”，虽然这几年来，美国的经济有所复苏，但普通民众获得的实际好处却是非常有限的，尤其是美国中产阶级对未来生活的期望普遍下降，贫富差距也在不断增大。2014年，美联储的调查显示，收入排在美国前3%的家庭拥有的财富占全部家庭总财富的比例从1989年的44.8%，升至2013年的54.4%。美国智库布鲁金斯学会的一项研究发现，2000—2012年，全美100个主要城市的郊区都出现贫困人口增长和贫困居民高度集中的现象。1971年，61%的美国成年人生活在中等收入家庭，而这一比例在2011年降至51%。2013年12月，总统奥巴马在公开演说中提醒国民，目前美国收入最高的10%的群体占有国民总收入的一半。

越来越多的美国精英人士也认识到，贫富差距扩大将破坏美国经济增长和社会稳定的基础。美联储主席珍妮·耶伦（Janet L.Yellen）指出，美国经济虽看似稳步复苏，但美国普通民众的生活水平依然低迷，贫富差距日益扩大，当前美国收入和财富不平等的程度是最近100年来最为严重的，已威胁到“美国梦”的核心价值观。[39] 诺贝尔经济学奖得主、美国哥伦比亚大学教授约瑟夫·斯蒂格利茨（Joseph E.Stiglitz）警告说，贫富差距扩大造成社会阶层向上流动性减弱，美国底层民众越发感到失望，而这种社会气氛将使美国步入一个“脆弱的时代”。[40] 应当看到，在政治体制功能失调的情况下，贫富差距扩大、中产阶级的萎缩成为西方国家普遍面临的重大挑战。正如法国经济学家托马斯·皮凯蒂（Thomas Piketty）在其专著《21 世纪资本论》中所批评的，“资产拥有者越来越富裕，与无产者之间的差距越拉越大”，“财富和贫困变成了一种世袭”。[41] 美国前财长萨默斯（Lawrence Summers）称，对于发达国家来说，通缩、经济停滞和不平等状况加剧是实实在在的问题，经济繁荣远不是包容性的，必须集中精力扶持中产阶级，提升工薪家庭的工资和生活水平。[42]

当然，美国国内贫富差距、收入不平等、税制不合理、福利制度不良等影响经济健康发展的问题始终未能得到有效解决，其深层次原因在于美国国家治理的不协调。美国知名政治评论家、布鲁金斯学会高级研究员约瑟夫·迪昂（E.J.Dionne）在其所著《为什么美国人恨政治》一书中指出，美国政治患上严重的意识形态病，虚伪的政治辩论远离选民的实际关切，这是民众憎恨政治的原因。[43] 哈佛大学历史系和商学院的讲席教授尼尔•弗格森被认为是西方最有影响力的思想者之一。他在 2014 年出版了《大退化：制度如何衰败以及经济如何衰亡》一书，力图探讨西方世界究竟出了什么问题，支撑西方文明的制度支柱为什么会失效。弗格森在该书中将西方现代政治体制的四个“黑盒子”逐一打开，对“民主”“资本主义”“法治”和“公民社会”进行深入剖析，以历史学家的锐利视角，讲述了过去数十年来这些制度的退化。[44]

奥巴马政府自 2009 年上台执政以来，它想要推进的国内变革可谓举步维艰，不仅移民、税收等方面的改革难以展开，医保方面的改革成果也面临被推翻的危险。奥巴马曾经对华尔街的金融界大鳄们宣战，提出要加强对银行业的监管，要就“次贷危机”进行问责。可时至今日，金融监管改革未有实质性进展，也再难看到奥巴马面对金融精英的大义凛然。弗朗西斯·福山在解释这一状况时称，“金融危机后一直未能建立起恰当的监管，那些手握巨大资本、组织严密的利益集团控制了政治制度，利用拥有巨大游说能力的院外集团阻挠改革”，“石油、金融等领域的特定利益集团左右政治为己所用，在金融监管改革等方面设置障碍，这可以说是民主的失败。吃了亏的老百姓不再信任政府，得不到支持的政府其权限会进一步缩小，从而使国家治理陷入恶性循环”。社会不平等加剧、经济利益分配不公、政治体制的衰败对美国带来的直接后果，就是普通美国人的生活变得糟糕，人们对政治领导人的信任度下降，政府的正当性和权威性受到质疑。

## 三

2014 年 8 月 9 日，美国密苏里州北部小镇弗格森的一声枪击，引爆了席卷美国 34 个州的抗议浪潮，再次凸显了美国社会的深刻伤痕——种族歧视与冲突。18 岁的黑人男青年迈克尔·布朗（Michael Brown）在手无寸铁的情况下，被弗格森镇的白人警察开枪射杀。大约两周后，密苏里州法院地方陪审团宣布对这名警察免予起诉。消息传来，激怒了美国的黑人民众，也激怒了那些对种族歧视深感厌恶的白人民众。不仅是在弗格森镇，在华盛顿、在纽约、在芝加哥、在洛杉矶，在遍布美国的 90 多座城市，人们走上街头，高声抗议，也有人在愤怒之下作出焚烧汽车和商铺的举动。弗格森枪击事件引发的骚乱却一直未能平息。2015 年 3 月美国司法部发布了这起事件的分析报告，认为当地警察局的确长期存在针对黑人的种族偏见。虽然弗格森镇警察局局长宣布辞职，但人们还是难以抑制心中的怒火，他们又一次涌上街头。在这次抗议中，弗格森的两名警察受到枪击。

种族歧视是难以愈合的美国伤疤。种族问题的恶化是“特朗普现象”产生的一大根源。正如弗格森枪击事件所表明的，在美国，法律文本上的“平权”与实际生活中的“平权”仍然相距甚远。弗格森的悲剧提醒着人们，美国黑人等少数族裔受到的歧视和不公正对待，依然在撕裂着美国社会，美国一直自诩是能够促进不同种族、宗教、文化相融合的“大熔炉”，而今却要面对越来越明显的现实挑战。美国是一个移民国家，200多年前受到宗教迫害的英国新教徒们乘坐“五月花号”来到这片土地上。原本在此生活的印第安人遭到赶杀，他们的土地被这帮白人所占据，并建立起农场、种植园等。有了土地之后，白人又经营起从非洲贩运黑人奴隶的勾当。无论是发表于1852年的美国小说《汤姆叔叔的小屋》，还是马丁·路德·金铿锵有力的演说《我有一个梦想》，都为很多普通中国人所熟知。“蓝调”音乐其实也起源于美国黑人奴隶的灵魂乐和劳动歌曲。在英语中，“蓝色”还有心情忧伤的意思，“蓝调”音乐最初所反映的，就是美国黑人那种忧伤、紧张、无助且希望得到安慰的情绪。

由于在是否应废除黑人奴隶制度等问题上存在严重分歧，美国的南方和北方在1861年爆发内战。虽然美国总统亚伯拉罕·林肯在1863年发布了《解放奴隶宣言》，但美国黑人（非洲裔美国人）民众真正从法律上获得与白人相同的“公民权利”却还要再等上一百年。20世纪60年代，黑人年轻牧师马丁·路德·金领导的民权运动在美国风起云涌，肯尼迪政府最终制定和颁布了旨在保护少数族裔公民权利的一系列法律。美国黑人在历史上所遭遇的悲惨经历自不待言，在第二次世界大战结束以来的这70年中，像弗格森枪击黑人这类事件也是时有发生。2014年8月9日弗格森镇黑人青年布朗被枪杀以后，当地民众的大规模抗议很快演变为暴力冲突。荷枪实弹的警察，佩戴护具和防毒面具，乘坐装甲车进入冲突地点。密苏里州州长在16日宣布该州进入“紧急状态”，并颁布了宵禁令。但这并没有压制住当地民众沸腾的不满情绪，18日密苏里州州长不得不派遣准军事力量——国民警卫队——进驻弗格森镇，以维护当地秩序。因布朗之死，全美国多个地方都发生了抗议或骚乱，至少400人被逮捕，数千名国民警卫队成员和警察出动。

的确，在弗格森这个小镇，黑人的地位一直没有得到应有的尊重。该镇的居民三分之二是黑人，但这个小镇的53名警察中仅有3名黑人。其所属的圣路易斯市市长以及市理事会的6名成员中，只有1名是黑人。2013年，7名成员全是白人的弗格森—弗洛里森特学区委员会，在没有说明原因的情况下，解除了该学区黑人督学的职务，引发了当地黑人民众的不满。而警察在执法过程中对黑人“重点关注”更是司空见惯，包括无正当理由的搜查或逮捕、暴力执法、不当使用警犬等。在超市和商场购物区，黑人往往成为被警察搜身的对象。而且，警察还经常向黑人司机收取超出法律规定的高额罚款。经调查，黑人青年布朗并没有任何犯罪行为和不轨企图，他刚刚高中毕业，正准备去一所大学读书。根据尸检报告，布朗至少身中6枪，其中头部中2弹，由此可见美国警察针对黑人群体进行执法活动的野蛮粗暴。黑人示威者在为布朗站立守夜时，发出了怒吼，“我们受够了警察的种族主义行径”，布朗遭枪击事件“是压垮骆驼的最后一根稻草”。

弗格森小镇的黑人经历以及布朗遭受的惨剧，实际上是美国黑人不公待遇的缩影。美国司法部在2015年3月公布的调查报告显示，2012—2014年，在被警察局传唤的人中，黑人占90%，占被逮捕人数的93%，黑人收到了95%的交通罚单，94%的“不服从警察”控诉指向黑人，这些数字都远远超过当地黑人人口的比例。这份司法部的报告还作出结论，认为弗格森的警察局和法院等，普遍存在对黑人的种族歧视，这种行为违反了美国宪法。[45]

弗格森事件不禁让人们想起了历史上很多与之相似的事件。密苏里州南部、与之相邻的阿肯色州曾在1957—1958年发生“小石城危机”。当时，阿肯色州实行严格的种族隔离制度，美国黑人学生被禁止进入小石城的一所中学读书，结果引发了一场官司。美国最高法院最后宣布此举违宪，一名联邦大法官还下达了让这几位美国黑人学生入学的法令。然而，当地白人强烈反对种族融合，阿肯色州州长也拒绝执行联邦法院的指令，他还调来国民警卫队压制抗议的人群。第二次世界大战名将、时任美国总统艾森豪威尔最终不得不动用军队来解决这一危机，他派出了第101空降师应对州国民警卫队。这一事件后，阿肯色州通过了新的法律，用复杂的行政程序等手段为黑人学生入学制造很多新的障碍，在事实上把种族隔离制度化、长期化。

1963年的“伯明翰事件”则让美国国内的种族问题进一步引起国际社会的关注。当时，阿拉巴马州的伯明翰市实施严格的种族隔离政策，黑人民众发起的和平示威被市政当局所禁止，游行者被逮捕。一张警察牵着警犬冲向示威者的照片，被刊登在美国和世界的很多重要报纸之上。而阿拉巴马州州长乔治·华莱士（George C.Wallace）则扬言，将“永远实行种族隔离”。此次事件发生3周后，非洲国家领导人在参加非洲统一组织成立大会时，通过决议，呼吁美国结束这种不可容忍的行为。“伯明翰事件”演变成为一场国际性危机。

在伯明翰的抗议浪潮中，年轻黑人牧师马丁·路德·金也被捕了，他在狱中写作了《来自伯明翰监狱的书简》，激励无数黑人民众继续为争取正当权利而抗争，金牧师本人也因此获得巨大声望。1963年8月28日，多达25万的抗议者聚集在华盛顿特区，在林肯纪念馆的台阶上，马丁·路德·金发表了《我有一个梦想》的著名演讲。40多年过去了，黑人在美国社会中的地位的确是有所提升，2014年美国国会中有44位黑人议员，比1974年多出2.5倍。在联邦部长级官员和地方州长、市长中，也出现了很多黑人面孔。然而，弗格森事件却再次提醒美国人，种族问题依然十分严重，而在包括密西西比在内的一些州，黑人的民权正在倒退。

2009年1月，美国历史上的首位黑人总统奥巴马宣誓就职。出身民主党的奥巴马毕业于哈佛大学，曾经是芝加哥大学法学院讲师，后来积极参与和领导芝加哥社区工作，在当选美国国会参议员后成为政坛明星。奥巴马1961年出生于夏威夷，他的父亲当年是留学美国的肯尼亚大学生，母亲则是美国白人女教师。在奥巴马所著《我父亲的梦想》中，他曾经用“母亲像牛奶、而父亲像煤炭”来描述自己的身世。奥巴马父亲在其两岁时即不告而别，年幼的奥巴马成为母亲家族中唯一的一名“黑人”，这种特殊的肤色带给他的特殊感受是深刻的，正如他后来所言，“一个西方人，西方却不是我的家；一个非洲人，非洲却是陌生的土地”。奥巴马还曾在印度尼西亚度过了四年的童年时光。为了要“知道自己是谁”，在就读哈佛大学前夕，奥巴马曾远赴肯尼亚，他的父亲却已在1982年死于车祸，奥巴马“坐在两个坟墓之间哭泣了很久”。[46]

奥巴马的黑人面孔的确帮助了他赢得总统宝座，在2008年的大选中，几乎所有黑人选民都将选票投给了他。据说，奥巴马当时与国会的非洲裔议员联盟达成不成文的协议，规定这一联盟将帮助奥巴马应对来自右翼的攻击，而作为回报，奥巴马在当选总统后须对少数族裔多予照顾，需要更鲜明地彰显其非洲裔身份，以及“自由世界的第一黑人领袖”身份。但是，黑人面孔其实也让奥巴马感到紧张，他知道种族歧视在美国社会和政治中根深蒂固，而他要成为“美国人的总统”而非“美国黑人的总统”。这种纠结体现在了2008年的“赖特牧师事件”上。身为芝加哥三一联合基督教会牧师的赖特（Jeremiah Wright）是一位黑人，也是奥巴马在宗教方面的启蒙导师，是奥巴马夫妇的证婚人。2004年奥巴马在民主党全国代表大会上发表题为“无畏的希望”演讲，此后还出版了同名著作，这令其声名鹊起。而“无畏的希望”正是源自赖特的一次布道，当时令奥巴马热泪盈眶。[47]

而这位赖特牧师也一直是争取黑人民权的急先锋，甚至经常发表一些过激言论。2008年，正当奥巴马火热地参与竞选之际，赖特的许多布道说词引起了舆论争议，包括中东冲突不是源于伊斯兰教对美国的仇恨，而是源于以色列不道德的行径，美国和以色列都是恐怖主义；“9·11”恐怖袭击是上帝在谴责美国；美国是一个被有钱白人控制的社会，没人在乎贫穷黑人的日常生活。在这种情况下，奥巴马不得不公开发表声明，与赖特划清界限。奥巴马还提出“建设更完美联邦”的构想，暗示将以慎重的方式处理种族问题，提到了民权法案对白人造成了“逆向歧视”。

奥巴马当选后，受到美国黑人民众的欢迎，但是他并没有为推动黑人民众的权利作出什么特别努力。美国塔夫茨大学历史系教授皮奈尔·约瑟夫（Peniel E.Joseph）在弗格森事件发生后评论道，奥巴马是一位犹豫的黑人总统，“与奥巴马在环境、移民和同性恋婚姻议题上的不遗余力相比，他在种族议题上的作为显得无比苍白”。[48] 弗格森事件发生后，奥巴马不得不对种族问题给予更大程度的重视，他指示美国司法部尽快介入调查。2015 年 3 月，奥巴马参加美国黑人民权运动 50 周年纪念活动时表示，把弗格森问题看作一个孤立事件是错误的，种族主义并未根除，“不用去阅读司法部有关弗格森事件的调查报告，只要用眼睛去看、用耳朵去听，就能发现种族歧视的痕迹”。[49] 可以说，弗格森事件成为美国历史上新的分水岭，重新点燃美国黑人民众的愤怒，以及整个国家对种族问题的关注。

2014 年 9 月，美国最具影响力的杂志之一《时代》周刊发表了一篇评论文章，题为《正在袭来的种族战争与种族无关》。作者认为，种族问题的背后实际上是“贫穷”或“贫富差距”的问题，在许多美国人看来，有色人种是贫穷的同义词，而贫穷则是犯罪的同义词。贫富差距扩大，自然会加剧民众之间的紧张感，进而会提升社区的不安全感。近年来，美国警察的巡逻装备日益“军事化”，而对于街上的穷人，无论其是何种肤色，警察常常会反应过度，在执法中滥用武力。实际上，弗格森镇就是一个典型的贫困郊区。它位于密苏里州圣路易斯市的西北郊，目前约有四分之一的居民生活在贫困线以下，绝大部分是黑人。2000—2012 年，该镇的失业率从 7%升至 13%，贫困人口增加了一倍，居民实际平均收入则下降了三分之一。[50]

弗格森事件的发生，有着深刻的社会背景，它不仅反映了美国由来已久的种族矛盾和冲突，也折射出美国国家治理面临的很多深层次挑战。当然，弗格森事件的国际性影响也不应被忽视，美国的“人权卫士”形象再次受到广泛质疑，“美国应该把注意力放在解决好自己的问题上，而不是总指责别国”。正如哈佛大学肯尼迪政府学院教授斯蒂芬·沃尔特（Stephen Walt）所言，“弗格森事件对美国作为全球平等、人权和（发展）机会旗手的形象造成了损害”，“长期以来，美国黑人所遭受的对待一直在破坏我们（美国）是‘大熔炉’的宣传”。[51] 弗格森镇的枪声、黑人青年布朗家人的哭泣声、走上街头抗议种族歧视的怒吼声，仍将在美国这个所谓“大熔炉”中长久回响。

## 第三节　美国走向“韬光养晦”？

20 世纪 90 年代初，随着苏联的解体和冷战结束，美国以其超强的国家实力成为世界“霸主”，很多西方人士将苏联社会主义制度的灭亡视为“历史的终结”，美国迎来了可以按照自身意愿构建世界新秩序的“单极时刻”。1993 年上台执政的克林顿政府将美国带入了历史上的全盛时期。而这一切在乔治·W. 布什执政的八年中发生了逆转。布什发动的“全球反恐战争”及其对经济发展的忽视，特别是大幅减税、放松金融监管、加剧赤字财政等一系列政策失误，将克林顿时期积累下来的“家底”耗费殆尽。布什政府奉行的对外战略更是招致美国国内外的广泛批评。2009 年 1 月，以“变革”旗号赢得总统大选的奥巴马入主白宫。面对布什政府留下的“烂摊子”，奥巴马开启了美国大战略的调整进程。简言之，奥巴马的战略就是“对内强本固基、对外低成本维霸”，他认识到恢复国家实力是美国全球领导地位得以延续的根本，美国需要注重恢复国力、审慎使用武力、平衡运用各种国家安全手段、强化国际责任的分担。

## 二

从克林顿上台的1993年到布什下台的2008年，美国的国家实力出现了重大变化。克林顿任内八年，美国国民生产总值年均增长4%，失业率从1992年的7%降至2000年的4%，2000年美国国内生产总值达到世界经济总量的30%左右，美国结束了连续长达39年的赤字财政历史，创纪录地积累了2 541亿美元的预算盈余。然而，在2008年布什下台时，美国的失业率高达7.2%，美国国内生产总值占世界经济总量的比重降至25%。导致这一状况的最直接原因，或许是布什政府开打的两场战争——阿富汗战争和伊拉克战争。

理查德·哈斯曾言，由于确实需要将藏身阿富汗的“基地”组织剿灭等原因，阿富汗战争是一场“必要的战争”；但伊拉克战争则是一场“自找的战争”。2001年9月11日，由“基地”组织策划并实施的恐怖主义袭击给美国造成重大伤亡，约有3 000名美国平民在袭击中丧生，这是美国建国以来其本土遭受的最严重攻击，远甚于第二次世界大战时期的“珍珠港袭击”。当年12月，布什政府以武力推翻阿富汗塔利班政权，对长期盘踞在该国的“基地”组织等恐怖势力进行清剿。然而，未及阿富汗战争取得全面胜利之时，布什政府便将主要战场匆匆转向伊拉克，以伊拉克拥有大规模杀伤性武器并和“9·11”事件有关为理由，对萨达姆政权宣战。

“9·11”事件发生一年后，布什政府在2002年9月17日公布的《国家安全战略报告》中指出，为维护美国的全球领导地位，美国将采取必要的单边主义行动，对恐怖主义组织和专制政权展开“先发制人”的打击，以“政权更迭”模式推进民主、扩展和平，“将积极致力于将民主、发展、自由市场和自由贸易的希望带到世界的每一个角落”。自此，单极霸权、单边主义、先发制人、政权更迭等思想被视为“布什主义”的核心内容。如今看来，伊拉克战争既是“布什主义”的一次实践，同时也宣告了“布什主义”的失败。

从历史角度看，“布什主义”实际上是美国一以贯之的“全球领导”雄心在“单极时代”的刚性“变奏”。冷战结束后，随着苏联这一最大战略威胁和对手的消失，美国进入大战略的迷茫期。老布什政府提出“超越遏制”战略，力图将苏联吸纳入国际社会，并积极倡导建立“世界新秩序”，但这一战略相较于冷战时期的“遏制”而言，仍然是过渡性质的。不过在1992年前后，时任国防部部长迪克·切尼（Dick Cheney）、副防长保罗·沃尔福威茨（Paul Wolfowitz）等新保守主义中坚力量曾低调制定《1994—1999财年防务规划指针》，提出美国的战略目标应是“支配”世界，要以单边行动和压倒性军事优势确保他国不对美国全球霸主地位构成挑战，包括对美国的西方盟国进行必要的压制。这份指针后遭媒体披露并引发各方激烈批评，加之共和党随后失去执政地位，致使切尼等人“壮志未酬”。

随后上台的民主党克林顿政府则提出“接触与扩展”战略，称美国是世界上“不可或缺的国家”，大力推动以传播自由市场资本主义为深层目标的全球化，并从全球化视角审视国家安全问题，还明确将“民主推广”作为外交战略的核心支柱之一。然而，这一时期，收缩和扩张这两种美国国家安全战略取向之间的张力却进一步深化了。一方面，美国国内出现了极为突出的孤立主义情绪，并在20世纪90年代末演化为对全球化的强烈批评，民众普遍认为美国应退回到“山巅之城堡”，而不是在“山巅之城”理念的主导下肆意介入外部事务。另一方面，塞缪尔·亨廷顿于1993年发表论文，称“文明的冲突”是后冷战世界的核心特征，描绘了颇为悲观的全球趋势；与此同时，持新保守主义理念的好战派在“新美国世纪计划”（Project for New American Century）下集结，呼吁美国提前遏制对其全球绝对优势构成威胁的挑战者，凭借“超群的军事能力和对道义的自信”成为“仁慈的全球霸权”，用军事力量阐释信念，“创造一个与美国的原则和利益相一致的新世纪”。[52] 实际上，在 1998 年初，新保守主义势力曾力促克林顿政府以武力推翻伊拉克萨达姆政权，但克林顿拒绝以战争形式完成这一目标，在索马里事件的阴影之下，美国成了“犹豫不决的治安官”（Reluctant Sheriff）。[53]

然而，“9・11”事件一时间消除了美国在国家安全战略上的争论与迷茫，“切尼的信条、亨廷顿的理论和新美国世纪计划帮助被“9・11”恐怖主义袭击打得不知所措的布什政府找到了方向”。[54] 针对恐怖主义组织及支持这些组织的“无赖国家”，美国国内“同仇敌忾”，新保守主义势力则如日中天，鼓吹并实施“新帝国大战略”或“改造（世界）的大战略”。[55] 正如布什 2002 年 6 月在西点军校发表的演说所言，传统的消极的遏制和威慑战略已经失效，“我们必须把战火烧到敌人那里，挫败他们的计划，在最大的威胁出现前与它们相抗。在我们所处的这个世界中，确保安全的唯一途径就是行动”。[56]

在伊肯伯里等美国学者看来，“布什主义”大战略的核心目标可以概括为“改造”（Transform），即利用单极力量，以美国的理念为标准对全球政治和其他国家国内政治实施改造，而这种“冲动”实际上源于对“民主和平论”的信奉。[57]“布什主义”的另一特色在于，将美国国家安全传统中的“先发制人”（Preemption）理念扩展为“预防性战争”（Preventivc war），而支撑这种战略的国际政治观则是“主权有限”，这实际上是冷战结束后威斯特伐利亚体系下的主权规范不断遭到侵蚀的累积性结果。[58] 再者，“布什主义”虽然宣称美国的行动仍会争取国际社会的支持，但却认为美国拥有开展单边主义行动的绝对权利，正如布什政府的国防部部长拉姆斯菲尔德（Donald Rumsfeld）所言，“应是使命决定联盟，而非联盟决定使命”。这种单边主义理念基于两点认识：一是多边安全机制难以有效应对恐怖主义等新型威胁；

二是美国的盟友在军事能力和行动意愿方面与美国相差甚远，从而导致丧失战机。

除了在多国反对下开打伊拉克战争外，布什政府还决定拒不批准《全面核禁试条约》、退出《京都议定书》《反弹道导弹条约》并推进部署导弹防御系统，反对国际刑事法院等。这些政策行径很快招致美国国内外的广泛批评，并在全球范围内激起了“反美主义”情绪。正如当时一位法国学者所言，“半个世纪以来，美国一直是政治自由和经济秩序的捍卫者，今天似乎成了国际上的一个不稳定因素，到处兴风作浪、挑起冲突……过去我们在美国那里寻求解决问题的办法，如今美国却正变成一个问题”。奥巴马的支持者、后出任美国驻联合国代表的萨曼莎·鲍尔（Samantha Power）在 2003 年发表于《新共和》杂志的一篇文章中则批评说，“美国自诩的形象（保护世界免于无赖国家之害的警察）不再受到认同，美国反被视为应受到国际法管制的失控国家”，美国在世界事务中的一贯表现已严重损害全世界民众的自由，“美国必须反思外交政策，不仅是需要微调，而是要彻底革新外交政策”。她甚至说，美国应以德国总理勃兰特向第二次世界大战中受到迫害的犹太人下跪道歉为榜样，就自己在外交政策上的严重过失请求世界的宽恕。[59]

在一片反对声浪之下，美国逐渐陷入伊拉克战争的泥潭之中。2003 年，美军仅用三周时间便占领巴格达，推翻了伊拉克萨达姆政权，但“开启一场战争远比结束一场战争难得多”，伊战不仅使美国深陷“帝国的过度扩张”，更是让数十万人付出生命的代价。2011 年 12 月 15 日，驻伊拉克美军在巴格达举行降旗仪式，标志着长达近 9 年的伊拉克战争正式结束。作为美国总统和美军最高统帅的奥巴马，虽然一贯反对伊战，但在 12 月 14 日发表的演说中也不得不为这场战争说上几句好话，他赞扬美国以自身努力和牺牲“留下了一个日益稳定、民主和繁荣的伊拉克”。时任国务卿希拉里·克林顿则在另一场演说中表示，伊拉克正“脱离长期以来引发愤怒情绪和极端主义的镇压路线”，“正在接受普世人权和人类尊严”。

然而，这场战争显然并不像奥巴马和希拉里所说的那么光彩和令人满意。正如基辛格所言，伊拉克战争实际上与朝鲜战争、越南战争非常相似，一开始都得到了美国国内民众的广泛响应，但随着战争一天天拖延下去，幻想日益破灭，最后全国上下都开始热切探求退出的策略，甚至只关心如何尽快退出而不管策略明智与否。[60] 就连美国国防部部长帕内塔在撤军仪式的讲话中也承认，伊拉克今后仍将面临恐怖主义、国家分裂、经济不振和社会动荡等重大威胁，从“国家重建”的角度讲，伊拉克战争远远称不上是一场胜利。

首先，美国为这场战争及随后展开的“国家重建”任务付出了巨大代价，美国对外政策陷入“军事化”困境。约 4 500 名美军士兵在伊拉克战争中丧命，3 万余人受伤且大多留下终身残疾，荣军补助和医疗开支将达 6 000 亿—9 000 亿美元，且近年来日均发生 18 起老兵自杀事件，社会成本难以估量。据美国学者统计，伊拉克战争总体花费将达 3 万亿美元。更重要的是，美国外交政策在伊拉克战争开打之后日益“军事化”，2001—2009 年间美国军费由 4 120 亿美元增至 6 990 亿美元，在并没有“像样的国家对手”的情况下，美国军费增幅达 70%，占全球国防支出的比例由 30%升至 60%，“国会愿意投票支持五角大楼的巨额军费开支，却要削减国务院的外交事务经费”。美国“9・11 委员会”的一份报告认为，“国防部已成为所有联邦机构中的巨兽，它的年度预算超过了俄罗斯国内生产总值，成了一个庞大的帝国”。此外，布什政府掀起“伊战”的傲慢姿态和“帝国主义”做派使美国与法、德等西方盟友之间的关系出现裂痕，在战争开始后的数年中，反美浪潮在世界范围内四下兴起。加之后来证明萨达姆政权并不拥有大规模杀伤性武器，也没有证据表明其与恐怖主义组织有染，布什政府给伊拉克这一“邪恶轴心”国家列出的大多罪状都是“莫须有”的，这一事实使伊战的道义正当性和美国的国家信誉受到重挫。

其次，伊拉克未能成为美国所希望的“民主样板”，中东地区形势更趋动荡，对伊拉克影响力日渐增强的伊朗甚至被视为这场战争的最大受益者。布什政府当年发动伊战的基本目标是铲除萨达姆独裁政权，对伊拉克进行“民主改造”，并寄希望一个民主的伊拉克对伊朗、叙利亚等国专制政权构成压力，以变促变。而结果是，暴力活动在伊拉克四散开来，宗派和族群冲突日益激化，国家面临分裂的危险。随着占人口60%的什叶派掌控伊拉克政权，逊尼派武装叛乱活动纷纷兴起，而恐怖主义势力也趁机介入。更令美国感到忧心的是，伊拉克总理马利基（Nouri al-Maliki）等现政府高官曾长年在伊朗“避难”，加之在宗教信仰上同属什叶派，且伊朗近年大力推动与伊拉克的经贸关系，甚至直接向什叶派武装输送武器，伊朗在伊拉克的影响日趋上升。伊拉克在很多地区性事务上也选择与伊朗站到一起，如对阿盟制裁伊朗盟友叙利亚的决议案投弃权票。有阿拉伯国家政要坦言，美国从伊拉克撤军如同将该国拱手送给伊朗。还有观点认为，伊拉克很可能会接替叙利亚扮演的角色，成为伊朗资助黎巴嫩真主党、巴勒斯坦哈马斯组织等地区伙伴的中间人。而且，美军撤出伊拉克后，伊朗反倒可将更多精力用于对付驻扎在阿富汗的美军。值得注意的是，什叶派在伊拉克的掌权以及伊朗在本地区影响力的扩大还引发了沙特等盟国对美国的不满。[61]

最后，伊拉克战争严重分散了美国的精力和权力资源，美国未能对世界政治的新变化做出及时有力的回应。耶鲁大学教授保罗·肯尼迪认为，在过去10年中，一方面，美国忽视了自身金融实力和国际竞争力的衰退以及美国自身及其公民的“共同福祉”，“布什政府一方面开打耗费巨大的对外战争，另一方面实施有利于富人、不可原谅的减税措施，导致美国联邦财政赤字激增，使美国越来越依赖别国，损害了美元的长远未来……社会结构日益破损，底层社会不断扩大，公立学校体系摇摇欲坠。我们每天都能看到公路、铁路和能源系统投资不足的迹象”。另一方面，被两场战争所牵绊的美国未能以更广阔视角看待全球政治的新变化，更没有及时作出必要回应。比如，美国对巴西的改革、智利的成功以及阿根廷的悄然复苏等“后院”地区发生的重大变化未予足够重视，美国的拉美战略调整严重滞后。[62] 此外，关于两场战争导致美国忽视亚太地区从而使中国这一“战略对手”顺利崛起的论调更是不鲜见。

可以说，伊拉克战争的失败，最有力地宣告了“布什主义”大战略的失败。如麻省理工学院教授巴里·波森（Barry Posen）等美国战略学者所言，“布什主义”的失败是由“战略短视”（Strategic Myopia）所引致的“战略虚耗”（Strategic Exhaustion）造成的。[63]

首先，“布什主义”应对恐怖主义威胁的战略是错误的。“9·11”事件让恐怖主义一时间成为美国国家安全面对的“压倒一切的”（Overriding）威胁，但布什政府未能客观、准确、深入地认识和分析这种新型威胁，从而未能选择正确应对这种威胁的战略。布什政府过高（或有意过度）估计了恐怖主义的实际威胁程度，而且错误地将所有的恐怖主义组织当成自己的敌人，并发起了代价颇巨的“全球反恐战”。[64] 恐怖主义带来的最大威胁实际上并不是对美国本土的袭击本身，而是“对于袭击的过度反应”。也就是说，“基地”等恐怖主义组织的最大目标是，通过恐怖主义袭击激起美国的过度反应，并利用这种过度反应耗费美国的资源，弱化美国的地位，打击美国的信心。布什政府没有深入理解恐怖主义产生的根源以及“基地”等恐怖主义组织“仇恨”美国的真正原因，美国多位知名政治学者和研究机构所做的实证研究表明，“阿拉伯人和穆斯林对美国的愤怒和仇恨主要是因为华盛顿的政策，而不是对西方根深蒂固的憎恶”，这些政策包括美国过分偏袒以色列、在沙特阿拉伯驻军、支持腐败专制的埃及穆巴拉克政权以及造成50多万平民丧生的伊拉克战争。

其次，“布什主义”大战略导致其他国家对美制衡意图的强化，使美国成为众矢之的，破坏了美国的全球地位。约瑟夫·奈认为，布什政府以及赞成单边主义的战略界人士没有充分认识“美国权力的悖论”，即美国虽拥有无可匹敌的胁迫能力，但美国只有通过与他国的合作才能保护和推进其核心国家利益，“世界上唯一的超级大国是无法独自领导世界的”。[65]在单极状态下，权力的高度集中造成其他国家（包括美国的盟国）对美战略疑虑加深，进而产生对美国实施制衡的意图和行动，即便这种制衡常以“软制衡”（Soft Balancing）的方式呈现。[66]美国的霸权大战略一方面造成俄罗斯、中国、伊朗等“非天然盟友”站到了一起，并利用美国好斗主义的（Activist）对外战略实施扩张；另一方面，这种霸权大战略还导致盟国与美国的疏离，或是造成盟国“免费搭车”“便宜搭车”和“鲁莽驾车”，比如以色列在布什执政时期加大在约旦河西岸扩建定居点。此外，霸权大战略大大增强了朝鲜等所谓“无赖国家”的不安全感，导致其进一步坚定拥核决心，从而加速了全球范围内的核武器扩散问题，最终加深而非减弱了美国的不安全。

再次，“布什主义”所体现的霸权大战略会损害国内民主体制，造成社会紧张，破坏国家凝聚力，并对公民权利造成侵犯，使美国成为一个“唯国家安全是从的国家”（Nation Security State）。[67]过度的军事行动不可避免地会导致专制，这是美国立国时期非常重要的思想传统之一，正因如此，约翰·亚当斯（John Adams）才谆谆告诫美国不要“出外寻找怪兽加以消灭”。[68]虽然布什政府并没有通过大规模增税来为两场战争支付军费，但如若美国在霸权大战略的诱导下长期进行战争，国家势必陷入军事主义（Militarism）迷途。[69]此外，“预防性战争”、关塔那摩监狱的酷刑、国内移民政策的变化等都是存在极大争议的问题，它们不仅表明了美国“对法律和伦理的玩世不恭（Cynicism）的态度”，而且对国内民众的公民权利带来损害。[70]实际上，霸权大战略根本无法得到美国民众的长久支持，美国民众在“9·11”事件的巨大冲击下对两场战争的最初支持只不过是一种历史的“偏轨”，大部分民众对美军伤亡极为敏感，并反对美国承担所谓“国家重建”任务。[71]

值得注意的是，在对“布什主义”进行评析时，有的美国战略学者还认为，布什的大战略选择与之前的克林顿政府之间存在着一种不可忽视的延续性和相似性。[72]诚如米尔斯海默所言，“美国麻烦的根源在于其在冷战后采取了一种有缺陷的大战略”，即追求全球主导（Global Dominance）或曰全球霸权（Global Hegemony），这一大战略的两大目标即是维持美国的绝对优势和在全球传播民主，“实际上是按照美国的样子打造世界”。这种大战略从根本上来说是“帝国主义的”，克林顿政府和布什政府之间的不同在于实现全球主导目标的方式，前者是重视同盟关系和国际制度的“自由帝国主义者”（Liberal Internationalists），而后者是过分相信军事力量的新保守主义者。布什在2004年发表的国情咨文中声称，“美国将决不会为保卫我们自己民众的安全而寻求什么批准单”。[73]类似的观点曾经也为克林顿时期的国务卿奥尔布赖特所表达，“如果我们不得不使用武力，那是因为我们是美国；我们是不可或缺的国家。我们站得高，我们比其他国家能看到更远的未来，我们能够看到所有人都会面临的危险”。[74]这种高度好斗的（Highly Activist）战略甚至被认为是冷战时期大战略的遗存，罗伯特·卡根（Robert Kagan）称，“布什主义的先发制人政策绝不是一个新概念，布什政府的‘新’战略至多不过是对半个世纪前美国政策的重新阐述”[75]。

## 二

虽然从历史上看，美国在大战略的制定和实施方面具有远超他国的能力，但基辛格、约翰·盖迪斯（John Gaddis）等人认为，冷战时期以“遏制”

为大战略的美国在冷战结束后陷入了一种尴尬的“大战略赤字”境地，或许布什政府在2001年“9·11”事件发生后提出了明确的大战略，但不过是一种错误的大战略。毋庸置疑，21世纪以来的10年，是美国和世界经历巨大变化的10年。一方面，美国综合国力的相对下降已是无可争议的事实，正如法国国际关系研究所前所长多米尼克·莫伊西（Dominique Moisi）在2011年回顾“9·11”事件十周年时所言，“‘9·11’这一时刻并不是新世界的开始，而是‘美国世纪’终结的开始”。[76]另一方面，一个“后美国世界”似乎正在形成，在基辛格看来，美国“正处于数百年未见的国际体系性的变局之中”。[77]在过去十余年中，美国到底应该选择什么大战略，这一问题在美国国内引起了大辩论。

所谓大战略是指一国在特定的时空条件下，开发、动员、协调及运用政治、经济、军事等各种权力资源和手段，应对核心威胁，确保国家安全，维护和促进国家利益的总体构想。其实，大战略从来不是一门精准的科学，更不是一本“规程手册”，作为关于核心国家利益和国家安全重大目标及维护国家安全的总体性原则的“重要思想”，它需要时常加以重新审视和辩论。换言之，大战略并不是一份规划，而是关于一国国际环境、国家安全威胁、国家利益与国家安全目标的“评估过程”。如艾森豪威尔总统在20世纪50年代初推动有关美国冷战大战略研拟的“日光室计划”（Solarium Project）时所言，对于美国国家安全战略来说，“规划的成果（Plans）用处不大，规划的过程（Planning）却不可或缺”。因此，相较于盲目判定美国的大战略到底是什么，或是用像“遏制”这类语词来概括美国的大战略，梳理、审视和理解美国国内的大战略论争或许更加重要。

过去十余年来，美国国内战略界人士通过多种方式、利用多个平台就美国大战略选择的问题发表意见，既有像“普林斯顿国家安全计划”“凤凰倡议”“管理不安全因素项目”等涵括前高官和知名学者的集体研究项目[78]，也有对美国国家安全战略有着长久和独到研究的个体学者的著书立说；既有偏重于军事安全战略的见解，也有更多从国际政治经济学和国际体系视角切入的成果；既有以综合性大学为主体的研究项目，也有具军方背景的智库作为大战略研讨的组织者。可以说，在这一大战略论争中官员和学者、政府部门和大学及研究机构、民事性智库和军事类智库之间通过相当灵活的方式频繁展开互动，从而使关于大战略的论争既不失政策性，也不乏学术性；既体现战略性，又彰显思想性。

通过持续不断的大战略论争，美国战略界人士较为深入地思考和分析了 2001 年“9・11”事件以来美国国家安全战略的问题与挑战，他们普遍认为美国必须长远而全面地（Holistic）审视自身的国际环境和大战略选择，要清醒、客观、审慎地评估美国的实力地位，要将美国外交和国防政策思考和规划的“光圈”放大，要深入认识当代世界政治的复杂性以及国家安全威胁的多元性、频密性、严重性和共时性，等等。总体看，在美国所处的国际环境问题上，各派争论者存在一定程度的共识，而提出的各种替代“布什主义”的大战略方案也基本体现出一种偏于“收缩”的战略取向，正如巴里・波森所言，美国应“精细地（Narrowly）认识自己的安全利益，节省地使用军事力量；静悄悄地但持久地追击故人；更加合理地分担责任和成本；最后，必须更加耐心地观察和等待（Watch and Wait）”。[79]

对美国国际环境的再认识主要集中在以下几个方面。第一，美国仍是世界中的“超级强国”，但美国要逐渐适应日益多极的世界。[80] 从经济总量、军事力量和软实力等各方面衡量，美国仍将在 21 世纪中期之前保持世界首强的地位，当前和未来一个时期，并不存在可与美国平起平坐的竞争者（Peer Competitor）。美国之所以能够在世界上“独步天下”，在于“经济实力的累积、能敏锐地迅速找到国家的目标，以及建构了一个懂得慎重和耐心地实现其世界目标的实力超群的国家”，对于“全球公域”（Global Commons）

的掌控强化了美国的超强地位。但是，在过去的十几年中，美国忽视了影响国家力量的国内结构性问题，如对于油气能源的依赖、低储蓄率和过度消费以及日益庞大的贸易和联邦预算赤字；自布什政府在21世纪发动两场战争以来，美国对世界经济的掌控能力明显下降，制造业外移和结构性失业现象日趋严重，经济竞争力降低，经济、金融和财政方面的改革面临巨大的国内阻力[81]；美国过度强调自由的市场资本主义模式也逐渐丧失主导地位，其国际行为的合法性受到质疑，政治吸引力明显下降。[82]

2007年源起于美国的金融危机更是进一步揭示了美国国家力量的缺陷，还造成美国所倡导的自由市场模式的“信誉”受到损害。美国虽仍拥有超强力量，特别是占据突出优势的军事力量，但可动用的资源并不像很多人想象的那样丰沛。美国在冷战后所拥有的单极地位实际上是一把双刃剑，美国的例外主义、好斗倾向和权力集中的结合注定会使其他国家感到不舒服。[83]与此同时，其他国家正成为强国，“美国要学会适应接受他国或将问鼎首强的事实”。正如斯蒂芬·沃尔特所言，“在过去10年里，这些国家个个都实现了惊人的经济增长，每个国家都更愿意规划自己的道路而不受华盛顿意愿的左右”。[84]

第二，虽然美国在后冷战时代享受了“全球化红利”，但全球化的负面效应正日益显现。[85]冷战结束后，全球化进程在美国的推动下迅猛发展，但伴随着新兴国家在全球经济中影响力的不断攀升，21世纪第一个10年的全球化造成美国和西方国家产业竞争力下降、技术优势受到削弱、就业机会流失等严重问题，对全球化的反思、忧虑和质疑正在加剧。[86]其次，虽然全球化不断扩展，但是支撑全球化可持续推进的资源实际上是不充足的，进而造成“人类安全的赤字”（Human Security Deficits），作为全球化推手的美国被视为全球化阴暗面的代表。[87]再者，全球化虽然从整体上给人类带来了更多的发展机遇，但各国和各种群体从这一进程中的获益显著不平衡，一些国家未能适应或有效克服“全球化带来的经济失序”（Economic Dislocation of Globalization），致使其蜕变为“失败国家”或“失败中的国家”。伴随着人口增长、城市化以及各方面资源的需求供给失衡，全球化正在制造越来越多的“不满者”，而现代传播手段则加速了“不满者阶层”的形成与扩展，他们成为“政治动员”的对象，被民族主义和其他极端主义的意识形态所吸引，易受到极端主义势力的操纵，特别是中东地区在泛阿拉伯主义和伊斯兰身份交互作用的影响下成为恐怖主义等极端主义思想的温床。[88]

第三，随着权力的转移（Shift）和分散（Diffusion），地区势力均衡面临深刻调整，非政府行为体对国际政治的影响力显著上升。权力的转移主要是指全球权力大致呈现出一种自西向东、由南至北的转移趋势，或曰世界正从“大西洋时代”转向“太平洋—印度洋时代”，新兴国家日益成为国际政治的重要“玩家”，美国面临着与第二次世界大战后非常相似的一个核心问题，即“能不能将全球体系的愿景与关键玩家的期待和利益联系起来，在适应全球政治变化方面找到一条共同的道路（Common Cause）”。[89] 从地区势力均衡看，虽然仍旧没有什么国家在未来一个时期可以完全掌控欧亚大陆，但如果中国完全实现工业化，其国家实力会更为强大，最有可能成为未来的欧亚大陆霸主。而中国和印度的崛起将成为影响亚洲均势变化的最重要因素。欧洲的一体化持续推进，对美国的全球主导权提出新的挑战。在这种情况下，北约需要寻找新的定位，而欧洲也应被赋予更多发言权。[90] 随着俄罗斯国家实力的恢复，俄与西方的关系可能变得更加紧张。伊朗在中东地区的力量有所上升，南亚和中亚日益成为大国围绕能源控制力展开竞逐的舞台。[91] 此外，拥核的门槛降低，“不扩散成了慢扩散”，新出现的脆弱的核国家是全球秩序的重大威胁，因为核武器虽然可增强一国的对外力量，但不会增进其国内力量，更不会阻碍一国的内部崩溃。

权力的分散主要是指，在生产和获取大规模杀伤性武器变得更为容易以及全球传播技术不断发展等因素的影响下，恐怖主义组织、犯罪集团、宗教原教旨主义分子以及民族主义者等成为越来越有“能力”的“非政府的麻烦制造者”（Non-state Spoilers），他们的军事专业能力甚至也在增强，“暴力的私人化”（the Privatization of Violence）现象日趋显著。传统的威慑战略并不能有效应对这些麻烦制造者，而“先发制人”也无法解决根本问题，这些麻烦制造者在与美国的斗争中，“几乎不会‘赢’，但它们的确会让美国付出代价”。

第四，国际政治中的规则（Rules）和规范（Norms）受到压力，历史远未终结，民主和专制之间的斗争仍在持续。一方面，2001 年“9・11”事件发生以来，以主权规范为核心要素的威斯特伐利亚体系受到进一步冲击，有限主权、“保护的责任”、预防性战争、定点清除（Targeted Killing）等成为国际规则和规范层面的重大争议问题，布什政府发起的“全球反恐战”还引发了如何界定“战争状态”的难题，这些规范方面的挑战会进一步深化国际体系的脆弱性。[92]

另一方面，虽然民主体制在世界得到扩展，但历史远未终结，恰恰相反，“历史在重返”[93]。在“9・11”事件发生后的 10 年中，出现了所谓“专制主义浪潮的回头和掠夺型政府的重新崛起”，“无论是在新加坡、中国、俄罗斯这样的专制政体下，还是生活在美国、英国和意大利这样的民主社会中，人们都一心想着积累财富和专注于物质享受，甚至愿意因此牺牲他们的个人自由。……自由市场模式的支持者想当然地认为，财富的全球化会激励越来越多的中产阶级推动民主的全球化，但事实并非如此”。[94] 这种“民主衰退”（Democratic Recession）的原因主要是处于转型中的年轻民主国家国内治理不善、腐败和滥用权力猖獗以及国内加剧的经济社会不平等。还有一些发展中国家对“威权资本主义”模式表现出极大兴趣，而西方国家的金融危机和主权债务危机或会加剧这种趋向。

在大多数美国战略界人士看来，美国所处的世界正变得越发不确定、复杂甚而更加危险，以冷战时期的意识形态界定的世界观和战略观未能因应新的变化做出正确的调整，美国政府常以“一夜暴富式”（Get Rich Quick）的态度处理安全问题，重视短期所得而忽视长期所获（Long Haul），只关注获取和平红利而没有重新思考维系国际领导地位的要求，从而沦落为“安全投机者”（Security Speculator）。[95]至于美国的国家安全威胁，这场大战略论争所得出的基本共识是：并不存在像冷战时期的苏联那样来自某个国家的“单一的大威胁”，没有什么国家可以从军事上发起针对美国的征服性行动。[96]美国面临的是由次国家（Sub-national）、多国的（Multinational）和跨国的（Transnational）威胁所组成的“复合的威胁网络”。这些威胁可归结为两大类：一是传统的来自国家和非国家行为体的安全威胁，如伊朗、朝鲜和“基地”组织；二是由人类活动造成的全球性问题，如气候变化、能源资源短缺、环境破坏、城市化以及其他可给国际政治带来不稳定的现象。[97]这些威胁大多不是军事性的，自然无法依靠军事手段予以解决。此外，大多威胁与国家和国家间体系（Interstate System）的能力、合法性的受损密切相关，从这个意义上而言，国家间体系被削弱实际上是美国面临的首要挑战。为了有效应对“复合的威胁网络”，需要一种能够囊括国家和非国家行为体并包含正式和非正式多边机制的“多层面的世界秩序”（Multidimensional World Order）。[98]

布什政府的“新帝国大战略”遭到美国国内不少战略界人士的反对，在明显有别于霸权取向的“战略克制”的总体观念下提出了以下几种大战略替代选择。一是以罗伯特·阿特等人为主要倡导者的“选择性介入”大战略，试图在追求霸权与孤立主义之间寻求一条中间路线，主张将美国的主要政治军事资源集中投入到对美国具有最重要影响的地区，即其所处的西半球、欧洲、东亚和波斯湾地区，通过“介入”构建“有利于美国的势力均衡”。[99]二是以克里斯托弗·莱恩等人为主要倡导者的“离岸制衡”大战略。这一大战略认为，美国的最大战略目标是保持西半球霸主地位，防止欧亚大陆出现霸权国家，维持海湾地区的力量平衡。美国不应寻求支配欧亚大陆和海湾地区，在这些地区，势力均衡可以“在没有美国军事存在的情况下形成”，“作为一个离岸制衡者，最大的成功在于让别人去处理麻烦的问题，而不是急于把负担揽到自己身上”。[100] 三是以约翰·伊肯伯里等人为主要倡导者的“新自由国际主义”大战略，强调21世纪的美国国家安全目标应着眼于重建“自由国际主义”的世界秩序，通过与其他重要国家达成“新的契约”，通过维护开放的、以规则为基础的全球体系，在美国实力相对衰落的情况下延续美国的国际领导地位。[101]

显然，这些大战略主张基本上都承认或暗示美国实力的有限性以及美国单极地位的不可持续性，明确反对所谓“新帝国论”，强调美国应坚持“战略克制”，重新平衡国内发展和国际负担，认为美国不应继续奉行好斗的全球战略，不应继续耗费有限的国家实力，不应继续过于依赖军事手段维护国家安全，不应仅仅注重近期威胁而忽略长远挑战。如布热津斯基指出，美国国家安全未来数十年的核心目标是复兴国力，积极推动建立“更广大的西方”，在东方则采取“巧妙的制衡”规范中国崛起。曼德尔鲍姆则认为，美国应采取“战略收缩”的总体导向，要让自己成为“节俭的强国”。[102]

## 三

客观讲，学界和战略界的大战略论争对决策者的影响是有限的，一是决策者在日常的决策压力之下很少会从大战略的角度思考政策问题，二是政策不会因为大战略的修正而很快更动。如前文所述，由于美国缺乏“单一的大威胁”，加之全球化时代的国际政治日趋复杂，美国的大战略很难再用像“遏制”这般简明、通透的语汇进行概括。据说“普林斯顿计划”本也希望以某个简单的语词概括其提出的大战略主张，但最后也不得不放弃此种努力。21 世纪美国的大战略选择更多是一种多元思想、多样理论、多种方案的耦合，美国决策层也只会以一种“菜单点选”的方式对大战略论争的成果加以利用。[103] 近年，国际舆论和学界都出现了对“奥巴马主义”的探讨，虽然“奥巴马主义”是否真的存在以及如何理解“奥巴马主义”仍有争议，[104] 但不可否认的是，奥巴马政府的国家安全战略和外交政策与小布什政府表现出“巨大的分野”[105]，具有鲜明的“新自由国际主义”取向，同时也吸收了“选择性介入”和“离岸制衡”大战略主张的若干思想成分。

2007 年美国总统大选期间，奥巴马即在《外交》杂志刊文阐述其对外方略。针对布什政府对单极的迷思，对单边主义的热衷及其发动的“全球反恐战”，奥巴马表示，自由如果与战争、酷刑和“政权更迭”联系在一起，那是非常可悲的，美国不能仅以关于民主的说教与恐怖主义相抗争；美国“既不能退出世界，也不能试图威逼世界归顺自己”，对多边机制的改革也不能通过胁迫别国来实现；“当我们在自卫以外的情况下动用武力时，应竭尽全力获取其他国家的明确支持和参与”。与此同时，奥巴马仍极为坚定地宣称，“我们能够和应该领导世界，但是我们不得不运用智慧和辨别力。我们在领导上的部分能力与我们展现克制的能力联系在一起”。从这些论述不难看出，克制霸权冲动、重视多边主义、重塑同盟体系、限制武力运用等在过去 10 余年的大战略论争中被清晰阐述的思想已成为奥巴马的外交战略理念，而如何恢复和维持美国的全球领导地位仍是其外交战略的重要目标。奥巴马上台之初，其国家安全事务副助理本 · 罗兹（Ben Rodes）在解释政府外交政策时称，“一言以蔽之：结束两场战争，恢复美国在世界上的领导地位，集中精力关注从亚洲问题、世界经济到核不扩散问题在内的更广泛的重大议题”。[106]

从奥巴马政府发布的各类国家安全战略报告、决策层的演讲及其相应的外交实践来看，奥巴马政府总体上倾向于“新自由国际主义”的大战略模式，并表现出鲜明的“自由现实主义”和务实主义的政策取向，正如伊肯伯里所言，“在接触、多边主义和进步性变革方面它的取向是自由主义的，在大国克制和协调方面它的取向则是现实主义的”。[107] 奥巴马政府之所以倾向于“新自由国际主义”，一个很重要的原因在于过去十余年间积极参与大战略论争的一些持“新自由国际主义”立场的战略界人士纷纷进入奥巴马政府担任重要公职，如詹姆斯·斯坦伯格（James B.Steinberg）和米歇尔·弗卢努瓦分别担任国务院常务副卿和国防部负责防务政策制定的副部长，而“普林斯顿计划”的主要参与者安妮–玛丽·斯劳特成为国务院政策规划司司长。

从观念层面看，“奥巴马主义”涵括了对“权力”“安全”与“领导”这三大国家安全核心问题的再认识。首先，在一个权力分散的“网络化世界”或“多节点世界”（Multi-nodal）中，国际社会的等级性结构逐渐被网络化结构所取代，因此，权力不仅来自经济、军事、文化等方面的力量，还来自对“关系”的掌控，如果能处于在不同利益下形成的多种临时性组合（Alignment）的结点（Hub），与其他利益攸关者和重要力量建立“相连性”，就会成为最有权力的国家。[108] 与宣称“美国在全世界拥有前所未有和无可比拟的实力和影响”[109] 的布什政府不同，奥巴马政府坦承美国实力的有限性，明确表示“我们努力的中心是复兴我们的经济，这是我们力量的源泉”，“这个年轻世纪的重担不能只落在美国一国的肩上，拒绝设定超出我们责任、能力或利益范围的目标”。此外，奥巴马强调美国需要克制地运用权力，他在2009年在开罗大学发表演讲时引用了托马斯·杰弗逊在1815年所说的一段话称，“我希望我们的智慧会随着权力的增强而增长，以使我们意识到，权力使用得越少就会越强大”。

其次，“安全相互依赖”（Security Interdependence）成为奥巴马政府国家安全观念的基石性思想。虽然美国面临的安全威胁来自很多方面，如恐怖主义网络、大规模杀伤性武器的扩散、全球变暖等，但这些威胁都反映了世界范围内“安全相互依赖”不断上升的现实。也就是说，美国的安全日益与其他国家的处境和行为联系在一起。美国无法独善其身，“安全相互依赖”的日益深化要求美国与他国和非国家行为体开展更加深入、更加制度化和多层面的安全合作。

最后，对于美国如何实现领导，“奥巴马主义”给出的答案是“有原则的多边主义”和“有道德的现实主义”。虽然美国的领导必不可少，但“真正的领导”意味着创造条件让其他人站出来。美国为了重新成为国际体系的领导，需要和其他国家订立新的协约（Bargains），通过推动开放的、遵循规则的全球体系建设并为这一体系的运行提供“服务”，重新获得作为全球领导者的权威和声望。

为了使美国恢复和增强国家实力，奥巴马政府上台后在经济、社会等国内政策方面采取诸多改革举措。经济上，奥巴马政府力推“再工业化”“出口倍增”“投资美国”等国家倡议，与私营部门加强合作，大力改善美国国内的基础设施水平，力促就业岗位回流，并对金融业实施更严格监管。奥巴马政府投入10亿美元设立制造业革新中心，旨在建立面向未来的实体经济。预计到2020年美国将有望新增250万—500万个与制造业相关的就业岗位。此外，奥巴马政府大力实施新能源政策，开发清洁能源技术，发展低碳经济，注重将应对气候变化、实现“能源独立”、助推产业革命和开发新经济优势统筹推进。奥巴马政府承诺，在2020年将美国温室气体排放降低至1990年的水平。

在社会政策变革方面，奥巴马政府力推新医保法案，不仅扩大了医保覆盖面，还力图通过规范医保公司行为、建立更具竞争性的保险市场等举措，节约医疗开支，增强公共财政可持续性。医保改革使900万美国普通民众受益，可以说是过去几十年来美国国内最重要的改革之一。此外，通过给雇佣失业者的公司减税、加大基础设施建设、延长失业救济金政策等手段，奥巴马政府试图促进全面就业。它还提出需花费 4 000 多亿美元的就业法案，以行政命令方式要求联邦政府承包商提高工人最低工资。再者，奥巴马政府在重重阻力之下调整移民政策，旨在为美国保持人口和人才优势夯实基础，缓和社会关系的紧张程度。在改进学校硬件设施、提高基层教师能力和待遇、推进控枪法案等方面，奥巴马政府也作出持续努力。2015 年 1 月，奥巴马在发表年度国情咨文时突出强调了“中产阶级经济学”的施政理念，他用明尼苏达州一个普通工薪家庭的所忧所虑来讲述自己的政治议程，用幼儿看护税惠、带薪病假、减免社区大学学费、提升最低工资这些关乎美国数千万普通人的“小事情”来烘托他自己的“大政治”：让中产阶级感到有保障、感到有尊严，让每个人享有实现美国梦的公平机会。[110]

在国内推动改革、强化国力基础的同时，奥巴马在外交政策和国家安全战略层面也大力实施了“再平衡”。首先，奥巴马政府吸取了布什政府过分依赖军事手段维护国家安全的教训，力图实施综合外交（Diplomacy）、防御（Defense）和发展（Development）的 3D 战略。布什政府时期，美国的军事开支过于巨大，在人员补贴、武器研发及采购、军队管理等诸多方面，军事部门也存在严重的浪费现象，甚至美国国防部被戏称为“世界上最大的社会主义经济体”。[111] 与此同时，外交资源被巨额军费开支所挤占，美国对外政策陷入“军事化”窘境，维系国家安全的非军事性支柱受到严重削弱。在这种情况下，奥巴马政府主张“通过坚韧的外交手段而非对军事力量的过度依赖实现智胜敌人”，对武力使用更加谨慎，“我们将在开战之前穷尽其他所有手段，并认真地评估战争的成本和行动的危险。必要时，我们将继续以一种反映我们价值观与增强我们合法性的方式使用武力”。此外，国际发展援助在奥巴马政府外交战略中的重要性凸显，其不仅正式宣布了全新的“美国全球发展政策”，推动美国国际开发署（USAID）的改革，增聘上千名从事发展援助的外交人员，动员“民间力量”（Civilian Power）参与其中，还正式创设“四年外交和发展评估”（QDDR）制度，加强发展与外交的统筹配合。[112]

其次，寻求实现传统同盟关系与新伙伴关系之间的再平衡。奥巴马政府并没有降低对北约、美日同盟等传统同盟关系的重视，但强调传统同盟关系要根据国际政治现实和共同利益与威胁的变化作出及时调整。在美国的推动下，北约发布新战略概念报告，强调在应对非传统安全方面加大投入，并更多承担非军事行动，奥巴马政府也表示要为跨大西洋关系加入新的活力。在利比亚军事干预行动中，奥巴马政府注重发挥欧洲盟友和北约的能动性，实现了“从背后领导”。[113]对于美日关系，奥巴马政府着力解决围绕驻军问题而产生的冲突，启动两国亚太事务战略对话机制，促使日本突破军费不得超过GDP1%的上限，放弃“专守防卫”战略，突破武器出口限制。同时，美国还大力推动双边同盟向多边同盟的转换，提升盟国之间的配合。在建设“多伙伴世界”的目标下，奥巴马政府选择与俄罗斯“重启”关系，提出与中国致力于建设“相互尊重、互利共赢的合作伙伴”，等等。奥巴马政府还支持增强二十国集团机制在全球事务中的作用，以更加反映国际力量对比现实的多边机制吸纳新兴力量，从而“与更多的伙伴进行更有效的合作”。[114]

最后，力图实现解决近期国家安全威胁和确保未来战略优势之间的再平衡。奥巴马政府清楚地认识到，恐怖主义势力仍然是美国国家安全面临的重要威胁，但更加明确地指出“反恐”的对象是“基地”组织及其支持者，伊斯兰世界并非美国的敌人，打击恐怖主义“无法代表美国与世界关系的全部”。它改变了以大规模地面战打击恐怖主义组织的做法，注重采取小型化、特种化作战样式，采取定点清除手段剿杀了本·拉登等恐怖主义组织领导人。奥巴马政府正式宣布结束伊拉克战争和阿富汗战争。随着逐渐步入“后两战时代”，奥巴马政府的军事战略更加强调安全环境的复杂性，特别是加大了对全球公域和全球连接领域（Global Connected Domains）的关注，注重强化联合作战部队的“全谱”能力，构筑具备灵活性、敏捷性和适应性的“未来力量”，发挥美国在全球安全中的“促进者”“赋能者”“召集者”和“保证者”角色。[115]2012 年年初美国发布的新军事战略指南，称“将继续摆脱过时的冷战时代体系，以便能够对将来需要的能力方面投入更多，包括情报、监视和侦察、反恐、反对大规模杀伤性武器，以及加强在对手试图拒阻我们进入的环境下的作战能力”，“美国的军队将会更加敏捷、灵活，并且做好应对各种突发事件和威胁的准备”。[116]

值得注意的是，奥巴马政府在过去几年接连和伊朗、古巴等“宿敌”实现了关系缓和，这也是其大战略调整进程中的重要一环。2015 年 4 月 11 日，奥巴马和古巴最高领导人劳尔·卡斯特罗在巴拿马城实现“历史性的会晤”，奥巴马小圈子的核心成员、副国家安全事务助理本·罗兹就此表示，这次会晤“不仅仅是两个领导人坐到一起”，而是意味着美国正“从根本上改变”与古巴的交往方式。就在奥巴马与劳尔握手言“和”之际，美国和伊朗在当月也达成了关于伊核问题的框架性协议。古巴、伊朗这两个“宿敌”，一个是在美国的家门口，一个是在美国的战略枢轴地区，美国与它们之间关系的“融冰”可谓意义重大，也显示了美国对外战略调整的一种轨迹。

随着 2017 年 1 月美国将迎来新的总统，奥巴马政府的任期接近尾声，如何评价奥巴马的内政外交见仁见智。布鲁金斯学会副会长马丁·因迪克（Martin S.Indyk）等人在对奥巴马政府进行总体评估时，非常准确地将之定性为“转折中的历史”（Bending History）。[117]该表述一方面凸显了奥巴马与其前任布什的巨大不同，另一方面也意味着美国的变革难以“毕其功于一役”。无疑，奥巴马政府从布什政府手中接掌的是一个难题缠绕的美国，加之金融危机的影响，解决这些难题本身就需要长期艰苦的努力，更何况要除旧布新、推进真正的变革。考虑到美国经济的结构性困境、国内政治的“极化”，民众的保守化倾向等因素，“奥巴马大战略的最严峻挑战来自国内，而不是国外”。[118] 同时，应当看到，对世界政治多元性的理解，对外交与“接触”的强调，对善用各种关系网络实现政策目标的重视，等等，是“奥巴马主义”不同于“布什主义”等以往美国大战略之处，这具有一定的启示意义。

## 注释

1　Robert Kagan, *The World America Made*, New York: Alfred A. Knopf, 2012.

2　A.F.K. Organski, *World Politics*, New York: Alfred A. Knopf, 1958; A.F.K. Organski and Jacek Kugler, *The War Ledger*, Chicago: University of Chicago Press, 1980.

3　Joseph Nye, Soft Power: *The Means to Success in World Politics*, New York: Public Affairs, 2014; 达巍：《从权力的“三张面孔”看美国地位走势》，《现代国际关系》2010 年第 2 期。

4　Douglas Lemke and Suzanne Werner, “Power Parity, Commitment to Change, and War,” *International Studies Quarterly*, vol.40, no.2, 1996.

5　Pew Research Center, “China Seen Overtaking US as Global Superpower,” July 13, 2011, http://www.pewglobal.org/2011/07/13/china-seen-overtaking-us-as-global-superpower/.

6　Stephen G. Brooks and William C. Wohlforth, “American Primacy in Perspective,” *Foreign Affairs*, July/August 2002.

7　王缉思：《美国霸权的逻辑》，《美国研究》2003 年第 3 期。

8　王立新：《踌躇的霸权：美国崛起后的身份困惑与秩序追求（1913—1945）》，中国社会科学出版社 2015 年版。

9　[美] 亨利・基辛格：《世界秩序》，胡利平等译，中信出版社 2015 年版，第 320—322 页。

10　G. John Ikenberry, “Institutions, Strategic Restraint and the Persistence of the American Postwar Order,” *International Security*, winter 1998/1999.

11　Michael Hunt, *The American Ascendancy: How the US Gained and Wieled Global Dominance*, Chapel Hill: University of North Carolina Press, 2007.

12　G. John Ikenberry ed., *America Unrivalled: the Future of the Balance of Power*, Cornell University Press, 2002.

13　Ronald Reagan, *Farewell Address to the American People*, January 11, 1989.

14　Hans J. Morgenthau, *Politics among Nations*, New York: Alfred A. Knopf, 1967；Kenneth N. Waltz, *Theory of International Politics*, McGraw-Hill, 1979; T.V. Paul, “Introduction: The Enduring Axioms of Balance of Power Theory and Their Contemporary Relevance”，in T.V. Paul, James Wirtz and Michel Forrtmann eds., *Balance of Power: Theory and Practice in the 21st Century*, Stanford University Press, 2004.

15 Richard Lebow, "The Long Peace, the End of the Cold War and the Failure of Realism," *International Organization*, vol. 48 no.2, 1994.

16 William C. Wohlforth, "The Stability of a Unipolar World," *International Security*, Summer 1999.

17 Joseph Nye, *The Paradox of American Power*, Oxford University Press, 2003, pp.10–11.

18 Tom Donilon, "We're No.1," *Foreign Policy*, July 3, 2014.

19 Ezra Vogel, *Japan as Number One: Lessons for America*, iUniverse, 1999; Paul Kennedy, *The Rise and Fall of the Great Powers*, Vintage, 1989; Niall Ferguson, Colossus: *The Rise and Fall of the American Empire*, Penguin Books, 2005.

20 Joseph Nye, Bound to Lead: *The Changing Nature of American Power*, Basic Books, 1991; Joseph Nye, Is the American Century Over, Polity, 2015.

21 "Engineers Give US Infrastructure a 'D' ," CBS News, January 27, 2009.

22 Gideon Rachman, "The West has Lost Intellectual Self-Confidence," *Financial Times*, January 6, 2015.

23 罗伯特·卡根:《美国缔造的世界》，社会科学文献出版社 2013 年版，第 200 页。

24 Stephen G. Brooks and William C. Wohlforth, "The Once and Future Superpower: Why China Won't Overtake the United States," *Foreign Affairs*, May/June, 2016.

25 Ely Ratner and Thomas Wright, "America's not in Decline, it's on the Rise," *The Washington Post*, October 18, 2013.

26 Ian Bremmer, "The Hollow Alliance," *The Time*, June 16, 2016.

27 Elspeth Reeve, "Donald Trump is America's Most Gifted Political Satirist," *The New Republic*, June 17, 2015.

28 Eric Bradner and Catherine Treyz, "Romney Implores: Bring Down Trump," CNN, March 3, 2016; Robert Kagan, "Trump is the GOP's Frankenstein Monster," *The Washington Post*, Feburary 25, 2016.

29 "Open letter on Donald Trump From GOP National Security Leaders," *War on the Rocks*, March 2, 2016; Rob Crilly, "Donald Trump's Foreign Policy is Savaged by Conservative Experts," *The Telegraph*, March 3, 2016.

30 Peter Holley, "Former CIA Director: Military May Refuse to Follow Trump's Orders if He Becomes President," *The Washington Post*, February 28, 2016.

31 Michael Bloomberg, "The Risk I Will not Take," *Bloomberg View*, March 7, 2016.

32 Nick Gass, "Reid: With Trump, 'Republicans are Reaping What They've Sown' ," *Politico*, March 2, 2016.

33 Rebecca Riffkin, "Public Faith in Congress Falls Again, Hits Historic Low," Gallup, June 19, 2014, http://www.gallup.com/poll/171710/public-faith-congress-falls-again-hits-historic-low.aspx.

34 Francis Fukuyama, *Political Order and Political Decay*, Farrar, Straus and Giroux, 2014.

35 Matt Miller, "Race to the Top: A Sprint when We Need a Marathon," The Washington Post, June 3,2010; Matt Miller, "The Great American Political Gridlock," *The Washington Post*, June 5, 2013.

36 Conor Friedersdorf, “What Do Donald Trump Voters Actually Want?” *The Atlantic*, August 17, 2015.

37 “27% Say US Heading in Right Direction,” Rasmussen Reports, August 24, 2015, http://www.rasmussenreports.com/public_content/archive/mood_of_america_archive/right_direction_or_wrong_track/august_2015/27_say_u_s_heading_in_right_direction.

38 Pew Research Center, “The American Middle Class in Losing Ground: No longer the majority and falling behind financially,” December 2015.

39 Janet L. Yellen, “Perspectives on Inequality and Opportunity from the Survey of Consumer Finances,” Speech at the Conference on Economic Opportunity and Inequality, Federal Reserve Bank of Boston, Boston, October 17, 2014, http://www.federalreserve.gov/newsevents/speech/yellen20141017a.htm.

40 Joseph E. Stiglitz, “The Age of Vulnerability,” *Project Syndicate*, October 13, 2014.

41 Thomas Piketty, *Capital in the Twenty-First Century*, Belknap Press, 2014.

42 Lawrence Summers, “Focus on Growth for the Middle Class,” *The Washington Post*, January 18, 2015; Lawrence Summers and Ed Balls, Report of the Commission on Inclusive Prosperity, Center for American Progress, January 2015.

43 E.J.Dionne, *Why Americans Hate Politics*, New York: Simon & Schuster, 2004.

44 Niall Ferguson, *The Great Degeneration: How Institutions Decay and Economies Die*, Penguin, 2012.

45 “Department of Justice Report Regarding the Criminal Investigation into the Shooting Death of Michael Brown by Ferguson, Missouri Police Officer Darren Wilson,” March 4, 2015; “Ferguson Mired in Sweeping Racial Discrimination, Federal Report Finds,” The Guardian, March 4, 2015.

46 Barack Obama, *Dreams from My Father: A Story of Race and Inheritance*, Broadway Books, 2004.

47 Barack Obama, *The Audacity of Hope: Thoughts on Reclaiming the American Dream*, Broadway Books, 2007.

48 Peniel E. Joseph, “Barack Obama and Ferguson: The Cost of Being the Reluctant Black President, *Reuters*, November 26, 2014.

49 Remarks by the President at the 50th Anniversary of the Selma to Montgomery Marches, Office of the Press Secretary, The White House, March 7, 2015.

50 Kareem Abdul-Jabbar, “The Coming Race War Won't Be About Race,” *The Time*, August 18, 2014.

51 Stephen Walt, “Leaders in Glass Countries shouldn't Throw Stones,” *Foreign Policy*, December 4, 2014.

52 William Kristol and Robert Kagan, “Toward a Neo-Reaganite Foreign Policy,” *Foreign Affairs*, July/August 1996.

53 John Mearsheimer, “Imperial by Design,” *The National Interest*, January/February 2011.

54 ［美］韩德（Michael H.Hunt）：《美利坚独步天下：美国是如何获得和动用它的世界优势

的》，马荣久等译，上海人民出版社 2010 年版，第 295 页。

55 John Lewis Gaddis, "A Grand Strategy of Transformation," *Foreign Policy*, November/December, 2002; G. John Ikenberry, "America's Imperial Ambition," *Foreign Affairs*, September/October, 2002.

56 Text of Bush's Speech at West Point, June 1, 2002, http://www.nytimes.com/2002/06/01/international/02PTEX-WEB.html?pagewanted=all.

57 Condoleezza Rice, "Rethinking the National Interest," *Foreign Affairs*, July/August, 2008. 关于民主和评论的主要观点和批判，参见 Bruce Russett, *Grasping the Democratic Peace*, Princeton University Press, 1994; Sebastian Rosata, "The Flawed Logic of Democratic Peace Theory," *American Political Science Review*, vol.97, no.4, November 2003.

58 Philip Zelikow, "The Transformation of National Security: Five Redefinitions," *The National Interest*, spring 2003.

59 Samantha Power, "Force Full: Bush's Illiberal Power," *The New Republic*, March 3,2003.

60 Henry Kissinger, "How to Exit Afghanistan Without Creating Wider Conflict," *The Washington Post*, June 8, 2011.

61 Andrew J. Bacevich, "The U.S. Withdrawal from Iraq Marks the End of America's Great Expectations," *The Washington Post*, December 17, 2011.

62 Paul Kennedy, "An America Adrift," *The New York Times*, September 6, 2011.

63 "Strategic Myopia," The National Interest, Spring 2006; Ivo Daalder and James Lindsey, *America Unbound: The Bush Revolution in Foreign Policy*, Washington, D.C.: The Brookings Institution, 2003; Ian Shapiro, *Containment: Rebuilding a Strategy against Global Terror*, Princeton University Press, 2007.

64 Frederick W. Kagan, "Grand Strategy for the US," in Michele A. Flournoy and Shawn Brimley, eds., *Finding Our Way: Debating American Grand Strategy*, pp.72–75; John Lewis Gaddis, *Surprise, Security, and the American Experience*, Cambridge: Harvard University Press, 2004, pp.110–112.

65 Joseph Nye, *The Paradox of American Power: Why the World's Only Superpower Can't Go It Alone*, New York: Oxford University Press, 2002.

66 T.V. Paul, "Introduction: The Enduring Axioms of Balance of Power Theory and Their Contemporary Relevance" , in T.V. Paul, James Wirtz and Michel Forrtmann eds., *Balance of Power: Theory and Practice in the 21st Century*, Stanford University Press,2004; Robert A. Pape, "Soft Balancing against the US," International Security, winter 2005, pp.10–12;James Steinberg, "Real Leaders Do Soft Power, Learning the Lessons of Iraq," *The Washington Quarterly*, Spring 2008, pp.159–162.

67 Christopher Preble, *The Power Problem: How American Military Dominance Makes Us Less Safe*, Less Prosperous, and Less Free, Ithaca: Cornell University Press, 2009.

68 John Quincy Adams, Speech to Congress, July 4, 1821.

69 Andrew J. Bacevich, *The New American Militarism: How Americans are Seduced by War*, Oxford University Press, 2006.

70 Richard Armitage and Joseph Nye, "Stop Getting Mad, America. Get Smart," *The Washington Post*, December 9, 2007; Rosemary Foot, "Exceptionalism Again: The Bush Administration, the 'Global

War on Terror' and Human Rights," *Law and History Review*, vol.26, no.3, 2008, pp.707–725.

71 Henry Kissinger, "How to Exit Afghanistan Without Creating Wider Conflict," *The Washington Post*, June 8, 2011.

72 Frederick W. Kagan, "Grand Strategy for the United States," *in Finding Our Way*, pp.65–68.

73 President George W. Bush, State of the Union Address, January 20, 2004.

74 Madeleine Albright, interview on The Today Show, February 19, 1998.

75 Robert Kagan, *Of Paradise and Power: America and Europe in the New World Order*, New York: Vintage Books, 2004, pp.92–93.

76 [法]多米尼克·莫伊西：《9·11与美国世纪的终结》，法国《回声报》2011年9月5日。

77 Fareed Zakaria, *The Post-American World*, New York: W.W. Norton & Company, 2008.

78 2002年启动的"普林斯顿国家安全项目"最具影响力，该项目在美国前国务卿舒尔茨和前国家安全顾问莱克主持下展开，旨在跨党派的战略共识基础上寻求美国在21世纪的国家安全战略。

79 Barry R. Posen, "A Grand Strategy of Restraint and Renewal," Remarks on U.S. House Armed Services Committee, Subcommittee on Oversight and Investigations, July 15, 2008. Christopher Preble, "The U.S. Needs a New Grand Strategy of Restraint," *Armed Forces Journal*, May 2009; Eugene Gholz, Daryl Press, and Harvey Sapolsky, "Come Home, America: The Strategy of Restraint in the Face of Temptation," *International Security*, vol.21, no.4, Spring 1997.

80 Richard Haass,"The Age of Nonpolarity," *Foreign Affairs*, May/June, 2008.

81 杨洁勉：《美国实力变化和国际体系重组》，《国际问题研究》2012年第2期；金芳：《金融危机后的世界经济格局变化及其对美国经济的影响》，《世界经济研究》2010年第10期。

82 Global Unease with Major World Powers: 47-Nation Pew Global Attitudes Survey, Washington, D.C.: Pew Research Center, June 2007, pp.13–15.

83 Andrew Kohut and Bruce Stokes, *America against the World: How We Are Different and Why We Are Disliked*, New York: Times Books, 2006, pp.29–30.

84 Stephen M. Walt, "The End of the American Era," *The National Interest*, November/December, 2011.

85 Jonathan Kirshner, ed., *Globalization and National Security*, New York: Routledge, 2006.

86 Robert Z.Lawrence, *Blue Collar Blues, Is Trade to Blame for Rising US Income Inequality*? Washington, D.C.: Peterson Institute for International Economics, 2008; Michael Spence, "Globalization and Unemployment," *Foreign Affairs*, July/August, 2011.

87 Barry Posen, "A Grand Strategy of Restraint," in *Finding Our Way*, p.92.

88 Robert J. Art and Louise Richardson, eds., *Democracy and Counterterrorism: Lessons from the Past*, Washington, D.C.: United States Institute of Peace Press, 2007, pp.570–574.

89 Thomas Finger ed, *Global Trends 2025*, National Intelligence Council, 2008;Richard Haass, "The Case for Integration," *The National Interest*, Fall 2005; Charles A. Kupchan and Peter L. Trubowitz, "Grand Strategy for a Divided America," *Foreign Affairs*, July/August, 2007.

90 Robert Kagan, “America’s Crisis of Legitimacy,” *Foreign Affairs*, March/April, 2004.

91 Frederick W. Kagan, “Grand Strategy for the United States,” in *Finding Our Way*, p.72.

92 Lee Feinstein and Anne-Marie Slaughter, “A Duty to Prevent,” *Foreign Affairs*, January/February, 2004.

93 Robert Kagan, “End of Dreams, Return of History,” in Melvin Leffler and Jeffrey Legro, eds., *To Lead the World: American Strategy After the Bush Doctrine*, Oxford University Press, 2008, pp.36–59.

94 Larry Diamond, “The Democratic Rollback,” *Foreign Affairs*, March/April, 2008; Azar Gat, “The Return of Authoritarian Great Powers,” *Foreign Affairs*, July/August, 2007.

95 Sarah Sewall, “A Strategy of Conservation: American Power and The International System,” in *Finding Our Way*, pp.106–107.

96 Stephen Van Evera, “A Farewell to Geopolitics,” in *To Lead the World*, pp.11–35.

97 关于对布什政府未能足够认识气候变化问题对国家安全的影响的批评，参见 Kurt M. Campbell et al., The Age of Consequences: *The Foreign Policy and National Security Implications of Global Climate Change*, Washington, D.C.: The Center for Strategic and International Studies and the Center for a New American Security, November 2007; John Podesta and Peter Ogden, “National Security Implications of Climate Change,” *The Washington Quarterly*, Winter 2008.

98 G. John Ikenberry, “An Agenda for Liberal International Renewal,” in *Finding Our Way*, pp.45–46.

99 Robert J. Art, *A Grand Strategy for America*, Cornell University Press, 2005; Robert Art, Selective Engagement after Bush, in *Finding Our Way*, pp.23–42; Patrick M. Cronin, *Restraint: Recalibrating American Strategy*, Center for a New American Security, 2010.

100 Christopher Layne, *The Peace of Illusions: American Grand Strategy from 1940 to the Present*, Cornell University Press, 2006; Stephen M. Walt, “The End of the American Era” ; John Mearsheimer, “Imperial by Design,” *The National Interest*, January/February 2011. 另参见吴征宇：《离岸制衡与选择性干预：对二战后美国大战略的理论思考》，《世界经济与政治》2009 年第 10 期。

101 G. John Ikenberry and Anne-Marie Slaughter, *Forging A World of Liberty Under Law*, The Princeton Project on National Security, 2006; G. John Ikenberry, *Liberal Leviathan: The Origin, Crisis, and Transformation of the American World Order*, Princeton University Press, 2011.

102 Zbigniew Brzezinski, “Balancing the East, Upgrading the West: U.S. Grand Strategy in an Age of Upheaval,” *Foreign Affairs*, January/February, 2012; Michael Mandelbaum: The Frugal Superpower: America’s Global Leadership in a Cash-Strapped Era, *New York: Public Affairs*, 2010.

103 潘忠岐：《冷战后美国大战略的理论思辨》，《国际观察》2006 年第 1 期。

104 Charles Krauthammer, “The Obama Doctrine,” *The Washington Post*, April 29, 2011.

105 David Sanger and Peter Bake, “New U.S. Strategy Focuses on Managing Threats,” *The New York Times*, May 28, 2010.

106 关于奥巴马政府在上台后需要集中精力解决的问题，见 Kurt Campbell and Michèle Flournoy, *The Inheritance and the Way Forward*, Washington, D.C.: Center for a New American Security,

June 2007.

107　G. John Ikenberry, "The Right Grand Strategy," *The American Interest*, January/February, 2010.

108　Anne-Marie Slaughter, "America's Edge: Power in the Network Century," *Foreign Affairs*, January/February, 2009, p.94; The National Military Strategy of the United States of America: Redefining America's Military Leadership, 2011.

109　The White House, the National Security Strategy of the United States of America, September, 2002.

110　Remarks by the President in State of the Union Address, Office of Press Secretary, the White House, January 20, 2015.

111　Fareed Zakaria, "Why Defense Spending Should Be Cut," *The Washington Post*, August 4, 2011.

112　孙哲：《美国霸权的发展维度》，《世界经济与政治》2009 年第 11 期。

113　Anna Fifield and Geoff Dyer, "Obama Doctrine Begin to Take Shape," *Financial Times*, October 23, 2011; Robert Kaplan, "Equal Alliance, Unequal Roles," *The New York Times*, March 27, 2008.

114　Daniel W. Drezner, "Does Obama Have a Grand Strategy," *Foreign Affairs*, July/August, 2011.

115　The National Military Strategy of the United States of America: Redefining America's Military Leadership,2011; "Speech of Secretary of Defense Robert M. Gates to the U.S. Military Academy,February 25, 2011," http: www.defense.gov/speeches/speech.aspx?speechid=1539.

116　*Sustaining U.S. Global Leadership: Priorities for 21st Century Defense*, January 2012; The White House, "Remarks by the President on the Defense Strategic Review," January 5, 2012.

117　因迪克、李侃如与笔者的交谈，另见 Martin S. Indyk, Kenneth Lieberthal, and Michael E. O'Hanlon, *Bending History: Barack Obama's Foreign Policy*, Washington D.C.: Brookings Institution Press, 2012.

118　Sarah Sewall, "A Strategy of Conservation: American Power and The International System," in *Finding Our Way*, pp.106–107; Daniel W. Drezner, "Does Obama Have a Grand Strategy," *Foreign Affairs*, July/August, 2011.

第二章

# 当中国走向全球

## 第一节　中国的发展成就与困扰

进入 21 世纪第二个 10 年，中国的自身目标和国际角色开始发生新的重大变化。在过去大约 100 年的时间里，经过革命、独立、建设、改革，中国的国家面貌大为一新。自 2012 年中共十八大以来，实现“中华民族伟大复兴的中国梦”成为最重要的国家战略目标，这一目标决定了未来数十年中国内政外交的政策选择和根本走向。习近平在 2016 年 7 月 1 日纪念中国共产党成立 95 周年发表的讲话中提出，“今天，我们比历史上任何时期都更接近中华民族伟大复兴的目标，比历史上任何时期都更有信心、有能力实现这个目标”。中国的国际角色也出现相应的变化，中国在追求民族复兴的同时，开始拥抱一种“全球性大国”的自我定位。[1] 中国继续坚持走和平发展道路，但在姿态和做法上更加强调“奋发有为”，更加注重以“大国”的角色参与全球治理和国际事务。当中国走向全球之际，中国和外部世界开始了新的

“相互适应”进程。准确认识中国的力量，认清中国的成就和困扰，是确保这种“相互适应”良性展开的前提。

## 一

毕业于哈佛大学的中国历史学家徐中约认为，“探寻一条在新的世界中体面地生存下去的道路，是推动近代中国发展的一个主要动力……新中国成立前的一个世纪，中国内部的腐败和外来帝国主义的羞辱性掠夺，如同一对孪生恶魔，给社会带来了长时期的衰落”。[2]19 世纪 40 年代，为了能继续通过鸦片贸易等手段攫取不法利益，英国用炮舰打开了中国的大门。虽然当时中国的经济总量在世界上仍占有一席之地，但它却早已落后于工业革命和工业化的浪潮，丝绸和茶叶哪里抵得过坚船利炮的威力，颟顸腐败的清政府在鸦片战争中惨败，被迫签订了不平等的《南京条约》。此后，法国、意大利、德国、日本等世界列强或通过战争手段，或通过武力威胁，将一系列丧权辱国的不平等条约强加给中国。在接踵而来的侵略和压迫之下，在持续的国内权力纷争甚至是内战之下，近代中国积贫积弱、民不聊生，饱受“百年屈辱”。中国经济长期凋敝，根本谈不上什么发展，一直是一个贫穷落后的农业国。

这种情况一直延续到 1949 年新中国成立之际。根据联合国“亚洲及太平洋经济社会委员会”的统计，1949 年中国人均国民收入 27 美元，不足整个亚洲平均 44 美元的三分之二，不足印度 57 美元的一半。1949 年前后，中国工农业总产值只有 466 亿元，其中农业占总产值的比重为 70%，中国是一个连火柴、钉子、肥皂这些基本生活用品都难以自己生产的落后国家。[3]从 1949 年到 1978 年，中国通过优先发展重工业等战略规划，建立了相对完整的国民经济体系和独立的工业体系。美国耶鲁大学教授莫里斯・迈斯纳

(Maurice Meisner) 经过大量细致研究后提出，“在物质资源最贫乏的基础上，在充满敌意的国际环境中和极少外援的情况下，中国在 1/4 世纪的时间内把自己变成了一个主要的工业大国”。[4]

然而，中国的发展道路遭遇重大波折，中国还远无法在世界上“体面地生存下去”。到了 20 世纪 70 年代末期，整个国家从“文化大革命”的浩劫中艰难走出，经济处于濒临破败的境地。用邓小平的话来说，中国走到了“被开除球籍”的边缘。当时，中国的对外贸易总额不到 100 亿美元，人均年收入也仅有 200 美元，人民温饱都成问题。1977 年，时任安徽省委第一书记万里到该省的农村调研，他后来回忆说：“原来农民的生活水平这么低啊，吃不饱，穿不暖，住的房子不像个房子的样子。淮北、皖东有些穷村，门、窗都是泥土坯的，连桌子、凳子也是泥土坯的，找不到一件木器家具，真是家徒四壁呀。我真没料到，解放几十年了，不少农村还这么穷！”[5] 实际上，这种情况当时在全国并不鲜见。与经济发展水平的落后相比，人们思想意识的僵化也很突出，很多人仍在为“养 3 只鸭子是社会主义，养 5 只鸭子就是资本主义”而争论不休，并且将和外国人改善关系说成是“卖国”。

面对这样的严峻形势，当时刚复出不久的中国领导人邓小平一针见血地指出：“如果现在再不实行改革，我们的现代化事业和社会主义事业就会被葬送。”然而，将中国这样一个长期落后封闭的大国推上改革开放的轨道注定充满挑战。美国哈佛大学教授傅高义（Ezra Vogel）在其撰写的《邓小平时代》一书中称，1978 年 12 月中共十一届三中全会举行前，邓小平精心准备了在这次会议上的讲话稿，他当时苦苦思索的问题是：如何鼓励新思想，又尽量减少保守派干部的抵制；如何既要尊重毛泽东，又要摆脱他的路线；如何既保持乐观，又避免急于求成而“被胜利冲昏头脑”；如何既维护稳定，又推动对外开放；如何既给予地方干部灵活空间，又能确保国家的发展目标得以充分落实。正如傅高义所言，邓小平其实并不是手持伟大蓝图、主宰着变革的设计师，他不过是为中国转型过程提供全面领导的总经理，他把各种有利于中国转型的想法梳理总结，使人们齐心协力落实各项改革，尽量将可能导致国家分裂的分歧最小化。[6]

就这样，邓小平以及一大批支持改革开放的领导者小心翼翼地将中国逐步引入新的发展进程。英国剑桥大学高级研究员马丁·雅克（Martin Jacques）认为，“中国政府自 1978 年以来一直在经历大规模和持久的改革，这场改革远比美国或英国发生的改革伟大”。过去 30 多年来，中国成功地实行了改革开放政策，从根本上释放了中国的经济活力和潜力。从 1979 年到 2014 年，中国 GDP 年均增长率约为 10%，这一速度高于同期世界经济年均增长率近 2 倍。世界银行等机构将中国列为世界上发展速度最快的经济体。到 2014 年，中国的经济总量超过 63 万亿人民币，中国成为全球第二个经济总量突破 10 万亿美元大关的国家，仅次于美国，牢牢占据世界第二大经济体的地位。中国的人均 GDP 也接近 8 000 美元，在世界银行划定的标准中处在中等偏上水平。根据世界知名经济学家安格斯·麦迪森（Angus Maddison）主编的《世界经济二百年回顾》中的数据，1820 年美国 GDP 为 124 亿美元；1952 年中国 GDP 为 679 亿人民币，按 1990 年汇价为 142 亿美元，与美国 1820 年的 GDP 大体相当。美国经过 180 年发展，到 2000 年 GDP 达到 10.28 万亿美元；新中国经过 65 年发展，到 2014 年 GDP 达到 10.36 万亿美元，与美国 2000 年的 GDP 大体相当。据此有中国学者认为，从经济总量看，新中国用 65 年取得了美国用 180 年取得的经济成就。[7]

在改革开放政策的推动下，中国不断融入国际贸易体系，并成为举世闻名的“世界工厂”。据美国经济咨询公司环球通视（IHS）数据，2010 年中国的制造业产出占世界的比重为 19.8%，超过美国跃升为“全球制造业第一大国”，而此前美国将这一地位保持了 110 年。[8] 目前，在世界 500 种主要工业品中，中国有 220 多种产品产量位居全球第一。在制造业崛起的同时，中国也涌现出一批具有世界先进水平的重大科技创新成果，技术产业稳步发展。中国的专利申请总数在2012年首次超过美国，跃居世界第一。而在2002年，中国的专利申请总数还不到2012年的10%，世界排名第七。从每百万人口专利申请数这一指标看，虽然中国的水平还不到美国的30%，但已经超过俄罗斯、波兰、土耳其、巴西、墨西哥等国。应该说，科技水平的提升为中国的经济发展提供了巨大动力，中国的产业发展也走出了一条在学习中创新的道路。以高铁产业为例，从2004年开始引进高铁技术到2008年首条高铁城际铁路开通运行，中国高铁仅用4年的时间就走完了国外高铁强国数十年的发展历程。如今，中国高铁产业正带着"中国创造"的印记，参与国际市场的竞争。

此外，改革开放30多年来，中国的基础设施建设能力大幅提高，中国企业在能源、通信、铁路、高铁、公路、港口、机场、口岸等领域的建设水平居于世界领先地位，甚至在有些方面已经超越了发达经济体。从基础设施项目的规划、设计、施工到相关机械设备和自动控制系统的安装、运营与管理，乃至设备维护和人员培训，中国企业的优势贯穿基础设施建设的全产业链。中国经济发展的成就，还体现在对外经济合作关系的扩展方面。中国自2014年开始成为全球货物贸易第一大国，目前已是120多个国家的第一大贸易伙伴。美国商务部2015年11月公布的数据显示，美国1—9月对华贸易额达到4 416亿美元，这是有记录以来中国首次超过加拿大成为美国最大的贸易伙伴。1978年整个中国大陆的外汇储备只有区区1.67亿美元，到2014年国家外汇储备增至38 430亿美元，位居世界第一，占全世界外储总量的1/3。排在第二的日本其外汇储备约为11 000亿美元，是中国的28%。

当然，如果想要全面认识中国的发展成就，就不能仅仅盯着上述统计数据的变化，中国发展成就的核心，在于成功推动了发展理念和经济体制的深层次变革。章百家等学者指出，中华人民共和国成立后，中国经济体制经历了两次重大转型：第一次发生在新中国成立初期，从一种半统制半市场经济转变为计划经济；第二次发生在改革开放之后，由计划经济转变为社会主义市场经济。[9] 一个国家的经济体制转轨不仅仅是一个经济问题，也牵涉到复杂的社会和政治问题。过去几十年来，在经历体制"转轨"的国家中，中国可以说是世界上最成功的之一。中国领导层一直注重采取渐进方式推动改革，坚持"从国情出发，从实际出发"。正如邓小平所说，"一个党，一个国家，一个民族，如果一切从本本出发，思想僵化，迷信盛行，那它就不能前进，它的生机就停止了，就要亡党亡国"。为了解放生产力，中国探索了特区建设、乡镇企业、国企改革等各种发展路径。在过去短短 30 多年时间里，通过经济体制创新、引入国际新型发展理念等，深圳由一个破落的小渔村变为现代化的国际性城市，它可以说是中国经济发展成就的典型缩影之一。

"经济增长"与"发展"是两个不同的概念，过去 60 多年来，无论是从扶贫减贫、教育医疗、民众就业等方面看，还是从社会保障体系建设、社会组织发展等层面看，中国在社会发展方面的成就不容低估。近年来，中国政府将全面建成小康社会作为国家发展的核心目标。"小康"一词最早见于《礼记》，是中国古代思想家描绘的理想社会状态，体现了对稳定、殷实生活的追求。如今，十几亿中国民众之中，绝大部分已经解决温饱问题，甚至是过上了"小康"的日子。消除贫困是推动社会发展面临的核心挑战之一，也是一个世界性难题，在这方面中国交出了值得称赞的答卷。中国是全球最早实现"联合国千年发展目标"中减贫目标的发展中国家，为全球减贫事业作出了贡献。联合国粮农组织总干事若泽·达席尔瓦（José Graziano da Silva）在其 2013 年发表的文章中说，中国的努力是使全球贫困和饥饿人口减少的最大因素。[10] 过去 30 多年来，中国把扶贫开发纳入国家总体发展战略，针对特定人群组织实施妇女儿童、残疾人、少数民族发展规划，坚持开发式扶贫方针，动员全社会参与，构建政府、社会、市场协同推进的大扶贫体系。如果按照中国的扶贫标准，1978 年中国贫困人口为 2.5 亿人，占农村总人口的 30.7%，而这一比例在 2010 年降至大约 4%，数亿中国人摆脱了贫困状态。如果按照国际标准，1978—2010 年的 30 多年间，中国共减少 6.6 亿多贫困人口。同期，全球贫困人口减少 7.26 亿，也就是说，全球贫困人口数量减少的成就 93%来自中国。

除了实现上亿中国人摆脱贫困，在过去 60 多年中，中国社会在教育、医疗等领域也取得了巨大进步。1949 年，中国总人口的 80%是文盲，小学和初中入学率仅有 20%和 6%，高校在校生仅有 11.7 万人。改革开放以来，在现代化建设发展战略中，发展教育和科学技术占据首要地位。如今，中国已经全面普及九年义务教育，全面实现城乡免费义务教育，高等教育也日趋大众化。到了 2014 年，中国高等教育毛入学率达到 37.5%，各类高等教育在学总规模 3 559 万人，居世界第一。此外，在中国这样一个有着十几亿人口的发展中大国，医疗卫生事业是一个重大的民生问题。60 多年来，中国的人均预期寿命延长了近 40 岁。婴儿死亡率已经从 1949 年前后的 200‰下降到 2013 年的 9.5‰，远低于世界平均水平。从 2009 年开始，中国推动大规模医疗卫生保险改革，目前享受基本医疗卫生保障的人数已经占全国总人数的 95%。如此高的覆盖率，如此大难度的医疗改革，在如此短的时间内实现了，这在世界上也是罕见的。

社会保障制度是否健全，是衡量一个国家社会发展程度的重要标准。社会保障被形象地称为普通民众的“安全网”、社会运行的“稳定器”和收入分配的“调节器”，具有优化资源配置、促进社会公平等方面的作用。中国是世界上最大的发展中国家，人口众多，经济发展起点低，地区之间、城乡之间发展不平衡，因此，建立和完善社会保障体系的任务十分艰巨。新中国成立不久，中国政府便着手建立现代社会保障制度。从那时至今，中国社会保障模式经历了巨大的变迁。新中国成立后至改革开放初期，和计划经济体制相适应，中国实行的是“国家保险模式”；改革开放初期至今，为适应市场经济体制改革的需要，中国社会保障制度进行了全面变革。目前，基本形成社会保险、社会救助、社会福利和慈善事业相衔接的并且由中央政府和地方政府分级负责的总体框架。社会保险是社会保障体系的核心部分，包括养老保险、失业保险、医疗保险、工伤保险和生育保险。中国已经全面建立城镇居民养老保险、城乡居民大病保险等制度，保障覆盖的人员数量持续增加。截至 2014 年底，中国职工和城乡居民养老保险参保人数分别达 3.1 亿和 4.7 亿。职工医保、居民医保和新农合三项基本医保参保人数超过 13 亿，总参保率在 95%以上。

与改革开放时期之前相比，中国社会组织的数量和活跃程度显著增大。1988 年，中国经民政部门登记的社会团体仅有 4 446 个。到了 2004 年，达到近 28.9 万个。从 2004 年到 2011 年的短短 8 年时间里，再次增长 60%，当时全国共有社会组织 46.2 万个，是 1988 年数字的 100 多倍。截至 2014 年底，中国社会组织数量已超过 60 万家，形成固定资产 1 560.6 亿元，接收各类社会捐赠 524.9 亿元，吸纳社会各类人员就业 682.3 万人。除了数量的增长，社会组织之间的横向联系趋于紧密。在环境保护、艾滋病防治等领域，出现不少全国性或区域性的联系平台。在上海、广州、成都等许多城市，地方政府通过购买服务等方式推动社会组织参与公共服务和社会管理。中国政府与社会组织的关系格局正在发生显著变化，社会组织是实现国家治理现代化目标的重要力量。

事实上，除了经济和社会政策领域的成就，中国在政治发展层面实现了很多重大变革。实行改革开放政策之初，邓小平就表示，“改革是全面的改革，包括经济体制改革、政治体制改革和相应的其他各个领域的改革”。但他也强调：“政治体制改革的每一个措施都涉及千千万万的人……我们要根据社会主义国家自己的实践、自己的情况来决定改革的内容和步骤。”中国领导人坚持认为，不解决好权力过于集中、法治建设滞后等问题，就不会有经济发展能力的释放；但是，这个世界上不存在“放之四海而皆准”的政治体制和政治发展模式，中国的政治发展绝不应照搬西方模式。改革开放以来，中国共产党废除了领导干部职务终身制，不断完善党内选举制度、党内民主决策机制、党内监督制度等。人民代表大会制度从整体上得到加强，促使中国从“无法可依”到“有法可依”再到“依法治国”。中国政府按照简政放权的大方向先后开展数次大规模的行政体制改革，力争在“有效的市场”和“有为的政府”、“有限的权力”和“有效的权力”之间实现一种平衡。实际上，没有政治发展层面的变革，就不会有经济发展的成就。时至今日，中国领导人依然坚信，作为一个发展中大国，尤其是处于快速现代化进程之中，中国的政治体制改革试错空间极小，只能是稳步推进，不能犯“颠覆性错误”。[11]

## 二

虽然中国取得举世瞩目的发展成就，并已经跃升为世界第二大经济体，但这并不意味着中国的未来会是一路坦途。约瑟夫·奈甚而认为，中国面临的内部发展困境和外部地缘政治劣势，决定了它无法与美国平起平坐，21世纪仍将是美国的世纪。[12]的确，中国是一个“多面相”的国家，北京、上海这些现代化的国际大都市并不能代表中国的全貌，这个从百年积贫积弱中走出的国家依然面临着相当艰困的发展挑战，包括资源环境约束、市场经济不够成熟、发展方式亟待转变、区域发展不协调、贫富差距拉大等等。[13]中国领导人也认识到，在改革开放中确立的中国特色社会主义制度还不是尽善尽美、成熟定型的。虽然不少人预测中国经济总量将在未来数年超过美国成为“世界第一”，但中国并不应追求“世界第一”的虚名，中国远远没有骄傲自大的本钱。

中国是一个“大”国，也是一个“小”国。中国是世界上人口最多的国家，约占世界总人口的19%，但是这13多亿的人口既可以做乘法，也可以做除法。2014年，中国经济总量超过10万亿美元大关，对外直接投资总额也在同年超过了吸收的外资总额。作为世界贸易大国，中国已经是世界上120多个国家的最大贸易伙伴。由此，的确可以说中国是一个“大”国。然而，当用中国的人口总量做除法时，就会发现，中国实际上也是一个“小”国。2015年2月中国国家统计局发布的数据显示，2014年中国人均GDP是7 575美元。这一水平在世界人均GDP排名中处于80位左右，居于首位的卢森堡人均GDP为111 716美元，大约是中国的15倍。美国、新加坡、爱尔兰等国人均GDP相当于中国的8倍，土耳其、塞浦路斯、加蓬、哥斯达黎加等国也都排在中国前面。由联合国开发计划署（UNDP）统计的“人类发展指数”（Human Development Index）是衡量一个国家经济社会发展水平的重要指标，其变量包括收入水平、教育水平、平均寿命等。在“2014年度人类发展指数”排名中，中国大陆在近200个国家中仅居于第91位。

中国虽然“地大”，但远非人们想象的那样“物博”。从世界范围看，中国人均占有的资源量非常有限，随着城镇化水平、资源消费程度等方面的提升，中国面临的资源压力将会不断加大。中国资源禀赋先天不足，人均耕地占有量是世界平均水平的43%，淡水是28%，石油、天然气是7%，铁矿石是17%。在中国，即使是最丰富的煤炭资源，也只有世界平均水平的67%。在人均资源拥有量不足的情况下，资源质量不高、资源分布不平衡、资源利用效率低下等问题，进一步加剧了中国在保障资源安全方面的挑战。2008年中国的资源消耗总量达到226亿吨，几乎占全球消耗总量的1/3，远远高于1970年17亿吨的消耗量。2013年8月，联合国环境规划署发布的报告指出，30多年来，中国已经从对矿物、化石燃料和其他原材料消耗不太多的国家发展成为全球第一大资源消耗国。与全球第二大资源消耗国美国相比，中国的资源消耗量是美国的 4 倍。

随着“页岩油气革命”的推进，曾经是能源进口大国的美国如今基本实现“能源独立”，并成为能源出口国。相比之下，中国能源供给的对外依赖程度却在显著加深。随着中国中产阶级人数的增加，昔日被称为“自行车王国”的中国正变为“汽车王国”，新的生活方式必然会带来能源供给压力的进一步加剧。2015 年 4 月，中国石油进口量达到 740 万桶 / 日，中国成为世界上最大的石油进口国。2004 年至 2013 年间，中国从阿拉伯国家的能源进口量年均增加 12%，达到每年 1.33 亿吨。2014 年 2 月，国务院发展研究中心主任李伟撰文称，按照当前速度，到 2030 年中国每年将消耗约 8 亿吨石油，其中大约 75%需要从国外进口。[14]

资源和能源问题与环境问题息息相关，中国在环境生态方面面临的压力十分巨大。应当承认，中国过去 30 多年的快速发展，付出的环境代价不可小视。西方发达国家几百年间的污染问题，在中国压缩式发展的情况下被迫“集中性释放”。突出的空气和水污染问题、脆弱的生态环境、应对气候变化的巨大压力等等，都对中国的可持续发展构成严重威胁。在中国能源消费总量中，煤炭大约占 58%以上，且能源利用效率较低，在很大程度上造成了大气污染严重、温室气体排放总量居高不下等环境问题。作为温室气体排放量最大的发展中国家，中国已经向世界承诺，本国的碳排放在 2030 年达到峰值，并在 2017 年启动全国碳排放交易体系。为实现减少煤炭消费、降低碳排放等目标，中国正在经历艰难的能源消费和产业转型，而这又必然会给经济发展带来“阵痛”。比如，河北省等地很多高污染、高能耗企业被关停，不少工人需要另谋职业。由此，可以看出，中国面临的发展挑战实际上是相互联系的，这增大了应对的难度。

除了资源、能源、环境等方面的挑战，中国还面临“未富先老”、人口结构失衡这一突出问题。中国人口在迅速老化，“未富先老”已经成为描绘当今中国的一个标签性词汇。据联合国等机构预测，2050 年中国 65 岁及以上的老年人口比例将占到近 30%。今后 20 年，中国将有 3.6 亿 60 岁以上的人口，社会福利开支的增长速度势将不断攀升。与此同时，中国劳动年龄（15—64 岁）人口数量和比例将迅速下降。实际上，中国经济发展所依赖的“人口红利”从 2010 年开始就逐渐消失，劳动力人口的峰值将出现在 2020 年前后。中国社科院发布的研究报告预测，在 2020 年之前，中国劳动年龄人口年均减少 155 万人；之后一个时期减幅将加快，2020—2030 年将年均减少 790 万人，2030—2050 年将年均减少 835 万人。与另一个崛起中的大国印度相比，中国在人口方面的劣势地位是明显的。据预测，到 2020 年印度 65 岁以上人口的比例超过 7%，即刚刚步入“老年社会”行列，比中国足足晚了 20 年。即便到了 2050 年，印度的老年人口比例也仅为 14%。2050 年，印度的劳动力人口将达到 11.43 亿，2100 年仍将维持在 9 亿以上。而在 20—29 岁最具竞争力和创新能力的年轻劳动力数量方面，印度已经位居世界第一。

当然，更不要忘记，中国现在仍有超过 7 亿人居住在农村地区，按照中国的标准，中国目前还有 7 000 多万贫困人口，这一数字高于英国的人口数量。2015 年 9 月，世界银行将贫困标准从 1.25 美元 / 天上调到 1.9 美元 / 天，按照这一标准，中国有近 2 亿贫困人口。中国的贫困人口不仅数量巨大，而且大部分贫困人口集中分布在资源缺乏、生活条件差、自然灾害多、基础设施落后的连片特困地区。在那些地方，满足贫困人口的吃水、行路、用电、上学、就医等基本生活需求，仍然是相当艰难的挑战。中国政府已经提出要在 2020 年全面建成小康社会，这就意味着在剩下的几年时间里，平均每年要减少 1 100 多万贫困人口，这比匈牙利的全国总人口还要多。

显然，中国发展面临着各种复杂挑战，而且这些挑战相互交织、相互影响。其中，一个核心的问题即是“如何跨越中等收入陷阱”。早在 2004 年，中国领导人就在公开场合提出了中国发展前景的两种可能性：一种可能性是顺利实现工业化、现代化，进入发达国家行列；另一种则是落入“中等收入陷阱”，经济社会发展长期徘徊不前，甚至出现倒退。2015 年 5 月，中国财政部部长楼继伟在清华大学的一次演讲中指出，当前中国经济处于经济增速换挡期、经济结构调整阵痛期、前期刺激政策消化期的“三期叠加”阶段，中国在未来的 5 年或 10 年，有 50%以上的可能性会滑入“中等收入陷阱”。[15]

“中等收入陷阱”最早是由世界银行的经济学家提出的一个经济概念，随后很快成为与发展中国家密切相关的政策概念。对过去几十年世界经济发展状况的研究表明，对很多发展中国家来说，从中等收入经济体向高收入经济体的转变，是一个非常难以跨越的门槛，这些经济体在中等收入阶段很容易掉入发展停滞不前、贫富差距加大、社会不稳定因素增多的“陷阱”。按照人均国民收入水平，世界银行把各国（地区）分为四类，即低收入经济体（低于 975 美元）、中等偏下收入经济体（976 至 3 855 美元）、中等偏上收入经济体（3 856 至 11 905 美元）和高收入经济体（高于 11 906 美元）。根据世界银行的研究，到 2008 年只有日本、韩国、新加坡、西班牙、以色列等 13 个经济体成功跨越了“中等收入陷阱”，其余 88 个经济体则落入这一陷阱，包括泰国、马来西亚、菲律宾、南非、巴西等国。这些经济体虽然也曾一度实现高速发展，但它们都没能够成功进入高收入国家行列，普遍出现收入分配不平衡加剧、过度城市化、腐败问题突出、社会公共服务不足、金融体系脆弱等“顽症”。就“中等收入陷阱”形成的原因而言，步入中等收入阶段的经济体，一方面劳动力成本等方面的优势弱化，它们要面对来自尚未进入中等收入阶段的发展中国家的挑战；另一方面它们存在创新能力缺乏、市场经济环境不健全、收入分配机制不完善等问题，从而降低了这些国家相对于高收入国家的竞争力。

与很多中等收入国家类似，中国面临多方面的经济发展失衡问题。首先，过去几十年，中国的经济快速发展是以低成本的要素投入为条件的，是靠投资和出口拉动，中国经济的创新能力依然相对不足。“制造业大国”并不等于“制造业强国”，制造业产品附加值低、创新能力不强、能耗较高、环境污染大等挑战正极大地困扰着中国的发展。[16] 在技术创新方面，中国与世界发达国家的差距依然明显。举例来说，虽然中国专利申请总数在 2012 年首次超过美国，跃居世界第一位，但是中国每百万人口专利申请数大约只有韩国和日本的 10%，不到美国的 30%。近年，由于全球金融危机导致外部需求下降等因素，中国的产能过剩问题更为突出，这一问题在电解铝、钢铁、水泥、汽车、光伏太阳能等产业都非常明显。产能过剩实际上会带来一连串的“并发症”和“后遗症”，会造成企业投资预期下降、创新动力不足，也会导致民众收入下降和失业，降低社会消费预期，从而加大经济增长面临的下行压力。

其次，中国面临贫富差距过大的问题。相关研究表明，落入“中等收入陷阱”的国家普遍未能处理好收入分配不平等的难题，过大的收入差距不仅会限制民众的消费能力，阻碍经济发展，还会导致社会矛盾激化，进而引发政治上的动荡。此外，劳动者的医疗、教育、社会福利保障等也会受制于不合理的收入分配机制，造成一国缺乏可持续发展的动力。只有在做大“财富蛋糕”的同时分好“财富蛋糕”，才能真正有条件跨越“中等收入陷阱”。衡量一个国家的收入差距，国际上通用的指标是基尼系数。基尼系数最大为“1”，表示居民之间的收入分配绝对不平均；最小等于“0”，表示居民之间的收入分配绝对平均。基尼系数越小收入分配越平均，越大表示收入分配越不平均。根据中国国家统计局公布的数据，2014 年中国的基尼系数是 0.469，而在 20 世纪 80 年代初，这一数据是 0.3 左右。主要发达国家的基尼系数一般都在 0.24 到 0.36 之间，世界上超过 0.5 的国家只有 10%左右。

在收入差距扩大的同时，中国社会还面临财产差距扩大的问题，而且随着社会财富积累越来越大，这一问题正变得越发突出。过去 10 年的数据分析表明，中国的财产差距扩大速度要远超收入差距扩大的速度。北京大学中国社会科学调查中心发布的《中国民生发展报告 2014》显示，1995 年中国财产的基尼系数为 0.45，2002 年为 0.55，2012 年达到 0.73，财产不平等程度明显高于收入不平等。谈及贫富差距，城乡之间的差距是焦点问题。目前，中国城市居民人均可支配收入仍是农村居民的 3 倍多，教育、医疗等社会保障资源的投入依然是很不平衡的。从 2006 年开始，中国城镇内部的贫富差距也在加大，这主要是由于“资本存量不公带来财富增量不公”，尤其是房产快速增值。贫富差距已具有一定的稳定性，形成了阶层和代际转移，有些正从“暂时贫困”走向“长期贫困”和“跨代贫困”。

贫富差距不断加大的主要原因，是中国在从计划经济向市场经济的转型过程中，改革不到位导致机会不平等、资源分配不合理、权力寻租等现象多发。而在中国经济步入新常态的情况下，随着经济增长更多依赖资本、技术带来的创新驱动，会对劳动密集型产业以及低学历、低技能民众的就业和收入带来更大的冲击。由此，也可以看出，中国在应对发展挑战方面常会处于一种两难状态，改革的难度在加大，必须要统筹考量经济转型、就业结构、社会保障、收入再分配政策等，才能更好地应对贫富差距难题。

最后，中国国内不同地区之间的发展不平衡问题也很突出。作为改革开放的“前沿”，2014 年广东省的 GDP 总量约为 6.7 万亿人民币，一省的经济总量超过了韩国这样一个高收入国家。然而，西藏自治区的 GDP 却只有 920 亿元，相当于在世界上排在 120 位之后的阿尔巴尼亚。虽然中国早在 21 世纪之初就提出实施“西部大开发”战略以及东北地区等老工业基地振兴战略，但历经十数年，效果并不尽如人意，东西部发展差距过大依然是困扰中国现代化全局的最大短板之一。

近年来，中国经济进入发展的新常态，GDP 增长进入每年 7%左右的中高速阶段，而不是像过去那样保持年均 10%以上的高速增长。经济发展由主要依靠投资、出口拉动向依靠消费、投资、出口协调拉动转变。发展的新常态也凸显了中国经济转型的高度复杂性，中国经济处于一种新旧动能转换的过渡阶段。要想成功跨越“中等收入陷阱”，既需要“有效的市场”，也需要“有为的政府”。2014 年 11 月 10 日，习近平在北京出席亚太经合组织领导人同工商咨询理事会代表对话会上致辞时指出，对中国而言，“中等收入陷阱”过是肯定要过去的，关键是什么时候迈过去、迈过去以后如何更好向前发展……我们有信心在改革发展稳定之间，以及稳增长、调结构、惠民生、促改革之间找到平衡点，使中国经济行稳致远。

冷静的眼光看中国，不仅要看到中国面临各种复杂挑战，也要看到中国面临的这些挑战在很大程度上具有国际共性。中国所面临的各种发展挑战既是特殊的，也是普遍的，发展总是会伴随着新的挑战，发展难题还是要靠发展来解决。通过国际比较的视角看中国，就会对中国的前景有更加冷静和客观的判断。正如法国前总理让·拉法兰（Jean-Pierre Raffarin）所言，房地产泡沫、增长放缓、产能过剩、环境恶化、不平等加剧等表明，中国面临的困难是实实在在的，然而，“令人担忧的国家并非只有中国一个”，“中国与其他国家一样有智慧，但比其他人更加勤劳，因而更有机会克服困难。这个民族拥有许多特殊资源。中国经济增长的潜力十分巨大”。世界应当对中国抱有信心，中国在应对自身发展挑战的过程中也会向世界贡献“中国智慧”，正如习近平所言，“中国共产党人和中国人民完全有信心为人类对更好社会制度的探索提供中国方案”。[17]

## 第二节　维护“重要战略机遇期”

2012 年，中共十八大报告指出，“综观国际国内大势，我国发展仍处于可以大有作为的重要战略机遇期”，但也强调“要准确判断重要战略机遇期内涵和条件的变化，全面把握机遇，沉着应对挑战，赢得主动，赢得优势，赢得未来”。“重要战略机遇期”是认识和把握中国内外政策走向的核心概念。在当今和未来相当长的一段时期内，中国的战略机遇日益从“内外并重”变为“以内为主”。未来20—30年是中国历史上百年不遇、失不复得的和平崛起关键期，而未来5—10年则是突破崛起关键期战略瓶颈的重要阶段。实际上，战略风险和战略机遇具有可转化性，关键在于国家领导层和精英层是否具备“战略机遇观”，能否主动以内部变革创新牵引外部环境的有利变化因素，更新战略思维、完善战略规划，保持战略定力，最大限度地趋利避害、转危为机。

## 一

强调在综合判断国内外大局的基础上制定中国的内政外交政策，是中共领导层的一个重要执政传统，这一点突出体现在有关“重要战略机遇期”的论断上。2002年5月，时任中共中央总书记江泽民在中央党校省部级干部进修班毕业典礼上的讲话中首度提及“重要战略机遇期”概念。同年11月，中共十六大报告指出，“纵观全局，21世纪头20年，对我国来说，是一个必须紧紧抓住并且可以大有作为的重要战略机遇期”。自此，“重要战略机遇期”成为中共领导层在21世纪以来一直沿用的战略论断，也是理解中国内外政策的关键词之一。2007年，中共十七大报告提出，“全党必须坚定不移地高举中国特色社会主义伟大旗帜，带领人民从新的历史起点出发，抓住和用好重要战略机遇期，求真务实，锐意进取，继续全面建设小康社会、加快推进社会主义现代化，完成时代赋予的崇高使命”。到了2012年，中共十八大报告称，“综观国际国内大势，我国发展仍处于可以大有作为的重要战略机遇期。我们要准确判断重要战略机遇期内涵和条件的变化，全面把握机遇，沉着应对挑战，赢得主动，赢得优势，赢得未来，确保到2020年实现全面建成小康社会宏伟目标”。

“重要战略机遇期”论断背后所折射的是中共领导层对国家痛失发展机遇的历史教训的深深警惕，尤其是“文化大革命”给整个中国发展带来的灾难性影响。[18]“文化大革命”结束后不久，1978年9月邓小平在东北三省视察期间说：“外国人议论中国人究竟能够忍耐多久，我们要注意这个话。我们要想一想，我们给人民究竟做了多少事情呢？”“我们太穷了，太落后了，老实说对不起人民。”“社会主义要表现出它的优越性，哪能像现在这样，搞了20多年还这么穷，那要社会主义干什么？”这些问题引人深思，促使中国坚定地走上以经济建设为中心、加速社会主义现代化建设的轨道上来。邓小平时代开启的改革开放进程体现出中共领导层紧抓战略机遇、加快自身发展、力争战略突破的强烈意愿和切实努力。出于为搞好国内建设营造有利外部环境的考虑，中国在外交上也做出调整，包括抓住机遇缓和与苏联的关系。1982年中共十二大提出中国奉行独立自主的和平外交政策，后来邓小平在会见外宾时曾表示，“中国的对外政策是独立自主的，是真正的不结盟。中国不打美国牌，也不打苏联牌，中国也不允许别人打中国牌”。[19]这与过去的“一边倒”（实质是依靠苏联）、“一条线”（实质是联美反苏）等战略存在显著不同，其目的是最大限度地扩大中国的国际发展空间。

然而，中国实施改革开放政策不到10年，国内外形势就出现了新的变化。20世纪80年代晚期，苏联等社会主义国家内部接连发生危机，直至1989年苏联解体和东欧剧变，1991年苏联彻底退出世界舞台。中国内部也有不少人质疑改革开放的总路线，甚至是要求回到“以阶级斗争为纲”的时代。1989年中国国内发生政治风波后，内部人心不稳、外部封锁孤立，更是有一种“黑云压城城欲摧”之感，中国的国家发展道路再一次面临重大抉择。在这种情况之下，邓小平及时提出了“冷静观察、沉着应付、稳住阵脚、韬光养晦、有所作为等战略方针”。他特别强调“要真正扎扎实实地抓好经济建设，不要耽搁；中国在国际舞台上不是无足轻重，是能够并且应该有所作为的”，“凡是遇到机会就不要丢，就是要坚持，要干起来，要体现改革开放，大开放”，“中国能不能顶住霸权主义、强权政治的压力，坚持我们的社会主义制度，关键就看能不能争得较快的增长速度，实现我们的发展战略”。[20] 后来，邓小平又利用“南巡”等方式亲自推动中国社会上下摆脱悲观、犹豫、观望情绪，继续坚持改革开放的路线。1992 年中共十四大报告沿用了和平与发展是世界两大主题的判断（最早在 1987 年中共十三大报告中提出），并强调“现在国内条件具备，国际环境有利，既有挑战，更有机遇，是我们加快发展的好时机”。

到了 20 世纪 90 年代中期，中国集中精力应对加入世界贸易组织的谈判，这是中国希望借助经济全球化趋势让自身发展再上一个大台阶的重要标志。2001 年中国和美国完成相关谈判，同年 11 月中国正式加入世界贸易组织。但在克林顿担任美国总统时期，又先后发生“台海导弹危机”（1995—1996 年）、“空袭炸馆”（1999 年）等事件，中国持续感受到来自美国的巨大压力，被认为是美国对中国实施“西化、分化、遏制”图谋。2001 年 1 月上台的布什政府本欲对作为“战略竞争者”的中国加大施压，中美之间还在当年 4 月发生了“撞机”事件，但“9・11”恐怖袭击发生后，美国调整了全球战略，将主要矛头指向“基地”组织等伊斯兰极端主义势力。这在一定程度上让中国感到自己面临的外部压力有所减缓，是中国实现“和平崛起”进程中应当抓住的战略机遇。此后，中国进一步明确了“对内坚持和谐发展、对外坚持和平发展”的思路，强调“要把中国国内发展与对外开放统一起来，把中国的发展与世界的发展联系起来，把中国人民的根本利益与世界人民的共同利益结合起来”。[21] 在 21 世纪的第一个 10 年，中国的综合国力得到了大幅提升，中国为自己走近世界舞台中心积蓄了力量。

通过以上简要描述，希望阐明的是，过去几十年中国发展始终面临如何直面危机、化危为机的挑战，始终面临如何坚持改革开放这一战略路线的挑战，始终面临统筹国内国际大局、营造外部有利环境的挑战。“重要战略机遇期”决不仅是一个时间概念。说到底，战略机遇不仅靠相对和平有利的外部环境，更要靠推进改革的战略魄力、抢抓机遇的战略能力，把控全局的战略定力。实际上，战略机遇期是中国通过主动的、综合的、稳健的内部变革创新牵引和利用外部环境的有利变化因素，以实现长远和根本利益的关键时期。

正确看待“重要战略机遇期”，切忌两种错误思想倾向：一是机会主义，认为自己的战略机遇完全依靠他人的战略失误，如有人提出，美国结束反恐战争而重返亚太意味着中国发展的战略机遇期已然终结；二是主观主义，认为中国只要通过20年战略机遇期的发展就可一劳永逸地解决所有问题，殊不知，每个发展阶段中国在取得巨大成就的同时，也会伴生各种新的矛盾和困难，战略机遇期的最重要意义在于凝聚力量、攻坚克难，储备物质实力资源、完善良性制度基础、理顺多元利益格局，为国家下一阶段和更为长远的发展奠定强大基础。

那么，当前和未来一个时期，中国到底面临哪些战略性机遇？首先，世界经济政治基本面的长期趋势为中国带来“崛起性机遇”。21世纪以来，发达国家和发展中国家的GDP平均增速分别为1.8%和6.2%，西方整体实力相对衰减，发展中国家和新兴经济体力量明显上升，国际力量对比朝着进一步均衡化的方向发展。[22] 中国对外发展的增长空间从全球体系中的“核心区域”（发达国家）日益转向“边缘区域”（发展中国家）。从地缘经济看，中国面临的核心难题是“南北问题”，即如何在发展中国家（从国际发展角度也被称为“南方国家”）与发达国家（“北方国家”）之间重新定位自己，力争成为沟通两者的桥梁。中国应积极推动与新兴国家的互利合作，充分借助发展中国家的整体性力量维护和巩固崛起势头。

其次，全球治理机制的渐进转型为中国增强在世界体系中的力量带来“制度性机遇”。近年，二十国集团峰会上升为世界经济治理核心机制，国际货币基金组织、世界银行等机构改革也迈出重要步伐，增加了发展中国家在全球治理中的发言权和规则制定权。大国之崛起、强国之存续，必基于其对体系性力量的获取和运用。应当看到，信息的全球传递、压力的全球转移、问题的全球扩散、竞争的全球展开正为全球治理的升级重塑提供着持续动力，而深度参与全球治理是中国维护关键利益、提升自身软实力、为世界发展和人类进步提供正能量的重要途径。[23]

第三，重大地区安全问题和突发事件为中国带来影响战略地区事务的“介入性机遇”。近年来，西亚北非地区变局以及中国周边的东北、东南方向形势趋紧，要求中国进一步拓展战略视野，真正从“大周边”角度进行战略筹谋，按照东稳西进、力争外线、力避两线的原则推动自身的地缘战略实现“再平衡”。考虑到美国的“能源独立”前景以及美欧加快从阿富汗撤军，如何促进中东地区的稳定，如何运筹“一带一路”建设，不仅事关中国重大国家安全利益，也为中国“创造性介入”国际热点问题、防范和化解战略风险、增强对相关地区秩序的塑造能力带来新的机遇和考验。[24]

第四，新技术革命和自然环境的预期变化为中国带来“发展性机遇”。后金融危机时代，建立在互联网和新能源相结合基础上的新一轮技术革命已经展开，涉及信息、新能源、新材料、生物、空间、海洋等诸多技术领域。中国必须抓住新科技革命的机遇，积极推进发展方式转变和经济结构调整，以更大的决心和勇气走出一条绿色、智能、普惠、永续的发展道路。此外，北冰洋的西北航道如能开通，将降低中国能源输入通道过度依赖印度洋和马六甲海峡的战略风险，中国应当加大对北极地区和北部航道的重视程度。

第五，国内体制改革和结构转型的战略突破将为中国带来“内生性机遇”。改革开放以来，中国紧抓融入全球经济体系的战略机遇，以开放促改革，以改革应对更大开放，以工业化、城镇化、全球化为主要推力，实现了跨越式发展。当前，中国面临要素成本上升、资源环境约束、内部经济结构失衡等诸多深层次矛盾，但这些矛盾是经济长期快速增长的伴生物，只能靠更加深入的制度创新和结构转型来应对。[25]战略机遇的来源正从过去的“内外并重”转为“以内为主”，其内涵已从“规模扩张型”变为“结构升级型”。唯有深化改革开放，才能将中国的发展潜力释放出来；唯有加快完善制度，才能使“中国道路”在国内外得到更大范围和更深层次的认同。

不可否认的是，中国在安全、经济等多方面也面临一些可以预见和难以预见的战略风险。比如，世界经济持续低迷、能源供给波动对中国未来经济增长和转型造成负面影响；海洋权益争端加剧给中国周边形势带来不利变数；地球生态环境日趋恶化，自然危机向社会危机、治理危机演化，等等。然而，很多不利的国际事变也孕育着重大战略机遇（如两次世界大战与美国的顺势崛起），战略风险和战略机遇具有可转化性，关键在于国家领导层是否具备“战略机遇观”，能否树立战略信心、更新战略思维、完善战略规划、增强战略韧性，最大限度地趋利避害、转危为机。

概括来讲，新形势下中国增强抵御外部风险的能力、抓住用好战略机遇期的根本条件是以“敢于啃硬骨头、涉险滩”的巨大勇气和担当深化改革开放，全面提升发展内力。具体而言，应在以下五个方面力争有新的作为。

一是锻造机遇管理新能力。机遇前所未有，机遇也稍纵即逝；机遇常有，而战略机遇不常有；机遇不仅是客观的“时机”，更是主观的“遇合”。过去常讲“危机管理”，今后更要重视“机遇管理”。全球经济复苏乏力导致中国外部经贸环境趋冷，美国重返亚太造成地缘战略环境趋紧等，这些变化可能会带来挑战和危机，但如若应对得当，也可成为中国实现重要转折和跨越的难得动力。未来一个时期，战略机遇期不再取决于是否出现足够多的机遇，而是取决于中国能否妥善应对和化解战略风险以及各种复杂挑战，迎难而上、顺势而为，奋力实现“后发先至”。

二是谋取转型升级新优势。客观讲，中国在过去30年拥有较为有利的国际发展环境，加之经济上的“后发地位”以及劳动力成本低廉等比较优势，中国从初级产品出口国成为制造业大国，有力推动了国家的工业化和现代化。而今，中国必须形成和巩固新的比较优势，要努力促进低成本优势向创新优势、规模优势向资本技术优势、政策引导优势向内生增长优势的转变。换言之，新的比较优势将来自本土市场、基础设施、配套产业、人力资源等构成的综合优势，这是世界上大多数国家无法企及的优势。而激发新的优势，必须依靠转型升级。[26]

三是提升“内外统筹”新层次。新形势下整合“两个市场”“两种资源”，做好内外统筹需要深入认识三个“辩证统一”。首先，“办好自己的事情”和“参与世界的事情”辩证统一，两者不存在绝对的先后次序，它们已高度融汇于中国的现代化进程。其次，发展的自主性与开放性辩证统一，走内需驱动、自主发展的道路符合国情，但也要看到，今日中国的开放格局，与目前其在国际分工中的地位、综合国力、国际竞争力和转变经济发展方式的要求相比已明显滞后。最后，制度规则的原创性和普世性辩证统一，国际竞争归根到底要看谁的制度更有效，内外统筹的核心是制度的统筹，中国仍需学习西方的先进制度理念，加速完善自身制度，真正把中国的问题解决好，同时也要增强中国制度与世界的互通性和兼容性，为世界问题的解决提供“中国方案”。

四是塑造“互利共赢”新格局。过去30多年，中国发展机遇主要基于其与发达国家的经济互补性，以廉价劳动力等低成本要素与美欧的资本技术要素和市场需求相结合，形成“两极互补”的基本格局。而今，这种“两极互补”已转变为“承上启下”，即中国经济发展的一端与发达国家的高科技和高端生产能力、投资和消费需求形成互补，另一端与其他发展中国家的资源供应、消费市场拓展、工业化发展需求等形成对接。“承上启下”既给中国带来新的广阔空间和独特角色，也使中国面临“前堵后追”的复杂挑战——前有发达国家的高端竞争和技术转移限制，后有发展中国家的低端竞争和产业转移压力。因此，中国需要推动与发达国家形成新的经济互补性，更要高度重视新兴经济体和发展中国家带来的新机遇，它们是未来世界市场的增量所在和潜力中心。[27]

五是拓展“全球治理”新空间。金融危机后，世界已进入一个“再全球化”的时代，其核心是国际体系规则的重塑以及全球治理的“集团化”趋势。中国仍然是一个发展中国家，在保持这种清醒认识的同时，也应全面、深入地认知中国的“体量优势”——全球最大贸易国、世界第二大经济体、吸引外商直接投资最多的国家。要用好“体量优势”，将多年快速增长获得的硬实力转化为改善国际环境的有力杠杆，促进全球治理转型的有效能力，以及维护和拓展中国海外利益的可靠保障。应在和美欧保持持续沟通、良性协调的基础上，牢牢立于和下大力气巩固“发展中国家集团”，倡导“发展议程”，提供“以发展为导向”的全球和区域公共产品。

总之，中国已经不是30年前被动面对国际体系的外生变量，而是能够深刻影响世界未来走向的重要内生变量。过去的核心问题是利用好战略机遇，而当前中国在一定程度上已具备塑造战略机遇的能力，关键在于战胜自我、重塑自我。未来5—10年抓住用好战略机遇期将是一场“以我为主、以变求强”的攻坚之战。中国仍需继承“韬光养晦、有所作为”的精神实质，增强战略定力，牢牢扭住到2020年全面建成小康社会这一中心任务不动摇。还需与时俱进地加强战略思维，按照全球化时代的新要求规范国家对外行为，做好面向未来、适应未来、创造未来的战略规划，不仅要有解决“今日之难题”的任务型规划，也要重视应对“明日之难题”的能力型规划、构想型规划。应从“历史”和“世界”这两大视角更深入地思考中国的发展征程如何实现战略转进，要始终以“向前看”的前瞻性思维看待和应对当前经历的各种“成长烦恼”和“大国困扰”。

## 二

对于中国来说，维护和用好重要战略机遇期，关键还是要靠自身的改革。可以说，通过过去 30 多年的努力，“改革”已经成为当代中国意识形态的重要组成部分，这是一份宝贵的资产，也是让中国不断奋起的源泉。哈佛大学傅高义教授曾经这样总结邓小平推动中国走上改革之路的经验：改革需要由中国共产党来领导，言行要有权威性，牢牢掌握军队，强调战略定力；用大白话解释复杂而有争议的问题，在解释基本原则的讲话中把握好平衡；根据长远目标做出短期决策，做事果敢，少说多做；用试验争取群众的支持，继而用群众的支持推动重大政策突破，等等。[28] 提出“北京共识”的美国学者乔舒亚·雷默（Joshua Ramo）则将中国改革归结为六个特点：把保持稳定放在首位；把消除贫困视为现代化建设的首要任务；实事求是，不断总结和汲取自己和别人的经验教训，坚持制度创新；采取渐进方式推动改革；按照正确的顺序推进改革，先易后难、先农村后城市、先沿海后内地，先经济后政治；以开放的态度有选择地学习别人的长处，但以我为主，绝不盲从。[29]

2012 年中共十八大提出“两个一百年”的奋斗目标，即到 2020 年中国共产党成立 100 年时实现第一个百年奋斗目标、全面建成小康社会，到 21 世纪中叶中华人民共和国成立 100 年时实现第二个百年奋斗目标、建成富强民主文明和谐的社会主义现代化国家。1978 年改革开放大幕初启时，中国以 9.6 亿人的超大规模拉动了经济起飞的巨轮，抓住发展机遇实现了中国快速发展的成就；如今，面对 13 亿多人口的巨大基数，面对更为复杂的世界格局，在更高层次上推进现代化进程，就更加需要改革。如习近平所言，“实现中华民族伟大复兴的中国梦，必须在新的历史起点上全面深化改革”，必须“进一步解放思想、解放和发展社会生产力、解放和增强社会活力，坚决破除各方面体制机制弊端。”可以说，在新的历史起点上，时代要求进一步深化改革，经济社会发展呼唤进一步深化改革，民众期待进一步深化改革，改革开放中的问题和矛盾只能用改革开放的办法来解决。

2013 年 11 月，中共十八届三中全会通过《中共中央关于全面深化改革若干重要问题的决定》，就深化改革作出了总体部署，涉及 15 个领域 330 多项重大改革举措。新一轮改革大潮正在中国大地上掀起，而这一轮改革依然坚持要从中国的实际出发。习近平强调，“解决中国的问题只能在中国大地上探寻适合自己的道路和办法”，“我们走自己的路，具有无比广阔的舞台，具有无比深厚的历史底蕴，具有无比强大的前进定力”。[30] 他多次说，中国是一个大国，决不能在根本性问题上出现颠覆性错误，一旦出现就无法挽回、无法弥补。既要大胆探索、勇于开拓，也要稳妥审慎、三思而后行，要始终坚持改革开放的正确方向。近年来，在全球经济的“亚健康”状态中，中国政府冷静、妥善应对挑战，通过简政放权让市场发力，通过定向调控给市场预期，中国经济在危局中续进、在改革中企稳，较为成功地抵御了外部冲击和风险，实现了 6.5%以上的中高速增长，继续在全球格局中占据引领性的位置。美国财政部前部长亨利·保尔森（Henry M.Paulson）说，“中国领导人明白他们需要做什么”，“这也正是我对中国的改革前景持谨慎乐观态度的原因所在”。

从现在到新中国成立一百年的 2049 年，中国将迎来新的历史征程。这一段征程将比过去的 30 多年更复杂、更艰困。过去，作为一个后发国家，中国可以“比葫芦画瓢”地借鉴他国经验来推进改革；而在新的征程中，中国必须以更大的自信、耐力和定力，探寻改革之道。今天的中国，仍然面临长长的“问题清单”，无论是推动经济发展驶入“绿色化”快车道，还是建设“望得见山、看得见水、记得住乡愁”的“美丽中国”，抑或不断完善覆盖13亿多人口的全世界最大社保网，无一不是艰巨的任务、难啃的硬骨头。从2016年到2020年，要在这五年时间里，把一个人口比欧盟、美国和日本加起来还多的大国带入全面小康，这是人类历史上史无前例的巨大挑战。连《纽约时报》的评论也慨叹，“治理未来十年的中国，可能是全球最为艰难的工作之一”。中国过去数十年的发展历程昭示，“开弓没有回头箭”，改革开放永无止境，只有进行时没有完成时。中国人必须以变革抓住机遇，用自信、主动而充满中国智慧的变革来应对前进道路上的复杂挑战。

如果想准确把握当今中国的变革走向，就需要深入了解“四个全面”这一政策概念。2012年以习近平为总书记的新一届中央领导集体登台，各方期待中国发展迈入新的阶段。经过几年的奋力探索，中国领导人的治国理政大方略已然成型，“四个全面”成为把握和理解当今中国内外政策调整的原点和依据。所谓“四个全面”，即“协调推进全面建成小康社会、全面深化改革、全面推进依法治国、全面从严治党，推动改革开放和社会主义现代化建设迈上新台阶”。作为治国理政的总体方略，“四个全面”有章有法、环环相扣，体现了宏大的全局观、鲜明的领导力和厚重的历史担当，彰显了中国更加自信、从容迈向新的奋斗征程的大战略。全面建成小康社会是阶段性目标，全面深化改革、全面依法治国就是实现这一目标的重要举措，就像是“鸟之双翼、车之双轮”，而全面从严治党则是战略保障。

中国古语有云，“凡事预则立，不预则废”。“四个全面”的问世，再一次体现了中国领导人的政治智慧和运筹能力。2013年11月中共十八届三中全会提出“全面深化改革”，2014年10月召开的中共十八届四中全会作出了“全面推进依法治国”的决定；推进改革必须要有坚强可靠的领导力量，在同年10月8日召开的群众路线教育实践活动总结大会上，习近平提出“全面推进从严治党”的要求，强调风清则气正，气正则心齐，心齐则事成，进一步凝聚党心民心，为推动改革发展营造强大正能量。深化改革、依法治国、从严治党，这三者相互贯通、相互支撑，体现了治国理政方略所蕴含的战略思考和布局，聚焦党和国家各项工作关键环节、重点领域、主攻方向，目的就是为了不断完善有中国特色的社会主义制度。

马克思说：“问题就是公开的，无畏的，左右一切个人的时代声音。问题就是时代的口号，它是表现自己精神状态的最实际的呼声。”可以说，“四个全面”战略布局具有鲜明的问题导向、实践导向特征。“全面建成小康社会”，是中共十八大报告首次提出的新命题，回应的是建设小康社会中不全面的问题，包括片面地搞“GDP至上”，片面强调城市群体而忽视贫困弱势阶层，片面追求短期利益而轻视长期的可持续发展。“全面深化改革”旨在解决以往单一改革，或经济改革、或农村改革、或城市改革等改革不均衡、不协调、推不动的问题，为的是使中国发展的动力从“低成本的要素供给”向“高质量的制度供给”转变。如果各项改革举措能得到有力落实，那么，中国经济将会呈现一种“创新驱动、全球布局”的新样貌。经过过去30多年的“压缩式发展”，中国经济结构不合理、发展不平衡、资源环境约束趋紧、比较优势减弱等问题日益突出，国际上新一轮科技革命和产业变革也是风起云涌，创新驱动是今后一个时期中国经济提质增效、持续健康发展的重要依托。

2014年，中国对外直接投资总额首次超过吸引的外资总额，这意味着中国经济“引进来”与“走出去”的结构正发生变化，中国资源在外、市场在外、投资在外等“三头在外”的格局日益清晰。能不能建立开放型经济新体制，能不能统筹考虑和综合运用国际国内两个市场、国际国内两种资源、国际国内两类规则，能不能从更深远的全球视角观察和规划改革发展，这将是未来数十年中国发展面临的严峻考验。在这种情况下，一方面中国政府努力保持经济稳定增长、积极发现培育新增长点，通过落实京津冀协同发展、长江经济带等规划优化国内的区域发展格局；另一方面，也在加快实施自由贸易区战略，勇于在世界范围内配置资源、开拓市场，逐步构筑起立足周边、辐射“一带一路”、面向全球的自由贸易区网络。可以说，中国改革发展正进入更具深度和广度的“内外联动”时期。

无疑，不打折扣地推进改革发展、深入调整经济社会关系必须要有法治环境的保障，要给所有正当行为体的互动提供一种相对稳定的预期、相对成熟的制度框架。“全面依法治国”的提出具有重大的开创性意义，新中国成立60多年来它首次成为中共全会的主题，是对中国社会“人治”问题的大胆回应，是要把“权力关进制度的笼子里”。过去30多年，更多强调的是“摸着石头过河”，而现如今，一方面要将之前被证明有益的做法以制度的形式固化下来，一方面则要从顶层设计的角度不断推进国家治理和政治制度的完善。在资源有限、主体多样、利益多元、个体赋权的情况下，如何防止“法治”沦为“律师之治”，如何防止政治体系中的“分利联盟”阻碍符合大多数人利益的改革，如何实现国家与社会、政府与市场之间的良性互动，如何在公权力的“有效性”和“有限性”之间寻求一种平衡等等难题，都是“全面依法治国”需要努力破解的。

按照“发展型国家”的理论，一个国家要想实现可持续的发展，其执政党等政治精英群体必须具有高度的责任感和使命感，也必须具有相应的领导能力。中国这趟“高铁列车”要想平稳、安全、快速前进，就需要中国共产党这个火车头发挥好带动作用。中共要想真正担负起推进全面深化改革、全面依法治国等重任，就必须“全面从严治党”，正所谓“打铁还需自身硬”。中共中央总书记习近平是从农村大队党支部书记干起的，对中共党的建设存在的各种问题是清清楚楚的。作为一个长期执政的党，中国共产党难免会出现这样那样的问题，包括各种腐败现象。所谓全面从严治党，就是要涵盖党的思想、组织、作风、反腐倡廉、制度建设等方面，每一个党组织、每一个党员都在其中，没有例外。从严治党是执政党对自身的高标准、严要求，为的是实现党的“自我净化、自我完善、自我革新、自我提高”。干部队伍不好，体制再好也很难实现改革目标，干部的执政理念、价值观、个人素养都直接影响国家治理体系的构建。2013 年以来，中共大力惩治腐败，完善纪检监察体制，强化对权力运行的监督和制约，近百位副省部级以上高官落马，其中包括中央政治局委员、常委、军委副主席级别的官员。中共希望，借从严治党、从严治官，以政风的转变带动社会风气的转变，从而为全面深化改革、全面依法治国创造良好的政治生态。[31]

显而易见，“四个全面”这一重大战略布局是总结中国改革开放历史经验，深入分析中国发展进入新阶段的新情况和深层次问题而提出的。“四个全面”实际上概括了当前和今后一个时期推动中国现代化进程的关键问题，抓住了中国改革发展事业的“牛鼻子”。然而，需要承认的是，改革虽然已经成为中国国内总体意识形态、社会生态和政治话语的一个有机组成，但不同人不同群体却怀揣不尽相同甚而迥然各异的改革构想，都希望改革别人而非改革自己。对于中国当前推动的新一轮改革，万众期待易，但真正做到众望所归、皆大欢喜却越来越难。正因此，习近平多次强调，“搞改革，现有的工作格局和体制运行不可能一点都不打破，不可能都是四平八稳、没有任何风险”，“一定要有自我革新的勇气和胸怀，跳出条条框框限制，克服部门利益掣肘，以积极主动精神研究和提出改革举措”。

新一轮的改革，不能再只是“摸着石头过河”，但建立“系统完备、科学规范、运行有效”的制度体系又绝非易事。“自下而上”的改革更多考验的是执政者的心胸气度，“自上而下”的改革则是一场更为艰困的自我较量。

中共十八届三中全会提出，全面深化改革的总目标是完善和发展中国特色社会主义制度，推进国家治理体系和治理能力现代化，并且将2020年作为实现这一总目标的确定时限。“治理”这个核心概念本身就意味着开放、公平、协商、透明，对治理体系和治理能力的强调可谓有关中国改革的重要理论突破。从经验到制度，从初级阶段的制度再到“更加成熟更加定型”的制度体系，这无疑是对中国政府执政能力和“向前展望、超前思维、提前谋局”能力提出的严峻考验。

在新一轮改革中，中国领导层更加注重各领域改革的关联性和各项改革举措的耦合性。说到底，就是要确保改革举措“不打架、不冲突”，确保全面深化改革这项“复杂的系统工程”能够顺利推进。近年，中国推进的很多政策议程具有一定的内在矛盾性，比如压产能和保就业、调结构和稳增长。此外，户籍制度改革将有望使2.5亿农民工获得作为城市居民的充分权利，这对于缓解劳动力资源紧张、促进城镇化、推动消费型经济发展有很大好处，但同时也会导致教育、医疗和社会保障支出的激增。而地方政府由于担心财政收入短缺问题，可能还会抵制赋予农民更大权益的土地制度改革。这种情况恰恰表明，新一轮改革是何其复杂。

与此同时，中国改革所处的国际环境也已经发生重大变化，外界对中国新一轮改革可能会存在既期待又担心的复杂态度。30多年前，作为一个落后和长期封闭的共产主义国家，西方世界张开双臂，满心欢迎中国开启改革，融入世界。如今，中国处于发达国家和一般发展中国家之间“不高不低、不上不下”的位置，面临的是一种“前堵后追”的困境——一方面是发达国家的高端产品竞争、技术转移限制等挑战，一方面是发展中国家带来的中低端产品竞争和产业转移压力等。特别是美国等西方发达国家对中国新一轮改革存在矛盾的心态，如美国传统基金会研究员史剑道（Derek Scissors）称，中国改革成功还是失败，对美国来说都是毒药，一个成功的、改革的中国对美国经济领袖地位构成重大挑战；一个停滞的、紧张的中国对美国也会构成重大挑战。[32]

在这种情况下，无论是从内部条件看，还是从外部环境看，推进中国新一轮改革的难度都是非常巨大的。“制定出一个好文件，只是万里长征走完了第一步，关键还在于落实文件”，中国确保发展动力，不仅要有改革的蓝图，更要有落实改革蓝图的有力举措。为了加强改革的顶层设计和总体统筹，中央全面深化改革领导小组应运而生，下设经济体制改革、民主法制领域改革、文化体制改革等六个专项小组，这一制度安排层级高、协调面宽，具有重大权威性。各省市也建立了相应的改革统筹协调机构，保证改革的“顶层设计”能够自上而下贯彻实施，破解盘根错节的地方利益格局。中共十八届三中全会提出的改革任务被分解为300多个改革项目，每个项目都有明确目标、路线图、时间表和工作责任。这些举措实际上都是为了确保改革始终以系统性思维作为指导，注重顶层设计和地方实践相互耦合，避免改革陷入“用文件落实文件”的处境。

突破改革困境的另一个重要途径，就是抓住问题的“牛鼻子”，不能是为了改革而改革，改革是为了解决矛盾和问题，特别是那些最受民众关注的问题。眼下，随着PM2.5这个很不中国的概念在中国流行开来，坚决治理雾霾和环境污染问题成为政府、社会和普通民众的突出共识。2014年北京APEC会议上，习近平坦言每天早上都要看看北京雾霾小了没有。习近平多次强调，“像保护眼睛一样保护生态环境，像对待生命一样对待生态环境”。实际上，治理雾霾，既是回应民众的迫切诉求，也是全面深化改革、推进国家治理体系和治理能力现代化的突破口之一。近年来，为了有效治理雾霾和保护生态环境，从中央到地方政府，都在建立健全相关法律法规和管理制度，以强有力的法律手段作保障。2015年，被称为“史上最严”的新环保法实施。同时调整官员政绩考核指标，去除GDP考核“紧箍咒”，建立生态文明绩效考核和责任追究制度，真正使地方政府从污染的GDP依赖中解放出来，从污染的财政收入中摆脱出来，痛下决心转型，走可持续发展之路，为发展构筑“绿色谱系”，为转型积累“绿色动力”。

实践证明，中国的新一轮改革并没有停留在纸面上，而是正在取得实实在在的进展和成效。仅在2015年，国务院就取消和下放了311项行政审批事项，取消123项职业资格许可和认定事项，彻底终结了非行政许可审批。财税金融等重点改革深入推进，扩大结构性减税范围，实行普遍性降费，盘活财政存量资金。营改增稳步实施，资源税从价计征范围扩大。价格改革力度加大，中央政府定价项目减少80%，地方政府定价项目减少一半以上。坚持以开放促改革促发展，调整出口退税负担机制，清理规范进出口环节收费，提高贸易便利化水平，出口结构发生积极变化。外商投资限制性条目减少一半，95%以上实行备案管理。推广上海自贸试验区经验，新设广东、天津、福建自贸试验区。积极化解过剩产能，推进企业兼并重组。近三年淘汰落后炼钢炼铁产能9 000多万吨、水泥2.3亿吨、平板玻璃7 600多万重量箱、电解铝100多万吨。[33]

从中国改革的历史进程看，中国选择的政策议程和发展道路从来都是与中国和外部世界关系紧密相连的。作为全球第一大出口国和第二大进口国、世界第一大吸引外资国和第三大对外投资国，中国的发展离不开世界，世界的繁荣同样离不开中国。近年，全球经济增长约30%来自中国，《金融时报》首席经济评论员马丁·沃尔夫（Martin Wolf）认为，过去是美国打喷嚏全球经济就感冒，现在还应该加上中国一打喷嚏，全球经济也感冒。[34]这一比喻，从经济的角度形象地说明了中国与世界关系的密切程度。虽然中国经济的增速近年来有所放缓，但起背后却隐藏着经济转型给外部世界带来的巨大利好。全面深化改革将推动中国经济的增长动力从以投资为主转向以消费为主。过去其他国家面对的是一个“制造中国”，中国是一个大量进口原材料并生产工业制成品进行出口的“世界工厂”；而未来，它们将面对“制造中国”“消费中国”“资本中国”的复合体。[35] 目前，随着改革进程的推进、产业结构的调整，服务业对中国经济增长的贡献率已经超过第二产业，而消费对中国经济增长的贡献率达到 60%。习近平在 2015 年 3 月出席博鳌亚洲论坛年会时表示，未来 5 年，中国进口商品将超过 10 万亿美元，对外投资将超过 5 000 亿美元，出境旅游人数将超过 5 亿人次。中国的新一轮改革是在新的时空背景下、新的发展阶段中展开，一个在改革中不断发展的中国，也将继续给世界带来看得见、摸得着的巨大收益。

## 第三节　以“互联互通”为导向的大战略

在一个权力分散的“网络化世界”或“多节点世界”中，国际社会的等级性结构逐渐被网络化结构所取代。权力不仅来自经济、军事、文化等方面的力量，还来自对“关系”的掌控，如果能处于在不同利益下形成的多种临时性组合的结点，与其他利益攸关者和重要力量建立“联通性”，就有望在 21 世纪成为最有权力的国家。从这个意义而言，中国面临的不仅仅是硬实力、软实力的国际较量，中国的大战略可以将获取更大“联通力”（connectivity power）作为基点之一。纵观历史上强国的大战略，往往以争取“世界老大”为导向，但考虑到中国的现实国力、政治制度、文化传统、地缘限制等因素，应采取以“互联互通”为导向的大战略。近年来，中国开始以“全球性大国”的姿态筹谋和施展外交，在国际事务上越发强调进取有为，以“中国特色大国外交”为引领大力进行外交方面的改革。应该说，“互联互通”是理解当今中国外交变革和未来趋势的核心理念。

# 一

2012年年底中共十八大召开，以习近平为总书记的中央领导集体开启治国理政新时期，中国在外交方面彰显更为突出的进取精神和“战略明晰”。仔细研读中共十八大报告关于对外关系的部分，可以一窥中国最高领导层对当今世界和中国国际角色的基本看法，这自然也是其制定中国对外政策的依据。其要点包括以下四个方面：一是认为当今世界虽然正在发生“深刻复杂变化”，但中国仍处于重要战略机遇期；国际形势“总体稳定”，世界多极化、经济全球化深入发展，文化多样化、社会信息化持续推进，但世界仍然“很不安宁”；二是用“人类只有一个地球，各国共处一个世界”的表述强调当今世界相互依存日益深化的突出特征，提出要在国际关系中弘扬平等互信、包容互鉴、合作共赢的精神，目的是共同维护国际公平正义，尤其是突出“共赢”，强调“高举和平、发展、合作、共赢的旗帜”；三是提出“中国将坚持把中国人民利益同各国人民共同利益结合起来，以更加积极的姿态参与国际事务，发挥负责任大国作用，共同应对全球性挑战”，曾在国内政策界引发争论的“负责任大国”理念被正式接受为一种“国家身份”；四是对“周边国家是首要，发展中国家是基础，大国关系是关键，多边是重要舞台”这一提法作出新的和更加细致的阐述，还着重强调了公共外交和人文交流。[36]

在中共十八大报告中，还有一个重要提法，就是倡导人类命运共同体意识。具体表述为，“合作共赢，就是要倡导人类命运共同体意识，在追求本国利益时兼顾他国合理关切，在谋求本国发展中促进各国共同发展，建立更加平等均衡的新型全球发展伙伴关系，同舟共济，权责共担，增进人类共同利益”。可以说，“人类命运共同体”是对2005年前后正式提出的“和谐世界”理论的一种延伸和拓展。如果说，“和谐世界”的着眼点是协调中国和外部世界之间那种“我”与“你”的关系，“人类命运共同体”则体现了中国与世界联系更为紧密，你中有我、我中有你、合而为一的理念。曲星等人认为，“人类命运共同体”是中国在问鼎世界强国之际的政策宣示，旨在回答“中国到底想要一个什么样的世界”或“什么是中国的世界梦”，“相互依存的国际权力观、共同利益观、可持续发展观和全球治理观，为建设人类命运共同体提供了基本的价值观基础”。据称，习近平本人也非常喜欢“命运共同体”这一概念。[37]

中共十八大闭幕后不久，2012 年 11 月 29 日，习近平就带领新一届中央领导集体参观中国国家博物馆“复兴之路”展览，并正式对外提出“中国梦”的概念。几年来，“中国梦”业已成为习近平本人和中央领导集体最鲜明、最重要的政策话语之一，而“中国梦”实际上也具有非常重要的外交政策意涵。[38]习近平在不同场合强调，中国梦是和平、发展、合作、共赢的梦，中国梦的实现需要和平稳定的国际和周边环境，中国将坚持通过和平发展方式实现中国梦；中国梦与世界各国人民的梦想息息相通，中国在实现自身发展的同时将努力带动和帮助其他国家特别是发展中国家和周边国家发展；中国将与各国更多分享发展机遇，使他们更好地实现自己的梦想；中国希望同世界各国合作共赢、共同发展；中国人民希望通过实现中国梦，同各国人民一道，携手共圆世界梦。

上述这些紧扣“中国梦”主题且颇具新意的话语显然是和中国如何处理对外关系紧密相关的，国务委员杨洁篪后来在阐述中国外交理论创新时将“中国梦”作为题中之义。杨洁篪提出，“习近平同志就中国梦所作的全面深入细致的阐述，是中国坚持走和平发展道路重要思想在新时期的继承与发展，增进了国际社会对中国和平发展战略的理解和认同”，“中国梦重要思想不仅大大激励了中国人民实现中华民族伟大复兴的决心和信心，同时也有力提升了我国对外影响力和亲和力，增强了我国在国际事务中的地位和话语权，充分体现了内政和外交的有机结合与高度统一”。[39]

实现中国梦，需要中国继续走和平发展道路，但习近平对和平发展思想既有继承、也有创新。“和平发展”的雏形是最早由郑必坚等人在2003年前后提出的“和平崛起”理论。[40] 郑必坚提出，“近代以来大国争霸的历史反复说明，一个大国的崛起，往往导致国际格局和世界秩序的急剧变动，甚至引发大战。这里一个重要原因，就是他们走了一条依靠发动侵略战争，实行对外扩张的道路。而这样的道路，总是以失败告终”，“我们的抉择只能是：奋力崛起，而且是和平地崛起。就是说，争取和平的国际环境来发展自己，又以自身的发展来维护世界和平”。2003年12月，时任总理温家宝在哈佛大学发表题为《把目光投向中国》的演讲，并就“和平崛起”问题作出阐述，“中国是个发展中的大国。我们的发展，不应当也不可能依赖外国，必须也只能把事情放在自己力量的基点上。这就是说，我们要在扩大对外开放的同时，更加充分和自觉地依靠自身的体制创新，依靠开发越来越大的国内市场，依靠把庞大的居民储蓄转化为投资，依靠国民素质的提高和科技进步来解决资源和环境问题。中国和平崛起发展道路的要义就在于此”。这段话的核心意思其实就是，中国不会像历史上的大国那样靠搞殖民扩张实现自身崛起。后来，中国方面感觉“崛起”这个概念并不一定恰当，代之以“和平发展”。坚持走和平发展道路不仅被写入中共十七大、十八大报告，还被写入了中国共产党党章。

2013年1月28日，习近平主持十八届中共中央政治局第三次集体学习，主题为“坚定不移走和平发展道路”，这实际上是新一届中央领导集体在对外政策方面向世界发出的明确信号。习近平在集体学习中强调，“和平发展道路，是我们党根据时代发展潮流和我国根本利益作出的战略抉择”，他还特别指出，“要加强战略思维，增强战略定力，更好统筹国内国际两个大局，坚持开放的发展、合作的发展、共赢的发展，通过争取和平国际环境发展自己，又以自身发展维护和促进世界和平”，“中国的和平发展道路能不能走得通，关键要看我们能否把世界的机遇转变为中国机遇，能否把中国的机遇转变为世界的机遇”。[41] 当然，在习近平看来，和平发展也要讲辩证法，也要具有“硬”的一面，“走和平发展道路，同时决不能放弃我们的正当权益，决不能牺牲国家核心利益”，“中国将坚定不移维护自己的主权、安全、发展利益，任何国家都不要指望我们会吞下损害中国主权、安全、发展利益的苦果”。[42]

在中央最高领导层有关外交工作的一系列战略理念指导下，“中国特色大国外交”的概念应运而生。虽然国内各方面对于“大国”的内涵有不同理解，但“大国”已经成为中国一种越发明晰、具有广泛共识基础的国家身份认同。2013 年 6 月 27 日，外交部部长王毅在第二届世界和平论坛上发表演讲，首次提出和阐述“中国特色大国外交”的理念。王毅表示，今天的中国已经站在世界聚光灯下，世界期待中国为维护世界和平、促进共同发展作出更大贡献；中国愿把握自身国情与世情的结合点，找准中方利益与各方利益的汇合点，通过更为主动、积极的外交实践，回应国际社会的期待。[43] 后来，“中国特色大国外交”被明确为一种“五位一体”的理论体系，即以实现中华民族伟大复兴和打造人类命运共同体为根本目标、以坚持和平发展为战略选择、以寻求合作共赢为基本原则、以建设伙伴关系为主要路径、以践行正确义利观为价值取向。

在“中国特色大国外交”这一理论框架中，还包括相应的发展观、安全观、全球治理观等，都反映出对“共”和“通”的深层追求。2015 年 9 月，习近平在联合国发展峰会上提出以公平、开放、全面、创新为核心的发展理念。公平发展，就是发展机会更加均等；开放发展，就是让发展成果惠及各方；全面发展，就是让发展基础更加坚实；创新发展，就是让发展潜力充分释放。这一面向国际社会的发展观与中共十八届五中全会提出的“创新、协调、绿色、开放、共享”发展理念一脉相承，体现了中国希望将国内发展理念赋予国际意义、在国际发展中打下“中国烙印”的努力。此外，中国还积极倡导共同、综合、合作、可持续的安全观，强调安全应该是普遍的、平等的和包容的，要尊重和保障每一个国家安全。在全球治理层面，中国希望扮演更加活跃的角色，提出应“弘扬共商共建共享的全球治理理念”。

由此，可以看出，着眼于为实现“两个一百年”目标和中国梦营造良好外部环境，中国正谋划、充实和实施2.0版的和平发展战略，并推动中国外交从新中国成立后到20世纪70年代的“生存外交”、改革开放以来到21世纪头一个十年的“发展外交”迈向着眼“中华民族伟大复兴”的“大国外交”。在这一进程中，合作共赢的理念得到更大程度的重视，互联互通的思维贯穿中国外交的变革之中。

对于中国外交从“生存外交”“发展外交”向“大国外交”转变来说，进取精神殊为必要，但如果这种“进取”缺乏相应的“转型”跟进配合，则注定行之不远。着眼未来数十年，中国外交需要推动一种“战略转进”的变革模式，它力图体现的是进取与转型、强势与灵巧、刚性与韧性、争利与谋势之间的辩证关系。中国外交实现“战略转进”的主要目标似可归结为八个“更加”：更加具有时代性的全球视野、更加恰切的国家定位、更加精细的利益界定、更加平实的价值观表述、更加完善的总体规划、更加有效的资源配置、更加均衡的手段运用、更加有力的协调配合。中国外交“战略转进”的主要任务有五：一是管理复杂性，不以非黑即白的简单化思维看待世界；二是善用依存性，适应当今世界大国竞争性共存这一常态；三是注重均衡性，坚持有所作为、谦虚谨慎；四是不惧突发性，更加从容地应对各种意外；五是强化社会性，要认清全球范围内“个体赋权”（Individual Empowerment）的大趋势，用好“公民力量”。[44]

## 二

周边是大国立足之地、成长之基，而中国或许是面临的周边形势最为复杂的世界大国。作为一个发展中大国，中国在地缘政治方面的劣势非常明显，要想为自身营造一个和平稳定的周边环境殊为不易。与中国领土领海直接相邻的有 20 个国家，陆上邻国 14 个，海上邻国 6 个，其中朝鲜、越南既是陆上邻国又是海上邻国。与美国仅和加拿大、墨西哥接壤不同，中国的周边邻国中既有俄罗斯、印度、日本这类大国，也有巴基斯坦等拥有核武器的国家，还有阿富汗等内部极为动荡的国家。可以说，中国所处的亚太地区不仅是全球最大的地区经济板块，也是大国力量和核力量最集中的地区。

近年来，虽然中国周边形势总体平稳可控，但呈现“东紧西忧、南扰北稳”的态势，在东北亚、东南亚、南亚、中亚等战略方向均有所异动。朝鲜半岛的南北对峙、中日岛屿主权争端、南海地区的领土主权和海洋权益纠纷，都是涉及关键利益、历史恩怨、大国博弈的难啃的“硬骨头”，这些传统安全纷争的管控难度增大，失控风险上升。南亚和中亚方向，美军撤离后的阿富汗局势极为堪忧，地区伊斯兰化与恐怖主义、分裂主义和极端主义势力合流等现象值得高度重视。中国周边很多国家都处于政治、经济、社会“三重转型”阶段，转型常带来动荡，易引发危机，这些国家的转型外溢效应可能使中国面临新的复杂挑战。

在大多中国战略人士看来，美国大力实施“亚太再平衡”战略，其主要目标即是“软硬兼施”，加大对中国崛起的压制。美国将 60%的海空军事力量投入到亚太地区，大力提升其盟国的军事能力，扩展日本、韩国、澳大利亚、菲律宾等盟国之间的联系，使之结成一个更容易对中国进行束缚的“网络”。美国还积极拉拢印度、越南等新的伙伴，利用这些国家与中国之间存在的争端，把它们培植成为制衡中国的新力量。虽然美国不承认“亚太再平衡”战略是要遏制中国，但它实际上就是通过重新构建亚太地区的安全架构、经济体系和多边机制，确保美国的“绝对优势”，挤压中国进一步发展的战略空间。

在美国推动“亚太再平衡”战略的背景下，各主要国家都在实施自身版本的“再平衡”战略，竞相加强对亚太地区的战略投入，亚太成为名副其实的大国竞逐舞台。中美关系已从“超级强国/一般强国”关系转变为“老大/老二”的新关系范式，美国对中国的战略焦虑和全方位压制日趋增强。中国经济总量2010年超过日本，使亚洲历史上首次出现“两强并立”格局，安倍政府右倾化的战略动向使地区局势更加躁动不安。俄罗斯“南下”、印度“东进”、澳大利亚“北上”，使地区力量的相互牵引作用更为复杂。韩国、印尼、越南等所谓“中等力量”也在不断谋求扩展其战略利益，意欲在地区秩序大变局中一显身手、力拓空间。[45]

与此同时，所谓经济相互依赖加深但安全互信严重不足的“亚洲悖论”存在进一步深化的风险。亚太地区经济一体化进程面临新的严峻挑战，传统上以东盟为轴心展开的“东盟+1”“东盟+中日韩”的地区合作机制遭遇瓶颈，围绕“跨太平洋伙伴关系协定”（TPP）、“区域全面经济伙伴关系”（RCEP）、“亚太自由贸易区”（FTAAP）等多种一体化构想，中美日等国之间在经济规则、市场和资源、地区金融影响力等方面的博弈持续展开，东盟想要发挥“小马拉大车”作用变得越来越困难。在地区安全架构问题上，美国继续从确保自身地区主导权和“绝对安全”理念出发，强化亚太同盟体系，甚至不顾中国、俄罗斯等国核心安全关切，在亚太地区部署“萨德”导弹防御体系，破坏战略稳定。大部分地区安全机制重对话轻行动、重局部轻整体、重制衡轻妥协，包容性低、行动力不足、叠床架屋、相互竞争的缺陷比较明显，建设一个开放、包容、有效、平衡的地区安全架构依然任重道远。

正如习近平所言，“家门口太平，我们才能安心、踏实办好自己的事情”。能不能维护好、经营好周边地区，既是中国外交面临的严峻考验，也是中国实现长治久安的突出挑战。随着中国进入全面深化改革、实现中华民族伟大复兴中国梦的发展新时期，构建和维护良好的国际环境特别是周边环境成为越来越重要的战略任务。正因此，近年中国领导人对做好周边外交工作投入了巨大精力，从战略、谋略和策略等各层面指导和推动中国周边外交的重塑。

2013 年 10 月，中共中央专门召开周边外交工作座谈会，确定了未来 5 年至 10 年周边外交工作的战略目标、基本方针、总体布局，提出了解决周边外交面临的诸多重大问题的工作思路和实施方案。习近平在此次会议上发表的讲话中强调，要着力稳定周边、经略周边、塑造周边，打造周边命运共同体，“思考周边问题、开展周边外交要有立体、多元、跨越时空的视角”，“做好新形势下周边外交工作，要从战略高度分析和处理问题，提高驾驭全局、统筹谋划、操作实施能力，全面推进周边外交”。他还着重指出，要想把周边外交工作做得更好，就必须要“谋大势、讲战略、重运筹”。特别是，习近平在讲话中提出了做好新时期周边外交工作的“亲、诚、惠、容”理念，这四字箴言既是对过去几十年中国奉行睦邻友好政策的总结，也体现出中国外交独特的思想底色和文化底蕴。中国与周边国家在地缘、人缘和文缘方面有亲近之感，处理与周边国家关系需要坚持真诚守信、恳切重诺，在正确义利观的基础上推进互惠互利的务实合作是维护好周边关系的重要保障，而一个“容”字则体现出中国对周边国家和地区差异性、多元性的尊重和适应，强调要在多元中求和谐、交往中促融通。[46]

大格局细落子，习近平本人也以推陈出新、不拘一格的“元首外交”践行着上述重要外交理念，推动中国周边外交的转型升级。2013 年 3 月，他将俄罗斯作为就任国家主席后的首访国；9 月出访中亚四国和上海合作组织峰会，10 月访问马来西亚和印尼，参加亚太经合组织领导人非正式会议，并在这两次出访期间提出了“一带一路”战略构想。2014 年 2 月，习近平专程出席在俄罗斯索契举行的冬奥会，为邻国的“喜事”捧场；5 月，十余个周边国家元首和政府首脑来华参加亚信峰会，习近平与他们进行深度沟通；6 月和 8 月，分别对韩国和蒙古进行“点对点访问”，在事关周边外交全局的“穴位”上着力。在习近平 2015 年的外交“行程单”中，巴基斯坦、印尼、哈萨克斯坦、新加坡、越南等邻国占据大半。

习近平近年针对周边国家开展的密集外交活动显现以下几个特点。一是以“走亲戚式”的外交体现东方文明所凸显的亲近感和人情味，与邻国常来常往，以真情实感打动对象国。二是访问成果丰富，在推动务实合作中既注重紧密结合双方需求，又力求开掘新领域、打造新亮点。三是使双边、多边外交相互配合、相得益彰，将上合、亚信峰会等多边机制打造成更加有力的杠杆，充分展现中国作为地区大国的责任和自信。四是突出官民并举、多管齐下，在各类丰富的外交活动中借助文化因素增进与邻国社会和民众的接触，施展“立体化”外交。五是以差序化方式处理与不同邻国关系，在事关中国核心利益问题上绝不含糊，兼顾“维权意识”和“底线思维”。六是力求实现我国外交全局中“周边”和“外线”的动态结合、相互策应，以更具全球和历史纵深的战略视野看待周边问题。

“一带一路”倡议对中国周边外交的转型意义重大。[47] 该倡议实际上是将打造全方位开放经济格局与经略周边这两大战略目标紧密结合，紧紧抓住地区国家谋和平、求发展的深层次关切，以中国的主动变革、主动谋划、主动经营化解多重压力，在多元利益诉求中凝聚共识，尽可能多地调动各方面积极力量，建设亚太地区乃至更大地域范围的基础设施联通网、产业带、安全弧、人文圈。中国希望以自身在融资、基础设施建设等领域的突出优势，针对亚洲国家的迫切发展需求，兼顾发展中经济体的现实条件，力争发挥一种锦上添花、雪中送炭的作用。当然，随着中国在地区经济发展领域提供越来越多的“公共产品”，中国在亚太地区的政治影响力乃至安全影响力也会自然得以延伸和提升。

近年来，在“一带一路”倡议的带动下，中国与周边国家的互联互通程度得以深化。2015年，中国和俄罗斯签署丝绸之路经济带同欧亚经济联盟合作对接联合声明，并组建对接协调工作机制，决定将上海合作组织作为推进这一目标的主要平台。在很多大项目上，中俄正在探讨展开合作的可能性，包括东西伯利亚地区贝加尔—阿穆尔铁路以及跨西伯利亚铁路现代化改造。[48] 在东北亚，中国和蒙古加快落实“丝绸之路”与“草原之路”的对接，中俄蒙就建设三国经济走廊制定三方合作中期路线图。在东南亚，尽管彼此在领土和海洋权益方面存在争端，中国仍和越南就“一带一路”和“两廊一圈”合作展开磋商。新加坡则成为中国在“一带一路”倡议下合作开拓第三方市场的关键伙伴。中国领导人宣布“丝路基金”和“亚洲基础设施投资银行”将为“大湄公河次区域经济合作机制”（GSM）成员国提供融资服务。在重点项目方面，中国—印尼雅万高铁项目敲定，中国—老挝、中国—泰国铁路开工在即，泛亚铁路网建设终于迈开实质性步伐。随着“孟中印缅经济走廊”规划的进一步完善，“中巴经济走廊”框架下重要项目的陆续开工，东亚与南亚发展机遇的深度对接也有望成为现实。

毫无疑问，中国的周边外交依然要面临很多复杂挑战。应当承认的是，中国自身是影响亚太地区格局的决定性因素之一，一个经济繁荣、政治稳定、文化自信、军力日增的“强中国”在一定程度上对周边国家的政策心理带来冲击。中国在看待地区国家对华政策时需要改变非黑即白、非友即敌的简单二元观念。中国位于欧亚大陆的东端，面向太平洋海域，具有陆海兼备的地缘特征，从理论上而言，中国应成为陆海战略方向并进、陆海力量融合、陆海优势凸显的强国，并进而在国际舞台上发挥应有的作用。但从现实环境看，无论是东南海疆，还是邻近中国西部的地区，都存在严峻的安全挑战。中国要前出太平洋、建设海洋强国，面临美国、日本等传统海上力量所构成的“反制性安全压力”。中国如要加大向西开放，则不得不承受与“脆弱国家”、宗教极端势力等因素相关的“诱发性安全风险”。可以说，无论是东部方向棘手的海上安全问题，还是西部方向以非传统安全、非国家行为体为特征的威胁，对于中国周边外交而言，很大程度上都是新难题、新挑战。

简而言之，中国需要着力应对三大核心难题。一是破解“强中国”困扰，真正贯彻“亲诚惠容”周边外交工作理念，更加综合、平衡地运用外交、安全和发展援助等手段，积极与周边国家构建命运共同体。二是经营“大周边”棋局，既要将东北亚、东南亚、南亚、中亚、西亚、南太平洋等周边“六大板块”视为利益高度关联、相互影响深入的整体，也要积极探索和实践尊重差异化的互利共赢、合作发展模式，力求东稳西进、南北呼应，善用外线，不断增加中国的战略回旋空间。三是处理好“中—强—邻”关系，要认识到中国在周边各战略方向的利益拓展都面临“一个中心强国＋若干中小国家”的体系性制约，东部方向是美国及其日韩澳菲盟友，中部和北部方向是俄罗斯及其传统势力范围下的中亚诸国，南部则是印度为首的南亚国家体系。中国需要更加注重战略沟通和策略运筹，一手抓中美“新型大国关系”，一手抓“新型周边关系”，使两者相互促进、良性互动。

在新形势下稳定周边、经营周边、塑造周边战略环境，不仅要用一种全球大国的进取意识施展外交，还要有一整套更加精细的战略规划，以及在落实这些规划时更为灵巧的运筹策略。关键是要冷静、全面、辩证地认识周边战略环境，不惧多变性、管控复杂性、善用可塑性。尤其是，对于大多数亚太国家来说，它们既不愿看到中美关系过于好从而受制于中美共治，也不愿因中美关系过于坏而被迫在中美之间选边站队。这种“两面下注”的政策心理和对外行为是一种能为人所理解的常态。如果一些国家能在中国和美国之间找到“舒适”的位置，它们与中国的关系可能会更稳定、更持久、更具可预测性。应当看到，越来越多的地区国家倾向于采取一种“联而不盟”的对外策略，都希望在变动不居的亚太地区权力游戏中使自己获取实利的同时留有余地，最大限度地增加腾挪折冲的战略空间。

总之，中国的周边外交既不能拒变，更不能恐变，应深刻理解大多数地区国家对“战略自主性”的内在追求，顺势而为、谋势而动。以更大的战略自信、战略韧性和战略克制主动引导亚太地缘政治格局出现对中国总体有利的新均衡。

## 三

在以互联互通为导向的中国大战略中，“构建全球伙伴关系网络”是重要一环，体现了中国外交的新型战略思维。2014 年 11 月，习近平在中央外事工作会议上提出，中国要在坚持不结盟原则的前提下广交朋友，形成遍布全球的伙伴关系网络。结盟是国际关系中的常见现象，而构建伙伴关系，就是要走出一条“对话而不对抗、结伴而不结盟”的新路。习近平指出，国与国之间，志同道合是伙伴，求同存异也是伙伴。中国承认世界上仍然存在结盟政治的现实，尊重各国自主选择对外政策的权力，同时希望各方着眼时代发展潮流，探索构建不设假想敌、不针对第三方、更富包容性和建设性的伙伴关系。

当今，“构建全球伙伴关系网络”已成为中国外交的核心任务之一，彰显了中国应对“网络化”世界政治发展趋势的主动作为。“伙伴关系网络”与“伙伴关系”有着微妙区别，前者显然需要一种更具纵深感的“大棋局”思维，也需要一些能够在网络中成为“结点”的关键角色，或者说是“穴位”。近年，中国外交实践呈现很多新的特点，其中尤以“点穴式”外交的灵活运用较为突出。所谓“点穴”，即找准影响中国外交总体布局的关键穴位，通过若干非常规的外交操作模式以及彰显“特惠”色彩的政策举措，大力深化与相关国家的联系，将“穴位”打通，并使之为中国外交发挥积极的辐射作用。2014 年 2 月，习近平曾专程赴俄罗斯参加索契冬奥会开幕式。同年 7 月和 8

月，他又分别专程出访韩国和蒙古。2015年10月，习近平又对英国进行了“点穴式”的访问。这些“点穴式”外交务实灵活、不拘一格，具有“抓住一个点、影响一大片”的独特功效，体现了中国领导人顺应中国外交实际需要、紧抓外交战略机遇的深远考量。

在构建全球伙伴关系网络方面，中国对英国的外交可谓具有典型性意义。英国既是西方发达国家俱乐部和欧盟的核心成员，也是与美国具有所谓“特殊关系”的盟友。虽然它早已失去百年前“日不落帝国”的光彩，但凭借其突出的经贸、技术、创新、金融实力和文化影响力，英国仍是全球政治中的重要玩家。此外，英国还通过英联邦国家体系在国际事务中发挥着独特作用。英联邦至今仍有50多个成员国，2013年由英国女王伊丽莎白二世签署的《英联邦宪章》就民主、法治、可持续发展、国际安全等规定了共同原则，推动英联邦发展边入新的阶段。

正如近年来韩国不断向中国“靠近”一样，英国卡梅伦政府也在尽力拉近与中国的关系。2015年5月，卡梅伦领导英国保守党在大选中击败工党等其他党派，争得英国议会330个席位，他本人也成功连任英国首相。此番胜选主要是由于卡梅伦政府的经济政策得到选民认可，而未来几年其施政之路是否平顺，也将首要取决于他能否继续带领英国走出经济阴霾。除了提供更多就业岗位、应对苏格兰分离主义势力、处理英国民众“脱离欧盟”情绪等等，也都需要卡梅伦政府采取更加务实的举措，稳住经济大盘。此外，英国近年在应对乌克兰、叙利亚危机等国际问题方面展现“孤立主义”姿态，其“内顾”倾向受到一定批评，如何以明智的全球战略重振英国的大国影响力，也是摆在卡梅伦政府面前的一大挑战。正是在这样的背景下，卡梅伦政府2013年以来显著调整对华政策，不断向中国靠拢，甚至国内政要声称应与中国建立类似与美国那样的“特殊关系”。卡梅伦2015年5月连任后表示，期待未来5年打造英中关系的“黄金时代”。英国下一任首相热门人选、财政大臣奥斯本于当年 9 月访问中国期间表示，中国会成为全球经济的中心，英国不但应欢迎中国的崛起，还应成为中国在西方“最好的伙伴”。[49]

从中国视角看，通过“点穴式”外交顺势而为，大力深化与英国的关系，将具有进一步带动中国外交转型的重要意义。一是探索与发达国家构建合作共赢关系新模式。中国经济进入新常态，实际上给中国经略对外关系也带来新的挑战，既要在经济增速放缓的情况下巩固与相关国家的“利益捆绑”，又要为中国经济转型、中国企业国际化拓展新的战略空间。为了应对国内发展不平衡，卡梅伦政府推出了雄心勃勃的英格兰北部地区振兴计划，包括建设“北方电力中心”、完善交通网络、发展新型能源、升级城镇建设等内容。英方希望这一计划能得到来自中国的投资支持，欢迎中国企业积极参与一些标志性项目，比如连接伦敦、伯明翰和英格兰北部地区价值 118 亿英镑的高铁二号线（HS2）工程。此外，中国核工业集团、广核集团公司将帮助英国在萨默塞特郡、萨福克郡两地建立核电站，中国企业预计持有 30%—40% 的股份。英国政府则为这些项目提供 20 亿英镑财政担保。

二是加快人民币国际化进程，增强中国在国际金融治理方面的影响力。虽然第二次世界大战后英国的“世界霸主”地位丧失，美国后来居上，但在金融领域英国仍长期占据重要地位。人们常常开玩笑说，英国人最能嗅到金钱的味道。如今，英国则迫切希望将人民币离岸交易引向伦敦，从而不断强化其作为世界金融中心的地位。英国金融家们普遍相信人民币国际化是大势所趋，当前美国在全球出口总额中占比不到 10%，但全球超过 80% 的出口仍以美元结算，这种状况迟早会得到再平衡。随着人民币跨境支付系统的建立等，出口商品将会更多以人民币计价。英国是首个与中国进行货币互换的国家，也是首个发行人民币主权债券的国家。2015 年 4 月，英国不顾美国的百般阻拦，率先成为中国倡导的亚洲基础设施投资银行的创始成员国，并带动德国、法国等欧洲国家加入，对中国推动建立新型国际金融机制意义重大。

三是强化英国在中国外交中的“战略支点”作用。英国是安理会常任理事国，不仅是处理诸多国际热点问题的直接参与者，也在国际发展援助、贸易规则制定、反恐、气候变化等领域扮演重要角色。近年来，中英双方在应对伊朗核问题等方面加大了政策协调力度，有助于充实中英关系的全球性影响。英国在推动中欧关系方面的作用也在凸显。根据加入世界贸易组织时签署的协议，中国将在2016年底自动获得市场经济地位，这对于中国企业免遭西方国家不当反倾销调查等歧视性对待意义重大。然而，美欧方面正针对这一问题，对中国打响“阻击战”。美国经济政策研究所2015年9月发布的报告称，如果欧盟承认中国的市场经济地位，将丧失超过300万个就业机会。在这种情况下，如果英国能够克制欧方的贸易保护主义，为中英、中欧发展健康的贸易关系“站台”，则势必有事半功倍之效。

除了英国，中国近年针对中东欧国家开展的外交也富有特色，体现了以互联互通为导向的战略思路。[50]2015年3月，习近平对捷克进行了国事访问，时隔不到4个月，他再次踏上中东欧地区，到访塞尔维亚和波兰。显而易见，中东欧国家在中国外交中正占据越来越重要的地位，中东欧16国在联通欧亚市场、推动中欧合作方面的作用越来越大，它们不仅是“一带一路”建设的重要伙伴，更是中国外交布局的关键节点。[51] 塞尔维亚的前身是南斯拉夫，它位于巴尔干半岛中部，处于贯穿欧洲的多瑙河中间位置，与克罗地亚、匈牙利、罗马尼亚等8个国家接壤，其地理位置非常特殊。2009年，中塞建立战略伙伴关系，塞尔维亚成为中国在中东欧地区的第一个战略伙伴，2015年双方宣布将两国关系提升为全面战略伙伴关系。2008年金融危机发生以来，欧洲多国遭受经济“寒冬”，欧洲企业对外投资缩减，欧盟也降低了对塞尔维亚等巴尔干地区国家的资金支持。当西方企业举步不前之时，中国却看到了东南欧地区蕴含的新希望。除了匈塞铁路，中国企业还承建了贝尔格莱德跨多瑙河大桥，以及其他多个高速公路项目。华为公司则参与了塞尔维亚电信基础设施改造项目。中国方面不仅力促塞尔维亚国内基础设施的升级，还加大了对其产业发展的支持。2016 年 4 月，来自河北钢铁集团的 4 600 万欧元投资使濒临倒闭的斯梅代雷沃钢铁厂重现生机。这一钢铁厂曾经被称为“塞尔维亚的骄傲”，有 5 000 多名本地员工。中国路桥公司还与贝尔格莱德市政府合作，积极推进中国工业园区等项目。

与塞尔维亚一样，波兰近年也成为中国在中东欧地区的关键伙伴。波兰是中东欧 16 国中的“领头羊”，其在欧盟内部的地位和影响力也在快速上升。2014 年 12 月，波兰前总理图斯克接替范龙佩，担任欧洲理事会主席。欧洲理事会是欧盟最高决策机构，其主席被认为是“欧盟的总统”。波兰的经济发展潜力同样不可小觑，该国不仅具有联通“新欧洲”和“老欧洲”的区位优势，还拥有较为完整的工业体系，以及不少占据世界领先地位的企业。2016 年波兰 GDP 增速预计会达到 4%，它在欧洲国家中无疑是一辆“快速列车”。中波两国关系曾一度受到“达赖”问题等争端的影响。2011 年，双方排除干扰，宣布建立战略伙伴关系。2015 年，中波双边贸易额超过 170 亿美元。波兰杜达政府积极调整对华政策，积极寻求借助“一带一路”倡议等推进自身发展战略，提升波兰捕捉“中国机遇”的能力。[52] 目前，中波之间已经开设多趟货运班列，从中国成都、苏州等城市至波兰华沙、罗兹等地，不仅降低贸易运输成本，还使贸易合作潜力进一步得到开掘。为更好促进两国企业深化合作，波兰在成都设立总领事馆，罗兹市政府也在成都开设了代表处。中波之间地方层面的合作日益务实、机制化，成为两国关系的一大亮点。

自 2012 年中国和中东欧 16 个国家在波兰华沙举办首次峰会以来，包括波兰、塞尔维亚等国在内的“16+1”合作机制不断取得进展，这一机制成为中国构建地区性伙伴关系网络的重要依托。中国将产能合作作为重点，支持中东欧国家提升工业化水平。中国重视满足中东欧国家的需求，包括增加对后者农产品的进口，鼓励中东欧国家中小企业通过互联网电商渠道打开中国消费市场。克罗地亚、波兰、保加利亚等很多中东欧国家均提出加强与中国的港口建设合作，为避免项目的同质竞争破坏中东欧国家之间的团结，中方创造性地提出“三海港区合作”倡议，推动在亚得里亚海、波罗的海和黑海沿岸港区、产业园区之间开展合作。这是确保中国与中东欧国家合作可持续性的重要举措，目的是让所有参与者都能从“中国机遇”中获益。

对于中国来说，在与中东欧国家加强合作的同时，获得欧盟方面的支持也是非常重要的，这牵涉到如何使伙伴关系网络更加稳定、均衡的问题。欧盟以及德国、法国等“老欧洲”国家对“16+1 合作”抱有一定程度的疑虑，担心中国对欧洲实施“分而治之”的策略，损害欧洲内部团结。[53] 实际上，中国政府非常注重平衡这种微妙关系。2014 年 11 月，欧盟委员会主席容克提出了高达 3 150 亿欧元的投资计划（又称“容克计划”），希望在不增加公共债务的情况下推动欧盟成员国经济发展和增加就业。中国支持“容克计划”并提出“一带一路”可与之进行深度对接。[54] 中欧共同投资基金、中欧互联互通平台等机制目前已建立运营，用于落实中国和欧盟发展战略的对接。为回应欧盟关切，中国方面主动建议将与中东欧国家开展的互联互通合作项目纳入中欧基础设施合作的大框架，力争在中国、中东欧国家、欧盟之间实现“三赢”。实际上，匈塞铁路也是欧盟“泛欧交通运输走廊”的重点项目。2016 年 1 月，中国正式加入欧洲复兴开发银行，双方将加强在中东欧国家市场的投融资合作。此外，中国倡导与德国、法国等在中东欧国家开展“第三方合作”。中国力争将自身的优势产能同中东欧国家的发展需求、西欧发达国家的关键技术结合起来，而不是独自霸占中东欧国家的市场。

不可否认的是，在中国的“全球伙伴关系网络中”，发展中国家和整个发展中国家世界占据日益重要的地位。可以从经济维度和政治维度看待发展中国家对于中国的重要性。从经济维度看，虽然未来 10 年美欧等发达经济体仍将在世界经济格局中占据主导地位，但发展中国家在世界经济中的比重和增速都处于上升势头，未来世界市场的增量将主要来自包括新兴经济体在内的发展中国家。[55]21 世纪以来，发达国家和发展中国家的 GDP 平均增速分别为 1.8%和 6.2%，特别是非洲地区近年来在金融危机严重冲击世界经济的情况下仍然实现了年均约 6%的快速增长。从国际经济总量结构看，发达国家所占总体份额从 2009 年的 53%降至 2011 年的 46%；而同时期，金砖国家份额则从 14%上升至 20%。从发展趋势看，2012 年美国国家情报委员会发布的《全球趋势：2030》报告提出，到 2030 年传统的西方国家（美欧日）在全球收入中的比重将从目前的 56%下降到远低于 50%。

与此同时，中国与发展中国家的经贸联系在过去数年中出现了令人欣喜的重要变化，两者之间的经济互补性显著增强，共同利益基础稳步扩大，发展中国家为中国对外经济的发展增添了新的巨大动力。[56]2011 年，中国与美欧国家之间的贸易总额大约是 10 139 亿美元，与东盟、中东、非洲、拉美国家以及上海合作组织成员国的贸易总额约为 10 937 亿美元。2001—2011 年，中国对外贸易总额增长 7 倍，而中国对南亚和西亚地区的贸易额则增长 31 倍，占外贸总额比例从 2%升至 9%。过去几年间，中国和阿拉伯国家之间的贸易额高于中国外贸平均增速 10 多个百分点。从中国对外贸易格局看，发展中国家和发达国家几乎平分秋色，这是中国对外关系格局中出现的一个重大变化。从未来一个时期看，中国和发展中国家之间的贸易增速和增量都还会继续快速上升，双方增强经贸关系具有巨大潜力和势能。

近年来，中国不仅注重巩固和扩展与发展中国家的双边关系，还更为积极地推动金砖国家组织、上海合作组织等主要由发展中国家和新兴经济体构成的国际机制。举例来说，由中国、俄罗斯、印度、巴西、南非组成的金砖国家组织，对全球政治经济格局的影响不容低估。[57] 金砖五国的 GDP 总量占世界的25.7%，人口占全球人口的42%，贸易量占全球贸易额的17%，吸引外资占比18%，外汇储备占全球外汇储备总量的40%，消费市场超过4万亿美元，相当于欧元区的水平。该组织框架下目前有20多个合作机制，包括农业、信息安全、医疗卫生、科技、智库合作等方面。[58]2012年中共十八大报告有关中国对外政策部分，将金砖国家组织作为未来数年应予突出关注和政策投入的四大国际多边组织之一（此外还有联合国、上海合作组织和二十国集团）。

中国大力推动金砖国家组织的机制化建设，以此为基础改善全球经济治理。一方面，中国从自身需求和发展优势出发，围绕基础设施建设、金融和制造业合作、促进贸易投资和人员往来便利化等提出合作倡议，包括倡导成立“新开发银行”。另一方面，面对全球自贸区建设的新格局、能源生产和供给版图的重大变化以及持续展开的科技和产业革新，中国以更主动、更深刻的发展政策调整和更加开放的政策心态带动金砖国家的相应变革，使推进发展方式转型和深化改革开放成为凝聚金砖国家的共同理念。中国并不希望金砖国家组织成为一个“反西方”的集团，在沟通发达国家和发展中国家关系进程中发挥桥梁作用更加符合中国的利益。[59]由此，金砖国家组织完全可以为中国构建全球伙伴关系网络、实施“大国外交”发挥力量倍增器的作用。

综上所述，中国在推动“构建全球伙伴关系网络”的进程中，可以说采取了三大策略。一是更加深入地了解对象国的发展需求，有针对性地提出合作倡议，并且意识到这些国家对在经济上过度依赖中国所抱有的忧虑。二是更加积极地通过国际组织、次区域多边组织，寻求与各方利益的汇合点，避免在得到一个朋友的同时却又制造了一个敌人。历史、地理、资源分配等方面的因素使同一地区的不同国家之间存在复杂的矛盾，中国在维护伙伴关系网络方面，需要学会更精巧地保持平衡。三是更加注重利用普遍被接受的国际规则以及既有国际组织的最优实践，推进自己的政策目标，扩大“利益攸关方”群体，分散和控制合作风险。

## 注释

1　David Shambauge, *China Goes Global: The Partial Power*, New York: Oxford University Press, 2013.

2　徐中约:《中国的奋斗（1600—2000)》(第 6 版)，世界图书出版公司 2008 年版，第 18 页。

3　转引自赵晓霞、罗俊:《百年梦想之路》，《人民日报（海外版)》2011 年 9 月 23 日。

4　Maurice Meisner, *Mao's China and After: A History of the People's Republic*, New York:Simon & Schuster, 1999.

5　聂皖辉:《万里在农村改革中的智慧和胆略》，《党史纵览》2008 年第 9 期。

6　[美] 傅高义:《邓小平时代》，冯克利译，三联书店 2012 年版，第 241—245 页。

7　黄振奇、黄海燕:《中国花 65 年取得美国 180 年的经济成就》，《人民日报》，2015 年 11 月 4 日。

8　Peter Marsh, “China Noses Ahead as Top Goods Producer,” *Financial Times*, March 14, 2011; Peter Marsh, “US Manufacturing Crown Slips,” *Financial Times*, June 21, 2010.

9　章百家、朱丹:《中国经济体制两次转型的历史比较》，《中共党史研究》2009 年第 7 期。

10　José Graziano da Silva, “Lesseons from China's Success in Reducing Hunger,” Xinhua, June 3, 2013, http://news.xinhuanet.com/english/indepth/2013-06/03/c_132427054.htm.

11　习近平在亚太经合组织共商领导人峰会上的演讲，《人民日报》2013 年 10 月 8 日。

12　约瑟夫・奈:《下一个十年的中国、亚洲和美国》，载王缉思主编:《中国国际战略评论 2011》，世界知识出版社 2011 年版，第 19—20 页。

13　Jean-Pierre Lehmann, “Defining China: A Rising, Fragile Global Power,” *Forbes*, July 6, 2016.

14　李伟:《中国未来能源发展战略探析》，《人民日报》2014 年 2 月 12 日。

15　楼继伟:《中高速增长的可能性及实现途径》(在清华大学经济管理学院的演讲)，2015 年 4 月 24 日，http://finance.sina.com.cn/china/20150501/135822089571.shtml。

16　Karel Eloot, Alan Huang and Martin Lehnich, “A New Era for Manufacturing in China,” *McKinsey Quarterly*, June 2013.

17　习近平在庆祝中国共产党成立 95 周年大会上的讲话，新华网，2016 年 7 月 1 日，http://news.xinhuanet.com/politics/2016-07/01/c_1119150660.htm。

18　中共中央党史研究室编:《中国共产党历史》第二卷（1949—1978)(下册)，中共党史出版社 2011 年版，第 966—971 页。

19　《邓小平文选》(第三卷)，人民出版社 1993 年版，第 57 页。

20　《邓小平文选》(第三卷)，人民出版社 1993 年版，第 297、355—356 页；钱其琛:《深入学习邓小平外交思想，进一步做好新时期外交工作》，在外交部“邓小平外交思想研讨会”开幕式上的讲话，1995 年 12 月 12 日。

21 国务院新闻办公室：《中国的和平发展道路》白皮书，2005 年 12 月。

22 Arvind Subramanian, "Too Soon to Mourn Emerging Markets," *Financial Times*, October 7, 2013.

23 《习近平：推动全球治理体制更加公正更加合理》，新华网，2015 年 10 月 13 日，http://news.xinhuanet.com/fortune/2015-10/13/c_1116812159.htm。

24 王逸舟：《创造性介入：中国外交新取向》，北京大学出版社 2011 年版。

25 World Bank and Development Research Center of the State Council, the People's Republic of China, "*Urban China. Toward Efficient, Inclusive, and Sustainable Urbanization*," 2014.

26 黄海洲、周诚君：《中国对外开放在新形势下的战略布局》，《国际经济评论》2013 年第 4 期。

27 Braz Baracuhy, "The New Geo-economics of Global Trade: The WTO's Perspective," *IISS Voices*, International Institute for Strategic Studies, September 13, 2013.

28 [美] 傅高义：《邓小平时代》，冯克利译，三联书店 2012 年版，第 377—386 页。

29 Joshua Cooper Ramo, *The Beijing Consensus*, The Foreign Policy Center, UK, 2004, http://fpc.org.uk/fsblob/244.pdf.

30 习近平：解决中国的问题只能在中国大地上探寻适合自己的道路和办法，新华网，2014 年 10 月 13 日，http://news.xinhuanet.com/politics/2014-10/13/c_1112807354.htm。

31 习近平：《严肃党内政治生活　净化党内政治生态》，新华社，2016 年 6 月 29 日。

32 Derek M. Scissors, "Should America Root for a Reforming China?" *The National Interest*, October 16, 2013.

33 李克强：《政府工作报告》，2015 年 3 月 5 日。

34 Martin Wolf, "Solid Growth is Harder than Blowing Bubbles," *Financial Times*, October 13, 2015.

35 "China's overseas investment to hit 1.25 trillion USD in next decade" , *Xinhuanet*, 9 November 2014, http://news.xinhuanet.com/english/china/2014-11/09/c_133775927.htm.

36 详见胡锦涛在中共十八大所作工作报告《继续促进人类和平与发展的崇高事业》部分，人民网，2012 年 11 月 8 日，http://cpc.people.com.cn/18/n/2012/1108/c350821-19526654.html。

37 曲星：《人类命运共同体的价值观基础》，《求是》2013 年第 4 期；阮宗泽：《人类命运共同体：中国的"世界梦"》，《国际问题研究》2016 年第 1 期。

38 Peter Mattis, "Chinese Dreams: An Ideological Bulwark, Not A Framework for Sino-American Relations," *China Brief*, Volume XIII, Issue 12, June 7 2013, The Jamestown Foundation, http://www.jamestown.org/uploads/media/cb_06_09.pdf.

39 杨洁篪：《新形势下中国外交理论和实践创新》。

40 Zheng Bijian, "China's 'Peaceful Rise' to Great-Power Status," *Foreign Affairs*, September/October, 2005.

41 《更好统筹国内国际两个大局，夯实走和平发展道路的基础》，《人民日报》2013 年 1 月

30 日。

42 《习近平出席中央外事工作会议并发表重要讲话》，2014 年 11 月 29 日，http://news.xinhuanet.com/politics/2014-11/29/c_1113457723.htm。

43 《王毅部长在第二届世界和平论坛午餐会上的演讲》，外交部网站，2013 年 6 月 27 日，http://www.fmprc.gov.cn/mfa_chn/zyxw_602251/t1053901.shtml。

44 赵明昊：《再平衡时代与中国外交的“战略转进”》，《现代国际关系》2013 年第 4 期。

45 周方银：《中国崛起、东亚格局变迁与东亚秩序的发展方向》，《当代亚太》2012 年第 5 期。

46 《习近平在周边外交工作座谈上发表重要讲话》，新华网，2013 年 10 月 25 日。

47 赵明昊：《“一带一路”倡议的战略含义》，中共中央党校国际战略研究所编：《新战略研究》，九州出版社 2015 年版，第 22—32 页。

48 President of Russia, Press Statements following Russian-Chinese Talks, 8 May 2015, http://en.kremlin.ru/events/president/transcripts/49433; Alexander Gabuev, “Eurasian Silk Road Union: Towards a Russia-China Consensus?” *The Diplomat*, June 5, 2015.

49 《英国期待搭上“一带一路”快车》，《人民日报》2016 年 2 月 1 日。

50 鞠维伟：《运用丝绸之路经济带发展中国与中东欧国家关系的意义、措施和条件》，《当代世界》2014 年第 4 期。

51 Justyna Szczudlik-Tatar, “China’s New Silk Road Diplomacy,” *Policy Paper*, no.34（82）, Polish Institute of International Affairs（PISM）, December 2013.

52 Shannon Tiezzi, “Where is China’s Silk Road Actually Going,” *The Diplomat*, March 30, 2015;Justyna Szczudlik-Tatar, “Silk Road as a Tool to Facilitate Europe-China and Intra-Europe Ties,” *Guest Contribution*, Friends of Europe, November 13, 2014, http://www.friendsofeurope.org/global-europe/silk-road-tool-facilitate-europe-china-intra-europe-ties/.

53 Mikko Huotari and Miguel Otero-Iglesias eds., *Mapping Out Europe-China Relations: a Bottom-Up Approach*, European Think-tank Network on China（ETNC）, October 2015.

54 “China Plans to Inject Billions into EU Infrastructure Fund,” *South China Morning Post*, June 18, 2015；李克强：《携手开创中欧关系新局面》，在中欧工商峰会上的主旨演讲，新华网，2015 年 6 月 30 日。

55 Gideon Rachman, “Future Belongs to the Emerging Markets,” *Financial Times*, February 3, 2014.

56 Indrani Bagchi, “Bonding with Beijing,” *The Times of India*, March 30, 2013.

57 Tim Cocks, “Jim O’Neill: BRICs, MINTs Strong Despite Emerging Market Wobbles,” Reuters, March 25, 2014.

58 Sebastian Mallaby, “Beware Membership of this Elite Club,” *Financial Times*, December 4, 2012.

59 Dani Rodrik, “What the World Needs From the BRICS,” *Project Syndicate*, April 11, 2013.

# 第三章

# 中美经济关系的重塑

## 第一节　从“拥抱”到“脱钩”？

每到美国总统大选年，中美经贸关系总会被美国政治人士拿来“说事”，2016年也同样如此。无论是特朗普还是希拉里，都将中国说成是美国经济困境的罪魁祸首。特朗普声称，中国政府通过“操纵货币”来帮助中国的企业和商品占领世界市场，最终伤害了美国的制造业和产业工人。2016年4月，特朗普在曾是美国钢铁业重镇的匹兹堡市发表演讲，“等我当上总统，你知道吗，钢铁将回到匹兹堡”，“钢材，我们要夺回来。煤炭——清洁煤炭，我们要夺回来”。民主党总统候选人希拉里也指责中国向全球低价倾销钢材，对美国钢铁工人造成了冲击。她表示，自己善于在这类棘手问题上与中国领导人正面交锋，“如果我成了总统，这种游戏就得结束了”。中国已经成为世界第一大钢材生产国和出口国，而美国则是最大的钢材进口国，这个话题在美国越发具有政治性。不少曾以钢铁产业为傲的州如俄亥俄州、宾夕法尼亚州，在美国的政治版图中属于重要的“摇摆州”，总统候选人非常看重来自这些州的选票。实际上，钢材贸易争端仅仅是美国在经济关系上对中国不满的一个侧面。

与此同时，中国对美国经济政策的不满也日趋显著。2013 年 10 月，新华社发表的一篇英文评论指出，为了免受美国国内政治纷争和债务危机崩盘的影响，可以考虑建立一个“去美国化”的世界，从而使所有国家的重要利益能在平等的基础上得到尊重和保护。这篇文章引起轩然大波，“中国鼓吹‘去美国化’”一时间成为国际舆论焦点，美国媒体更是拉响了警报，纷纷炒作中国成为美国财政危机“最大受益者”、人民币很快取代美元国际储备货币地位等话题。实际上，对美国不顾国际责任、滥用铸币权不满的决不是仅有中国，“去美国化”的声音也不是从中国而起。英国《金融时报》在 2013 年 10 月刊文指出，建立在美元基础上的国际金融和货币体系具有内在不稳定性，美联储的政策不可能满足全球经济的需要，频繁出现的汇率危机和资产价格大幅波动已不幸成为新的常态，为了使全球经济更好地运转，必须降低对美元的依赖。然而，中国已经是世界第二大经济体，且持有美国巨额国债，美国精英的确担心中国会在世界上掀起一场“去美国化”的浪潮。

无论是钢材贸易争端，还是所谓“去美国化”争论，都是中美经贸关系正进入新的阶段的表征。自从 20 世纪 70 年代中美两国实现“缓和”之后，双方经贸合作一直是中美关系的“压舱石”和“推进器”，经济界人士也一直是推动两国关系向前发展的重要力量。过去几十年来，中美在经济上形成了一种高度的相互依存，这种“拥抱”为两国关系的稳定发展奠定了基础。然而，现如今，中美双方对经济相互依存所带来的很多问题感到不满，甚至出现某种程度上的“脱钩”倾向。因此，未来中美关系面临的核心挑战之一，即是如何在双方推动国内发展转型并调整对外经济政策的情况下，深度发掘新的合作“互补性”，继续保持相互“拥抱”。这不仅对于稳定中美关系必不可缺，对整个世界经济也是至关重要的。

## 二

从历史视角看，过去几十年来，中国自身的现代化历程，与中美关系的历程紧密交织、相互影响。40 多年前，当中美关系迈向“正常化”之时，中国迫切需要为自身经济发展寻找一条路径。对美外交关系的大调整，恰恰为中国提供了走出经济困境、融入国际体系的大机遇。1978 年，中国经济十分艰难，在“文革”的冲击下社会也处于动荡之中，为了拯救濒临破产的国家，邓小平和其他改革者（包括习近平的父亲习仲勋）在难以想象的政治阻力下开启了中国的改革开放进程。1978 年 12 月，中共十一届三中全会提出要把党的工作重点从“阶级斗争和不断革命”转移到经济建设上来，邓小平在闭幕式上发表了《解放思想，实事求是，团结一致向前看》的讲话。而当时邓小平也在忙于完成中美关系正常化的谈判。他清楚地意识到，美国既是影响中国国际环境的最重要因素之一，也是最有能力支持中国现代化事业的潜在伙伴。[1]

1979 年 1 月 28 日，邓小平抵达华盛顿，仅仅在 6 周之前，中美双方才经过无数次激烈谈判而最终达成正式建交协议。邓小平亲自规划了访美路线，他去休斯敦参观了美国航空航天总署和最先进的油井钻探技术，去西雅图参观了波音公司生产的最新型喷气式飞机，在卡特总统的老家亚特兰大则特意去了福特公司一家最先进的汽车厂。他在休斯敦欣赏马术表演时头戴美国牛仔帽的一幕成为其访美象征，在美国引起了一场公共外交旋风，被认为是用一个简单的动作“结束了美中两国 30 年的怨恨”。邓小平对美国的先进技术和现代生活方式充满无尽的兴趣，而这种兴趣有多大，他内心想到中国何其落后时所产生的失落和焦虑就有多大。当时，他的访美之行被制作成纪录片在中国大陆放映，邓小平希望这有助于当时的中国官员和民众看清楚自己国家的落后程度，从而支持必需的变革。[2]

当然，那时的美国在经济上也需要中国。20 世纪 70 年代，美国面临如何应对经济“滞胀”的巨大难题，“滞涨”就是通货膨胀与经济衰退相伴生的一种困境。美国需要将中国纳入国际经济体系，将中国变为廉价的产品制造基地，并开发潜在的中国消费市场。美国商业团体由此也成为推动中美关系向前发展的重要力量。1972 年中美双边贸易额只有 1 288 万美元，到了 1978 年增长到 9.9 亿美元。1978 年 12 月 13 日，中美双方在北京饭店签订协议，美国可口可乐公司成为第一家进入中国的外国企业。短短 40 余年，中美经贸联系发生了巨大的改变。根据中国商务部统计，2015 年中美贸易额达到 5 583.9 亿美元，约为两国建交时的 230 倍。美国目前已经是中国的第二大贸易伙伴，第一大出口市场和第四大进口来源地。也正是在 2015 年，中国超过加拿大成为美国最大的贸易伙伴。截至 2015 年底，美对华投资项目累计达 6.6 万个，实际投入 774.7 亿美元，美国是中国第六大外资来源地；中国企业在美累计直接投资 466 亿美元，美国是中国对外直接投资的第四大目的地。2015 年 9 月，中国商务部部长高虎城表示，未来 10 年，中美双边贸易和双向投资可再翻一番，2024 年双边贸易额有望超过 1 万亿美元。[3]

实际上，在这些数字的背后，过去几十年来中美经济关系业已形成一种相互支撑、深度“拥抱”的格局。为了尽快实现经济发展，像历史上的日本、韩国、新加坡一样，中国选择了一种以出口为导向的经济增长方式。中国成为“世界工厂”，向美国出口大量价格低廉的商品，并积累高额的美元外汇储备。与此同时，中国又用外汇储备购买巨额的美国政府债券，这么做在很大程度上是因为想要限制人民币对美元的升值幅度，只有如此才能确保中国产品的价格竞争力，才能使出口导向型的经济发展战略得以延续。“中国生产、美国进口”这一格局的背后则是“中国借钱、美国消费”。美国存在长期的经常账户赤字，其国内储蓄率也相对较低，美国需要像中国这样的外国投资者为美国经济提供外部支持。中国曾将大约60%的外汇储备用于购买美国国债，这有助于降低美国国内的利率，包括使美国的股票和房地产市场受益。2000年，中国只拥有价值约600亿美元的美国国债，占美国国债总额的2%。如今，中国持有的美国政府和准政府债务（如房利美和房地美债券）约为2万亿美元，占比超过14%。中国已经成为美国最大的外国债权人。

“中国生产、美国进口”“中国借钱、美国消费”这种格局可以无限期地持续下去吗？答案是否定的。显而易见，中美经济关系的这种“拥抱”并不是完美的，它带来的副作用便是一种令双方最终难以承受的“失衡”。美国对与中国之间的贸易逆差越发感到忧心，2014年美国对华贸易逆差3 426亿美元，创下有记录以来最高水平。不少美国人认为，美国企业纷纷到中国开设工厂，然后将廉价的商品从中国卖到美国，正是中国的廉价商品让美国工厂关门歇业，让美国工人丢了工作。美国全国经济研究所的一份报告称，来自中国的进口产品导致美国在1999—2011年损失200万—240万个就业岗位，大约占同一时间美国制造业丧失的560万个就业岗位的40%。[4] 美国方面认为，中国商品之所以廉价是因为中国人搞“不公平贸易”，中国企业尤其是国有企业从国家获得补贴从而降低了生产成本，中国政府“操纵”人民币对美元汇率从而使中国出口商品更具价格竞争力。此外，美方人士还认为中国应放松资本管制，加大知识产权保护，修改政府采购等规则，进一步向美国企业开放服务业，降低美国企业在中国的经营“困难”。

与此同时，中美经济关系的“拥抱”似乎也让中国付出了巨大代价。在美国消费的带动之下，中国过分依赖出口的经济发展方式给自己带来诸多困扰，比如自然资源的过度消耗、环境污染、贸易盈余过高等。在中国国内劳动力成本上升等因素的作用下，中国这种发展方式更加不可持续。中国不愿继续做廉价商品的制造商，希望从根本上调整自己的增长方式，更多地依靠服务业和国内消费来拉动经济。服务业可以增加就业岗位，也是维护社会稳定的关键。在这种情况下，中国的储蓄和外汇储备的增长速度会下降，中国需要降低对美元资产的依赖。如摩根史丹利前亚洲区主席、耶鲁大学高级研究员斯蒂芬·罗奇（Stephen S.Roach）所言，“美国债务炸弹的引信变得越来越短。随着一个失能的美国政府逐渐滑向深渊，中国这个美方最大的外国债权人也危在旦夕了”。[5] 换言之，中国并不认为用自己的巨额外汇储备投资美国债券是一桩可以永远干下去的好买卖。此外，中国也很担心美国宏观经济政策产生的负面“溢出效应”，尤其是美联储的货币政策。中国还担心美国抛弃多边贸易体制，并对美方对中国企业在美投资的限制感到不满。

2008 年金融危机发生以来，中美在经济上的摩擦进一步增多。这场危机发生之后，为了提振本国和全球经济，中国投入了高达 4 万亿人民币进行“刺激”，主要用于基础设施建设等领域，大幅增加了对钢铁、水泥、电解铝等行业的投资。这种“刺激”注定是喜忧参半的。一方面，中国为世界经济注入了动力，2009 年至 2011 年中国对全球增长的贡献率在 50%以上；另一方面，中国也不得不承担代价，比如产能过剩的问题。目前，中国已经成为世界第一大钢材生产大国和出口大国，中国粗钢生产占全球近一半，产能达 11.3 亿吨。在这种情况下，美国不断加大调门，指责中国钢铁行业产能过剩对美欧等国的相关行业造成重大冲击，并打响钢铁“贸易战”。2016 年 3 月和 5 月，美国商务部对中国钢铁进口征收高达 5 222%的惩罚性关税。在美国舆论的渲染之下，一时间，中国成为全球产能过剩问题的“众矢之的”，在“货币操纵者”标签之外又多了一个“罪名”。

面对美国的指责，中国方面认为，必须要用历史的眼光看待钢铁产能过剩问题，造成这一问题的主要原因是当前全球经济的需求低迷，不能指责某一个国家，也不应滥用贸易救济措施。实际上，近年来中国一直在大力压减产能，仅在2015年就减少了9 000万吨钢铁产能。在中国钢铁企业中，目前有50%以上都是民营企业。因此，中国政府需要采取市场化的而非指令性的方式“去产能”，比如提高环保、能耗和质量方面的标准。中国政府还需要制定相应的财政政策，用以解决“去产能”带来的大量工人下岗等问题。削减产能实际上给中国政府带来了复杂的政治压力。一方面，美国希望中国持续深化市场化改革并保持社会稳定，一方面又要求中国快速地削减产能。这是自相矛盾的。

钢铁贸易争端实际上反映了美国国内日趋增长的贸易保护主义倾向。2015年9月，皮尤研究中心的调查显示，60%的美国人认为美国的就业岗位被中国人抢走是一个非常严重的问题。美国共和党总统候选人特朗普声称，一旦当选将对中国产商品征收45%的关税。实际上，“中国制造”在过去十几年中给美国普通民众带来的好处是巨大的。过去15年来，考虑到通胀因素，美国人的收入水平几乎没有什么增长。如果没有来自中国的廉价商品，美国普通人的生活无疑会雪上加霜。此外，旧金山联邦储备银行的一项研究表明，美国人为购买中国商品花费的每一个美元中，大约有55美分落入运输和销售这一商品的其他美国人手中。很多“中国制造”实际上是用来自美国的零部件进行组装的。如果美国政府对中国钢铁产品实施惩罚性关税，虽然美国的钢铁企业会感到高兴，但却会增加其他以钢材为原材料的美国企业的生产成本。中国企业减少钢材生产，也会减少从美国进口高质量、高价格的炼钢用煤炭，造成美国煤炭企业陷入破产。

从历史上看，美国的贸易保护主义举措几乎从没有获得成功。2009年，奥巴马政府曾对中国轮胎产品征收35%的高关税。根据彼得森国际经济研究所的估计，这项政策只给美国保住了大约1 200个工作岗位，却让美国消费者多花11亿美元用于购买轮胎。布什政府也曾对国外钢铁制品加征关税，但很快遭到美国汽车工人联合工会等国内力量的反对，因为这增加了汽车生产企业的负担。美国人更不应忘记20世纪“大萧条”时期带来的惨痛教训。在世界经济低迷之时，美国选择筑起关税壁垒。1930年，原本想要保护美国产业和就业机会的《斯穆特—霍利关税法》获得通过，美国对2万多种进口商品提高关税，关税平均增幅达到20%。胡佛总统签署该法案的当天，美国股市就暴跌10%。这一法案通过后的两年里，全球贸易额暴跌67%，美国的出口额跌幅高达75%。以邻为壑的贸易政策终将整个世界拖入20世纪的惨烈战争之中。

从钢铁贸易争端这个例子，可以清楚地看到，中美经贸关系的复杂程度绝不应被低估，“贸易战”或是“脱钩”都不是明智的选择。美国对中国产品实施的贸易保护主义举措，最终会让美国人自己付出代价。任何一国的进口都会对自身劳动力市场产生冲击，仅仅计算美国从中国进口所产生的影响是片面的，也应当考虑美国对中国出口、中美双向投资的影响。而且，中国对美出口实际上还包含了亚洲其他经济体的增加值，将美国受到的冲击全部怪罪到中国头上，实在是“欲加之罪”。在全球化时代，虽然自由贸易有时会给本国民众带来烦恼，但没有一个国家最终会因贸易保护主义而获利。美国政府的做法无助于解决美国钢铁企业面临的问题，过度的贸易保护是导致美国钢铁产业经营亏损的重要原因。更何况，钢铁业重新在匹兹堡崛起并不必然是美国经济的福音。

贸易是中美经济关系的支柱，两国应当尽力深化贸易联系，而不是企图用贸易保护主义措施筑起更高的壁垒。双方需要用更有效的方式解决贸易摩擦，特别是，美国需要放松对华出口管制，让中国从美国购买更多高技术产品。美国也需要更加欢迎中国企业在美国的直接投资，从而为普通美国人创造更多工作岗位。让人担忧的是，“大萧条”的历史阴影依然笼罩着世界经济。2015年全球贸易增速仅为2%，在过去50年中，全球贸易增速仅有5次降至这一水平。考虑到中美对于促进全球经济所肩负的巨大责任，双方需要向世界明确展现它们反对贸易保护主义的政治决心，需要共同维护开放的、包容的全球贸易体系，这不仅事关经济发展，也是国家间持久和平之所系。

除了贸易，中美也需增进沟通，更加客观地看待两国经济关系中存在的其他问题，比如美元的国际地位。正如阿根廷学者劳尔·西韦奇所言，2008年金融危机以来美国的自私自利致使美元威信下降，全球经济体系亟须重塑从而抵御美国国内政治“瘟疫”。很多国家都希望能减少自身经济对美元的过度依赖，印度希望以卢比、人民币或日元而不是美元与伊朗等国进行石油交易，欧洲中央银行与中国人民银行达成中欧本币互换协议，从而使绕开美元进行贸易往来成为可能。中国希望能够调整国际储备货币安排，从而减少“美元霸权”给中国等国带来的风险，这是正当的诉求，也符合世界经济发展的长期需要。

考虑到中国的人口规模等因素，在经济总量上终有一日超越美国，这是不难理解的。在中国经济实力持续增长并有望成为世界第一经济大国的背景下，中美经贸关系的“负能量”、复杂性和敏感性都在增长，两国要想塑造新的互补性、互惠性和互利性，可谓“知易行难”。2008年始于美国的金融危机将全世界大多数国家推入经济衰退之中，也迫使中国采取大规模刺激政策来稳定经济，并不可避免地承受着由此而来的副作用和后遗症。如今，面对波动和不确定性日益增大的全球经济，中美都在承受“共同脆弱性”。曾任奥巴马总统经济顾问的哈佛大学教授萨默斯建议美国人更加理性、更加全面地观察中国，“回想过去，当日本对于美国经济的威胁达到顶峰时，也恰恰是美国对日本发展最担心的时刻。在这种担心出现后不久，美国与其说担心日本经济走强，还不如说更担心日本经济走弱”。

实际上，诺贝尔经济学奖得主保罗·克鲁格曼提醒说，遇到麻烦的不只是中国，全球经济的持续疲软已经成为新常态。他表示，“7年多来，全球经济危机不断：每当一个地区终于重新站起来，另一个地区就会栽跟头”。

美国应当认识到，中国的改革是全面而艰巨的，包括改革金融市场；精简国有企业，向民营企业开放更多行业；放宽国内流动人口的控制，促进城镇化；减少对外国投资的限制；抑制地方政府的过度投资；等等。正如亨利·保尔森所言，“中国正在进行历史性的转型，为了重启一个受到债务、产能过剩和结构性效率低下等问题困扰的10万亿经济体，这是一项艰巨的政治任务。无论如何，让这样一艘大船调头绝非易事”。[6] 然而，中国的经济转型将给美国带来机遇，中国的城镇化将带来中产阶级和消费需求的增长，这将加大从美国的进口。在从“中国制造”向“中国创造”迈进的过程中，中国企业对美国技术和管理经验的需求也将大幅增加。

近年来，中国领导层不断释放推进经济领域深层次、全方位改革的信号，也表达了和美国共同发掘新的合作互补性的真诚愿望。2015年9月，习近平从西雅图展开其美国之行，并选择在那里会见中美两国的工商界代表。从邓小平开始，几乎所有中国最高领导人都访问过西雅图。他们实际上想要借此表明，中国已自主地选择了市场化导向的改革之路，并将坚持走下去，而且中国对中美经济关系始终高度重视。目前，中国已超越日本成为西雅图州的第二大出口市场，波音、微软等总部设在西雅图的美国大公司从中国市场的获益是极为巨大的。斯蒂芬·罗奇认为，当“下一个中国”呼之欲出时，美国人却抱着“旧中国”的观念不放。中美两国经济都处于关键节点，双方都需要实现再平衡——中国需要减少储蓄，扩大消费；美国则需要扩大储蓄，减少消费。中美都需要足够的经济增长，以促进就业，它们应当找到在经济上相互“拥抱”的新方式。

## 二

影响中美经济关系的更深层次原因，在于美国对中国发展模式的不满，这体现在有关“国家资本主义”的争论上。2008年金融危机带来的不仅仅是国家间或地区间经济实力、政治影响和发展潜力的消长变化，它更是引发了西方与非西方之间的发展模式之争，甚至出现“中国模式是美国的意识形态威胁”这类论调。美国政治学者塞缪尔·亨廷顿曾言，“对于美国来说，一个理想的敌人就是在意识形态上与美国敌对，在种族和文化上与美国相异，在军事上有足够能力对美国的安全构成实实在在的威胁”。[7]可见，在意识形态上对美国构成威胁是成为美国“理想敌人”的首要条件。

在2012年初举行的达沃斯世界经济论坛上，前美国总统经济顾问大卫·鲁宾斯坦（David M.Rubenstein）提出：“现在世界上有两种资本主义，一是以自由市场为基础的西方资本主义，另一种是中国和新加坡为代表的国家资本主义。至少目前看，中国这样的国家资本主义创造了更多的工作机会和效率。如果西方资本主义不改良自己，国家资本主义就会最后胜出。”英国《经济学家》也在2012年1月推出专门讨论国家资本主义问题的特别报告，称“国家资本主义是自由资本主义迄今面临的最强劲敌人”。[8]欧亚集团总裁布雷默则称，以“国家资本主义”为特征的中国模式不仅会在近期使美国的跨国公司这种自由市场竞争者受到排挤，还会在长期造成全球经济的失衡，将对美国经济的长远健康状况和美国的全球政治影响力产生重要影响。还有美国学者提出，目前唯一有可能取代自由主义国际秩序的就是“北京共识”，但围绕“北京共识”组织起来的国际秩序“将是一个分裂的、充满重商主义和贸易保护主义色彩的集合体，所有人都会深受其害”。[9]

实际上，对国家资本主义问题的争论自金融危机发生以来一直在持续升温。早在2009年10月，美国金融家乔治·索罗斯（George Soros）就提出，金融危机前的全球秩序是以华盛顿共识为核心内容的“国际资本主义的多边机制”，但金融危机使“国际资本主义”受到重创，日益受到以中国模式为代表的“国家资本主义”的挑战。“国家资本主义”被视为将国家力量和资本主义的力量融为一体，其具体表现是国有企业（按照联合国贸易和发展会议的定义，政府持股超过10%的企业就是国有企业）和主权财富基金，其最终目标是政府政治力量的最大化。根据《经济学家》杂志引用的数据，国有企业市值占中国股市总市值的80%，俄罗斯是62%，巴西是38%。从2003年到2010年，国有企业对外直接投资额占新兴经济体对外直接投资总额的1/3，而主权财富基金控制着4.8万亿美元的资本，2020年将达到10万亿美元。

在对“国家资本主义”问题的讨论中，中国成为全球范围内“国家资本主义”兴起的代表性力量。索罗斯等人为所谓中国的“国家资本主义”总结了以下三方面特征：一是经济决策和行为主要以政治动机而非商业动机为根本推动力；二是依靠国企和主权财富基金等在全球范围内获取资源和能源，而不顾及对象国的政权性质和普通民众的利益；三是更重视双边关系而非积极参与国际多边体系，如不加入《采掘业透明度倡议》。美国精英从自由市场资本主义对立面的角度去认识“国家资本主义”问题，对“国家资本主义”提出质疑。他们认为，“国家资本主义”利用资本的效率远低于私营公司，虽然能在基础建设等领域取得优势和成就，但不利于提高企业的创新能力和劳动生产率。“国家资本主义”会纵容公司精英层的寻租行为，导致腐败。“国家资本主义”将对全球贸易体系，特别是贸易公平原则带来冲击，从而引发贸易战。美国前贸易代表巴尔舍夫斯基称，中国和俄罗斯等由国家主导的经济强国的崛起，正削弱已经成熟的战后贸易体系，这些国家对战略新兴产业的巨额投资将使私营企业处于极为不利的地位。[10]

然而，在不少中国专家看来，美国精英人士之所以为中国贴上“国家资本主义”标签，并对所谓两种资本主义对抗的话题大肆炒作，其主要目的在于转换焦点、转嫁矛盾、转移责任，抢占道义和舆论的制高点，利用所谓国际规则来约束、限制和打压竞争对手，并着眼于为新一轮的经济全球化建章立制，从而维护其全球主导权。应当看到，金融危机发生以来，“自由市场模式”或“华盛顿共识”在世界范围内受到批判，弗朗西斯·福山认为，“资本主义的美国版本即使没有完全丧失信誉，至少也不再占据主导地位”。[11] 在约瑟夫·奈看来，“中国所倡导的价值观、社会发展模式和对外政策会进一步在世界公众中产生共鸣与影响力”，或将成为一些发展中国家的效仿对象。对于美国部分战略界人士而言，中国模式正从“一种软实力挑战”演变为“新的意识形态威胁”。正如一位德国政治学者所言，“面对中国模式，西方似乎正在经历一场严重的社会危机和心理危机”。

围绕“国家资本主义”的争论，实际上反映了过去数十年中过于强调自由的市场资本主义所陷入的深刻困境。一是短期面临“缺需求、缺信心、缺对策、缺动力”的稳健复苏困境；二是中期面临“再工业化、再创新、再出口、重构福利制度”的发展转型困境；三是长期面临全球治理合法性受损、主导权下降的霸权护持困境。金融危机使美国的软、硬实力极大受损，不少人认为被国内问题束缚手脚的奥巴马政府耽于推动“自由议程”，缺乏与中国模式抗衡的资源和动力，甚至“连美国自己都在自由标准上出现了倒退”。一方面，中国已成为“资本主义的发电机，而不是摇摇欲坠的自给自足型国家”。另一方面，美中经济的相互依赖，或曰“经济恐怖平衡”削弱了美国伸张自由民主价值观，与中国进行意识形态抗衡的能力。阿伦·弗里德伯格（Aaron L.Friedberg）认为，金融危机预示着“华盛顿共识”很快会被“北京共识”所取代，随着美国模式在亚洲、非洲和其他地方失宠，美国按照自己的价值观和偏好改造世界的能力也会消失。[12]

此外，对于美国等西方国家来说，全球化的“负效应”正集中显现。诺贝尔经济学奖得主、斯坦福大学教授迈克尔·斯宾塞（Michael Spence）等人认为，伴随新兴市场国家在全球经济中影响力的显著提升，最近十多年的全球化造成美国等西方国家遭遇产业竞争力下降、技术优势受到削弱、就业机会流失等严重问题，西方国家通过掌控国际机制所获取的“全球化红利”在不断减少，在很多领域不得不与已拥有强大资本力量的新兴市场国家展开较量。[13]在这种情况下，美国对中国这类“赶超型国家”的战略焦虑感日益增强，应对之策就是要借助“全球经济再平衡”“国家资本主义”“汇率操纵国”等形形色色的名头，通过重塑国际规则来对新兴市场国家进行更大的约束。比如，奥巴马政府正式成立“跨部门贸易执法中心”，专事调查中国等国家的“不公平贸易做法”；欧盟委员会正考虑在没有收到欧洲企业申诉的情况下对中国等国的“贸易补贴”展开调查，以抵制“中国国企对欧洲企业利润的挤压”。

事实上，当今世界任谁也找不出不存在国家干预的经济体。如美国学者托马斯·巴尼特所言，“第一个伟大的后来居上式的国家资本主义模式”的提出者正是美国第一任财政部部长亚历山大·汉密尔顿。1791年，汉密尔顿向美国国会提交了著名的《关于制造业的报告》。报告称，为有力抗衡已率先展开工业化的英国，美国必须提高关税，限制英国商品的进口，同时采取一系列扶持制造业发展的举措，以促进美国国内“幼稚产业”的发展。这些报告被称为“美国经济发展的预言书”，它所崇奉的国家主义原则对美国的经济崛起产生了重要影响。即便转视今日的美国，也同样会发现，“政治与财富的联姻”是多么根深蒂固。据统计，2011年离开美国国会的120名议员中，39人从事游说业，为各类大公司和商业组织服务；328名奥巴马政府前官员卸任后进入各类公司高层；而过去10年中，共有5 400多名国会工作人员加入游说组织。可以说，在西方国家，政治和商业精英已经形成了强大的“分利联盟”，运用国家和政府权力服务经济并不是什么秘密。[14]

在一个西方占据绝对优势的世界中，新兴市场国家需要借助国家力量整合分散的商业、贸易和金融资源，尽量弥补其在全球经济体系中的劣势，规避西方主导的全球化所带来的各种风险。当前，全球经济复苏仍不稳固，世界经济低迷有可能长期化，在新一轮全球化背景下各国围绕发展模式和全球经济规则重塑所展开的较量日趋激烈，金融危机还将促使国家和市场关系进行新的深刻调整，国家在全球经济竞争中的基础性作用和引领性角色或将进一步凸显。正如哈佛大学政治经济学教授丹尼·罗迪克（Dani Rodrik）所言，“放任主义和国际技术官僚并不能提供一个民族国家以外的可靠替代品”。问题并不在于国家应不应主导经济，而是在于国家如何在确保经济长期、稳定、可持续发展方面发挥应有的作用，并在财富创造、管理和再分配之间维持良性平衡。

实际上，与“中国模式威胁论者”的惯常认知相反，中国国内精英阶层对所谓“中国模式”普遍持冷静、谨慎态度，并认识到转变经济发展方式的重要性和紧迫性。对于中国而言，不仅不存在推广中国模式的主观意图，客观上，中国模式也是难以“出口”的。一方面，虽然所谓中国模式对部分发展中国家有一定的吸引力，但是这一模式的基础，即政治制度、思想传统、民族文化具有鲜明的中国特色，别国想学恐怕也学不来；另一方面，中国模式还仅仅是一个“发展中的概念”，是一种“正在生成、正在构建、尚不成熟的社会发展模式”。在这种情况下，向外“出口”中国模式反倒会给中国的外交带来很大负面影响，既可能使中国与西方国家之间的关系变得紧张，也会带来发展中国家对中国的猜疑和不满。

因此，“中国模式威胁论”者所谓“中国通过向全球推广中国模式赢取战略利益、实现中国崛起”的看法是没有根据的。[15] 但同时，这些人应当勇于接受一个现实，即“华盛顿共识”的缺陷是客观存在的，发展中国家对自由市场或新自由主义模式的疏远并不是因为中国模式的出现。福山认为，早在20世纪90年代末，东亚和拉美相继发生的金融危机就使与“华盛顿共识”相关的许多思想，尤其是完全依赖国际资本丧失了信誉。约瑟夫·斯蒂格利茨曾明确指出，“华盛顿共识”太过迷信市场原教旨主义，而忽略了不同的经济需要不同的制度。后来在此基础上出现的“后华盛顿共识”则有所修正，开始强调政府在经济转型期进行必要干预的重要性。

同时，“中国模式威胁论者”也应乐于接受一个现实：即便是在危机之后，中国也没有采取放弃市场导向、贸易自由和经济开放的做法，积极与西方国家协调宏观经济政策，赞同维持和强化布雷顿森林体系下的全球多边机制，继续与既有的国际体系相融合。换言之，中国模式的成功实际上强化了“华盛顿共识”中部分合理要素的功用，并不意味着“华盛顿共识”的彻底崩溃，两者之间并非你死我活的零和关系。《纽约时报》知名专栏作家托马斯·弗里德曼（Thomas Friedman）就曾指出，“华盛顿共识之所以濒临衰亡不是因为促进经济开放和贸易的各项原则，中国近来在执行其中多项原则时比我们做得还要好，问题主要出在华盛顿身上”。[16]

“北京共识”和“华盛顿共识”，中国模式和美国模式能否在未来找到一条共存、共进，甚至是“合流”的道路呢？实际上，无论是所谓的中国模式，还是美国模式，都需要“共同演化”。美国等西方国家不应将中国几十年来的发展经验和成就仅仅归结为“没有民主制度约束的经济增长”，并不计后果地给或许根本就不存在的中国模式套上“意识形态威胁”的标签。它们应当从发展中国家对中国模式的巨大兴趣中看出这些国家对实现经济繁荣、政治稳定和社会进步的愿望，对构建“公平的财富和权力国际分配机制”的渴求。

当前，中美关系已经走到了一个新的历史性关口，类似“中国模式威胁论”的声音只能给双方建立相互尊重、互利共赢的合作伙伴关系带来更多困扰和阻碍。毋庸置疑，两国各自面临的最大挑战实际上都来自国内问题，而且都面临着不同形式、不同目标、不同程度的发展模式转型难题，中美需要的是“模式互鉴”而非“模式之争”。正如美国学者戴维·兰普顿（David Lampton）在美国国会就美中关系作证时所言，面对包括中国模式在内的来自北京的全方位挑战，“美国所能采取的最好行动就是将自己的内务整理好，走上一条追求经济增长、综合国力和良好治理的道路。中国人看重的是实力和决心，而不是空谈。如果美国在这些方面做出积极改变，那么，我们就会看到来自中国的积极回应”。[17]

## 第二节　中国在美国的直接投资

随着中国成为全球重要的资本输出国，投资关系有望在未来数年成为巩固中美经济合作的一大支柱。从 2000 年到 2014 年，中国企业在美国的直接投资达 460 亿美元。过去 6 年，中国企业对美直接投资增长了 5 倍，相关中资企业雇用的美国员工超过 8 万人。未来几年，来自中国的投资将给美国人带来更多的工作岗位。长期研究中国在美投资问题的美国咨询公司“荣鼎集团”（Rhodium Group）发布的研究报告预测，到 2020 年中国企业累计对美投资将达到 1 000 亿—2 000 亿美元，为美国创造 20 万—40 万个就业岗位。

中美双边投资协定谈判成为近年两国关系议程中极为重要的部分。中国领导人在多个场合不断强调，要加快推进中美双边投资协定谈判，希望美方为中资企业赴美投资提供公平竞争环境。中美应以投资协定为突破口，开展更广范围、更高水平的合作。增强投资关系有助于解决中美经贸关系不平衡等问题，中美两国高层和业界普遍认识到发展投资关系的重要性和紧迫性。正如伊恩·米尔斯所言，华盛顿必须承认中国的海外投资将是今后的经济现实，并制定一项能利用它促进美国国家利益的战略。华盛顿应学习欧盟的做法，较好地区分与北京在意识形态方面和经济政策方面的分歧。对美国来说，核心难题是针对中国的经济崛起制定更加连贯一致、战略上更具建设性的反应。这需要华盛顿更关注如何得益于中国崛起所带来的新机会而不是“中国威胁”。[18]

## 一

近年来，中国正迅速成为国际投资领域的重要玩家，中国企业走向全球的速度大大加快。受金融危机的影响，很多欧美企业纷纷减少国际投资、精简和剥离国际资产，这为中国企业"走出去"创造了机会，甚至有西方媒体将金融危机后的中国海外投资热潮形容为"大款遇上大减价"。从国家分布上来看，中国对外直接投资大量集中在部分资源丰富、技术先进的发达国家，主要包括美国、德国、日本、加拿大、澳大利亚、法国等。然而，中美投资关系的发展滞后于两国作为世界最大经济体之间的整体关系，中国对美投资发展程度与中美贸易、美国对华直接投资的发展水平极不相称。[19]美国是中国最大的外来直接投资国，而中国直接投资在美国仅排第25位，中国对美投资总量占美国吸收外资总量不到1%。

过去几十年来，美国企业对华直接投资不断增长，投资领域非常广泛，资本回报率总体上也比较高。美国公司充分利用中国的资源禀赋优势和日益庞大的市场，进行全球化生产布局。美国在华投资产业既包括资本密集型的重化工业，如石油化工、冶金机械、运输设备，也包括技术密集型的计算机、电子信息、生物制药以及金融、信息/法律咨询、工业设计等现代服务业。与全球产业平均利润率相比，美国在华的投资回报率要高出5—8个百分点左右。而美国整体商业环境、技术和品牌优质资产等，则是吸引中国企业赴美投资的主要因素。在世界银行2013年10月公布的"营商便利指数"中，美国排名第四。[20]2011年中国国际贸易促进会的调查将美国列为世界对外商投资第二最开放的经济体，仅次于香港。当前，中国很多有实力的企业都在实施转型发展、走向全球的重要战略，它们在获取先进技术、确保市场进入、维护良好投资环境方面的需求正不断上升，美国成为这些企业重点关注的对象国。

中国在美投资总量虽然仍很有限，但近年增长势头越发强劲，中国企业的投资模式也在发生改变。[21] 据美国传统基金会统计，仅在 2012 年中国对美投资就高达 140 亿美元。[22] 根据《2011 年中国对外直接投资统计公报》，截至 2011 年末，中国在美直接投资存量仅有 89.93 亿美元。根据中国商务部统计，2013 年 1 至 5 月间，中国实际使用外资金额较 2012 年仅小幅增长 0.85%，但中国对美投资高速增长 76%。中石化以 10 亿美元收购美国第二大天然气生产商切萨皮克能源公司（Chesapeake Energy）密西西比灰岩油气资产 50%的权益。这是中石化继 2012 年以 22 亿美元收购戴文能源公司（Devon Energy）5 处资产权益后第二次进入美国非传统油气领域。

除了能源和制造业外，中国投资日益向更广泛的行业迈进，包括食品、地产、娱乐、旅游、金融和信息技术等领域。2012 年大连万达集团斥资 26 亿美元收购“美国电影院连锁公司”。2013 年，中国肉类加工商双汇国际收购全球规模最大的生猪生产商及猪肉供应商、美国最大的猪肉制品供应商史密斯菲尔德。而伊利集团与全球第六、美国第一大乳企“美国奶农”（Dairy Farmers of America）建立了战略合作关系。万科与美国铁狮门房产共同在美国旧金山买下复升街 201 地块的 70%股权，该项目也包括 655 套高档公寓。此外，中国国家外汇管理局向由黑石集团监管的美国房地产基金投资了 5 亿美元，而中投不仅直接参与了海外房地产投资，而且还向一些大型私人投资基金公司旗下的房地产基金投资了数十亿美元。

应该说，美国在官方层面对中国投资持欢迎态度，联邦和州政府也制定和实施了吸引中国投资的一系列措施。2011 年 6 月，奥巴马政府发布声明，承诺采取开放的投资政策。[23]2012 年 12 月，负责经济事务的副国务卿霍马茨（Robert Hormats）称，增加中国在美投资对于两国而言是“双赢”的契机，“中国在美投资有助于平衡我们的经济，为美国国内的就业和经济增长作出贡献”。为促进包括中国在内的外国投资，美国商务部启动“选择美国”计划，帮助外国企业更好地了解如何在美国开展业务，中国则是重点开展工作的十个对象国之一。美国很多州政府在中国设立办事机构，吸引中国投资。2011 年，中国美国商会发起“投资美国计划”。2012 年，上海美国商会设立“中小企业中心”。美国国务院还任命特别代表，帮助美中各界加强在商务和投资方面的联系，如组织“美中州 / 省长论坛”。中国投资为美国当地创造了大量就业，对振兴美国经济起到了积极作用。荣鼎集团（Rhodium Group）研究主管蒂诺·海纳曼称，中国投资至少在美国 35 个州创造了就业岗位，截至 2013 年第一季度，中国公司在美分工厂已创造 3.2 万个工作岗位。[24]

然而，由于中美政治和行政体制差异以及两国战略互信不足等原因，双边投资关系的潜力还远未得到充分释放。近年来，如何应对来自中国的投资日益成为美国国内政治中的一大问题。[25] 一方面，美方估计未来 10 年中国海外直接投资总额将增至 1 万—2 万亿美元，吸引中国投资有利于美国经济发展，美国需要向外界展现其在投资方面的开放度，特别是希望努力纠正有关中国投资在美受阻的认知。另一方面，对于中国投资大量涌入美国，美国国会、智库、媒体都在关注相应的风险管控问题。进一步强化针对中国投资的“国家安全审查”是大势所趋，美方在电信、通信、航天、能源等领域与国家安全因素有关的投资限制措施势必逐步增强。

整体而言，美国的投资环境（市场开放度、基础设施、知识产权保护、研发技术等）比较优越，但中国企业在美国的投资也面临很大的市场准入问题。在诸如航空、通信、原子能、金融、海运等相对敏感行业，美国都有关于国民待遇和市场准入限制的严格规定，包括联邦立法。此外，国际金融危机以来，中国主权财富基金大规模投资海外，这在一定程度上加剧了美国对来自中国的“战略性投资”与“国家资本主义”的警惕。特别是在美国认定的那些与本国国家安全利益紧密相连的关键行业，如电信、能源、金融等，中国企业受到的投资阻碍尤其明显。

实际上，中国在美投资的境遇与 20 世纪八九十年代日本在美投资相似，但因中国被大多数美国精英人士视为“另类国家”和“战略对手”等因素，中国在美投资面临的政治风险实际上更大。[26]2012年10月，美国众议院情报委员会就华为、中兴公司对美国国家安全构成威胁发布报告，不仅要求美国政府阻遏这两家中国电信企业在美国的并购行为，还建议众议院司法委员会就此问题进行专门立法。2013年10月，美国华盛顿联邦地方分区法院驳回了三一重工关联公司对美国总统奥巴马以国家安全理由否决其一项投资的起诉，虽然三一重工方面已表示将继续上诉并对最终赢得奥巴马充满信心，但中国投资者在美国真正改善自身处境仍是任重道远、充满挑战。

## 二

中国在美投资的政治风险主要包括被动性风险（政策机制方面的风险）和主动性风险（政治博弈方面的风险）。[27]被动性风险，主要是企业由于不了解美国现行有关外国直接投资制度、产业政策限制、反垄断并购监管与上市公司信息披露以及国家安全审查机制方面的法律规定而遭遇的风险。主动性风险的来源，主要是美国国内行政部门、国会、民众、利益集团、媒体之间的复杂互动关系以及中美两国关系的现状和走势。[28]

中国在美投资的政治阻碍突出体现在“国家安全审查”方面。从历史发展的纵向角度看，美国国内有关外国投资的国家安全审查呈现从严、从细、从重趋势。2001年“9·11”恐怖袭击事件之后，美国对外国投资的国家安全影响日益重视。近年由于网络安全风险凸显等因素，对外国投资的国家安全审查正进入新的调整周期。2005—2006年间，中海油并购优尼科、迪拜环球港务集团计划收购在美经营的英国港务公司等事件都在美国国内受到高度关注。[29]当时，不少美国国会议员认为美国对外资监管的法律及机构存在漏洞，他们促使时任总统布什在2007年签署《外国投资与国家安全法》（FINSA）。该法拓展了《埃克森—佛罗里奥法案》对“国家安全”的定义，将“关键基础设施”和“国土安全”作为“相当类似于国家安全”的概念。该法将安全审查的领域从“国防安全”拓展至“经济安全”，并进一步规范了安全审查的程序。根据《外国投资与国家安全法》，凡涉及美国关键基础设施、核心技术的外资并购项目和涉及外国政府直接或间接参与的外资并购项目，都需要接受审查。2008 年，美国财政部公布《关于外国法人收购、兼并和接管的条例》，该条例是《外国投资与国家安全法》的实施细则。

美国外国投资委员会（CFIUS）是 1975 年成立的跨部门机构，其主席是美国的财政部部长，具体工作层面协调负责人是财政部投资安全办公室主管。从机构构成来看，其成员分为三类，第一类是常规成员，包括九个部门和办公室的主管：财政部、司法部、国土安全部、商务部、国防部、国务院、能源部、美国贸易代表办公室、科学技术政策办公室共九个部门和办公室；第二类是在适当的情况下参与 CFIUS 活动的部门人员，具体包括：管理和预算办公室、经济顾问委员会、国家安全委员会、国民经济委员会、国土安全委员会；第三类是没有投票权，职责由相关法规确定的成员，包括国家情报局主管和劳工部部长。

《外国投资与国家安全法》就总统和 CFIUS 在审理具体案件中应考虑的“国家安全因素”规定如下：（1）国防所需的国内生产；（2）国防部部长判断某个案件对美国利益构成地区军事威胁；（3）国内产业用以满足国防需求的能力，包括人力资源、产品、技术、材料及其他供给和服务；（4）外国公民对国内产业和商业活动的控制给其满足国防需求能力所带来的影响；（5）交易对向支持恐怖主义或从事导弹技术、化学和生物武器扩散国家出口军事物资、设备或技术产生的潜在影响；（6）对美国关键的基础设施，包括主要能源资产造成潜在的国家安全方面的影响；（7）对于美国关键技术造成潜在的国家安全方面的影响；（8）交易是否属于隐藏着外国政府控制的交易；（9）

是否是国有企业进行并购，该国有企业所属国是否有在防止核扩散、反恐、技术转移方面的不良记录；（10）并购对于能源和重要资源和原材料供给的长期影响；（11）其他总统或外资委员会认为适当、普遍和与特定审查和调查程序有关的因素。CFIUS 在 2012 年年报中给出了对“国家安全”的十二项考虑因素。这些标准均为描述性表述，定义不够清晰，由此导致 CFIUS 和总统有很大的自由裁量权，并可能因政治目的而滥用这项权力。

在美方看来，中国在美投资受到严格的国家安全审查的主要原因包括：首先，中国不是美国的安全或政治盟友，而中国企业在不同程度上为国家所有或是受到政府控制（美方甚至认为中国民营企业也不得不服从政府的指令）；其次，中国国有企业和受政府补贴的企业从事“不公平竞争”；第三，中国政府通过企业进行间谍活动，或中国企业作为主体从事商业间谍活动，部分中国企业在敏感技术（包括核技术）扩散方面的不良记录；第四，除了“关键性基础设施”和“关键技术”因素外，在美国实施并购项目的地点是否为敏感地点也非常重要。敏感地点被定义为“邻近某种类型的美国政府设施的区域”。[30]

近年来，还出现一系列新的因素，导致美国对中国投资的安全审查或将更加严格。中国将在未来数年成为世界第一大经济体，美国方面担心这将增强中国在全球范围内通过经济活动影响其国家安全的能力。特别是，美国担心中国通过对外投资获取敏感技术。这种“担心”包括三个层面的含义：一是担心收购企业将先进技术输送给中国军方；二是担心中国得到技术后会威胁其技术领先地位；三是担心领先技术一旦被中国企业掌握和转移，结合中国的低研发成本和低生产成本，会使美国在失去技术领先地位的同时，也丧失大量就业机会。

此外，美国方面加大了对中国“国家资本主义”的关注度，认为中国的产业和贸易政策会导致美国国家安全利益受损。[31] 如史剑道称，中国利用大量外汇储备、通过政策性银行向对外投资企业提供无息贷款，造成与其他投资者直接的不平等竞争。美国政府近年派遣人员深入中国国有企业和地方企业，搜集中国政府通过土地税收和融资优惠补贴企业的证据，成立贸易执法中心，并逐渐将打压重点从贸易领域向投资领域延伸。[32]再者，美国对中国近年利用稀土和香蕉贸易等经济因素对日本、菲律宾实施“胁迫外交”的做法表示担心，认为中国政府越来越倾向利用经济手段实现外交政策目标。最后，美国情报界认为中国的经济和安全间谍活动是主要威胁，特别是中国政府部门（军队）参与大规模网络窃密。网络安全既是一个经济问题，更是一个战略问题，而很多来自中国的投资项目与网络安全问题存在密切联系。[33]

关于中国在美投资面临的国家安全审查，目前存在以下几个需要注意的趋势。首先，美国传统基金会等重要智库建议美国国会赋予 CFIUS 更大的法定权力，使其更加便利地审查与电信等行业有关的投资合同。[34]从 CFIUS 内部构成看，财政部和商务部倾向“宽审批”，国防部和国务院倾向于“严要求”，而情报部门则具有“一票否决”权。如何完善委员会的审查过程，避免部门利益分歧影响国家安全考量，是美方内部争论的焦点。应该说，情报部门在 CFIUS 的审查程序中占据的位置正变得越发特殊而重要，有关情报方面的信息和评估都是保密的。

其次，国会在对外资审查过程中发挥的监督作用正在增大。《外国投资与国家安全法》规定，CFIUS 完成审查程序后，委员会主席和相应部门的负责人应向国会成员提交书面报告，对调查结果进行详细说明，除非该调查结果应提交总统裁决。此外，委员会主席每年 7 月 31 日前应向众议院、参议院司法委员会提交年度报告，对过去 12 个月的工作情况进行说明，年报应包括的具体内容也有详尽规定。近年来，国会就专门性问题向 CFIUS 提出质询和政策建议的力度也在增强，众议院情报委员会就华为、中兴公司在美投资项目的干涉即是例证。[35] 由此，有美国专家指出，“国会几乎可以不限于真正的国家安全理由而否决具体的交易。在对中国崛起引发普遍担忧的时代，这种政治化对直接投资审查程序的运作构成十分严重的威胁”。[36]

值得注意的是，2000 年由国会设立的“美中经济和安全审查委员会”（USCC）为国会和行政部门的决策提供重要建议，该委员会总体上对中国在美经济活动持怀疑和警惕态度。2012 年 11 月，该机构向国会提交报告，建议加大对中国投资审查的力度，包括将 CFIUS 的审查范围延伸至绿地投资，对所有中国国有企业和国家控制的企业实施强制审查，并在“国家安全”考量之外增加“经济获益”方面的审查。[37] 当然，也有美国学者提出，美国国会可以针对 CFIUS 制定指导性规则，但不要直接或过多参与该机构的审查程序，以免审查具有歧视性和政治性，从而损害美国对外资开放的政策和相关利益。[38]

再次，美国地方政府的角色日趋复杂。总体而言，地方政府欢迎外国直接投资，在土地优惠、税收减免等方面提供便利，但在某些情况下又会成为主要阻碍因素。比如，美国密苏里州州长否决了两项包含允许把密苏里州农田出售给外国人条款的议案，为中国双汇公司收购美国食品生产商史密斯菲尔德一案增加了变数。

最后，美国加强国家安全审查的外溢性影响值得高度重视。荣鼎集团和欧洲与全球经济研究所发布的联合报告建议，欧洲在审查外资时应“严肃对待国家安全问题”，不要以“经济安全”影响投资审批程序，以免被认为是投资保护主义，但对于中国国有企业，可通过“竞争力政策审查”等机制进行限制。该报告还提出，因为欧洲各国对投资的国家安全审查政策不同，可能造成“恶性竞争”，应出台共同的原则和法律框架，还要考虑欧美合作和更大范围的国际合作，以在设置投资限制和投资审查方面形成更大共识。[39] 欧盟有意效仿美国，成立与 CFIUS 类似的新机构负责对外国投资进行国家安全审查。此外，由于信息系统的相联性等因素，美国正要求其盟友和安全伙伴，如加拿大、英国、澳大利亚、印度、日本等，加大对于来自中国的投资（特别是华为等电信类企业）的安全审查。[40]

为了缓解“国家安全”因素对中国在美投资的影响，中国企业近年作出各种努力，但效果均不甚理想，表明“国家安全”因素在很大程度上具有刚性特征，在这一问题上有所进展既需要协同各方、综合施策，也需要长期不懈的努力。2005 年中海油收购美国优尼科石油公司时曾聘请艾金·岗波（Akin Gump）律师事务所游说美国政府，试图消除政治敌意。2008 年华为公司联合贝恩公司收购美国通信设备商 3Com 公司时曾聘请华盛顿 K 街（位于国会山和白宫之间，又称“游说一条街”）的专业机构为其展开法律、政策等方面的一系列游说。2010 年华为公司收购美国摩托罗拉公司的无线网络设备业务时则聘请了苏利文·克伦威尔、世达等几家美国知名律师事务所，它们在电信并购和争取联邦政府批准敏感国际并购交易方面具有最雄厚的实力。但上述努力并没有使投资最终得以顺利进行。

值得强调的是，“国家安全”的背后很多实际上是商业利益在作祟，是商业竞争政治化的表现。[41] 在 2005 年中海油收购美国优尼科石油公司时，来自加州的众议员理查德·鲍姆勃（Richard Pombo）提交法案，要求对所有中国对美石油公司收购案都至少拖延 120 天，但仔细研究此人却发现，与中海油竞标的竞争对手雪佛龙公司的总部就在这位议员的选区。华为在美国投资的种种受阻背后也有美国电信企业的阻挠动作。华为联合贝恩收购美国通信设备商 3Com 公司时，为使交易获得批准，消除美国当局对“国家安全”的忧虑，贝恩向美国政府作出多项让步，包括对 3Com 公司中主要开发国防安全软件的“临界点”（Tipping Point）部门进行分拆，保证华为不会获得敏感的美国技术或美国政府订单，也不具有该公司的运营控制权和最终决策权，但即便如此，交易依然没能完成。[42]

## 三

在此背景下，不少美国经济界和政界的重要人士呼吁美国政府不应对来自中国的投资设置不必要障碍。美中“战略与经济对话”的初始参与者、美国前财长保尔森指出，美国人需要能够创造就业岗位的资本流入，包括来自中国的直接投资，但美国的投资政策和管理框架不够明晰。他呼吁两国尽快达成双边投资协定，加强对双方投资者的保护。美国凯雷集团创始人、前总统经济顾问大卫·鲁宾斯坦认为，要改变当前美国对中国投资设限的状况，首先，应该让美国国会议员和普通百姓明白，中国对美投资将为美国创造就业机会；其次，CFIUS应使其审查程序和标准更加透明和规范；最后，在华投资的美国企业有义务帮助中国企业扩展对美投资业务。当然，投资关系的加强特别是建厂招工的“绿地投资”，意味着中美双方的经济行为将更加深入对方国家的社会内部，随之带来的难题和风险也会进一步凸显。无论是从促进投资的角度还是出于防范相关问题的考量，都需要一种构建规则的努力，尤其是尽快达成中美双边投资协定（BIT）。[43]

投资协定是国家与国家之间为鼓励、促进和保护本国公民在对方境内投资而签署的双边条约，主要涉及投资保护的范围、投资待遇、征收与补偿、货币汇兑和争端解决等内容。BIT谈判始于20世纪80年代，但之后由于两国政治关系趋冷，谈判也一度陷入停滞。2008年6月中美重启谈判，然而双方经过九轮谈判仍未能取得重大进展。主要障碍在于：一是美国的惯例是用双边投资协定范本作为谈判的蓝本，而美国在2009年底开始对其2004年版双边投资协定范本进行修订，在没有最终敲定新范本前，美国很难跟中国进行实质性谈判；二是中美在投资准入和投资待遇等多个问题上存在较大分歧，部分分歧构成对双方外资管理体制的重大挑战。[44]制造业等是中国占优势的领域，中方不担心进一步向外资开放该领域。但服务业因其创新性较强等特征，对该领域的开放将使中国的外资管理体制面临很大挑战，中方一直希望将服务业排除在外。[45]

直到2013年7月，在华盛顿举行的第五轮中美战略与经济对话期间，双方宣布BIT将引入“准入前国民待遇”和“负面清单”的模式，这被认为是该项谈判的突破性进展。对此，中国商务部部长高虎城强调“需要用创新思维为两国企业开展互利合作创造更加便利的条件”；财政部副部长朱光耀认为，两国企业家都希望能在对方的经济增长中分享利益，这是中美关系日益深化的基础。中美有着广泛的双边投资，需要有一个良好的制度环境对投资实施保护。美国财政部部长雅各布·卢则表示，两国就BIT进行实质性谈判“是一个重大的突破，这标志着中国首次同意与其他国家就包括所有行业和投资阶段的双边投资协定进行谈判”。应该说，中方同意以“准入前国民待遇”和“负面清单”为基础展开实质性谈判，是中方对美方作出的一种让步。整体上，中国是按照“以市场换规则”的方式来促成协议的尽快达成，即中国以开放市场来换取中国企业对美投资的规则保护。

首先，BIT有利于进一步促进双向投资，使两国投资环境更具稳定性和可预期性，强化对两国投资者的保护，营造更加公平的竞争环境。金融危机后美国企业海外直接投资存量已逾4万亿美元，而中国仅吸收1%左右。中美双边投资条约一旦达成，将使得超过100个中国行业包括汽车制造、银行、化工和能源等，向美国企业开放，中国公司也会获得在美国市场的相应准入权利。[46]

其次，中美BIT将为中国与其他国家和地区开展此类协议谈判提供范本，从长远看也将推动国际多边投资体系的建立。中国既是吸收外商直接投资最多的发展中国家，又是当前世界新兴对外直接投资母国。[47]在过去数十年，美国既是对外直接投资第一大国，又是吸收外商直接投资第一大东道国。作为世界第一大和第三大对外直接投资经济体，中美BIT的重要性远远超越双边范畴。建立全球多边投资协定的需求日益增长，投资规则正成为国际经贸谈判的主要方面。[48]2012 年 4 月，美国和欧盟共同发布了关于国际投资的七项共同原则，试图对中国等发展中国家进行规制。[49] 中方亟须通过与美国等发达经济体缔结投资协定，在更高层面提升对中国投资者权益保障水平。当前中欧 BIT 谈判 [50]、中国与周边地区双边或区域自贸谈判都在进行，与美国开展 BIT 谈判可谓“牵住了牛鼻子”。[51]

最后，中美商签 BIT 将发挥“倒逼”效应，促进中国国内经济、投资、金融、司法、行政体制改革。不同于旨在“保护及促进投资”的第二代投资协定模式，以“准入前国民待遇”和“负面清单”为基础的谈判意味着中美 BIT 属于第三代投资协定。世界上有近 80 个国家采取以“准入前国民待遇”和“负面清单”为基础的外资管理模式。中方同意采用这种模式是适应国际发展趋势的需要，与中国改革的总体方向是一致的，有利于为各类所有制企业创造公平竞争的市场环境。当前，中国政府明确将行政审批制度作为转变政府职能的突破口，已取消和下放百余项行政审批权，力图改变“重审批、轻监管”的体制弊端。正如中国商务部研究院外资部主任马宇所言，“负面清单的实施，有利于进一步明确政府投资审批权限，深化投资体制改革，从而使政府回归自己服务者和监管者的本位”，“准入前国民待遇的实施，将有助于倒逼中国国内市场进一步开放，进而彻底打破阻碍民营资本进入的弹簧门、玻璃门”。

当然，中美 BIT 谈判仍面临诸多困难。美国按照 2012 年 4 月发布的“双边投资协定范本”（2012 US Model BIT）与中国展开谈判，该范本强化了环境保护、劳工权利等方面的规则，加大了对国有企业的约束，提高了对东道国法律法规的透明度要求。这一范本确立了当今世界自由化水平最高的投资规则，反映了美国对外投资政策的新动向，即力推“竞争中性”政策和寻求可持续发展。中美 BIT 谈判的主要分歧点和角力点将集中在以下几个方面。

一是关于市场准入。“准入前国民待遇”是对中国现有外资管理体制的重大挑战。在给予美国企业“准入前国民待遇”时，中国也将设法作出保留，包括一般例外、临时保障措施和负面清单。只要双方协定，中国可以将其认为不能或暂时不能开放的部门和领域，以及特殊的投资体制都纳入“负面清单”予以保留。中美角力重点是“负面清单”的谈判。二是关于外汇转移。美国 BIT 新范本要求包括经常项目和资本项目在内的外汇可进行无条件自由转移，但中国的资本项目并没有完全开放。三是关于环境保护。BIT 新范本中第 12 条第 2 款提到“如果该投资是在破坏自然环境从而违背本国环境保护法，这样的投资是不被鼓励的”。中国目前与其他国家的 BIT 中没有类似条款。[52] 四是关于国有企业。美国 BIT 新范本倡导“竞争中性”原则，强调国有企业不得以低于市场价格取得矿产资源、土地、贷款等。这将对中国深化国有企业改革带来压力。[53] 五是关于政府采购制度。美国一些行业关注中国政府采购的规范性和开放性问题，美国 BIT 新范本希望限制政府采购 [54] 对本国产品、技术和服务的支持，第 14 条第 5 款中明确规定“第 3 条国民待遇”“第 4 条最惠国待遇”以及“第 9 条高层管理和董事会”中的条文不适用于“政府采购业务”。[55] 六是关于法律法规透明度。美国 BIT 新范本要求与 BIT 涵盖事项相关的法律草案或法律制定的程序性规定应在国家发行的单一官方出版物上发布；对于法律草案，在大多数情况下应规定不少于 60 天的公示期；在法律最终获得通过时，应在官方出版物或政府网站显著位置发布在公示期收到的重要评论意见并说明对法律草案作出的实质性修改。这对中国的立法体制和程序带来压力。七是关于投资仲裁。美国希望限制政府的权力，使企业可绕过政府，乃至赋予企业直接向国际仲裁机构起诉政府的权利。BIT 新范本提出，当争论一方在认为磋商无法解决投资争端时，可直接向国际投资争端解决中心（ICSID）提出诉讼。中国担心此举挑战国内管理和司法体制，国际仲裁机制或被外国律师和机构操纵和滥用。

由此，中美 BIT 要想全面达成，仍需要两国政府付出坚实的努力。该协定要想被批准生效，则要得到美国参议院 2/3 议员的同意。应该说，无论是在白宫还是在国会，中美 BIT 并不具有最大的优先性。奥巴马政府目前的重点仍是推动国会尽快批准 TPP。如此看来，即便中美 BIT 能够在 1—2 年内达成，也不会很快在美国国会得到批准。[56] 此外，随着美国迎来总统大选，中美关系包括中国在美直接投资问题将受到更多关注，中美 BIT 也将受到负面影响。[57]

在这种情况下，中国在美投资的处境和前景有喜有忧。一方面，奥巴马政府的“国家出口倡议”“国家投资倡议”“先进制造业伙伴计划”等政策与吸引外部资本、重振制造业、加大基础设施建设和发展新能源等有关，为中国企业赴美投资提供了机遇，美国未来数年进入新的经济活跃周期也是有利因素之一。[58] 另一方面，由于近年中国对美直接投资增速超过日本 20 世纪八九十年代“收购美国”时的投资增速，加之中美政治关系复杂，中国在美投资面临的政治风险将更加突出。[59]

根据中国国际经济交流中心对中国海外投资企业的调查，它们几乎都认为政治风险是排在第一位的风险。[60] 无疑，应对政治风险，需要国家、企业、社会组织等多方面的协同努力。中国政府应积极支持中国企业海外依法维权，尽快建立风险评估预警体系和海外保险体系与风险补偿机制，与发达国家修改和签订双边投资协定，从而切实维护中国企业的海外利益，降低针对中国企业的投资壁垒。[61] 自从 1982 年中国与瑞典签署首个双边投资协定以来，中国已经与 131 个国家缔结了投资协定，但这些协定主要是从中国作为外商直接投资接受国的角度拟定，无法有效保护中国作为对外直接投资国的权益，因此需要重新修订。[62] 中国在美直接投资深受“国家安全审查”的阻碍。但是，按照美国投资协定谈判范本，即使中美达成投资协定，也无法规避此类审查。因此中方应将美国“国家安全审查”制度纳入中美 BIT 谈判之中，防止“国家安全审查”在政客和相关企业机构的推动下被滥用。[63]

那么，中国企业对美投资时，如何防范和应对政治风险呢？首先，应审慎选择投资领域、方式和时机，遵循“先易后难”原则。[64]美国各界对中国投资的关注主要源于五大因素，即敏感行业、敏感企业、敏感技术、敏感进入方式以及敏感竞争对手，它们与国家安全、技术领先、公平竞争、就业机会以及本土企业利益等敏感话题紧密相联。[65]从国家安全敏感度而言，信息安全、国防、航天、电信领域处于最高等级，能源、交通（港口、机场、航运）等领域的敏感度稍低。有意在美开展并购项目的中国企业，应做好尽职调查，全面、深入地展开可行性研究和交易风险评估。任何忽视政治风险的评估都是轻率的。必须精心选择并购时机，最大限度减少国家关系、政治事件等带来的影响，避免引起很大的社会震动。同时，也要有应对危机的准备，匆忙应对危机的成本远高于为危机做好准备的成本。美国乔治城大学法律教授大卫·范甘（David Fagan）认为，华为联手贝恩资本收购 3Com 公司时低估了“触碰（美国方面）管理和政治神经”的程度。[66]

在操作层面，海外并购的初始阶段应有意识地规避敏感行业，通过并购商业控制清单的外国企业确立良好的商业记录，再循序渐进地开展业务。比如，中海油在收购美国两大能源企业部分权益时，采用只在资本层面合作而不涉及具体操作层面和技术层面的方式，成功实现并购活动。此外，要重视聘请专业咨询公司。美国政府的投资审查涉及程序较为复杂，要求企业提供大量资料，一般企业内部缺乏通晓美国法律、程序的专业人才。中国企业应重视专业咨询机构作用，注重考查对方从业经验、所擅长的领域，根据企业自身财力、项目性质选择适合的咨询服务公司。可优先考虑在中、美两国均设有办事机构的跨国咨询公司，前期咨询、签约事宜可在中国进行，具体工作则由该咨询机构美国当地团队完成。中国企业在遴选、确定咨询公司后，应建立相互信任，需要真正重视咨询公司意见。

其次，提高公司治理透明度，加强与美国 CFIUS 及其构成部门的沟通。公司所有权结构、管理架构、融资渠道等是 CFIUS 强化审查的重点领域。企业可通过披露年报中的金融信息、不定期发布商业战略和经营规划报告、雇用美国金融顾问等方式，提升 CFIUS 对企业和该项交易的好感度。确立具有相应透明度的企业治理结构，避免有联合策略行为证据的可疑行为，不要让 CFIUS 认为收购关键技术企业的行动是由外国政府或由外国政府控制的企业所指使。[67]

在项目前期，企业应主动与 CFIUS 联系并介绍并购投资目的，强调交易对美国的好处，征询对方对并购投资项目的意见。企业不应试图规避审查，因为如果 CFIUS 在并购交易中或交割后主动介入调查，则说明美国政府对该交易存有疑虑，作出阻止交易决定的可能性更大。如果中方在美国并购项目涉及国家安全因素，并购企业双方应直接回应美国政府的安全关注，并与 CFIUS 就此商洽“缓和协议”。要在消除美方国家安全疑虑的前提下实现自身的商业计划，并为未来在美的经营活动确立良好基础。例如，联想在 2005 年收购 IBM 的 PC 业务时，美国国会议员以“威胁国家安全”为由加以阻挠。最后，由联想和 IBM 双方的高管组建的交涉团队花了 1 个多月的时间，说服 13 个美国政府部门，交易才得以完成。

第三，制定“华盛顿战略”，加大对公共关系的投入。[68]除了纸面上的政策所带来的风险，中国企业更要面对现实中政治操作所带来的风险。一方面，中国企业由于不够了解美国现行有关外国直接投资制度、产业政策限制、反垄断并购监管与上市公司信息披露以及国家安全审查机制方面的法律规定，而经常遇到“政策”本身带来的麻烦。另一方面，中国企业也常受到美国国内政治博弈和中美政治关系好坏的影响，这便是“政治”方面的麻烦。中美 BIT 或许有可能缓解“政策”麻烦，但中国企业要想在美国真正落地生根，还需要投入更大精力，与国会、智库、公民组织、地方政府和媒体玩好

“政治”游戏。

企业应谋划包括“华盛顿战略”在内的综合性战略，提升投资者在美国政府相关机构中的声誉，管理可能出现的各类政治风险。具体举措包括：向国会议员及其助手提供简报，对商务部、财政部、国防部等不同政府部门实施更具针对性的接触策略，建立“第三方验证者”框架（在关键时刻，有第三方出来为企业提供支持），与重要的商业组织、智库增加接触以影响政策辩论环境。“华盛顿战略”看重的不是某一桩交易的输赢，而是旨在强化企业在美从商的整体能力。此外，中国企业还需借鉴日本企业的经验推进在美国“地方化”的进程，通过加强与地方政府和重要伙伴的关系，为投资和经营创造有利环境。[69]

第四，注重企业的合规能力建设，务实低调推进交易。[70] 如果企业能在出口管制、反腐败、劳工标准、环境保护等方面不断促进自身的合规建设，充分展现对美国法律法规和商业规范的重视程度，谨慎选择美国商业伙伴，将有利于中国企业在美国确立良好的声誉，也自然会提升其应对政治风险的能力。[71] 此外，企业也要注意自身在美国之外的其他国家和地区的商业行为。如果该企业与受美国制裁的或与美国存在敌对关系的国家（如伊朗、朝鲜、苏丹、古巴等国）存在商业联系，那么这家企业很可能碰触美国法律的雷区。在收购完成后，中方企业应注意处理好劳资关系，也要重视环保方面的合规工作。在应对 CFIUS 审查以及整个并购过程中，企业要真实、及时、全面地提交美国政府审批所需材料。要注重低调推进，避免因发布不当言论引起社会关注，被自己的商业对手或议员等大肆炒作，引发政治性争议。[72] 据英国《金融时报》报道，2008 年，华为公司首席营销官曾公开称美国对华为收购 3Com 公司的关切是“胡扯”（Bullshit），引起美国舆论不满。

## 第三节 TPP与国际规则之争

2015年10月，中共中央政治局专门就全球治理问题进行集体学习，习近平在讲话中强调，随着全球性挑战增多，加强全球治理、推进全球治理体制变革已是大势所趋，这不仅事关应对各种全球性挑战，而且事关给国际秩序和国际体系定规则、定方向；不仅事关对发展制高点的争夺，而且事关各国在国际秩序和国际体系长远制度性安排中的地位和作用。近年来，中国显著强化了对全球治理的参与力度，尤其是以全球经济治理为重点。在中国决策者看来，围绕国际经贸、投资、金融规则的博弈，是全球经济治理变革的核心内容。而国际规则之争，也已成为中美经济关系的一个重要方面，并主要体现在"跨太平洋伙伴关系协议"（Trans-Pacific Partnership Agreement,TPP）等引发的波澜。在TPP等新的国际经济规则的潜在影响下，中国面临在全球贸易格局中被挤压的风险，中国的外部经济环境正变得愈加复杂。[73]

### 一

2015年10月，奥巴马政府宣布，围绕TPP的谈判正式结束。2016年2月，参与谈判的12个国家在新西兰正式签署了这一协议。TPP被认为是奥巴马政府最重要的政治遗产之一，它也是冷战结束以来世界范围内达成的最大规模的经济协议。TPP源于此前由新西兰、新加坡、智利和文莱四国发起的"跨太平洋战略经济伙伴关系协定"（Trans-Pacifc Strategic Economic Partnership Agreement，P4），旨在促进跨太平洋地区的贸易自由化。2009年11月奥巴马宣布美国参与并推动扩大TPP谈判之后，这一国际规则的潜在重要性迅速凸显，秘鲁、越南、澳大利亚等国随后应美国邀请加入谈判。2011年11月，在全球经济格局中占据重要地位的日本也决定加入TPP谈判。到了2015年，参加谈判的国家多达12个国家，它们的经济总量占全球经济总量的比重达到40%，全球出口的30%，全球进口的25%。如果TPP协议最终得到各方的批准，它将直接影响价值达28万亿美元的贸易和商业投资活动，以及全球大约8亿消费者。因此，有理由认为TPP将决定21世纪经贸规则的总体样貌。

除了TPP，奥巴马政府还在大力推动“跨大西洋贸易和投资伙伴协议”（TTIP）、“国际服务贸易协定”（TISA）等一系列国际经贸规则的谈判。TTIP主要涉及美国与欧洲国家之间经贸和投资关系的调整，如果该协议达成，将诞生全球最大的自由贸易区。而TISA则被戏称为“WTO的丧钟”，相关谈判也由美国牵头，旨在达成规范全球服务贸易的协定。这些新的规则不仅将对全球经济治理产生深远影响，也会对中美经济关系的重塑发挥极其重要的影响。

奥巴马政府为何要如此大张旗鼓地推动国际经贸规则的变革？诺贝尔经济学奖得主托马斯·谢林也是一位国际政治研究的大家，他曾说，“大部分国际关系都和贸易有关。由此，贸易政策就是国家安全政策”。自美国建国以来，对外贸易政策一直是美国外交的核心考量之一。尤其在美国崛起成为世界第一大经济强国之后，更为注重通过贸易政策编织伙伴网络、惩罚对手，巩固和扩展自己的全球“绝对优势”（Primacy）。第二次世界大战结束后，美国推动达成了《关税与贸易总协定》，并主导建立相应的国际组织以管理全球贸易事务（苏联领导的社会主义国家阵营除外），这在世界历史上是一大创举。

更为重要的是，利用自身巨大经济实力以及对国际贸易规则和机制的主导权，美国不仅对国家与国家之间的贸易活动进行调节，还逐步越过“国界”对其他国家内部的经济和社会政策施加影响，这就是所谓“跨边界调整”效应。这种调整对相关国家来说不一定是有利的。比如，如果根据贸易协议，一国对外国制药企业给予更长时间的专利保护会提高本国消费者承受的压力，过于严格的劳工权益保障也可能会削弱一国的经济竞争力和对外部投资的吸引力。可以说，美国倡导的“自由贸易”，既是要降低各国之间关税或配额方面的贸易壁垒，还意在促动他国修改服务业、知识产权、外资准入和政府采购等方面的政策。比如，1994 年美国与加拿大、墨西哥签署《北美自由贸易协定》，该协定便要求墨西哥方面须遵守有关劳工权利、环境保护方面的若干特别规定。

TPP 实际上比《北美自由贸易协定》走得更远，正如《华尔街日报》首席经济评论员格雷格·叶（Greg Ip）所言，TPP 的“实质是按照美国的经济行为标准重新塑造全球化”[74]。根据目前公布的版本，TPP 的正式文件达 600 多页，附件有近 4 000 页。协议所涉及的领域超出了传统的农业和制造业，包括服务业、知识产权、劳工和环境标准以及争端解决机制等，美国政府高官明确将其称为“为 21 世纪设定的贸易规则”。在 TPP 谈判达成后，奥巴马总统专门发表声明就 TPP 给美国带来的积极影响表示，“通过取消各国针对我国产品征收的逾 1.8 万项税收，这一伙伴关系将为我们的农民、农场主、制造商创造公平的竞争环境……它包含世上所有贸易协定中最有力的劳工和环境的承诺，与过去的那些协定不同，这些承诺都是可执行的”。而对于其他成员国来说，TPP 不仅在经济政策领域有着直接影响，还将促使相关国家对政府采购等领域的政策进行调整。比如，根据 TPP 的要求，日本需在 13 年之内将美国大米每年的免税进口配额从 5 万吨增加到 7 万吨，将澳大利亚大米每年的免税进口配额从 6 000 吨增至 8 400 吨。日本对进口牛肉的关税则要在 16 年内从 38.5%降至 9%。马来西亚将需要修改政府采购政策，放宽对外国供应商的限制，而文莱也将设定最低工资标准。

TPP 的“跨边界调整”特性还体现在投资争端解决、知识产权保护等方面。根据 TPP 中关于投资者—东道国争端解决机制（ISDS）的规定，秘密仲裁小组可以允许外国投资者就可能遭受的潜在损失对东道国政府进行起诉，进而推翻该国的相关法规。比如，大型跨国制药企业可借助这一机制反对东道国政府限定药价的政策，这就意味着企业将拥有与政府抗衡的更多规则性力量。此外，TPP 在知识产权保护方面也设定了很高的标准。同样以大型跨国制药企业为例，它们可以通过“数据专属”等方面的条款延长其对专利药物的垄断，从而导致东道国的消费者不得不长期以高价获得此类药品。对此，“维基解密”创始人阿桑奇不无犀利地指出，“如果你阅读、写作、发表、思考、聆听、跳舞、唱歌或者发明；如果你耕种或是消费食物；如果你现在正生病，或是有朝一日可能生病，你都是 TPP 所瞄准的对象”。[75]

可以说，通过 TPP 美国可以将自身与世界重要的新兴市场和制造业中心更为密切地联系起来。相对而言，TPP 对美国方面提出的要求则较少，美国需要作出的政策调整也不大。在美方看来，美国经济的对外开放程度已经相当之高，而其他国家则应加大面向美国企业的开放力度，这是 种典型的“单行道”思维。实际上，在 TPP 的谈判过程中，很多不利于美国的谈判事项被排除在外，如奥巴马政府制定的“购买美国货”条款（价值约为 1.4 万亿美元的市场）、纺织品方面的保护主义规则“从纱开始”以及美国针对他国糖和乳制品的高贸易壁垒。[76] 美国对本国的汽车业也设法给予了保护，根据 TPP 规定，美国对日本产卡车、轿车和零部件的关税将分别在 30 年、25 年和 15 年之后才会被取消。

虽然 TPP 的达成被奥巴马政府视为一次重大胜利，但实际上它远不是解决美国经济困境的“灵丹妙药”。白宫方面称，该协定将使美国的出口在 2025 年增加 4.39%，从而创造更多的工作岗位。然而，这类说辞受到美国国内一些经济学者的质疑和批评。正如美国经济战略研究所所长克莱德・普雷斯托维茨（Clyde Prestowitz）所言，过去 35 年，在签订每个贸易协议之前，美国领导人都会承诺这些协议将创造就业岗位、减少贸易赤字、增加 GDP 和提高生活水平。但这种承诺没有一次成为现实。1997 年以来，美国制造业失去了 550 万个工作岗位。[77] 此外，根据彼得森国际经济研究所的预测，TPP 到 2025 年只会使美国 GDP 增加 0.13%。不少美国研究机构都认为，TPP 将会造成美国人的失业情况进一步恶化，并增加美国普通消费者的负担。

实际上，对 TPP 的反对之声，不仅来自经济专家，也来自很多国会议员等政治人士。不光是共和党议员，就连奥巴马在民主党的不少同僚，也一直对 TPP 持有异议。2016 年民主党总统候选人希拉里·克林顿曾公开呼吁奥巴马认真对待这些反对的声音。她认为，TPP 设定的某些条款还不够严格，如没有解决亚洲国家的货币汇率操纵的问题，从而会继续对美国的就业造成损害；有关药品的协议更有利于企业，而不是药品消费者。另一位重要的民主党人士伯尼·桑德斯则干脆将 TPP 称为“糟糕的贸易协议”，并称国会做出给予奥巴马政府贸易快速通道的决定破坏了美国公民的宪法权利。

TPP 显然也不会让所有美国企业都感到高兴，美国的一些行业认为自己将是 TPP 的“受害者”。比如，美国政府希望利用 TPP 谈判要求越南削减从中国进口纺织品，以换取越南产品进入美国市场的优先权。这一做法虽然可以增加美国纺织品企业对越南的出口，但却遭到美国服装企业的反对，称此举忽视了全球供应链的复杂程度，会大幅增加美国从越南进口服装的成本。2015 年 9 月，美国乳品业团体致函国会，对允许新西兰乳制品更多进入美国市场但无法使加拿大市场向美国充分开放表示“严重关切”，新西兰和加拿大都是 TPP 的协议签署国。美国生物技术企业则批评 TPP 的标准还不足够高，比如未能坚持 12 年的“数据独占权”。对于将烟草产业从“投资者—东道国争端解决机制”中分离出去，美国烟草企业多表示不满。来自烟草业大州——肯塔基州的共和党参议员米奇·麦康奈尔（Mitch McConnell）多次威胁称，将烟草业分离出去会导致TPP的流产。

此外，针对TPP还有很多其他更加刺耳的反对声音。研究世界资本主义的权威、美国耶鲁大学教授伊曼纽尔·沃勒斯坦认为，奥巴马政府推动TPP是基于政治考量而非经济考量，这一具有排他性的协定并不是为了自由贸易，而是为了贸易保护主义。[78]诺贝尔经济学奖得主、美国哥伦比亚大学教授斯蒂格利茨（Joseph E.Stiglitz）批评说，TPP不是自由贸易，而是被操纵的贸易，是“代表各国最强大的商业游说团体”达成的。[79]澳大利亚—日本经济研究中心主任千叶·阿姆斯特朗（Shiro Armstrong）认为，TPP包含了过于严格的知识产权保护条款，“这不利于社会发展，只会让财富更多流向美国的制药厂和好莱坞。加强知识产权保护将扼杀创新。这意味着贸易的净减少和全球福利的减少”。TPP只会让国际贸易变得复杂而昂贵，从而让落后的国家失去实现跨越式发展的希望。[80]

## 二

应当看到，TPP从一开始就不是一份单纯的经贸协定，它具有显著的地缘政治考量，是美国抗衡中国经济和地区影响力的一种战略手段。在奥巴马政府提出的“亚太再平衡”战略中，TPP占据着极为重要的地位，甚至被认为是这一战略的核心，美国负责东亚和太平洋事务的助理国务卿拉塞尔（Daniel Russel）明确表示，TPP是一项“战略协定”，它是奥巴马政府再平衡战略的经济支柱，是“王冠上的宝珠”。

实际上，奥巴马总统对TPP在抗衡中国方面的战略重要性直言不讳。面对美国国内的各种反对意见，奥巴马政府不惜持续通过打“中国牌”为TPP争取支持。他明确表示：“当我们有超过95%的潜在消费者生活在我们的边境之外时，我们不能让像中国那样的国家制定全球经济规则。我们应该制定这些规则，为美国产品开辟新市场，同时为保护工人、保护环境设定标准”，“TPP 让美国而不是像中国这样的国家来书写 21 世纪的贸易规则，这对于亚太地区而言尤其重要”，“美国应当制定规则，美国应当发号施令，其他国家应当遵守由美国以及我们的伙伴所制定的这些规则，而不是相反”。[81] 奥巴马还在 2015 年国情咨文中称，“如果我们不制定规则，中国就会为该地区制定规则”。

其实，早在 2011 年 10 月，时任国务卿希拉里・克林顿就在《美国的太平洋世纪》一文中对中国的经济发展模式提出批评，并要求中国撤除对本国企业的优惠待遇和对国有企业的补贴，停止对美国和其他外国和外资企业的政策歧视，指责中国的行为不利于以开放、自由、透明、公平为总体要求的“健康的经济竞争”。[82] 在美国地缘政治分析家伊恩・布雷默看来，“TPP 可以反制中国式的国家资本主义在亚洲的发展”。[83]“对于美国来说，TPP 的真正目标不是立即实现什么经济利益，而是要建立一个持久的西方框架”，“如果更多的国家加入这一框架，贸易变得越来越自由化，中国和印度也会迫于压力实行同样的标准”。[84] 哈佛大学教授诺厄・费尔德曼（Noah Feldman）则强调，TPP 最主要的意义在于遏制中国的贸易关系，减少中国的政治影响力，“美国需要一系列军事以外的工具来遏制中国，把中国排除在外的贸易协定是一个很好的办法”。[85] 可以说，奥巴马政府以及多数美国战略界人士已经深刻意识到，需要更多利用全球经济规则的重塑来抗衡来自中国的挑战，这样不仅可以为顺利实现美国的出口倍增、再工业化、增加就业等目标创造长期有利条件，还具有削弱中国对全球经济影响力的作用。作为中国的竞争对手，日本也希望借助 TPP 抗衡中国在亚太地区的经济影响力，包括推动制造业企业从中国向东南亚国家转移。

不可否认的是，TPP 的确会对中国的对外经济关系尤其是中国在亚太地区的影响力造成潜在冲击。中国人民银行研究局首席经济学界马骏称，如果中国不加入 TPP，其 GDP 将年均损失 0.5 个百分点。彼得森国际经济研究所国际贸易问题专家加里·赫夫鲍尔认为，TPP 将使中国每年损失大约 1 000 亿美元的出口。[86]TPP 将在经济上把越南、韩国等国进一步拉向美国，而中国的其他重要贸易伙伴泰国等国未来也很有可能加入 TPP。东南亚国家是美国构建 TPP 体系的重点拉拢对象，美国商业界对东南亚国家的兴趣在不断上升。2012—2014 年间，美国对这些国家的投资高达 323 亿美元。目前文莱、马来西亚、新加坡和越南已经加入 TPP，而美国正努力推动印度尼西亚、菲律宾和泰国加入。近年，越南的经济状况不佳，债务占 GDP 的比例从 2009 年的 35%上升到 2015 年的 81%。越南方面希望加入 TPP，使越南产品以更优惠的条件进入美国市场，从而为经济发展注入动力。印尼是东南亚地区富有潜力的经济体，它 50%的人口在 30 岁以下，到 2020 年劳动力人口将增加 1 480 万。此前，在美国支持下，老挝于 2013 年加入世界贸易组织。美国大公司一直在游说美国政府全面解除对缅甸的制裁，以便开发这个东南亚陆上国家的自然资源和市场。对于老挝、柬埔寨、缅甸等东南亚国家，美国考虑到其特殊经济处境，希望利用“扩展经济接触议程”“东盟贸易和投资互联互通计划”等机制加强与它们的经济联系，为这些国家未来加入 TPP 积累条件。

然而，如果指望用 TPP 来达到遏制中国发展的目的，那就过于乐观了。正如美国前助理国防部长傅立民（Chas Freeman）所言，没有哪个亚洲国家希望在“对美国的政治忠诚”和“与中国的经济结盟”之间作出选择。[87]中国目前是 120 多个国家的最大贸易伙伴，其中包括很多 TPP 成员国。巨大的中国市场对这些国家而言意味着不可忽视的发展机遇。比如，2013—2014 财年，澳大利亚对 TPP 谈判国的出口额为 1 050 亿美元，而同期对华出口额高达 1 080 亿美元。美国至今仍阻碍对澳大利亚牛肉和糖类制品等的进口，

TPP 不会很快带来真正的改变。如果将中国、印度和印尼排除在外，达成 TPP 对澳大利亚来说没有太大意义。澳大利亚与中国达成的自由贸易协定也会发挥重要作用，在一定程度上抵消 TPP 对中澳经济关系带来的不利影响。虽然美国可以通过 TPP 给予部分国家市场准入等方面的好处，但这种好处也是需要付出代价的。比如，根据 TPP 的要求，越南的服装企业如果想要以优惠条件进入美国市场，将不能使用来自中国等非 TPP 国家的纺织原料。目前，越南大约 1/3 的纺织原料都从中国购入。如果越南企业硬是被切断与中国的联系，这无疑是对全球供应链的一种扭曲，其可持续性值得怀疑。新加坡外交部前常务秘书比拉哈里・考西坎表示，没有人认为 TPP 可以代替中国，中国是个无法忽视的重大因素，美国不应认为亚洲国家想在华盛顿和北京之间选边站。[88]

虽然一开始中国方面对 TPP 抱持高度警惕和反感的态度，但已逐渐以一种平常心视之，中国有能力应对 TPP 带来的挑战。一方面，中国经济规模大，产业发展的环境以及很多行业所具有的优势是越南等 TPP 成员国难以比拟的，TPP 的制造业和贸易转移效应将不可避免地受此因素影响。彼得森国际经济研究所专家尼古拉斯・拉迪说，对于美国在亚洲与中国的贸易竞争来说，TPP 只能使美国企业比中国企业略占优势，因为美中对 TPP 亚洲成员国的出口商品在范围上几乎没有重叠之处。另一方面，中国拥有巨大的国内市场，可以设法拓展内部回旋余地。中国也在实施新一轮经济改革。虽然中国暂时难以加入 TPP，但却可以通过改革增强自身对外国投资者的吸引力。TPP 可能会对中国深化改革，特别是国内的自贸区建设等带来新的动力。由于 TPP 很多条款的落实时间将会较为漫长，中国还是有可能通过打“时间差”，来做好应对 TPP 挑战的各方面准备。此外，有观点认为，与 TPP 相比，中国提出的“一带一路”倡议会带来更快、更切实的效果，从而有助于维护和强化中国在亚太等地区的经济影响力。

然而，在中国看来，TPP带来的更大挑战在于可能导致世界贸易体系和国际经济秩序的“碎片化”，而这将对中国的顺利崛起构成根本性的威胁。国际贸易对全球经济的增长至关重要，WTO一直是协调全球贸易事务的主要机制。2008年金融危机发生以来，国际贸易的增速减弱，持续在3%以下徘徊，一直低于全球经济增长的速度。2015年世界经济实际增长3.1%，而全球贸易仅增长2.8%。更严重的是，全球范围内的贸易保护主义措施日益增多。自2008年以来，G20经济体采取了1 500多项新的贸易限制措施。贸易下滑会给发展中国家带来更为严峻的负面影响，2015年发展中国家的贸易增长首次低于发达国家的贸易增长。在这种情况下，要想让世界经济真正走出“新平庸”状态，就必须更加积极地打破旧的贸易壁垒，并完善WTO的功能。

但是，2015年WTO内罗毕贸易部长级会议期间，有美国代表却提出放弃多哈回合谈判的言论。始于2001年的多哈回合谈判是推进WTO变革的重要举措，其主要目的是，消除农业补贴，降低发达国家的关税壁垒，向最贫穷的国家提供贸易援助，减少穷国和富国之间巨大的知识和技术鸿沟。多哈回合谈判有望形成的新贸易协定可以帮助更多的发展中国家融入世界经济。根据联合国的预测，未来30多年发展中国家将新增13亿新的工人，信息技术革命、互联网的普及也会带动这些国家的服务业，新的国际贸易协定需要更好地考虑发展中国家的利益诉求。WTO多边谈判举步维艰的原因在于，发展中国家坚持要求履行乌拉圭回合谈判确定的任务，而发达国家则坚持要求发展中国家消除非关税壁垒。虽然多哈回合历经15年都没有突出进展，但WTO在促进多边贸易体制方面仍然是至关重要的。与20多年前相比，WTO成员国增加了30多个，成员国贸易总额占全球贸易的比例接近98%。中国明确支持维护WTO的权威，并在2016年担任G20轮值主席国期间将强化多边贸易体制列为主要议题之一。

在国际多边贸易谈判陷入停滞的状况之下，以 TPP 为代表的诸边（Plurilaterals）协议谈判开始获得更多的关注。但是，这类规则制定模式缺乏包容性和公开性，不可避免地会损害非谈判成员国的利益。正因此，约瑟夫·斯蒂格利茨称 TPP“最终会被证明是几十年来最糟糕的贸易协定”。他认为，制定贸易规则的正确方式应该是公开透明、集思广益，“让美国企业为美国企业制定全球贸易和投资规则，奥巴马借此寻求永远维持现状。对任何遵循民主原则的人来说，这都是不可接受的”。[89]

在 TPP、TTIP 等谈判影响下，贸易问题的“政治化”变得越发突出，可能产生的各种排他性贸易集团也最终会削弱 WTO 的重要性，这已经引起国际社会的警惕。2015 年 9 月，俄罗斯总统普京在第 70 届联合国大会上的演讲中指出，“我注意到一个日益严重的贸易利己主义现象。一些国家走上了封闭式的专享经济联盟的道路，成立这些联盟的谈判并不公开，对本国公民、实业界、媒体和其他国家均保密。与之利益攸关的其他国家一无所知。很可能它们想让我们所有人面对这样一种事实，即游戏规则被改写了，而且是为了迎合特定的小群体，还将 WTO 排除在外。这会令贸易体系完全失衡，并造成全球经济空间的分裂”。在奥巴马政府大力推动的 TTIP 谈判中，参与国家的 GDP 总量占全球的 45%，国际贸易占 34%，对外直接投资占 60%。德国科学和政治基金会发表的一份报告认为，随着 TTIP 等出于地缘战略原因缔结的排他性自由贸易协议的出现，“贸易政策将重新出现一种歧视，或将导致多极化世界秩序中的冲突日益增多”。

在美国推动 TPP 的同时，围绕“区域全面经济伙伴关系协定”（RCEP）的谈判也在持续进行。该协定的谈判包括东盟 10 国以及 6 个与东盟签订自贸协议的国家——中国、日本、韩国、澳大利亚、新西兰和印度。RCEP 国家 GDP 总量约占全球的 30%，人口占 49%，进口占 28%。如果按照购买力平价计算，这些国家在全球 GDP 中所占的份额早在 2007 年就已经超过了

TPP 国家。今后 15 年，RCEP 国家的经济总量有可能达到 TPP 经济体的两倍。除了商品、投资和服务贸易之外，RCEP 谈判也涉及技术合作、知识产权保护、争端解决机制等问题。与 TPP 不同，RCEP 所涵盖的国家更为广泛，既有新加坡这类发达经济体，也包括柬埔寨、老挝和缅甸等发展中国家。新加坡的贸易额约是老挝的 67 倍，其人均 GDP 约是柬埔寨的 52 倍。RCEP 允许这些发展中国家根据自身情况在合理的时间内实现其承诺，而不是用高门槛将它们从一开始就排除在外。正如澳大利亚国立大学经济学教授彼得·德莱斯代尔（Peter Drysdale）所言，中国、印度以及大多数东盟国家都处于新一轮结构性转型的重要时期，RCEP 有助于“构建适宜的地区环境，从而让这些国家能够在国内展开大胆的改革”，RCEP 是“建立经济和政治信心的重要工具”。[90]

作为世界最大经济体和第二大经济体，美国和中国需要合作保护开放的世界贸易体系，而不是损害多边主义的贸易政策。诸边性贸易协议具有一定的合理性，但需要避免违反“非歧视性”原则，拓宽这类协议的覆盖范围，避免制造分立的贸易阵营。在这方面，《信息技术协定》扩围谈判、《贸易便利化协议》谈判等提供了成功案例，通过纳入更加灵活的条款，这些协议最终也赢得发展中国家的支持。中美如果试图用排他性的制度孤立彼此，将注定是失败的。奥巴马称，亚洲贸易规则应由美国而非中国制定。但实际上中国有足够理由与其他相关国家一起成为“规则制定者”（Rule-maker）而不仅仅是“规则执行者”（Rule-taker）。美国不应低估或刻意贬低中国在国际经贸规则制定进程中的作用。中国正加快推进高标准自由贸易区建设，中澳、中韩自由贸易协定已经生效，中国—东盟自由贸易区升级谈判则在 2015 年年底全面结束。应该说，TPP 和 RCEP 都是亚太地区推动亚太自贸区（Free Trade Area of the Asia-Pacific, FTAAP）建设的路径选项，从长远看都有助于推进区域经济一体化。中美等国应坚持平等参与、充分协商的做法，更注重

“贸易创造”而非“贸易转移”，最大限度地增强自由贸易安排的开放性和包容性，提高亚太开放型经济水平、维护多边贸易体制。

## 注释

1 《中国共产党历史》第二卷（1949—1978）（下册），中共党史出版社 2011 年版，第 1038—1046 页。

2 傅高义：《邓小平时代》，冯克利译，三联书店 2012 年版，第 329—344 页。

3 Gao Hucheng, “China-US Trade Soars, Benefiting Both Nations,” *USA Today*, September 21, 2015.

4 Robert J. Samuelson, “A Trade Watershed?” *The Washington Post*, May 3, 2015.

5 Stephen S. Roach, “China's Wake-up Call from Washington,” *Project Syndicate*, October 21, 2013.

6 “China's Best Bet: Doubling Down on Reform, Not Stimulus,” *The Wall Street Journal*, April 13, 2015.

7 Samuel Huntington, *Who Are We: The Challenges to America's National Identity*, New York: Simon & Schuster, 2004, p.262.

8 “The Rise of State Capitalism,” *The Economist*, Januarary 2012.

9 G. John Ikenberry, “The Future of the Liberal World Order,” *Foreign Affairs*, May/June, 2011.

10 Ian Bremmer, *The End of The Free Market: Who Wins the War Between States and Corporations*, New York: Portfolio, 2010.

11 Nancy Birdsall and Francis Fukuyama, “The Post-Washington Consensus: Development after the Crisis,” *Foreign Affairs*, March/April, 2011.

12 Aaron L. Friedberg, “Implications of the Financial Crisis for the US-China Rivalry,” *Survival*, vol.52, no.4, 2010.

13 Michael Spence, “Globalization and Unemployment,” *Foreign Affairs*, July/August, 2011.

14 [美] 威廉·多姆霍夫：《谁统治美国：权力、政治和社会变迁》，吕鹏、闻翔译，译林出版社 2009 年版，第 314—316 页。

15 Jonathan Holslag, “Beijing Consensus,” *South China Morning Post*, April 17, 2009.

16 Thomas Friedman, “Never Heard That Before,” *The New York Times*, January 30, 2010.

17 Benjamin Shobert, “Insights into China's Place in the World,” *Asia Time Online*, March 16, 2011.

18 Iain Mills, “US Must Adapt to China's New Patterns of Growth,” *The World Politics Review*, May 24, 2011.

19 Derek Scissors, “Chinese Investment in the US: Facts and Motives,” Testimony for the US-China Economic and Security Review Committee, May 9, 2013.

20 http://chinese.doingbusiness.org/data/exploreeconomies/united-states.

21 Thilo Hanemann, “Patterns of Chinese Investment in the US” , Testimony before the US-China Economic and Security Review Commission, May 9, 2013.

22 根据商务部统计，2012 年中国企业实现全行业对美投资 26.2 亿美元。这一数据差异系由于统计口径不一（如是否考虑经第三地转投资的数据）所致。

23 Statement by the President on US commitment to Open Investment Policy, the White House, June 20, 2013.

24 “The Employment Impacts of Chinese Investment in the US,” Rhodium Group, http://rhg.com/articles/the-employment-impacts-of-chinese-investment-in-the-united-states.

25 Derek Scissors, “China's Global Investment Rises: the US Should Focus on Competition,” *Heritage Foundation Backgrounder* No.2757, January 9, 2013, http://thf_media.s3.amazonaws.com/2013/pdf/bg2757.pdf.

26 Derek Scissors, “Chinese Investment in the US: Facts and Motives,” Testimony for the US-China Economic and Security Review Committee, May 9, 2013.

27 Timothy Frye and Pablo M. Pinto, “The Politics of Chinese Investment in the US,” Investing in the US: a Reference Series for Chinese Investors. 2008,

28 Qiao Yu and Shuqing Zhang, “A study on the external environment of Chinese investments in the US,” *China Center Monographs*, No.6, June 5 2013,http://www.brookings.edu/research/papers/2013/06/05-china-environment-investment-qiao-yu.

29 Briefing on the Dubai Ports World Deal before the Senate Armed Services Committee, February 23, 2006.

30 Elizabeth Drake, “Trends and implications of Chinese investment in the US: Issues for Policy-makers,” Testimony before the US-China Economic and Security Review Commission, May 9, 2013.

31 Huang Webin and Andreas Wilkes, “Analysis of China's Overseas Investment Policies,” CIFOR Working Paper 79, 2011.

32 “Executive Order: Establishment of the Interagency Trade Enforcement Center,” The White House, February 28, 2012.

33 Derek Scissors, “Chinese Commercial Espionage: US Policy Recommendations,” Heritage Foundation Issue Brief No.3564, April 9, 2012, http://www.heritage.org/research/reports/2012/04/chinese-commercial-espionage-us-policy-recommendations.

34 Derek Scissors, “A Better Committee on Foreign Investment in the US,” Heritage Foundation Issue Brief No.3844, January 28, 2013, http://www.heritage.org/research/reports/2013/01/enhancing-the-committee-on-foreign-investment-in-the-united-states-cfius.

35 Investigative Report on the US National Security Issues Posed by Chinese Telecommunications Companies Huawei and ZTE: A Report by Chairman Mike Rogers and Ranking Member C.A.Dutch Ruppersberger of the Permanent Select Committee on Intelligence, US House of Representatives, October 8, 2012.

36 Thilo Hanemann and Daniel Rosen, “Chinese direct investment in the US,” East Asian Bureau of

Economic Research Working Paper Series, No.78, 2012.

37 2012 Report to Congress of the US-China Economic and Security Review Commission, US China Economic and Security Review Committee, November 2012.

38 Rikako Watai, "US and Japanese National Security Regulation on Foreign Direct Investment," *Asia-Pacific Bulletin*, No.219, East-West Center, July 2 2013.

39 Thilo Haneman, "Chinese FDI in the US and Europe: Implications and Opportunities for Transatlantic Cooperation," *Stockholm China Forum Paper Series*, German Marshall Fund, June 2011.

40 Derek Scissors and Steven Bucci, "China Cyber Threat: Huawei and American Policy Toward Chinese Companies," *Heritage Foundation Issue Brief*, No.3761, October 23, 2012.

41 丹尼尔・罗森:《中国对美直接投资的美国反应》,《决策》2011 年第 12 期。

42 孙海泳:《华为、中兴在美深陷"成长的烦恼"》,《国际融资》2012 年第 12 期。

43 Eve Cary, "The Promise and Peril of a US-China Investment Treaty," *The Diplomat*, July 18 2013.

44 Jonathan Kallmer,"What a US-China investment treaty would mean for US corporations," Law360, July 25, 2013, http://www.law360.com/articles/459427/what-a-us-china-investment-treaty-would-mean-for-us-cos.

45 对国务院发展研究中心相关学者的访谈,2013 年 7 月。

46 Robert A. Kapp, "The Impending Tide of Chinese Investment in the US," *NBR Analysis Brief*, February 14, 2013, http://www.nbr.org/publications/analysis/pdf/Brief/021413_Kapp_ChinaInvestment.pdf.

47 2013 年上半年,中国累计实现非金融类直接投资 455.7 亿美元,同比增长 28.7%。中国企业主要的投资目的地是资源丰富、技术先进的发达国家,而行业涉及北美的非常规油气、发达国家基础设施、安全食品和奢侈品牌以及房地产等多个领域。

48 近年,国际投资协议的主要趋势包括:一是对投资的保护更加深入,不仅包含对有形资产的保护,而且越来越多地涉及对知识产权的保护;二是强调投资自由化原则,要求保障一国投资者在另一国自由投资的权利,而且逐渐涉及对服务业的投资;三是对投资争端解决机制进行了较大改进,解决投资争端国际中心、联合国国际贸易法委员会、各国商会和企业家联合会等都可以为国际投资争端调解提供便利,且所涉及的投资争端范围也日益扩展到与健康、安全、环境、劳工权利等有关的问题。

49 Statement of the European Union and the United States on Shared Principles for International Investment, http://trade.ec.europa.eu/doclib/docs/2012/april/tradoc_149331.pdf;王婷:《竞争中立:国际贸易与投资规则的新焦点》,《国际经济合作》2012 年第 9 期。

50 European Commission, "Commission proposes to open negotiations for an investment agreement with China," May 23, 2013, http://europa.eu/rapid/press-release_IP-13-458_en.htm. 关于欧盟的投资政策,见 http://ec.europa.eu/trade/policy/accessing-markets/investment/。另见《如何看待中欧双边投资协定谈判》,中国社科院欧洲研究所,2013 年 7 月 8 日。

51 Shaun Donnelly, "A business perspective on a China-US bilateral investment treaty" , Columbia FDI Perspectives, No.90, March4 2013; Daniel M. Price and Michael J. Smart, "BIT by BIT: a path to

strengthen US-China Economic Relations," *Paulson Policy Memo*, The Paulson Institute, July 2013.

52 虽然2012年BIT范本以脚注方式将第12条中的环境法义务限制为美国国会通过的法律或依照美国国会的法律而颁布的由联邦政府机构执行的法规。但美国以《1969年国家环境政策法》为核心的包括《清洁空气法》《联邦水污染控制法》《综合环境反应、赔偿和责任法》《有毒物质控制法》《露天煤矿控制和复原法》等联邦环境法规体系也非常庞大，这需要中国赴美投资的企业予以特别关注。

53 另参见 Capobianco A. and H. Christiansen, "Competitive Neutrality and State-Owned Enterprises: Challenges and Policy Options" , OECD Corporate Governance Working Papers, No.1, OECD Publishing,2011.http://dx.doi.org/10.1787/5kg9xfgjdhg6-en.

54 美国BIT新范本对"政府采购"的定义："一个政府为了政府运行，而不是为了商业出售或者转售，或使用在生产或提供的商品或服务的商业出售或转售，使用或获得商品或服务的过程。"

55 中国希望美国接受中国加入政府采购协定（GPA）谈判。

56 Eve Cary, "The Promise and Peril of a US-China Investment Treaty," *The Diplomat*, July 18 2013.

57 Derek Scissors, "An investment treaty with China: Don't hold your breath," The Foundry: Conservative Policy News Blog from the Heritage Foundation, July 12, 2013.

58 Daniel H. Rosen, Orville Schell and Jonathan Landreth, "Is America's Door Really Open to China's Investment?" A ChinaFile Conversation, Asia Society, 2013.

59 Charles W. Freeman and Wenjin Yuan, "China's Investment in the US: National Initiatives, Corporate Goals, and Public Opinion," *CSIS Briefing Report*, November 2011.

60 中国社会科学院美国研究所：《魏建国同志在"中国企业海外风险管理论坛"上的演讲》，《美国战略研究简报》2013年第2期。

61 何帆：《对外直接投资：大踏步、有荆棘》，《中国外汇》2013年第1期。

62 胡斌、程慧：《中国双边投资协定的实践与发展》，《国际经济合作》2013年第6期。

63 Daniel Rosen and Thilo Hanemann, "The Danger of Politicized Foreign Investment Reviews," The Hill's Congress Blog, June 8 2013,http://thehill.com/blogs/congress-blog/foreign-policy/304227-the-danger-of-politicized-foreign-investment-reviews.

64 投资额、投资方式和投资行业是中国企业海外投资受阻的显著决定因素。投资额越大，企业在海外直接投资中受阻的概率越高。投资方式上，兼并收购类海外投资更易遭受阻力。投资行业显著地影响了中国企业海外投资遭遇阻力的可能性，特别是投资到海外电信业和汽车业的中国企业显著地更可能遭遇投资阻力，而电信行业是受到政治和监管因素阻力最大的行业。

65 陈涛涛等：《美国投资环境的表象及其根源》，《国际经济合作》2013年第3期。

66 David N. Fagan, "The US Regulatory and Institutional Framework for FDI," US Chinese Services Group.

67 《华为国际化路径上的美国壁垒》，《中国新闻周刊》2012年10月29日。

68 《海外并购、公关先行：专访英国〈经济学人〉智库首席经济学家 Robin Bew》，《中国经营报》2013年1月7日。

69 David M. Marchick, "Expanding Chinese Investment in the US," Policy Innovation Memo, Council on Foreign Relations February 9 2012, http://www.cfr.org/china/fostering-greater-chinese-investment-united-states/p27310.

70 王志乐：《中国跨国公司需要强化合规经营》，《亚太经济》2012 年第 4 期。

71 李众敏：《中国海外经济利益保护战略刍论》，《世界经济与政治》2012 年第 8 期。

72 Andrew Parker and Paul Taylor, "Huawei Rails at 3Com Deal Security Concerns," *The Financial Times*, Febuary 12, 2008.

73 Arvind Subramanian, "Preserving the Open Global Economic System: A Strategic Blueprint for China and the US," *Policy Brief*, No. PB13–16, Peterson Institute for International Economics, June 2013, http://www.iie.com/publications/pb/pb13–16.pdf.

74 Greg Ip, "TPP is Surprising Vote of Confidence in Globalization," *The Wall Street Journal*, October 23, 2015.

75 Kevin Rafferty, "Too Early for TPP Cheers," *The Japan Times*, October 20, 2015.

76 Greg Ip, "TPP is Surprising Vote of Confidence in Globalization," *The Wall Street Journal*, October 23, 2015.

77 Clyde Prestowitz, "The TPP won't Deliver Jobs or Curb China's Power," *Los Angeles Times*, January 22, 2015.

78 Immanuel Wallerstein, "Free-Trade Treaties are Anti-Free Trade," Commentary No. 407, August 15, 2014, http://iwallerstein.com/free-trade-treaties-are-anti-free-trade/.

79 Joseph E. Stiglitz and Adam S. Hersh, "The Trans-Pacific Free-Trade Charade," *Project Syndicate*, October 2, 2015.

80 Shiro Armstrong, The Race to a Risky Trans-Pacific Partnership Deal, *East Asia Forum*, July 26, 2015.

81 Barack Obama, "The TPP Would Let America, not China, Lead the Way on Global Trade," *The Washington Post*, May 2, 2016.

82 Hillary R. Clinton, "America's Pacific Century," *Foreign Policy*, October 11, 2011.

83 Ian Bremmer, "How the US Can Counter China in Asia," *The Time*, April 30, 2015.

84 Samuel Rines, "The Real Reason America Needs the TPP," *The National Interest*, October 14, 2015.

85 Noah Feldman, "China is the Reason Why US Needs the TPP," *Japan Times*, June 21, 2015.

86 "TPP and China: It's the Geopolitics Stupid," *South China Morning Post*, November 6, 2015.

87 Chas Freeman, "Arguments for TPP don't Make Sense," *The Boston Globe*, May 31, 2015.

88 "US Allies See Trans-Pacific Partnership as a Check on China," *The New York Times*, October 6, 2015.

89 Joseph Stiglitz, "In 2016, Let's Hope for Better Trade Agreements and the Death of TPP," *The Guardian*, January 10, 2016.

90 Peter Drysdale, "Asia's Next Growth Frontier," *East Asia Forum*, May 1, 2016.

## 第四章

# “印太亚洲”与中美互动

## 第一节 美国“亚太再平衡”战略

2009年上台执政的奥巴马政府希望全面推动美国外交和安全战略的“再平衡”，其重点是“重返亚洲”，奥巴马本人甚至以美国“第一位太平洋总统”自居。过去几年来，美国持续推进“亚太再平衡”战略，日益从“印度洋—太平洋”这一新的地缘框架审视、修正和推进自己的亚太战略。美国的“重返”，适逢中国从“地区大国”向“全球大国”转变的过程之中，在亚太地区百年来首次出现中国和美国“短兵相接”的态势。虽然美国反复声称其“政策意图”并非遏制中国，但其“政策态势”的制华意向明显。中美能否避免重蹈“大国悲剧”、建立新型大国关系，关键是要在“印太亚洲”地区形成良性互动与非零和博弈。

美国将外交、军事、经济等战略性资源向亚太地区集聚，并不完全是针对中国。但是，中国的快速崛起尤其是在亚太地区的影响力，使华盛顿更加确信，要想在该地区维持美国的“优势地位”，就要加大对亚太的投入尤其是加强联盟关系和军事存在，这反过来被中国理解为美国企图封堵、遏制中国，并进而剥夺中国在亚太地区本应享有的地位。这是典型的“安全困境”。如果这一问题不能得到缓解，那么中美就有可能爆发直接冲突，整个地区也会被笼罩在“中美对抗”的阴影之下。中美之间的这种博弈不应是遏制与反遏制，不应是迫使地区国家“选边站”的恶性战略竞争，也不应是“经济靠中国、安全靠美国”的二元结构冲突。为应对美国“亚太再平衡”战略所带来的各种挑战，中国需要更大的战略自信和战略韧性，需要更清晰的利益界定、更精细的政策规划、更集中的资源利用，以及更灵巧的策略运筹。中国应以更具复杂性的政策思维和分析框架评判美国亚太政策，需认清美国在对外政策上“力避负担、总体求稳”的特点，以及美国在政策资源、信誉度、管理盟友体系等方面存在的突出限制，抓住时机、主动作为，积极促进中美在亚太关系的良性调整。

一

“重返亚洲”这一概念并不准确，因为美国从来就没有离开过亚洲，美国近年的种种努力实际上是整合旧资源、运用新手段、施展巧实力来“重现凸显”美国在亚太地区的战略存在及主导优势，通过“重构”亚太地区的安全架构、经济体系和多边机制确保美国在该地区的领导地位。2010 年，亚洲经济占世界经济的比重跃升至 27.4%，已超过北美（25.8%）和欧盟（25.9%），成为世界经济中的最大板块和最重要驱动力量。亚太不仅是当今世界战略潜力最为突出的地区，也是战略格局最复杂、战略态势最不稳定的地区。对于美国而言，亚太是其护持和巩固全球霸权的基本地缘依托，确保和强化在这一地区的优势地位（Primacy）是美国此轮亚太战略调整的核心目标。

推动美国战略重心向亚太转移其实也是布什政府上台时的既定目标，只不过“9·11”事件及随后开打的阿富汗和伊拉克两场战争暂时迟滞了这种努力。但是，不应认为布什政府完全忽略了亚洲，实际上这一时期美国与中国和印度的关系取得了显著进展，当然这与美国方面对朝鲜核武器问题和阿富汗—巴基斯坦地区的反恐作战行动的关注和投入有着密切关联。相对而言，布什政府对东南亚地区的确有所忽视，而且对以东盟为主导的地区机制建设也表现出漠不关心的态度。但是，美国战略界人士却一直没有停止对如何改善美亚太战略的思考和探索。早在 2001 年，兰德公司发布的一份政策报告就指出，冷战后美国在亚洲最重要的长期目标就是“阻止地区或大陆霸主的崛起”，以“避免出现美国在经济、政治和军事上难以影响这一全球重要地区的局面”，同时还需“防止因资源过于集中于某一欧亚大国而对美国构成类似苏联的那种全球性挑战”。[1] 此外，后任奥巴马政府负责亚太事务的助理国务卿坎贝尔（Kurt Campbell），国家安全委员会亚洲事务主管麦艾文（Evan S.Medeiros）均在入职政府前主持或参与了一系列有关亚太战略和对华战略的智库研究项目。因此，奥巴马政府的此轮亚太战略调整并不是一时起意，而是拥有较为完备的思想基础和智识准备。

2010 年 8 月 31 日，奥巴马正式宣布美军结束在伊拉克的作战任务，号召美国“翻过（伊拉克战争）这一页”。大约一周后，希拉里即在美国对外关系委员会发表演说，描绘后伊战时期的美国外交蓝图，并且信心满满地宣告“新美国时刻”（New American Moment）已经到来，坚信美国仍是 21 世纪的“全球领导者”。所谓“新美国时刻”，即指在后伊战时期，美国将在深入认识当今世界复杂性和关联性的基础上，打造“新全球架构”，应对“新威胁重压”，“通过艰苦的工作和富有魄力的决策”，为美国在 21 世纪继续发挥领导作用奠定基础。希拉里在“新美国时刻”讲话中突出强调了奥巴马政府未来一个时期对外政策的六大“核心要素”，其中包括更新与深化全球联盟体系（如促进北约转型），加大发展援助，增强与“新兴力量中心”的接触，确保美国在“跨大西洋”“跨太平洋”和西半球地区机制中积极发挥领导作用等。由此不难看出，美国的亚太外交战略调整实际上与其全球战略调整的总体思路和基本趋向保持高度一致。[2]

美国亚太战略的调整是其应对“全球权势东移”的战略选择。2009 年，亚洲以超过世界平均水平 2.75% 的增速成为促进世界经济发展的最重要引擎，金融危机使“权势东移”的基本态势变得更加确定无疑。美国耶鲁大学教授、《大国的兴衰》作者保罗·肯尼迪甚至明确做出预测：亚洲崛起势不可挡，欧美即西方世界将随之没落。肯尼迪还特别强调，东西方之间资本力量及海上军事实力对比的巨大变化是国际权势“东升西降”的决定性因素。亚洲国家的经济发展普遍稳定向好的同时，区域一体化程度也在不断加深，2007 年，亚洲大型经济体对本地区的出口占其总出口的 42%，2011 年这一比例升至 47%，这种情况显示亚洲国家经济对美欧市场的依赖度正在下降。随着“东盟 +3”机制的稳步发展、中国—东盟自贸区的建立以及中日韩三国自贸协议谈判进程的推进，美国方面认为自己不应成为亚太地区经济一体化的旁观者，甚至是被牺牲者。2010 年，美国对太平洋地区出口总额达到 3 200 亿美元，这些出口支撑着国内 85 万个就业岗位；而亚洲地区不断增长的中产阶层也将形成世界上其他地区无法替代的重要消费市场，因此，如何利用“权势东移”带来的经济机遇实现出口倍增和扩大就业的国内政策目标，成为奥巴马政府必须深入思考的重大问题，正如奥巴马国家安全事务助理多尼隆所言，“美国在亚太地区的实力并没有达到我们的利益要求我们应当达到的程度……我们不会成为被亚洲崛起所错过的政府”。[3]

此外，“权势东移”或“亚洲崛起”的复杂性和不确定性促使奥巴马政府对这一地区给予更多战略关注。由于历史恩怨、领土领海争端和核扩散危险等，亚洲的权力平衡依然脆弱，该地区不少国家正大力发展军备。根据瑞典斯德哥尔摩国际和平研究所（SIPRI）统计数据显示，东南亚国家的军备支出在2005—2009年几乎翻了一番。[4]奥巴马及其外交政策团队一直都没有低估亚太地区战略态势不稳，未来发展走向不确定等因素带给美国的显著风险，并表示一定会更加密切地参与亚太事务。奥巴马上台时便高调自诩为美国历史上“第一位太平洋总统”，多次申明美国是不折不扣的“太平洋国家”。2009年7月，希拉里表示，奥巴马政府将“更强有力、持久地介入与接触”亚洲。2010年1月，希拉里又称，“美国的未来与亚太紧密相连，而亚太的未来依靠美国。美国在经济和战略上继续领导亚洲方面具有重要利益”。前任国防部部长盖茨曾颇为形象地指出，美国并不是亚洲的拜访国（Visiting Power），而是驻在国（Resident Power）。

美国亚太战略调整是其“对冲”和“规范”中国崛起的迫切需要。近年来，美欧国家纷纷陷入主权债务危机，经济复苏乏力、失业率居高不下，国内党派纷争加剧，政治失能导致经济发展前景堪忧，亦引发一定程度的社会动荡。2011年美国经济增长率仅为1.5%（只有经济增长达到3%，美国9%左右的失业率才能得到明显改善），据国际货币基金组织分析，美国国债占GDP的比例将在2011年末达到99.4%。按照美众议院预算委员会测算，未来10年美国联邦政府支出将达到43.3万亿美元，财政收入为35.5万亿美元，到2021年政府赤字将大幅增加7.8万亿美元。特别是，随着婴儿潮一代正在变老（从2008年到2050年，美国65岁以上人口预计将增加121%），养老、医疗方面的“应得权益”支出将给美国政府财政带来极为沉重的负担。但美国经济似乎陷入“缺需求、缺信心、缺办法”的窘境，白宫国家经济委员会前主任、哈佛大学教授劳伦斯·萨默斯（Lawrence H.Summers）甚至明言，美国经济已进入“失去的10年”，大有“日本化”的趋势。

然而，与美欧国家形成鲜明对比的是，中国经济却持续保持高速增长，虽然唱衰中国经济的论调仍然存在，但国际货币经济组织、美国彼得森国际经济研究所等大多数权威机构均看好中国经济，并称中国经济总量将在2017—2020年左右超过美国，成为世界第一大经济体。美国国家情报委员会在其战略预测研究成果《全球趋势2025》中明确指出，中国将成为未来10—15年中对世界影响最大的“新玩家”。[5]萨默斯认为，当后人书写当今时代的世界历史时，其主题不是全球经济萧条，也不是美国财政问题，而是全世界如何适应中国的快速崛起。此外，在不少美国战略界人士看来，以亚太地区为重要战略依托的中国快速崛起不仅极大影响美国的地缘政治利益，还将威胁美国经济安全，并促使“中国模式”成为“与美国价值观相冲突的全球模式”。[6]“美中经济与安全评估委员会”2010年11月发布的报告，则从中美贸易和经济关系、中国军事力量增长、中国在亚洲的扩张、新能源产业和互联网信息控制等多个层面指责中国实力增长对美国经济安全构成重大威胁。

对于中国的亚洲战略，曾任副总统外交政策顾问的美国普林斯顿大学教授阿伦·弗里德伯格（Aaron Friedberg）认为，中国力图“削弱美国安全保证的可信度，瓦解美国的盟友关系并逐步将美国挤出该地区，最终主导亚洲”。美国另一位知名战略家罗伯特·卡普兰（Robert Kaplan）在《外交》杂志撰文指出，中国崛起“令人生畏且引人入胜”，在中亚、印度洋、东南亚和西太平洋，一个政治、经济和军事上的大中华区正逐渐形成，美国无力阻挡中国的崛起。[7]美国对外关系委员会亚洲研究中心主任易明（Elizabeth C.Economy）甚至声称，中国领导人谋求重新设定国际规则和制度，中国已成为国际社会一支“革命性力量”，“遏制”“接触”或“遏制加接触”这些简单化的对华政策已不再奏效，美国需以更为复杂的策略“规范”中国崛起。[8]在美国哥伦比亚大学战争与和平研究所主任理查德·贝茨（Richard Bates）看来，“美国等大国想防止越来越富裕的中国提升自身在东亚的战略地位，其实就是遏制”。

## 二

2009年以来，奥巴马政府高层接连就其亚太政策发表文章或公开演说，不断宣示美国决意“重返亚洲”，声称美国决不会放弃在亚洲的领导地位。2010年10月28日，克林顿在夏威夷称，奥巴马政府亚太政策的调整可以被概称为“前位外交”（Forward-deployed Diplomacy），其要旨在于调动可以调动的所有资源并将其部署在亚太外交前线，目标是“改善安全，扩大繁荣，推广美国价值观，保持和加强美国在亚太地区的领导能力”。[9]时隔一年，2011年11月10日，克林顿再次在夏威夷发表演说，称21世纪将是美国的太平洋世纪，美国将效仿大西洋两岸之间建立的全方位机制和关系网，在亚太这一“充满活力、复杂性和拥有重大影响力”的地区加大接触、发展伙伴关系。[10]具体来看，奥巴马政府的亚太战略调整举措主要包括以下几个方面。

（一）在“太平洋—印度洋”两洋战略框架下大力“更新”亚太同盟体系。第二次世界大战后，美国在欧洲建立了以集体安全为指导原则的北大西洋公约组织，在亚洲则建立了以美国为中心的“毂辐”（Hub-and-spokes）同盟体系。之所以存在这一差别，主要是因为：一是美国和亚洲国家担心日本军国主义的复活，并且不希望台湾和韩国随意动用武力，毂辐式的同盟体系更利于美国管束这些国家；二是美国同当时的亚洲盟国之间的实力差距太大，后者完全依赖于美国的安全保护。自20世纪70年代初“尼克松主义”被提出以来，美国政府一直试图在分担防务负担和管束盟友之间实现新的平衡，特别是希望日本加大对维护该地区安全稳定的贡献。与此同时，随着日本、韩国等国实力的不断增强以及国内民族主义诉求的深化，美国在亚洲的同盟体系出现“离心化”趋势，美日同盟陷入所谓“漂流”状态，美韩同盟也是龃龉不断，而自从1992年美军撤出菲律宾苏比克湾和克拉克空军基地，美国在东南亚的军事存在也有所减弱。在这种情况下，美国战略界一直在探索如何改善亚太同盟体系，以适应盟国的新变化、新诉求和该地区安全局势的新情况、新特点。2007年，布什政府公布的《21世纪海上合作战略》称，美战略重心由大西洋和太平洋转向太平洋和印度洋，这是美国军事战略的一项重大调整。奥巴马政府近年也是着眼于太平洋—印度洋两洋战略框架，推动亚太同盟体系由“毂辐模式”转向“网状模式”，即大力提升盟国军事能力，扩展盟国之间的联系，使之结成一个集体网络，即便美国不占据主导位置，也能够迅速、有效地单独或联合展开行动。[11]

2009年以来，奥巴马政府紧抓“天安号”事件、南海问题、中日“钓鱼岛争端”和日本“3·11”大地震带来的各种“外交机遇”，全面恢复并有效强化了美国亚太同盟体系的活力。美日同盟在美亚太安全布局中的基石作用重新凸显（本章第二节详述）。[12]针对“天安号”事件和延坪岛炮击事件后半岛局势的新变化，为加大对朝鲜的军事威慑并以压促变，美韩2010年至今已举行数次大规模联合军演，双方还签署了“新防卫合作指针”，该指针突破了1953年《美韩相互防卫条约》中关于“双边防御”的限制，大幅提升了美韩同盟战略灵活性。美国方面对美韩同盟抱有更高期待，希望两国在核不扩散、发展援助等领域展开合作的基础上进一步增强其同盟关系的全球性。2011年10月，美国国会批准了《美韩自由贸易协定》，这将促进两国关系的进一步提升。

着眼于加强对西南太平洋和东印度洋地区的力量投射和快速反应能力，美澳同盟关系大幅提升。2011年是美澳同盟建立60周年，11月奥巴马在之前二度取消赴澳访问之后终于踏上了澳洲土地，并宣布美海军陆战队将在澳北部城市达尔文长期驻扎，未来驻澳美军总兵力将达到2 500人。此举可谓美澳60年同盟关系史上的里程碑事件，标志着“美国在中国日益先进的弹道导弹的射程之外拥有了又一个集结地”，两国关系“从一种太平洋伙伴关系扩展为跨越印度洋和太平洋的伙伴关系”。正如休·怀特（Hugh White）所言，“虽然从实际意义和操作层面讲，这一军事安排并无太大影响，但从象征意义和战略内涵上看，它却是意味深长的”。澳大利亚知名智库洛伊国际政策研究所的民调显示，有83%的澳大利亚人“极为信任美国”，55%的人赞成美国在澳设立永久军事基地，59%的澳大利亚人认为与美国的同盟关系“非常重要”。虽然中国已成为澳大利亚最大的贸易伙伴，但44%的澳大利亚人认为中国将在今后20年构成对澳军事威胁。[13] 除此之外，美澳还将加强情报共享及网络安全合作，加大两国军队的联合训练，双方还就合作开发稀土资源等问题进行了深入协商。

美国大力加强在东南亚地区的实质军事存在。奥巴马政府与菲律宾签署《千年挑战协定》，并在2011年1月举行首次美菲“2+2”外长防长战略对话，这是美国第一次把美日、美澳、美韩之间的“2+2”会议形式推向东南亚，两国积极探讨美国重新在菲律宾驻军或以其他方式加大在菲军事部署，并在棉兰老岛帮助菲训练反恐部队。2011年6月，菲律宾外长访问美国，称菲已做好“抵抗侵略”的准备，克林顿则表示“我们坚决支持菲律宾的自我防卫，美将寻求向菲提供可负担的装备，以帮助菲律宾采取必要措施保卫国家”。2011年8月，菲律宾从美国购得“汉密尔顿级”巡逻舰，成为菲海军最先进的舰艇。此外，美国与泰国签署《创造性伙伴合作关系协议》，并提出将泰国建成地区人道主义及救灾活动中心。

值得指出的是，除恢复和强化双边同盟之外，美国还更加注重增强各个同盟之间协调性、联动性和“互操作性”，努力使双边同盟向三边、多边同盟进行有力延伸。一方面灵活利用海上安全、人道和救灾行动等议题频繁组织多边联合军演（如“金色眼镜蛇”“环太平洋”联合演习）；另一方面推动美日韩澳四国军队各军种将官级别的战略协商，支持日菲、日澳就所谓海上安全问题展开“合作”，筹划成立美日澳印四国海上安全论坛。对此，日本《产经新闻》评论称，“美国在反恐战争和经济衰退的双重压力下举步维艰，因此将同盟国之间的团结视为对华战略核心。……美国将以美军太平洋司令部所在地夏威夷为起点，打开一个扇形作战面”。[14]

（二）大力拉拢“新伙伴”，强化“离岸平衡”策略。作为奥巴马政府对外政策重要规划性文件的《普林斯顿国家安全项目》报告（2006年）早已指出，保持亚洲其他新兴市场经济体，特别是印度和越南的持续增长和发展是应对中国崛起的关键。[15]美国不少保守派外交智囊人士认为，中国不仅在西太平洋地区实行“芬兰化”战略，而且还大力加强与缅甸、斯里兰卡等印度洋国家的关系，推行所谓“珍珠链”（String of Pearls）战略。这一战略既是为了维护重要的海上通道安全，保护中国经济和军事利益，也是为巩固“反印联盟”，制衡不断崛起的印度。因此，美国需进一步深化与印度的关系，确保美国在印度洋地区的“参与度”，特别是避免美国军事力量在该地区的过度削弱和“重新进入”的困难，总之决不能将印度洋地区“放弃并割让给中国”。[16]

除了印度之外，印尼和越南是当前美国大加拉拢的另外两个新伙伴。时任国防部部长盖茨2010年7月访问雅加达，不仅着力充实《美国—印尼防务框架协议》，还重新恢复美军与曾犯下“侵犯人权罪行”的印尼特种部队（Kopassus）之间的联系。奥巴马在2010年11月访问印尼期间与其签署《全面伙伴协议》，其中包括涉及南海问题的海洋安全保障内容。国防部部长帕内塔2011年10月访问印尼时称，美国将向印尼空军提供20多架F—16战机（印尼当时仅有10架F—16战机），以加强其空军战力。澳大利亚战略政策研究所学者西蒙·史密斯（Simon Smith）认为，美国拉拢印尼的目标非常明确，就是要阻遏中国崛起。[17]

此外，曾参加越战的美国国会参议院军事委员会共和党首席成员约翰·麦凯恩（John S.McCain）公开表示，越南已成为美国在亚太地区最重要和最有前途的伙伴。美越不仅为克林顿在2010年7月举行的东盟地区论坛上就南海问题向中国发难进行了“会前协调”，双方还在当年8月举行联合海上演习，美国核动力航母“乔治·华盛顿号”也对越南岘港进行了“富有象征意义的访问”。[18] 正如美国学者所言，美国期望越南在“面对重新军事化的中国的新威胁”之时，“越南的民族主义能为一个关键战略地区保持稳定发挥作用”。[19]2016年5月奥巴马访问越南期间，美国宣布全面解除对越南的武器禁售。美国对越南的青睐也源于，它急于打开越南的武器市场，美国军工企业将极大受益。根据瑞典斯德哥尔摩国际和平研究所的统计，从2011年到2015年，越南的武器进口额约占全球军火交易总额的3%。这5年间，在武器进口方面越南从世界排名第43快速上升至世界第8。近年，越南从俄罗斯采购了6艘“基洛级”潜艇和36架苏—30MK2战斗机，还从法国、瑞典、以色列等国购置先进战斗机、隐形护卫舰和快速攻击艇等武器。美国军火商绝不会丢下越南这口“肥肉”，美国有意向越南出售P—3C“猎户座”侦察机等装备，并提供先进的传感和卫星系统。除了在军事上接近越南，美国也试图从经济上拉紧越南。虽然越南仍是发展中国家，其经济实力有限，但它仍被美国邀请加入“跨太平洋经济伙伴协定”（TPP）。

（三）介入并力图主导亚太地区机制建设，对华实施“制度制衡”。华盛顿较有影响力的智库“新美国安全中心”（坎贝尔是其创立者之一）为奥巴马政府准备的《美国亚太安全战略报告》总结了该地区在21世纪头十年所发生的四大根本性变化，其中之一即是地区多边合作机制的发展为亚太一体化增添了更多“可能性”。为了更好地利用这些“可能性”，加强对亚太地区机制建设的战略塑造，奥巴马政府一改布什政府对亚太多边机制和合作进程的深刻疑虑及“漠然”态度，从诸多“战线”全力介入。如国务卿克林顿所言，美国希望“建立一个有美国深度参与的、协调性更强的地区架构”。

近年美国“亚太再平衡”战略的一大特点是，突出“发展”主线，重视多边性经济机制，力图以“经济主导”确保“安全优势”。2011 年 10 月 14 日，国务卿克林顿在纽约经济俱乐部就美国外交中的经济方略发表演讲，称“在以经济衡量和施展国力的今天，我们面临的巨大挑战不是威慑任何一个军事对手，而是推进我们的全球领导力量”，“我们不仅是亚洲的一个常驻军事和外交大国，而且也是一个常驻经济大国”。根据克林顿的演说，经济问题将成为美国对外政策的重点，美国将致力于促进受援国的经济现代化、整合地区经济、营造公平竞争环境、限制和规范国有企业和主权财富基金的活动等。[20] 在经济方面，美国一方面继续扩展与亚太经合组织（该组织成员包括美国前四大贸易伙伴，占美国出口的 60%）的关系，使其成为以“结果为导向”的论坛，另一方面积极劝促多国加入“跨太平洋伙伴关系协定”（TPP），以深化亚太地区经贸依存度，强化美国对未来亚太经济发展的引导作用。美国国务院前政策规划主任戴维・戈登（David Gordon）认为，一个充满活力、规则完备的 TPP 将让美国稳稳地立足于东亚新兴的经济和政治体系之内；而日本经济产业省官员则称美国此举意在“构建中国包围网”。[21] 伦敦国际战略研究所地缘经济和战略中心主任桑杰亚・巴鲁认为，TPP 构成了美国新“太平洋攻势”的第二支柱，它的核心议程将为该地区国家提供一种“多哈式”的协定，其中包括一直遭到发展中国家反对的社会和环境规则。[22]

在政治与安全方面，美国积极参与“东亚峰会”（布什政府曾多次拒绝该峰会的邀请），使其成为亚太地区进行安全合作与政治协商的核心平台。美国哈德森研究所非常驻研究员约翰・李（John Lee）不无得意地认为，美国参与东亚峰会将使这一地区多边安排对中国的雄心形成束缚，同时使美国领导的广泛的安全同盟和伙伴关系网变得根深蒂固。[23] 为了更有力、更高效地介入地区多边机制，美国还紧紧抓住东盟这一“战略支点”。2000—2010 年间，中国与东盟贸易额从 350 亿美元增至 2 312 亿美元，中国已成为东盟第一大贸易国。而东盟也正努力在 2015 年建成经济共同体，届时将出现包括十个国家和 5.9 亿人口在内的共同市场。针对中国在东南亚地区经济政治影响力的快速提升以及东盟自身实力的不断壮大，奥巴马政府加大了对东盟的关注，不仅加入《东南亚友好合作条约》，向东盟派驻美国外交使团，参加东盟国防部部长会议，还采取“10+1”方式举办美国—东盟年度峰会。 24
奥巴马成为出席东盟会议的“常客”，希拉里·克林顿则是首个遍访东盟十国的国务卿。美国国防部部长、贸易代表、商务部部长等高级官员也频繁赴东盟国家进行访问。2015 年 11 月，奥巴马访问马来西亚并出席第三次美国—东盟峰会期间，双方同意将双边关系提升为“战略伙伴关系”，还制定了面向 2020 年的具体行动计划。2016 年 2 月，美国—东盟峰会首次在美国国内召开。用美国进步中心前中国项目主任、现任美国驻东盟大使尼娜·哈奇格恩（Nina Hachigian）的话来说，美国与东盟关系正进入一种“新常态”。

善用“小多边”，通过水资源安全、气候变化等新议题加大与亚太国家的接触力度，是美国亚太战略调整的另一个“新意”所在。奥巴马政府对“小多边”（Mini-laterals）模式高度重视，而“小多边”往往以水资源利用、环境保护或气候变化等相对于传统外交议题而言的“新议题”为主。这些议题常被视为国际关系中的“低政治”而未能受到应有重视，但美国却在逐渐加大对“小多边”的投入，以期在未来产生“大效用”。例如，克林顿在 2010 年 7 月会见柬埔寨、老挝、泰国和越南的外交部部长，并承诺美国将为“湄公河下游行动计划”提供 1.87 亿美元的资助。该计划成立于 2009 年 7 月，旨在“改善该地区的教育、卫生、基础设施和环境状况”。华盛顿史汀生中心在 2010 年发布的一份有关此项目的报告中称，“毫无疑问，美国推出这一政策是出于地缘政治考虑”。虽然没有确凿证据表明中国在湄公河流域修建水电站的做法直接导致下游水位降低，但很多非政府组织和媒体激烈批评中国筑坝拦水，使下游以农业为基本生存手段，仰赖湄公河渔业和水资源的7 000万各国民众受到威胁。“对于华盛顿来说，帮助解决当地‘生计’问题是在该地区赢得上千万朋友的聪明做法”。当然，更要紧的是，“湄公河下游国家与中国之间的从属关系将给北京带来地缘政治优势”，“美国可凭借自己的力量恢复（该地区）地缘政治的力量平衡，从而为东南亚新的发展模式提供支撑”。[25]

此外，2011年3月克林顿在国会听证会上表示，美中在太平洋岛国存在竞争，并对中国援助资源富集国巴布亚新几内亚和斐济政府表示担忧，认为中国正利用贸易和投资协议迅速获取在太平洋岛国的影响力。太平洋岛国的国土面积虽小，但却拥有巨大的海洋资源，而且对西太平洋海上安全具有战略意义。如密克罗尼西亚、帕劳和马绍尔群岛三国所占据的专属经济区达到550万平方公里。对此，美国加大了对这些岛国的接触和援助力度，如通过“太平洋岛国论坛”向“采取切实措施应对气候变化、航海自由和其他挑战”的太平洋岛国提供支持；美国国际开发署在斐济开设办事机构，拨款2 100万美元支持这些岛国应对气候变化。

（四）深谙地区“忧华”心理，积极推进“价值观外交”。在克林顿发表的诸多演说中，她多次毫不掩饰地宣称，要“团结”各国共同应对中国的崛起。显然，要想“团结”各国，从而在亚太地区持久发挥领导作用，美国需从正反两个方面凝结各方共识：一是渲染并利用地区内各国对中国的忧惧心理；一是维护且传播美式价值观，增强美国发展模式和生活方式的吸引力。一个不容否认的事实是，近年来，中国在亚太地区的“形象”被极大地扭曲了，甚至不少持友华态度的战略分析人士也开始怀疑中国外交政策出现了根本性的强硬化转向。比如，新加坡前联合国常驻代表马凯硕（Kishore Mahbubani）认为，“中国可能将摒弃邓小平提出的在地缘政治上需谨小慎微的观点，这可能引发反华同盟”。法国国际关系研究所特别顾问、哈佛大学客座教授多米尼克·莫伊西（Dominique Moisi）则以历史类比视角指出，“昨日，美国陷入向中东出口民主的疯狂计划中，这个战略死胡同加速了中国不可阻挡的崛起。今日，正出现相反的情况：中国把美国拽回国际舞台的前台”，“中国放弃了韬光养晦的策略，正在强化美国作为亚洲力量的地位，正如莫斯科当年把美国变成了欧洲力量”。美国之所以能够在此轮亚太战略调整中环环相扣、步步为营、招招得手，与其善于研磨他国政策心理，灵活捕捉外交机遇，有力攻击对手“软肋”不无关系。

此外，奥巴马在出访亚洲各国期间，经常通过所谓“市政厅式的演讲”向往访国的民众宣扬“缺乏自由的繁荣是贫困”，也就是说“政治专制＋市场经济”这种发展模式不值得仿效。美国《华盛顿邮报》在评论2010年奥巴马为何采取“越顶”中国的方式，精心选择印度、印尼、韩国和日本作为往访国时颇为敏锐地指出，“他对经济繁荣的亚洲民主国家的访问其实是对中国经济模式的无声质疑”。[26] 举例而言，虽然2010年11月奥巴马对印尼的访问还不到20个小时，但他突出强调了印尼作为伊斯兰与现代化和平共存，宗教宽容及经济发展相互促进的典范地位，着重“表扬”印尼作为巴厘岛民主论坛的创办国，是整个亚洲倡导民主改革的先锋，并借印尼的发展历程回击“民主阻碍经济进步”的论调。

## 三

应当看到，美国的亚太战略调整虽然声势汹汹，但在实施起来也面临很多限制性因素，现实发展能不能完全符合奥巴马政府的预想仍存不少变数。首先，作为全球大国，美国将不得不在战略调整方面面临“左支右绌”的问题。欧洲国家对于美国过于重视亚太早有不满，而美国在中东地区面临

“阿拉伯之冬”的尴尬，盟友朋友化、政治伊斯兰化、王权国家内部动荡深化等成为美国亟须应对的难题。实际上，从一开始，美国决策层内部就对如何“重返亚太”存在争论和分歧。以多尼隆、国家安全委员会亚洲事务高级主任贝德为代表的一派较为持重稳健，而以国务卿希拉里·克林顿、东亚事务助理国务卿坎贝尔为代表的一派较为激进强硬。后者更喜欢使用 Pivot（意为快速的转向），而前者则倾向于使用 Rebalance（再平衡）来描述美国的亚太战略。多尼隆在 2012 年奥巴马成功连任后不久便宣布，美国的亚太再平衡战略“进入一个新的阶段”。奥巴马第二任期就任后首访中东，而新任国务卿克里也选择欧洲和中东作为首访地区。

其次，美国面临军费和对外援助预算削减所带来的财政限制。2010—2011 年间，奥巴马政府已决定，未来十年美国将削减军费 4 650 亿美元，由于国会“超级委员会”不能就如何削减政府赤字达成一致，国防开支还将在未来十年自动削减 6 000 亿美元。根据众议院军事委员会估算，如果军费开支削减 1 万亿美元，美国陆军和海军陆战队将有 20 万兵员受到裁减，航母会减少 2 艘，海军舰艇会由现在的 285 艘减至 238 艘。2014 财年，美国空军需被迫缩短 15%飞行时间，今后 5 年空军将裁员 2.5 万人，占总人数 4%。目前美国海军拥有以 11 艘核动力航母为核心的 280 多艘舰船，到 2020 年将减至 255—260 艘，海军还不得不推迟由 P—8A 反潜巡逻机替代 P—3C 等装备更新进程。此外，2011 年，奥巴马政府要求 2012 财年国会拨给 590 亿美元用于对外援助，但分别被众议院和参议院削减至470亿美元和530亿美元，众议院外交事务委员会的民主党人霍华德·伯曼（Howard Berman）还提出一份具体规定美国对外援助内容和方法的法案，意在对《1961 年对外援助法》做出修改，使之更符合当前美国财政紧缩的现实情况。

第三，美国国内的孤立主义情绪有所上升，甚至连国会重量级人物约翰·麦凯恩和参议院军事委员会主席、民主党人卡尔·莱文（Carl Levin）

都对美国在亚洲施行“战略再结盟”政策的巨大成本表达了忧虑。美国知名亚太问题学者陆伯彬（Robert Ross）撰文公开质疑奥巴马政府的“重返亚洲”政策，称“美国做得太过了：在中国大陆周边挑战中国的安全，为大国间长时间的安全冲突制造可能性，激化了地区的不稳定”，“华盛顿已经介入了一个日渐极化的东南亚冲突。但更重要的是，美国不考虑中国南海领域争端的事态发展，却配合越南利用美国来对抗中国的计谋，不仅代价高昂，而且愚蠢不堪。越南与中国陆路接壤，相比中国，越南海军毫无实力，且越南在经济上依赖中国。由此看来，美国政府不可能与越南建立真正有意义的防卫合作关系。另一方面，既然已经介入与中国的地区性外交博弈，美国若是鼓励它的东南亚盟友温和克制，以此缓和东南亚的冲突，也将十分冒险，因为有可能被认为是一种战略退缩”。[27]

第四，亚太地区国家并不会完全按照美国的意图行事。比如，日本政府虽然积极参与 TPP 谈判，但日本国内的反对声音依然十分强烈，对国内政治有重大影响力的农会组织反对削减此前对进口农产品征收的高额关税。[28] 此外，亚太国家也不会完全按照美国的要求增加自己的防务负担或开展军事合作。例如，印度国防部在 2011 年的中程多用途作战飞机的招标中取消了两家美国公司的竞标资格，转而选择欧洲公司进行合作，此举引起美国方面的强烈不满，被认为是印度对美政策中“两面下注”思维的体现。[29] 虽然美国希望在亚太打造军事安全合作网络，由于其地区盟友和伙伴能力与意愿多有差异，这便意味着美国亚太安全链条中实际上存在易破碎环节，而且美国与相关地区国家处理因军事安全合作产生的政治关系问题的难度也在凸显，这反映出美国和亚太地区国家之间“控制与反控制、牵制与反牵制”的深刻矛盾。

最后，考虑到实际的经济利益和无法改变的地缘政治因素，亚太地区国家不会完全“惹怒”中国。对于它们来说，利用中美博弈捞取更多的实际利益，远比在两个大国之间选边站更为现实、更为有利。美国宣布在澳大利亚永久驻军后，澳大利亚知名战略家休·怀特撰文称，澳大利亚虽然接纳了美国的驻军，但是应当明确告诉美国，澳大利益关于亚洲未来战略格局的愿景与美国是不同的，澳大利亚希望看到的是一个“美国和中国分享权力的亚洲”，“我们并不想要生活在中国的掌控之下，但是我们也不想受到美中对抗的挤压”。[30] 对于东南亚国家而言，虽然它们并不希望看到中美过于亲密，担心生活在“两国共治”的阴影之下，但它们也绝不希望看到中美爆发严重冲突并迫使其做出选择。很大程度上，东盟一直在努力扮演“小马拉大车”的角色，小心翼翼地处理与中国、美国等大国的关系。东盟对自身地缘战略处境有清醒认识，中国不仅是东盟的邻邦，而且自2009年以来一直是东盟的最大贸易伙伴，东盟不愿沦为美国针对中国搞对抗的工具。东盟希望维护自身的自主性，中美双方对此都应予以尊重。当前，东盟国家不仅面临如何加快发展、适应社会转型的内部挑战，还深受恐怖主义和极端主义、自然灾害等非传统安全威胁，“伊斯兰国”势力据称已向东南亚地区渗透。为了应对这些挑战，东盟需要与中国、美国都保持较好的关系。

虽然存在上述一系列限制因素，美国的亚太战略调整仍会给该地区的安全局势和中国的周边战略环境带来相当程度的影响，有些影响是短期和中期的，有些影响则是长期性的，中国对此绝不能轻视。首先，美国渲染中国威胁、强化同盟体系、诱拉安全伙伴的行为将进一步加剧亚太地区国家的防务开支，使该地区面临陷入军备竞赛的危险，各种军事演习将会频繁出现。例如，菲律宾政府已决定为保护南海“主权”拨款110亿比索（约2 520万美元）对菲海军装备进行升级；越南将在今后6年内完成对潜艇编队的组建，近期花费20亿美元购得6艘先进的俄制基洛级潜艇以及战机；马来西亚于2009年添购2艘潜艇，并启用位于婆罗洲的潜艇基地，其主力舰数量在过去五年从10艘增至14艘；澳大利亚和新加坡将通过引进F—35战机提高防空能力，韩国计划在济州岛修建海军基地，日本则着力加强西南地区防卫力量，进一步深化日美同盟的作战一体性。据美国《防务新闻》估计，今后10年，亚太地区国家将新增840艘各类舰艇。

其次，美国“重返亚洲”会使亚太地区机制建设进一步复杂化，中美在该地区的“制度抗衡”有可能更加深化。东南亚在奥巴马政府的“亚太再平衡”战略中占据中心位置，美国对东盟加大接触和影响力度是必然趋势。这一战略的重要设计者之一、前助理国务卿坎贝尔曾说，如果说美国要重返亚洲，那么最应当重返的就是东南亚。这一地区目前有超过6.2亿人口，经济总量约为2.4万亿美元。美国是东盟的第四大贸易伙伴，东盟也已经成为美国的第四大出口市场。随着美国加入东亚峰会，东亚共同体的认同会变得更加模糊，美国还会促使东盟作为一个整体增大对华制衡。过去几年来，美国不仅指责中国在南海搞“胁迫外交”，还批评中国在东盟内部实施“分而治之”。尤其是，美国会加大拉拢柬埔寨、老挝等位于中南半岛的“陆上东盟”国家，或是采取多种方式对这些比较“亲华”的国家进行打压，以削弱中国在东盟内部的影响力。2012年柬埔寨担任东盟轮值主席国期间，美国就几次三番对柬施压。与中国关系较好的老挝在2016年接任主席国，美国也不会善罢甘休。

最后，美国的亚太战略调整将促发或进一步推动部分亚太地区国家的国内政治转型。例如，“密松大坝事件”是缅甸国内政治在美国影响下发生显著变革的典型事例。据“维基解密”揭露的外交电文显示，早在2009年，美国驻缅甸外交机构就提议利用缅甸国内非政府组织对“密松大坝”项目的反对大做文章。而吴登盛政府最终决定不惜冒犯中国停建该项目，也是因为希望借此向美西方表现诚意，以打破国际社会对缅甸的政治孤立和经济制裁，以便在2012年和2014年顺利成为东盟对美关系协调国和东盟轮值主席国。美国方面势将进一步加大对缅甸的拉拢，还会通过印度等国对缅“做工作”，使其与中国日益疏离，克林顿于2011年12月访问缅甸，这是50年来首位美国国务卿访问该国。从长期看，美国的亚太战略调整会导致亚太地区秩序向着一种以意识形态因素为基础的大国重组和分立转变，即美国与印度、日本、澳大利亚等国组成“民主联盟”，对阵中国、俄罗斯及亚太地区其他“专制国家”组成的集团。美国国安会前亚洲事务主任、战略和国际研究中心高级研究员维克特·车（Victor Cha）称，“我们即将进入美中外交竞争激烈程度大大加剧的时期”。

未来5—10年，是中国实现大国崛起的关键时期，是中国从陆上大国走向海上强国的攻坚时期，是中国与周边国家及域外大国之间矛盾多发的时期，中国必须深入、全面地研究美国重返和重构亚太的广泛影响，同时看到美国“更新”亚太布局的复杂性、长期性和曲折性，避免将美国的“出牌”盲目视为“摊牌”，将“战略较量”简单看作“殊死对决”。中国需要准确把握美亚太外交“维霸”与“求稳”并存的复杂心态，以富有创造力的方式应对中美在亚太地区的“权力游戏”新局。

首先，应加强与美国之间的战略沟通和亚太事务磋商，减少和避免战略误判。实际上，美国方面也意识到，如果无法维持与中国之间的稳定关系，美国的“亚太再平衡”战略最终也将是难以为继的。2013年3月11日，奥巴马国家安全事务助理多尼隆在美国亚洲协会发表演讲，表示“亚太再平衡”战略建立在五大支柱之上：一是加强与日本、韩国、澳大利亚等盟国的关系；二是深化与印度、印尼等新兴伙伴之间的关系；三是与中国建立稳定、富有成效和建设性的关系；四是强化东亚峰会等地区机制，防范安全冲突；五是加大对TPP的投入，建立覆盖亚太的区域经济结构。

此外，近年美国战略界人士也对“亚太再平衡”战略做出一些反思，其观点主要集中在以下几个方面。一是虽然美国的“政策意图”未必是围堵中国，但其“政策态势”显露出过多的“反华”“制华”取向，从而使该战略丧失了成功的根本要件——稳定、积极、合作的中美关系。波士顿学院教授陆伯彬认为美国旨在制衡中国崛起的“亚太再平衡”战略实际上加重了中国的不安全感和“好斗性”，结果适得其反，损害了美国的国家安全利益。二是对自身承诺的“信誉度”是美国外交政策的一大考量，出于“安抚”亚太盟友和伙伴的考虑，美国过于高调地推销和渲染“亚太再平衡”战略，但往往口惠而实不至，空头承诺多，实在付出少，这反而损害了美国的“信誉度”。三是过于突出美国重返亚太的军事色彩，除了大步骤实施海、空、陆、天、电各领域的军事部署，从而在相当程度上忽视或偏废了“亚太再平衡”中的经济发展等其他支柱。四是偏离了美国在领土领海主权争端问题上长期坚持的“不采取立场”原则，在南海问题等方面做出有失慎重、自相矛盾甚至是明显偏袒盟友的表态，不仅向有关国家释放了错误信号，导致这些国家错判形势，不惜挑动大国冲突，造成地区国家之间的矛盾升级，而且还大大增加了将美国自己卷入冲突的风险。

其次，中国应从“印度洋—太平洋”两洋战略框架内审视、筹谋地区战略。未来与美国、印度、澳大利亚、日本等国的博弈将在这一战略框架内展开。实际上，与应对美国“亚太再平衡”战略相比，中国面临的更严峻挑战在于，亚太地区国家在美国“重返亚太”的促动下正实施各自版本的再平衡战略，包括传统意义上的“小国”也在努力找寻和利用新的战略机遇，南中国海、东南亚和孟加拉湾成为印太亚洲的地缘重点，未来中国周边战略环境的复杂性或将远超既有估计。应对“强中国”或许会成为这些国家的“准共识”，并催生“准结盟”和“制华统一战线”的形成。同时，也要看到，越来越多的地区国家倾向于采取一种“联而不盟”的对外策略，都希望在变动不居的亚太地区权力游戏中使自己获取实利的同时留有余地，最大限度地增加腾挪折冲的战略空间。比如，澳大利亚和韩国都在施展以“倚美联中”为突出特征的“中等强国”外交。

最后，中国需努力破解“多边不适症”，更加主动、务实、有效地参与和引导地区合作，使营造新型周边关系与中美构建新型大国关系相互促进，强化与以美国为中心或主导力量的多边网络的博弈能力。主观上，中国推进周边外交实现转型发展的能动性在增强；从客观环境看，地区经济一体化、区域合作机制建设、区域内合作的非正式网络等都在孕育着重要机遇。中国推动地区合作特别是地区安全合作，要在“双边”和“多边”策略上做必要调整。一方面，应更加重视以双边关系为抓手、为杠杆，防止中缅、中柬、中巴等传统重要双边关系受损，也要着力培育和印尼、韩国、澳大利亚的新型双边关系，避免多边外交的“空心化”；另一方面，应善于在多边场合利用“中美协调”和“中美接近”态势，对日本、菲律宾等国采取“延伸性压制”，更加积极地回应地区多数国家和东亚峰会、“东盟防长扩大会议”等地区组织对海上安全、反恐、救灾、维和等议题的关切，更加注重向该地区提供安全性的公共产品，通过能源安全、水资源安全、粮食安全等议题扩展中国对于地区安全事务的影响力。要设法降低地区安全问题与中美关系的“粘连性”，领土争端等地区安全问题常被归结为中美之间的战略竞争，这导致双方在应对上的政策空间收窄。中国可考虑适当提升中美亚太事务磋商机制的层级，向美方提议如何共同约束和引导地区国家之间的安全关系。

## 第二节　美日同盟的转型

第二次世界大战结束后，美国在欧洲地区依靠北约构建了有力的同盟体系，英国、德国、法国等都是实力较强的盟国。与之相比，美国在亚洲的同盟体系相对较弱，也缺少像样的盟友。在这种情况下，日本被视为美国亚洲同盟体系之“锚”，扮演着极为重要的角色。近年，美日同盟进入冷战后第三轮战略调整期，前两次分别由20世纪90年代初的第一次朝核危机和2001年的“9·11”事件促成。而此次调整则以美国实施“亚太再平衡”战略、特别是军事上的战略调整为大背景，主要应对中国崛起。一个公然以中国为敌的美日同盟显然是极度危险的，将大大深化地区安全困局。中国与日美在20世纪70年代先后建交，当时的中美日三边关系有一个“共同应对苏联”的基础。而冷战结束以后至今，中美日三边关系亟须寻找一个新的基础，形成有效的增进互信机制。显然，无论中国如何反对，美国强化日本安全角色并推动日本在亚太地区事务中发挥更大作用的努力不会停滞。安倍政府更是铁了心要重新激发日本的军事潜力，加快实现所谓“国家正常化”的目标，正如日本外相岸田文雄所言，日本绝不会接受中国与美国在亚太分享权力。中国如何灵巧运筹未来一个时期的中美日三边关系值得深思。

## 一

要理解当下中美日三边关系，就需要重温20世纪70年代的那段历史。20世纪国际政治中最具转折意义的事件之一，是70年代初期中美关系的“解冻”。1972年2月尼克松成功访华被誉为“改变世界的一周”。日本作为美国的冷战盟友和中国的传统邻邦，在中美两国领导人改善相互关系时是必须加以考虑的“第三方因素”。“日本牌”可谓始终是中美两国博弈的重要筹码。

1969年1月，尼克松就任美国总统，面对的是苏联咄咄逼人的压力以及美国如何从越南战场上“体面撤军”的挑战。[31] 中国在抗衡苏联、影响当时北越政权等方面有着不可替代的作用，而1969年中苏关系恶化，让尼克松及其国家安全事务助理基辛格捕捉到了改善对华关系的重要机遇。当然，美国政府解冻对华关系不仅是为了对抗苏联、结束越战，它还力图借助中国重塑有利于美国主导地位的未来亚洲政治格局，加之日本自第二次世界大战后一直是美国在东亚的最重要盟友，这便使尼克松政府不得不在美中日多边关系的视角下思考对华政策。[32]

美日同盟是冷战时期美国维护其在亚太地区主导地位的支柱，也是遏制苏联和中国的关键一环。而第二次世界大战后的日本也一直将维护日美同盟作为对外关系的基轴，并在这一同盟关系提供的“安保红利”下全力发展经济。然而，当年的日本在发展对华关系甚为积极，美国政府甚至不时担心东京会越过华盛顿而“接近”北京。即便中国在20世纪60年代中后期成功试爆原子弹及陷于“文化大革命”之时，日本仍有四分之三的国民表示赞同和中国建立外交关系。在1969年3月完成的题为《共产党中国和亚洲》的“国家特别情报评估”中，美国高级情报分析人员认为，“在与大陆发展关系方面，日本并不想被落在后面”，美日之间因归还冲绳和《日美安保条约》而产生的隔阂给中国提供了可以利用的外交机遇。[33]与此同时，中国也一直通过民间外交保持与日本的接触，并推动日本摆脱“美帝国主义”的控制。正如毛泽东所言：“日本民族是一个伟大的民族。它是绝不会让美帝国主义长期骑在自己头上的”，“我们中日两大民族有合作的可能性，也有此必要，因为都受美帝国主义压迫，有共同立场”，“我们应该想尽一切办法，让美国的手缩回去，它的手太长了”。[34]

美国对于日本在经济上快速赶超自己十分担心。1969年美国财政部的内部评估报告提醒白宫，不要低估日本经济发展对美国带来的冲击，日本对美贸易的巨额顺差已威胁美国经济上的霸权地位，甚至对自由世界的经济秩序构成挑战。在安全上，尼克松提出要让美国的亚洲盟友分担成本，帮助盟友提高自我防卫能力，而不是总由美国为安全保障埋单。但是这一“尼克松主义”在面对日本时却面临一个很大的两难：美国需要让日本在安全方面“做得更多”，但又不能“做得太多”。[35]由此可见，美国在如何处理日本问题上确实存在矛盾心态，而这种矛盾心态可以说一直延续至今。

中美经过历时近两年的秘密渠道磋商，1971 年 4 月，美国终于等到了中方同意美国派遣密使访华的要求，尼克松政府开始为准备与中方最高领导层的直接谈判忙碌起来，而在此过程中，“日本牌”的作用和重要性日益凸显。1971 年 7 月 1 日，尼克松在基辛格即将开始秘密访华行程之前面授机宜，他要求基辛格尽量清楚地向中国领导人阐明“日本的未来发展趋势所具有的威胁性”。尼克松强调，基辛格应该让中国人认识到，有很多国家对美国从亚洲撤出后日本所扮演的角色感到担忧，日本“既有能力、资源，也知道如何在极短的时间内重建军力，美国完全撤出该地区或者在该地区误用军力有可能导致日本军国主义的复活”。在总结会谈方式时，尼克松又一次强调要把“对日本军国主义复活的担心”作为与中国人会谈的基础。[36]

经过精心设计，基辛格躲开了媒体的追踪，秘密来到北京。1971 年 7 月 9 日下午，基辛格终于和周恩来展开了第一次会谈。基辛格称，“在日本问题上，你们和我们的利益非常相似。我们谁也不想看到日本重新武装到牙齿，我们在那里的基地仅仅是防御性质的，并且能使他们延缓重新武装自己”，“在一个强大的日本和一个强大的中国之间，我们认为，一个强大的中国不是一个扩张主义者，因为这是你们的传统”，“从日本撤军，重新武装日本，然后让日本和中国相互制衡，这不是我们的政策”。[37] 而周恩来则在会谈中多次强调了日本军国主义复活、日本对台湾野心等问题。随后，基辛格向白宫汇报了中国领导人对于日本的高度担忧，并提出美国在对日和对华关系上应维持它所热衷的势力均衡，“我们必须和日本打造出一种精妙的友情，同时不能让人觉得日本对我们的中国政策拥有否决权。最糟糕的情况就是，我们让中国人觉得我们和日本人躺在一张床上，但同时又惹恼了日本人”。[38]

1971 年 7 月 15 日，尼克松宣布将于次年访华。日本驻美大使牛场信彦在白宫发布此消息前几分钟才得到美方电话通知，当时便惊呼美国越过日本与中国解冻关系这一“噩梦”变成了现实。[39] 而在这之后，尼克松对日本的担忧进一步加深。1971 年 8 月 10 日，尼克松在会见柬埔寨首相时突然提出日本“控制和侵略”这一地区的可能性。同一天，尼克松告诉基辛格、国防部部长莱尔德等高官，日本是一个“灰色地带”，它有可能抛弃美国而转向其他军事大国寻求安全保护。当年 12 月，尼克松向英国首相希思抱怨说，“日本人像一群虱子一样遍布亚洲”，他们怀有“挫败感”和“失败的记忆”，在结束越战后必须被纳入一个地区安全框架之下。[40]

显然，尼克松在调整对华政策的同时，担心美中缓和会使亚太地区的力量格局发生变化，进而可能迫使日本发展军备、重新武装自己，甚至与苏联结盟。尼克松当时可能还未意识到，他的担心与中国领导人不谋而合，正是对于日本的担忧把他们推得更近。1972 年 2 月 21 日，尼克松在抵达北京后数小时内就见到了毛泽东。毛泽东热情地欢迎这位“大右派”的来访，尼克松则迫不及待地谈起了“日本的未来”。尼克松提出，“我们必须问自己，日本的未来是什么？是变得中立、全然没有防备好，还是在一段时期内保持和美国的关系好？”尼克松自问自答，他说：“我希望从哲学的层面来讨论，在国际关系中没有什么好的选择，但是有一件事是确确实实的，我们不能留出真空，因为真空会被填补上。”[41]

第二天，尼克松在和周恩来的会谈中用日本做例子说明美国在亚洲保留军队不仅符合美国自己的利益，也有利于中国，“美国可以离开日本的水面，但是其他人可以在那里钓鱼”。尼克松向周恩来表示，“日本作为一个民族，既有扩张的动机，也有扩张的历史；如果让他们以经济上的巨人、军事上的矮子这种状况存在于世的话，他们将容易受军国主义的影响”，“我们的政策是，在可能达到的程度内，阻止日本从经济扩张走向军事扩张”。尼克松特别告诉周恩来，他已经连着几个晚上阅读有关中国的历史，他之前并不知道一直强大的中国竟然多次遭受外国入侵，故而他可以充分理解中国领导人为何要竭尽所能防止外国侵略重演。尼克松表示，“我们已经建立起来的这种新型关系就可以满足这种需要”，“中国成为一个强盛、独立的国家而不遭到邻国的瓜分，这符合美国的利益”。[42] 值得注意的是，对日本和苏联接近的担忧成为当时中美两国领导人的共同关切之一，而这种关切更加具有战略层面的意义。1972 年 1 月，苏联外长葛罗米柯选择在尼克松访华前夕出访日本，苏日还发表了联合公报。周恩来向尼克松特别提到葛罗米柯访日时对日方的表态，“葛罗米柯最近访问日本时，公开对福田赳夫外相说，中苏之间在五年内会发生重大冲突，冲突的规模要比珍宝岛事件大得多”。

从中美关系“解冻”的这段历史看，日本因素本来是中美两国之间关系解冻的一道障碍，但最后却成为凝聚双方战略共识、促成双方关系改善的动力。中国领导人是在应对美、苏、日三国威胁的基础上开始调整对美政策的。苏联对于中国的军事威胁是严峻而紧迫的，美国和日本等对于中国的威胁相对来说是潜在的，中国的基本目标是迫使美国撤出在亚洲的军事存在，减轻中国在地缘政治方面的弱势地位。中国对于“日本威胁”非常担忧，尤其是日本经济实力的发展，民族主义的膨胀，对亚洲事务的影响力的增强以及对台湾、朝鲜半岛的“野心”。

美国担心中美缓和会使亚太地区的力量格局发生变化，进而可能迫使日本发展军备、重新武装自己，或与苏联结盟，苏联也会通过拉拢日本来保持在该地区的对美均势。[43] 尽管 1972 年年初尼克松的成功访华被日本抱怨为“越顶外交”，美国领导层在与中方的谈判中却用足了“日本牌”。尼克松、基辛格始终强调日本可能因美国撤军或者美国安全保证的丧失走上拥武自重，甚至与苏联为伍的道路，中方最终改变了看法，从最早要求美国从亚洲撤出全部军事力量变为同意、甚至希望美国暂留军力。另一方面，中国也利用日本因素使美国就台湾问题做出更多承诺。针对美国将尽可能限制日本从经济扩张转为军事扩张，协助中国应对外敌入侵的表态，中方亦保证中日关系不会损害美日关系。中国领导人也清楚地意识到，没有对美关系的改善，就没有中日关系的缓和，并在某种程度上默许了美日同盟“看管”日本、防范苏联的正面作用。

可以说，中美关系实现缓和很大程度上是因为双方在如何处理日本因素方面找到了“中间路径”，20 世纪 70 年代中美日三边关系的重塑既建立在对苏联威胁的共同应对基础之上，也体现出防范日本再度成为军事强权的意味。中美领导人所体现的高度的政治现实主义是引人深思的，充分理解国际政治现实并在此基础上尽力寻求共同利益和必要妥协是“大外交”的恒久精髓，这对于中美如何在未来数十年处理好日本因素具有启发性意义。

## 二

近年，在美国实施“亚太再平衡”战略的背景之下，美日同盟正进入冷战后第三轮战略调整期。20 世纪 90 年代初的第一次朝鲜核危机和 2001 年的“9·11”事件促成了此前美日同盟的大调整。而此次调整则主要是针对中国。美国希望以美日同盟为基轴，大力推动第二次世界大战后美在亚太地区建立的“毂辐模式”同盟体系向“网状模式”的同盟伙伴体系转型，力图提升对中国的军事遏制能力，对朝鲜半岛、南海等热点问题和突发事件的应对能力，以及对该地区总体安全态势的塑造能力。美国希望开掘和利用日本的军事实力，服务美在该地区军力配置的重新调整，以及“空海一体战”“联合作战介入”等新军事概念的实施。

然而，在本轮美日同盟调整中，日本的主动性极为明显，日本力图紧抓美国“重返亚太”的“战略机遇”实现“借船出海”。日本政府通过夸大安全威胁“倒逼”国内各派同意修改和平宪法，为行使“集体自卫权”消除障碍，力图以“进攻性防卫”替代“专守防卫”，突破军费开支限制，修改“武器出口三原则”“无核三原则”，强化所谓“机动防卫力”，最终谋求日美同盟“对等”化和日本的“普通国家”化。

可以说，日本在美国“重返亚太”以及中国加速崛起的背景下采取“双重对冲”战略，对中国和美国同时采取防范举措。日本战略界普遍认为，对于日本而言，在经济、军事、政治方面都需要对中国保持戒心和警惕，加大对华防范。例如，日本现约20%的贸易依赖中国，2030年则将超过40%，“被迅猛发展的中国经济所吞没的不安感在日本有所增加”。民调显示，30%以上的日本人将中国视为军事威胁，70%左右不信任中国。京都大学教授中西辉政等人称，中国正使用“三管齐下”方式实施对日“反扑”：利诱日本经济界和企业，劝说日本抗拒 TPP；对日本舆论和政界开展宣传攻势和“微笑外交”；用不断增强的军事手段对日采取“强硬恫吓”战术；日本应对中国的两大战略手段包括强化日美同盟和推动对中国实施软制衡的新亚洲战略。另一方面，日本战略界也认为，美国已陷入难以挽回的相对衰落境地，迟早会与中国做交易抛弃日本，就像当年尼克松搞“越顶外交”一样，因此日本亟须凝聚国家安全战略共识、加紧提升军事应对能力，实现“自己的国家自己保卫”。如桃山学院大学教授松村昌广称，“日本领导人应该明白，日本在短期内还要仰仗美国的霸权，而从中长期角度看，应努力降低对美国的依赖，逐步实现脱离（对美）从属关系”。

实际上，自日本民主党政府上台以来，一直试图在增强日本外交和安全自主性的核心目标之下就日美同盟进行再调整。虽然鸠山由纪大 2009 年执政后提出“东亚共同体”构想，看似“疏美亲中”，但他也强调，“日美同盟最重要”，不是反美、嫌美，而是使日本发挥“亚洲和美国之间连接桥梁”的作用。为修复日美关系，2010 年 11 月，鸠山继任者菅直人与奥巴马会见时强调，日美同盟仍是日本安全和繁荣的基石，并确定要尽快解决普天间基地迁移问题、完成对日美共同战略目标的修改。之后上台的野田政府则完全展现亲美立场，野田明确表示，“日本同盟不仅在外交和安保领域，而且在经济等各方面都是基本中的基本，是主干，是基轴，这是我的信念”。[44]

而到了自民党的安倍政府上台，其以“亲美助美”之名谋“防务自立”之实的路线更为清晰、坚定。在这方面，安倍继承了其外祖父、日本前首相岸信介的政治基因。岸信介在第二次世界大战后曾作为甲级战犯遭到逮捕，但并未被起诉，后以“自主制定宪法”“自主确立军备”和“自主外交”的政策路线重回政坛，1957年担任首相。1960年，在岸信介的直接推动下，《美日安保条约》进行重要修订，从原来强调“美国单方面保护日本”变为“日美合作维护远东和平”。可以说，日本的国家安全战略正经历一种静悄悄的大转折，或如美国日本问题专家迈克尔·奥斯林（Michael Auslin）所言，日本正在觉醒，奉行了几十年的和平主义和安全思维正在崩解。而美国也期待日本能“迈出最后几步”，2012年8月，美前副国务卿阿米蒂奇（Richard L.Armitage）等撰写的报告公布，呼吁美政府将美日同盟打造成亚洲稳定之锚，特别是支持日行使集体自卫权已成为某种跨党派共识。[45]时任美国国防部部长哈格尔（Chuck Hagel）2014年3月在接受《洛杉矶时报》访问时直言，现在美军的关键在于少花钱多办事，办法就是帮助友好国家提高自身的武装力量，更加注重提高美军的质量而不是数量。[46]在预算紧缩的时期，美国要想妥善应对该地区的各类安全威胁，就必须与日本等亚洲盟友和伙伴进行“责任分担”或“责任转移”。由此，美日同盟正经历新一轮的战略性调整，主要方向包括以下几个方面。

一是从“分工”走向“一体”。美日同盟正从侧重“分工”转为大力深化两军“联合力量”和“互操作性”，通过共享情报、共谋规划、联合训练、共用基地、共建导弹防御系统等多种方式，推动美日军事一体化。两国将困扰同盟发展的普天间基地迁移问题和驻日美军“再编”问题适度剥离，力图消除障碍、加大整合。既借助美亚太军事战略大调整强化日“机动防卫力”，又利用日本强大的海空军力量，配合美“空海一体战”和“联合作战介入”

概念的实施。目前，美军在日本47个都道府县中的29个建有军事设施，包括14个机场、9个军港以及130多处军营和训练场。此轮驻日美军“再编”是1951年日美安保条约缔结以来最大的一次战略调整。在日本及其周边“有事”时，美陆军第一军司令部将从加州搬至神奈川县座间市，并可使用军事和民用设施。日自卫队和美军还将在关岛和北马里亚纳岛进行警戒监视和侦察活动的联合训练。

日本采购F—35联合攻击战斗机的决定，将使日本在2020年左右拥有40余架世界上最先进的战机，且美日已在横田空军基地建立联合防空中心，旨在进一步加强双边空防规划和协调。此外，日本被美国视为导弹防御系统建设方面“最亲密的盟友”。值得关注的是，2012年6月，日本议会通过核能基本法的修改，34年来首次将“国家安全”纳入核能发展目标，为日本的核武化扫除障碍。而美国国防部前高官理查德·劳利斯等人也一直在呼吁日本发展核动力潜艇。

二是从“双边”走向“多边”。2011年底，美国、日本和印度举行首次三边安全磋商，议题不仅涉及印度洋—太平洋海上交通安全，还包括如何协调三国对缅甸政策等。2012年4月，日印外长会谈就进一步开展海上安全合作达成共识，同意尽快建立外交和防务次官对话机制，并表示两国从2012年开始进行双边海上训练和演习。这是日本配合美国亚太同盟伙伴体系在新的“印度洋—太平洋”两洋战略框架下由“轂辐模式”向“网状模式”调整的重要举措，或如日本外相玄叶光一郎所言，日本要与各国建立新的“开放且多层次的网络”。这种“日美+1”的安全合作模式正越来越多地为该同盟所用。在美大力推动下，日韩两国达成《军事情报综合保护协定》，该协定虽因受到韩国国内的强烈反对而被迫推迟签署，但日韩加大安全合作的趋势将仍会持续。如美日韩在2013年7月12日宣布成立旨在应对朝鲜“入侵”的三方安全磋商机构。正像美国家安全委员会前亚洲事务主任维克特·车（Victor Cha）所言，“尽管嵌入日韩关系中的历史性不信任和仇恨不会消亡，并可能在任何时候爆发，但由朝鲜和中国引发的共同安全利益和挑战将促使美日韩继续强化并复兴它们的同盟”。[47] 过去几年间，日本和澳大利亚的防务合作进展也十分突出。

此外，美日两国还在摸索如何同“南海桥头堡”菲律宾及中亚大国哈萨克斯坦建立新的合作框架。美菲两国2012年4月以“夺回被占领的南海油田”为主题，进行了大规模的联合军演，而日本则以图上演习的方式参与。在美国扩展对菲军事合作的同时，日本则通过政府开发援助向菲提供海岸巡逻船。美国还鼓动日本发挥自身在海上安全方面的优势，帮助菲律宾、越南、印尼等地区国家提升海岸侦察、警戒和应对海上突发事件的能力，如有美国学者建议日本在冲绳设立“地区海岸警卫队训练和信息中心”。[48] 美国战略与国际问题研究中心资深研究员爱德华·鲁特瓦克（Edward Luttwak）声称，面对中国，如果日本不表现出愿意打仗的姿态，中国就会施加更多压力，日本既要加强自身的遏制力量，同时也应积极援助菲律宾、越南、印度等同样面临所谓“中国威胁”的国家，建立一个从日本一直延伸到印度的同盟阵线。

三是是从“地区”走向“全球”。2012 年 4 月，野田访美时与奥巴马发表题为《面向未来的共同蓝图》的共同声明，这是日美领导人自 2006 年 6 月提出“世界中的日美同盟”以来首次发表联合声明。该声明称，“几十年来，我们的同盟关系向着全面的伙伴关系稳步发展，这不仅有助于亚太地区的和平与稳定，同时也对区域外的和平与安定做出了贡献”，这表明该同盟的活动范围和合作领域仍将继续扩大。

自 2001 年“9·11”事件以来，在强化日美合作的旗号下，日本政府通过《支援美军法案》《国民保护法案》等一系列“有事立法”不断放宽对海外派兵的限制，日自卫队活动范围不断延伸，早已大大突破《周边事态法》中日本对美支援仅限“周边地区”的规定，触角伸向印度洋、非洲之角和中东地区，并在吉布提建立了第二次世界大战后的首个海外军事基地。“这些海外行动培养了一代有作战经验、对与外国伙伴军队交往有自信的自卫队海陆空军官。”为使海外派兵常态化和便捷化，日本尝试以普通立法取代之前“一事一法”的方式。此外，在美国的促动下，日本还放宽“武器出口三原则”，以应对全球自然灾害为借口，向他国出售可用于救灾等任务的军事装备（如重型卡车），从而大幅提升日本在全球军火产业的竞争力，增强对全球防务装备采购及相关应用和研发的影响力。日本在武器装备输出方面的潜力不容低估。2014 年 4 月，日本和澳大利亚就联合研制潜艇等军事技术合作的谈判取得突破，2030 年前澳大利亚海军需要 12 艘排水量在 3 000 吨左右的大型潜艇，而除了美国外只有日本的“苍龙级”潜艇才能满足澳政府的需求。

四是从“应对”走向“塑造”。哈佛大学教授、美籍日裔学者入江昭认为，日美同盟应超越一般意义上的地缘政治和地缘战略性质，应为新的国际环境的建立做出贡献。日美同盟此轮调整的重大方向之一就是，着眼确保美日在国际舞台的优势地位，增进两国在全球经济、贸易、能源等领域的规则制定方面的协调配合；针对全球战略形势新变化和“新型安全威胁”，大力加强两国在海、天、空、网等全球公域的合作。在一个高度网络化、信息化和相互依存的世界中，谁能握有对全球公域的进入权、使用权和掌控权，谁才有可能成为最后的赢家。有评论认为，前述日美共同声明之所以强调要促使各国遵守海洋、宇宙和网络空间的国际规则，就是针对中国日益增多的海洋活动和不断增强的空天能力。

美日同盟加强对国际环境的塑造还突出体现在 TPP 问题上。2012 年 4 月，奥巴马在日美首脑会谈中对野田强调“TPP 问题不单纯是经济问题，也是战略问题”。现任民主党政调会长前原诚司称，“日本参加 TPP 不但经济意义重大，政治意义也非常重大，我将之置于强化日美同盟关系的重要一环”。

日本经济产业大臣海江田万里、经团联会长米仓弘昌等支持日本加入TPP的人士不断在国内造势，他们称，从世界经济大势看，日本加入TPP是“历史的必然”，如果日本不加入，将成为“世界的孤儿”。日本外务省前高官谷口智彦称，美国构建太平洋、印度洋的同盟关系网和以TPP为标志的自由贸易网都是针对中国崛起的战略安排，日本应针对中国崛起，努力促成“海洋民主国家”的联合框架。[49]

可见，美日同盟时下进行的新一轮调整是全面的、深入的，对地区乃至国际安全形势都将产生重要影响。外界普遍认为，2010年12月日本在“新防卫计划大纲”中提出加强“机动防卫力”，这是日本安全战略的重大变化，即战略关注从东北转向西南，增强对中国向西太平洋“渗透”的应对能力。加之近年来，日本在武器研发和采购等领域的小动作不断，日本实际上在安全领域谋求更大的“修正”。而美国重返亚太，以及美国强化对华军事态势恰好为日本提供了在军事上实现更大跨越的机会。很多日本战略界人士都认为，美国的亚太再平衡，特别是美国突出军事意义上的重返亚太对日本来说是一种“福音”，日本要顺应和利用美国“重返亚洲”，通过日本的主动变化来影响美国的亚太战略，外推美国、内促共识。2012年7月，日本政府批准2012年度《防卫白皮书》，较前更甚地渲染“中国威胁”，这份白皮书实际上是日本的一张“对美决心书”。日本的深层次打算是，通过融入、配合美国的全球和地区战略调整积蓄力量，为最终摆脱“战后体制”和美国控制创造条件。2013年12月17日，日本政府内阁会议通过新《防卫计划大纲》《中期防卫力量整备计划》以及首份“国家安全保障战略”，这是安倍上台后极力推动所谓“积极安保政策”和“积极和平主义”的具体化，“武器出口三原则”等长期以来被日本奉行的谨慎安全政策正在从根本上发生改变。

当然，美日之间仍存在某种程度上互信不足的问题。美国对日本克服动荡、低效率的政治体制和僵化的外交机制信心不足，也担心过度武装的日本会引发邻国及美国其他盟国的不安。有日本战略界人士则指出，美国“空海一体战”第一阶段目标的达成，建立在以损失日本为代价的基础上，这不仅会给日本增加沉重的军事开支负担，还会使日本最终成为美国“丢卒保车”时的卒子。此外，日美两国的经济困境和财政窘境、两国国内政治派别（日本中央和地方政府）之间的复杂角力，以及来自该地区国家的反制力等因素都会影响这一同盟关系的调整前景。一方面，美日两国都面临着经济增长乏力、财政预算紧张的挑战。美国国防预算 2013 财年削减 370 亿美元，在今后 10 年会比 2012 年下降约 20%。而日本政府债务占 GDP 的比率已接近 230%，老龄人口占总人口比率将从 2010 年 13%升至 2025 年的约 20%，社会福利开支和债务还本付息要求势将影响其防务预算。

再者，美日同盟的深化会受到两国国内政治的掣肘。例如，在日本加入 TPP 问题上，日本国内仍存在较为突出的反对意见。据日农林水产省估算，加入 TPP 将使日本总损失额达到 11.6 万亿日元，导致 340 万人失业，粮食自给率将从 40%降至 14%。反对者还指出，TPP 本身就是“造就对美国从属联合体，是经济和社会对美从属固定化，是实实在在的美国化”；TPP 本质上是“日美同盟优先、美国利益优先的具体化”。自 2010 年 10 月至 2011 年 9 月，日本 47 个都道府县中，有 42 个地方议会表明不应加入 TPP。此外，日本政府在冲绳振兴计划、普天间迁移费用等法案上也面临掣肘，地方政府并不一定会完全顺从。

无论如何，美日同盟进行大调整的趋势难以改变，日本力求在军事安全方面“大有作为”的趋势几乎是无法逆转的。2014 年 4 月，美国总统奥巴马在访问日本前夕接受《读卖新闻》采访时，首次以现任总统身份明确表示钓鱼岛问题适用《美日安保条约》，并支持日本解禁集体自卫权。同年，美日同盟完成双边防卫合作指针 16 年来的首次重要修订。美国支持日本行使“集体自卫权”，突破美日同盟行动的地理限制，实现所谓从平时到紧急事态的“无缝合作”。美国希望充分释放日本军事安全潜能、将日本打造为抗衡中国急先锋的战略取向越发明确。这将深深撼动自20世纪70年代以来中美日三边关系维持基本稳定的战略基础。

## 三

安倍晋三在2012年12月再度成为日本首相，他曾在2006年9月出任首相，但仅在一年后便以健康原因为由辞职。安倍上台以来，一方面在国内大力推动解禁集体自卫权、修改日美防卫合作指针、扩大武器出口等强化军力之举，日本2016年度的防务预算达到创纪录的403亿美元；另一方面，大搞“俯瞰地球仪”的首脑外交，推销其“积极和平主义”，为日本走向有战争权的“正常国家”争取外交支持，营造日本在国际社会的“大国”角色。让日本成为军事大国从而实现“自己保护自己”，是安倍多年来一直坚守的“使命”。而如今，为了尽快实现这一夙愿，“安倍的蛮干政治”昭然若揭。

2013年11月，安倍政府不顾民众担忧，在众议院强行通过“特定秘密保护法案”，这是变革日本国家安全战略的重要一步。包括两名诺贝尔奖得主在内的31位日本知名学者发表共同声明，称该法案威胁日本宪法规定的基本人权与和平主义，使日本走向“秘密国家”和“军事主义国家”。日本重要的政治评论杂志《选择》刊文指出，造成“安倍的蛮干政治”的制度原因在于，小选区比例代表并立制度造成日本大量众议员出现“一任游”现象，即就任一届后便被选民抛弃而无法实现连任，加之政治资金分配权和人事权由党首掌握，自民党内的不同派阀相互制衡的格局也在瓦解，安倍可谓权倾朝野，党内反对势力和权力监督机制严重受损。

安倍政府在日本国家安全战略上的“突进”也引起了周边邻国的警惕。近年来，超过80%的韩国民众将日本视为仅次于朝鲜的危险。2013年，在接受日本杂志采访时，安倍晋三居然将韩国称为“愚蠢的”国家。安倍身上的这股“轴劲儿”，实际上也反映了日本的一种战略文化和政策行为模式，即便是误入歧途，也会坚持到底。1941 年，日本掀起的侵略战争陷入困境，臭名昭著的二战战犯、时任陆军大将东条英机对另一位法西斯军国主义分子、首相近卫文麿说，“有的时候我们必须闭上眼睛，从清水寺的舞台上纵身跳下”。

安倍政府的“历史修正主义”是引起韩国、中国等国对其不满的重要因素。安倍晋三多次就“慰安妇”“南京大屠杀”等问题发表荒谬言论，甚至将供奉“二战”甲级战犯的靖国神社比作美国的阿灵顿国家公墓（二战中牺牲的美国军人多埋葬于此）。2015 年德国总理默克尔访问日本时，明确劝告安倍政府要正视战争历史。默克尔说，德国坦率面对历史是“二战”后德国与邻国实现和解的关键。她在会见日本最主要反对党民主党领导人冈田克也时，也主动提到“慰安妇”问题，并再次强调“必须始终正视过去”。对此，时任外相岸田文雄等内阁高级官员抱怨称，默克尔访日不是为了来提建议，在与邻国关系等方面，日本和德国有很大不同，不要将两国进行比较。这种反应非常符合日本人的文化心理。美国学者鲁思·本尼迪克特（Ruth Benedict）在《菊与刀》中指出，日本人的羞耻感产生于外部的强制力，他们认为只要不良行为没有完全暴露，就不必懊丧，坦白忏悔只能是自寻烦恼。

安倍晋三并没有对默克尔的善意提醒做出积极回应，反倒是大肆宣扬日本是二战中的受害者。2015 年 3 月 10 日，他违背常规地参加了“东京大轰炸”纪念仪式，希望借此塑造日本是二战受害者的形象。在不少日本人看来，无论是“东京大轰炸”，还是广岛、长崎遭受的原子弹轰炸，美国都是不折不扣的“加害者”。在靖国神社中的战争博物馆，参观者被灌输的正是这样一种历史叙事。据称，曾出任美国常务副国务卿的詹姆斯·斯坦伯格（James Steinberg）在参观该博物馆时向日方直接表达了不满。在德国国防部前部长福尔克尔·吕厄（Volker Rühe）看来，由于采取了对待历史的正确态度，如今的德国在欧洲被朋友所环抱；而日本的几乎所有邻国都对其感到深深的忧心。日本一方面希望摆脱在安全和外交上对美国的依附关系，一方面又使自己陷入与邻国的战略紧张关系之中。这无疑是日本外交政策的悲剧。日本有正当的权利为自己构筑更安全的环境，但也有义务不去损害国际秩序的道义基础，应该与70多年前帝国主义的日本彻底划清关系。

在对华政策上，安倍政府采取了一种明显的对抗姿态。在国内右翼力量和外部势力的鼓动下，日本对中国的“战略焦虑”或正演变为“战略忧惧”。日本海上自卫队前将领五味睦佳称，“隔海相望的那个大国正在磨刀霍霍，美国航母的神力正在丧失”，“台湾是日本的生命线，台湾和日本是命运共同体”，“日本政府应接管靖国神社，让战死的自卫官进入靖国神社，并在此举行慰灵仪式”，“所谓日美中‘正三角论’和对美对华‘中立论’都是亡国之论”。[50]时至今日，这种论调在日本已不鲜见。

安倍政府不断强化针对中国的军事部署，包括在西南岛屿部署陆上自卫队以及地对空和地对舰导弹，设置训练场和弹药库等。在美国支持下，日本还计划打造一支3 000人规模的两栖作战部队，以及自卫队的首支太空部队。此外，安倍政府还以“日美+X”模式强化与澳大利亚、印度等国的军事安全合作，日本防卫省还于2014年11月在缅甸召开首次日本—东盟防长会议。2014年7月，在印度邀请下，日本加入印美联合举行的“马拉巴尔”年度海上演习，而演习地点选在日本四国南部至冲绳东部之间的海域，这是2012年日本擅自“国有化”中国钓鱼岛后首次参加该演习，预计未来日印军事安全合作将更趋强化。

安倍政府利用国际多边场合抹黑中国，企图将日本塑造为遭受中国欺侮的“受害者”，国际法和国际规则的“执法者”，亚太地区安全的“守护者”。日本显著加大了对南海问题的介入力度。2014年3月，安倍在七国集团海牙峰会上提出，应对中国的强硬“挑衅”是亚洲和整个国际社会的问题。在5月举行的亚太安全香格里拉对话会上，安倍称中国“企图将改变了的现状固定下来的行动应被谴责”。与此同时，日本在军事安全方面的动作也是频频不断。日本和菲律宾的部队已经多次举行海上联合演习。2015年6月下旬，日本出动P—3巡逻机与菲律宾展开联合搜救训练。结束亚丁湾打击海盗任务的日本舰船“春雨号”和“天雾”号在返航途中，在马尼拉西部海域与菲律宾的海军驱逐舰进行了联合训练。这是日菲首次联训，而日本防卫省有意将这一联训例行化，每半年举行一次。

此外，日本向菲律宾赠送3架比奇TC—90“空中之王”飞机，菲律宾将对这些飞机加装侦测雷达后用于南海地区的巡逻。这是日本首次将自卫队装备转赠给他国。未来几年，日本自卫队将有数架P—3C巡逻机退役，它们很可能会被赠送给东南亚国家。当然，日本之所以愿意提供防务装备，很大程度上是因为它想要扩大在该地区的军事存在。日本与菲律宾正磋商协议，以使日本的舰船和飞机可使用菲律宾的军事基地。正如美国对外政策理事会亚洲安全项目主任杰夫·史密斯所言，在南海的举动体现了日本外交政策大胆而重大的变化，日本正全力投入到制衡中国的战略。

毫无疑问，安倍政府在南海问题上的危险介入将极大阻碍中日关系的改善。南海问题将在历史问题、钓鱼岛问题之后成为中日摩擦的又一主要来源。实际上，日本国内很多人反对安倍政府在南海等问题上采取与中国进行对抗的姿态。日本共同社2015年7月就“战后70周年”进行的民意调查显示，76%的受访者认为应努力改善与中国的关系。日本共同社发表的社论则反对安倍政府为了通过安保法案而把中国塑造为“假想敌”，认为这是一场“危险的赌博”。

毋庸讳言，围绕钓鱼岛主权争端等问题使中日关系陷入几十年来最困难的时期。但是，对于中国和日本来说，这种冰冷的关系并不符合两国的长远利益。2014 年 12 月，习近平在南京大屠杀纪念仪式的讲话中强调，我们不应因一个民族中有少数军国主义分子发起侵略战争就仇视这个民族，战争的罪责在少数军国主义分子而不在人民。日本需要从战略心理上接受中国成为世界强国的事实，而中国则需要对日本的敏感性和不安全感有更深入的把握。面对中日关系的僵局，人们依然愿意期望，经济可以成为改善这一重要双边关系的钥匙。虽然安倍在安全战略方面表现得咄咄逼人，但他内心的最大焦虑其实还是在于经济。而其战略的最大缺陷在于：想要用具有侵犯性的安全手段（有助于增强权力的集中、激发民族主义并获得国民支持）来为国内经济变革的实质性进展寻求动力。“安倍经济学”的前两支箭——财政和货币刺激，让近年日本经济增速略高于其他主要工业国家，但“安倍经济学”的第三支箭却是难以发出——消除经济管制等结构性改革遭到来自自民党内外的强大阻力。

不能否认的是，日本也是中国实现经济现代化的重要伙伴。1978 年 10 月，邓小平在访问美国之前先去了日本，他将此次访日比喻为千年前徐福东渡扶桑寻找“仙草”之旅，而邓所想要的“仙草”就是日本在二战后实现现代化的秘密。除了先进技术，他特别重视日本的管理经验，还特别请“管理之神”松下幸之助、“钢铁帝王”稻山嘉宽帮助中国企业提高管理水平和产品质量。[51] 如今，中国正在开启新的改革开放历程，中国仍需要与日本进行合作。在环境治理方面，中日可谓“命运共同体”，日本拥有世界领先的环境和能源技术，而这正是中国所需要的。在应对老龄化方面，中国也可向日本借鉴经验，2025 年中国 60 岁以上老龄人口将突破 3 亿人。此外，不断走向全球的中国企业需要提升自己的国际化能力，而日本企业早在 20 世纪 60 年代就开始在东南亚、中亚等地区开展经营活动。如果中国企业能够仔细研究日本企业的教训和经验，就有望在自己“走向全球”的过程中少走一些弯路。

未来数十年，中国和日本的各自繁荣都必将依赖一个深度融合的亚洲，而中日合作则是推进亚洲一体化的关键，双方可以发挥不同优势。很多日本经济学家认为，美国推动的“跨太平洋伙伴关系协定”（TPP）对日本来说实际上是一剂毒药，TPP 的规则是为美国的巨头企业在亚洲攫取利润服务，日本的经济和社会难以承受 TPP 带来的压力，而 TPP 也正使亚洲国家分裂为不同阵营。曾经被认为是亚洲经济一体化重要支柱的中日韩自贸区建设，也因日本和中韩之间政治关系的恶化而陷入艰难境地。总之，“中日互不需要”这种想法是缺乏远见的，两国都在各自推进雄心勃勃的国家振兴事业，需要更理性、更精明的大战略，需要正视彼此正当的安全关切，中日关系的持续恶化将损害两国的长远利益。

## 第三节 中美印“新战略三角”

未来数十年，中国、美国和印度三边关系如何演进将备受国际社会的关注。正如美国战略学者托马斯·巴尼特（Thomas Barnett）所言，21 世纪最有可能发生大战的两对国家就是美中和中印，美中印三国将成为世界经济和军事三强，它们是塑造“世界新秩序”的决定性力量。[52] 印度开国总理尼赫鲁曾言，“印度是不能在世界上扮演二等角色的，要么做一个有声有色的大国，要么就销声匿迹，我不相信中间地位”。近年，美国显著加大了对印度的接触力度，并希望将印度打造为新的安全伙伴甚至是“准盟友”，而中国也在尽力深化与印度的全方位关系，中美印“新战略三角”正逐渐凸现。

### 一

在亚洲，过去十余年中美印关系的迅速提升可谓最为重大的地缘政治变化，“在不到12年的时间里，印度已经从一个被疏远的亚洲地区大国发展成美国的有‘实’无‘名’的战略盟友”。这种变化甚至堪比20世纪70年代的中美关系正常化，可以说，美印关系的深刻转型源自双方战略利益的重新界定和高度相适。从印度方面看，冷战结束后，印度重新认知并积极调整自身国际定位，其成为世界大国的诉求更加明朗，对外交往的主动性增强，经济因素对总体外交战略的影响日益加大，尤其注重发展军事实力。简言之，“印度在任何领域都不再满足于做一个旁观者；印度要让她的声音影响任何重大事件的结果；印度不仅与世界的未来存在重大利益关联，而且要在造就未来的过程中发挥决定性作用”。[53]

冷战结束后印度对外战略的实质性变化主要体现在三个方面：一是重新界定战略利益范围，积极推进“东向政策”，打造可以西进波斯湾、北进中亚，南控印度洋的战略布局；二是更加务实地改善与各主要大国的双边关系，努力拓展外交运筹空间，以“入常”为突破口，增强对国际事务的发言权和影响力；三是加速推进国防现代化，力求其“核地位”受到认可，强化安全力量的“海洋性”特征。[54]就对美关系而言，虽然印度战略界仍存在着务实主义和民族主义路线之争，但加强对美关系的政治空间在不断扩大。[55]印度战略精英普遍认为，印度一方面应与作为长期现实存在的美国单极力量发展密切关系，最大限度地借助对美合作增强自身国力和地位，另一方面也要保持“战略自主”，避免在大国对抗中陷入选边站的困境，更要防止大国联手钳制印度的发展。[56]正如印度外长克里希纳所言，“我们的主要目标是确保一个有利的国际环境，以巩固我国的战略自主”。由此，印度调整对美关系的出发点是增强战略自主性，这一点不应被忽略。

从美国方面看，其对印关系重大调整主要基于三方面因素。第一，印度是美国增强其在南亚的影响力，推进反恐斗争，维持亚洲均势的不可替代的支点。[57]正如兰德公司2001年发布的一份政策报告所指出的，冷战后，美国在亚洲最重要的长期目标就是“阻止地区或大陆霸主的崛起”，以“避免出现美国在经济、政治和军事上难以影响这一全球重要地区的局面”，同时还需“防止因资源过于集中于某一欧亚大国而对美国构成类似苏联的那种全球性挑战”。[58] 显而易见，对中国的防范是美印关系实现转型的重要驱动力之一。第二，价值观因素在美国对印度的积极接触中发挥了重要作用。“民主推广”是冷战后美国全球战略的核心组成部分，作为实力最强的民主国家和人口最多的民主国家，美印可以成为世界的“民主双塔”，从而抗衡集权专制国家的全球影响力。[59] 第三，经济利益和民间联系是美印关系实现转型的基础因素。[60] 印度的高速经济增长以及巨大的市场消费潜力对美国公司具有极大的吸引力，印度还具有为美国大公司提供商业外包服务的突出优势，美印贸易额在过去十余年中已经翻了两番。此外，印度裔美国人大多受到高等教育，从事金融、医疗、软件业等职业，他们在美国的政治影响力不断提升，并成为不可忽视的游说集团。[61]

从美印关系转型的历史进程看，虽然早在20世纪90年代，美印就声称两国将建立“一种新的伙伴关系”，但印度在1998年进行的核试验以及随后美国对印度实施的严厉制裁，使两国的重新接近受到阻碍。当时，美国不仅敦促印度停止发展核项目，还反对印度研发“大地”短程导弹和“烈火”中程导弹，这被印度视为美国延续其冷战期间的对印战略，继续阻挠印度获得战略影响和大国地位的证据。克林顿2000年3月的印度之行是美印关系实现突破的标志性事件，当时双方签署《美印关系：21世纪展望》联合声明，称美印将致力于建立“持久的、政治上有建设性、经济上有利的”新型伙伴关系。

到了布什政府时期，随着美国制衡中国崛起及推进全球反恐战略的需求上升，美国对印度的政策目标转变为“帮助印度成为21世纪世界强国”。2002年公布的美国《国家安全战略报告》称美国将“尽一切可能与印度建立强有力的双边关系”。美印于2005年签署《防务关系新框架协定》，继而实施"战略伙伴关系后续步骤"，特别是2008年10月两国签署《民用核合作协议》标志着美国默认了印度的核大国地位，美印跨越了双边关系中最重要的一道阻碍。[62] 布什执政期间美印关系实现的跃进与"中国因素"紧密相关，美印接近的重要推手、美前驻印大使罗伯特·布莱克威尔（Robert Blackwill）曾直言，"布什总统任内美印关系的转型以如下核心战略原则为基础：民主的印度将成为制衡中国权力崛起的一个关键要素"，"如果不是近在华盛顿眼前的中国因素，布什政府将不会就（美印）民用核合作协定进行谈判，国会也不会让它通过"。[63]

虽然印度方面担心曾反对美印民用核合作的奥巴马参议员担任总统后会再次疏远印度，但奥巴马政府实则延续了前任大力发展美印关系的总体战略，进一步提升印度在美国外交布局中的地位，着力丰富美印关系的战略意涵，特别是明显强化了对印度和中国战略认知的分野。[64] 奥巴马政府2010年发布的《国家安全战略》称，美印两大民主国家正基于共享利益和价值观发展战略伙伴关系。[65] 美国国防部同年发布的《四年防务评估报告》称，印度是"印度洋以及更广阔地区的安全净提供方"，并称"随着经济实力、文化和政治影响力不断增强，印度在全球事务中正发挥越来越大的作用"，"这种增长的影响，加上它与美国共有的民主价值、开放政体以及对全球稳定的义务，将产生许多合作机遇"。这与美国对中国"军力发展和决策程序的不透明性和本质意图"的深刻猜忌形成了鲜明对比。2010年6月，美印举行首轮战略对话，声称美印关系的发展具有全球意义，双方还就中国和亚太合作问题展开机制性磋商。2010年11月，在美国实施"重返亚太"战略的背景下，奥巴马对印度展开具有里程碑意义的访问。奥巴马不仅明确表示支持印度"入常"，还承诺大幅降低美国对印高技术出口限制，赞成提升印度在国际核机制中的地位。2011年1月，美国将印度国防研究和发展组织以及印度空间研究组织的部分机构从美商务部禁止出口军民两用技术的"实体名单”中删除。

美国战略界对进一步巩固和发展美印关系，将印度打造成美国的准同盟具有高度共识。当然，他们也清楚，印度对外政策的核心目标是“战略自主”，印度不会充当美国“遏制”中国的马前卒，美印伙伴关系不太可能发展为正式同盟。但是，“在国际舞台上一个更强大、更有影响力的印度完全符合美国国家利益”，美国应承认印度不断增强的政治、经济和军事实力，并从以下几个方面大力提升美印伙伴关系，帮助印度成为全球性力量。[66]第一，推进与印度的战略接触和军事合作，支持印度的军事现代化，在防务技术交流以及武器和两用商品出口方面给予印度“盟友”待遇，还要帮助印度加强本国国防工业，特别是在太空安全方面为印度军方提供技术指导，双方还可对重要网络技术和电信领域的外国投资进行联合监控，加强彼此网络安全。[67]第二，加强海上安全，尤其是维护印度洋安全的合作。美国应帮助印度提升反潜战能力和海上监视能力。第三，美印应就巴基斯坦和阿富汗问题保持密切沟通，美国对巴基斯坦的军事和技术援助应受到更加严格的控制。美国应继续增进与尼泊尔、斯里兰卡、孟加拉等南亚国家的关系，积极发挥其在南亚区域合作联盟中的观察员作用，从而帮助印度巩固其在南亚地区作为主导力量的地位。第四，美国需坚定支持印度成为维护亚洲安全和稳定的重要力量，两国应加强亚洲安全问题的磋商以及在东亚峰会、东盟地区论坛等多边机制的合作，定期举行美印澳日四方会谈，并逐步邀请韩国、印尼、新加坡等国参加。第五，两国应大力推进自由贸易协议谈判，减少在气候变化问题方面的分歧，联合研发新能源技术。

应当看到，美印关系的未来发展仍面临着多方面的限制，进程仍将是复杂曲折的。第一，两国在国际秩序中的战略诉求存在根本差异，美国希望维持单极霸权地位，而印度则赞成国际政治的民主化和多极化。第二，双方在对巴基斯坦、阿富汗、伊朗、缅甸等国家的政策取向上存在难以逾越的分歧。比如，印度不少人士认为，伊朗有权发展民用核技术，在对伊朗政策上印度不应屈从于美国的压力，这是对印度独立自主意志的重大检验。第三，两国对“推广民主”的看法不一致，以致2010年奥巴马在印度议会发表演讲时公开表示，印度在国际场合常常回避民主和人权问题。正如拉贾·莫汉（C.Raja Mohan）所言，“世界上很多国家把致力于民主视为现代印度的一大特征，但印度的外交政策基本上未曾将民主列为政治重点”。第三，印度仍对美国心存猜忌，担心美国背信弃义，在关键时刻会不惜牺牲印度的利益。印度对2009年奥巴马访华期间中美发表的联合公报中关于中美共同努力维持南亚地区稳定的内容感到强烈不满，这让很多人回想起1998年印度核试验之后中美两国携手反制印度的历史经验。在这种情况之下，有印度战略人士甚至主张应放缓发展美印伙伴关系，以避免激怒中国。印度对美政策的“对冲”思维在近年的实际行动中也有所体现，例如，印度国防部在2011年的中程多用途作战飞机的招标中取消了两家美国公司的竞标资格，转而选择欧洲公司进行合作，此举遭到美国方面的强烈质疑。[68]而在国际事务领域，印度也注意与美国保持适当距离，如选择不加入由美国领导的多边反海盗部队，其主办的印度洋海军研讨会也未邀请美国参加。

## 二

21世纪以来，中国和印度的快速崛起引人关注，主要是因为这两个国家具有改变地区秩序与国际秩序的最显著潜力。首先，它们幅员辽阔，都是具有鲜明“大陆特征”的国家，还是世界上人口最多的国家，在所处的地区具有占据突出优势的军事实力。其次，2008年国际金融危机发生以来，在西方国家经济复苏乏力、失业率高企不下并深受债务问题困扰的背景下，中国和印度的经济表现格外突出，其崛起速度、发展潜力和国际影响更为世界所关注。两国的经济发展虽然都经历了从计划经济向市场经济的转变，并在经济制度、政治体系和意识形态方面具有显著差异，但中印的不同发展模式都是对西方模式的某种修正，并对其他发展中国家具有一定的吸引力。[69]

过去十余年来，中印关系得以较快发展，如双边贸易从 1998 年的 10 亿美元猛增至 2010 年的 600 多亿美元，在经济往来日益深化的同时，两国还通过采取“特别代表”会晤机制为边界争端寻求政治解决方式，并在各领域开展广泛合作。中国和印度都是具有“例外主义”精神和“全球性抱负”的国家，且都曾是游离在第二次世界大战后美国主导的国际秩序之外的国家，即便后来选择重新融入这一体系，也力图保持独立自主，并希望利用逐渐拥有的更多权力资源，以更具协调性的集体行动促进既有国际秩序的变革，特别是谋求增强在全球多边机制中的代表权、话语权和决策权。近年来，中国和印度在贸易、气候变化、人权等国际事务上展开了积极而有成效的合作。[70] 随着中印两国双边关系在 21 世纪初进入新的发展阶段，印度学者和高层甚至倡导“中印大同”（Chindia）理念，旨在推动两国利益的进一步融合。[71] 按照牛津大学安德鲁·赫里尔（Andrew Hurell）教授等西方学者的理解，中印等新兴大国的重要政策目标是对美国单极霸权进行“软制衡”（Soft Balancing）。[72]

但无法否认的是，因为两国所处的地缘政治环境[73]以及中国经济、军事实力和国际影响力的迅速增强，近年来印度方面对“中国威胁”的认知进一步加深，认为中国对印采取两手策略：在与印度发展经济合作关系的同时对印实施围堵，从陆上和海上压制印度，中国军事现代化的真正目标实际上是印度。[74] 印度对华关系中竞争和对抗的一面更趋凸显，正如美国学者的分析，“印度决策者正在匆忙制定应对崛起的中国的有效政策，他们一方面奉行旨在鼓励和平解决边界争端和建立稳固贸易经济关系的有力外交战略，一方面推进将提升印度空中、海上和导弹能力的雄心勃勃的军事现代化进程”。[75]

近年来，中印关系的竞争性主要表现在领土主权争端、经贸发展失衡、地缘战略竞争、能源安全（以及与之相联系的“海权”）冲突等诸方面，之所以说中印之间的战略竞争在深化，很大程度上是因为在亚太地区秩序经历调整的背景下，上述双边关系难题相互交错、相互影响的程度更高了。

首先，虽然两国在2003年通过“特别代表”机制提升了边界谈判的规格，并于2005年达成《解决边界问题政治指导原则协议》，但近年边界争端仍造成两国关系不断出现摩擦，且较量的方式和场合更趋多样。2009年，中国反对亚洲开发银行为阿鲁纳恰尔邦（即我“藏南”地区）的一个水利工程提供贷款，印度对此表示极为不满。同年，中国向来自查谟和克什米尔地区的持印度护照者发放另纸签证，印度除予以指责外更威胁要改变对西藏政策。两国在边界地区还展开了频繁的军事活动，印度战略分析人士认为，中国加强中印边界地区的军事部署，旨在为边界谈判赢得战术优势，印度必须发展能对中国驻藏军事力量形成严重打击的能力。[76]印度战略界早就提出了“冷启动”的军事思想，即在不碰触敌方核武器红线的情况下发动快速进攻，这使中国的分析人士认为印度的战略思想已从重防御转向重进攻。[77]

其次，随着中国在南亚地区影响力的不断增强，印度对中国在该地区的战略意图的猜忌进一步深化。[78]出于确保能源供应安全等需求，中国参与开发了斯里兰卡的汉班托特港、孟加拉的吉大港、缅甸的实兑港和巴基斯坦的瓜达尔港，这些商业行为被印度视为中国未来在印度洋地区部署军事存在的战略举动。此外，印度对中巴关系仍抱持极大的疑虑。巴基斯坦国防部部长称，巴方已邀请中国在瓜达尔港建设海军基地，虽然中方予以否认，但印度方面却认为这是中巴加强军事同盟关系的又一表现。印度还对中国向巴基斯坦出售大批常规武器并帮助巴基斯坦建设民用核反应堆表示不满，认为此举进一步加大了南亚次大陆的核扩散危险。印度战略分析人士还指出，中国在巴基斯坦援建的基础设施项目具有重要的军事意义，中国军队有可能进驻印控克什米尔边界的东段和西北段。

第三，在“东向政策”的指导下，印度大力发展与东亚和东盟国家的经济、政治关系，并与其开展防务合作，谋求平衡中国在这一地区的影响力。目前，印度与东亚国家的贸易总量已超过了与欧盟或美国的贸易总量，2009年印度与东盟签署自贸协定。考虑到半数以上的印度对外贸易要途经马六甲和新加坡海峡，印度日益重视在该地区保障海上交通线的安全。印度在过去十年中与东南亚和东亚国家签署了众多防务合作协议，与新加坡、泰国、越南和印尼还定期举行联合演习。特别是自2000年决定建立“新安全伙伴关系”以来，印度和越南在人员训练、武器装备使用等方面持续展开合作，印度希望利用越南在南海的重要地位以遏制中国海军通向印度洋的能力。根据印度2007年公布的《海上战略》，南海毗邻印度的利益主区——马六甲海峡和孟加拉湾，印度涉足南海事务早已是其既定战略。2011年9月，印度和越南两国政府就印度国营企业在越南声称拥有主权的南海海域开发油气田达成协议，两国外长发表的公报称，双方“已就保障南海航行自由达成协议”，“对两国在安全保障领域的合作给予高度评价”。印度前高级外交官巴德拉库马尔认为，“印度是经过深思熟虑，才决定要刺激中国的”，“中印地缘战略竞争翻开了新的一页”。[79]

第四，在经济发展的驱动下，中印之间的能源安全问题以及与之高度相关的海权竞争日趋升温。根据印度官方的分析，为在未来20年中有效消除贫困，印度经济需维持年均8%—10%的增速，由此，印度需要将能源供应能力提高到目前消费水平的3—4倍。另据国际能源机构预测，如果无法找到有效的替代能源，中印两国对海外石油的依赖度将在2030年分别达到77%和87%。当前，两国在中东、中亚、拉美、非洲、俄罗斯等地都存在能源竞争。[80]2006年12月，印度海军参谋长苏里什·梅赫塔提出应扩大印度的“战略地区”概念，将从委内瑞拉到萨哈林群岛在内的全球重要的油气进口来源地都囊括其中。保障能源供应的最重要因素之一是维持强大的海上力量，并对关键的海上交通要冲进行控制。印度目前拥有世界第五大海军，逐年增加的国防预算中有很大一部分用于发展海军军力。印度对中国在印度洋及其周边地区的军事存在感到担忧，近年尤其注重发展与毛里求斯、塞舌尔等印度洋周边国家的关系，并于2008年2月主办首届印度洋海军研讨会。美国安全问题专家莫汉·马利克认为，在缺乏海军接触规则和相互信任的情况下，从目前趋势看，中印之间的海上对抗可能会在未来一二十年内爆发。[81]

第五，中印经贸关系中的“不平衡”日益突出，印度担心自己缺乏赢取这场“龙象之争”的长久能力。根据印度储备银行的统计，从2005年到2010年，印度与中国的双边贸易额增长3.5倍，但印度对华贸易逆差增长13倍。仅是在2010年，印度对华贸易逆差就达到201亿美元（总额为617亿美元），较上年增加25%。[82] 由此，贸易失衡成了2011年9月举行的首届中印战略经济对话的最重要议题之一。目前，中国经济总量约为印度的4倍；中国人均GDP是印度的3倍；中国的GDP占全球的12%，印度仅为5%；中国的成人识字率约为91%，印度只有61%。从这一角度看，印度要想追赶并超过中国将是十分困难的。但值得指出的是，印度在人口因素方面占据优势，根据美国人口普查局和高盛公司的分析，中国面临严重的人口老龄化的问题，而印度20—24岁的年轻人口在2024年才会达到峰值，未来10年，印度的劳动人口将增加1.1亿，而中国将增加不到2 000万，印度相对于中国的人口优势将进一步显现。[83]

## 三

金融危机以来，中美关系似乎经历了“高开低走”继而“复归平静”但仍“波澜荡漾”的发展历程，全球政治、大国力量对比、地区形势、国内政治等变化为中美关系铺就了新的背景，“两国之间的战略关系框架面临重大调整”，虽然中美两国高层普遍具有积极发展合作关系的意愿，但各种结构性矛盾、认知性分歧以及战略互疑却出现日益深化的态势。印度始终密切关注中美关系发展，既担心中美“亲近”使其被边缘化，又不愿在中美之间“选边站”继而被拖入中美“恶斗”，或是成为“中美关系任何战术性改善的受害者”。

无论是中美双边关系中的“较量”，还是两国在全球经济、贸易和金融领域以及防扩散体系和气候变化问题上的博弈；无论是中美在亚太地区的“两强相争”，还是在未来一个时期可能更加激烈的印度洋权势角逐，印度都是占据独特重要地位的“第三方因素”，它既不确定将从与美国的密切关系中完全获益，也不愿对中国“咄咄逼人”的态势毫无作为。新德里强烈地意识到自己作为三国之中的最弱者，很容易因华盛顿和北京的双边关系动荡而遭受损害，也清楚自己在美国外交战略中的优先地位在短期内不可能与中国相匹敌。因此，当前和未来一个时期，印度在中美之间将很可能采取一种“2.0 版本的不结盟”战略[84]，力图在大国之间精心构筑起多样化的关系网，最大限度地扩展和确保行动自由，为自身经济发展、军力强化和大国外交的推进寻获更多机遇，在中美印三边关系中扮演一种平衡手的角色。

中美印“新战略三角”正在形成，这一战略三角关系将是影响 21 世纪世界秩序的最具决定性的因素之一。当前，这一三角关系具有以下几方面特征。一是三国的战略利益和地缘关注点基本一致——太平洋和印度洋地域；二是美印之间的利益相适度增加，有向准同盟演化的趋势，联手制衡中国的取向愈发显著；三是在中印双方增进实力、扩大地区影响、实现“全球性抱负”的进程中，两国之间的战略竞争日趋强化，这为美国有效实施“隔岸平衡”提供了必要条件[85]；四是印度对中美关系发展反应敏感，担心“中美共治”会使印度的重要利益受到损害。在这一三角关系中，美国占据着主导性优势，印度的战略重要性在迅速上升，中美联手制衡印度是最不可能出现的局面。

近期和中期内，美中印新战略三角的最大影响就是，导致亚太地区秩序向着一种以意识形态因素为基础的大国重组和分立转变。[86]印度与美国亚太同盟体系的关系正在迅速深化，与日本、澳大利亚等国的经贸关系、防务合作等发展势头值得高度关注。印度和越南关系的升温似乎预示着，中印之间的战略竞争会更加复杂。此外，中印的共同崛起也会对亚太地区秩序产生影响。比如，澳大利亚战略界就在思考中印崛起给澳带来的战略困境，“澳大利亚所面临的将不仅仅是在北京与华盛顿之间的选择，很有可能还要在北京与新德里之间进行抉择”。[87]

显然，扶植印度、抗衡中国，使印度成为美国实施“离岸制衡”大战略的重要棋子，是奥巴马政府极力“讨好”印度的重要原因。但仅从“制衡中国”的视角思考美印关系的转型是相当狭隘的。应当看到，印度是美国在未来数十年推进“印度洋—太平洋”新两洋战略的最重要伙伴之一，是美国促进其亚太同盟伙伴体系从“毂辐模式”向“网络化结构”转变的主要支柱。美印关系的提升将会是全面的、长期的和战略性的。正如美国哈佛大学肯尼迪政府学院教授、前副国务卿尼古拉斯·伯恩斯（Nicholas Burns）所言，虽然印度太大、太自傲以至于不能像德国和日本那样成为美国的正式盟友，但美国政府仍然应将印度置于美国亚太战略的中心位置。尤其是，美国希望以安全合作拉拢印度。2011—2013 年，印度从美国进口价值 55 亿美元的武器，从俄罗斯购买武器的金额约为 40 亿美元，美国正取代俄罗斯成为印度最大军火供应商，并表现出更愿意向印度提供装备技术的倾向。这对于极力希望推动国防装备进口多元化、自主化的印度莫迪政府来说颇为重要。

值得注意的是，美国在亚太地区最重要的盟友日本也在极力深化与印度的关系。2014 年 9 月，印度总理莫迪对日本进行了长达五天的国事访问，安倍晋三不仅破例在周六到京都亲自迎接莫迪，还陪同他一同游览日本文化古迹。安倍晋三将日印关系称为“全世界最具潜力的关系”，莫迪则表示两国对引领21世纪的亚洲发展之路具有“重大责任”，双方提出要建立“特殊”战略伙伴关系。安倍晋三承诺将在未来5年通过官方和民间形式对印度投资350亿美元，帮助印度发展制造业、更新基础设施等，向印度出口核能设备和先进武器装备，并将加强日本海上自卫队与印度海军的联合训练与巡逻。印度目前是日本政府开发援助（ODA）的最大援助对象，而未来援助会更侧重于与海上安全相关的领域。由于其强烈的民族主义立场和改革印度的雄心，莫迪常被认为是“印度版的安倍”。安倍晋三本人多次表示“一个强大的印度最符合日本的利益，一个强大的日本也最符合印度的利益”。未来几年，印日关系尤其是军事安全关系或将不断实现突破，这需要引起中国的足够警惕。

美国和日本对印度的拉拢，目的是想在“印度洋—太平洋”这样一个巨大的地缘政治框架下最终建立由美国、日本、印度、澳大利亚等所谓海洋民主国家构成的“准同盟”，从而对实力迅速上升且海洋活动愈加频繁的中国发挥牵制作用。目前，全球80%以上的海运货物要通过印度洋海域，而中国大约75%的进口石油要通过印度洋航道运输至国内，随着中国能源资源对外依赖度逐步增大，印度洋地区之于中国的重要性持续上升。在美日与部分东盟国家和印度的政策协调之下，沿东海——台海——南海——印度洋一线或将形成某种战略联动之势，这无疑将使中国陷入更大的地缘政治困局之中。

美印两国关系虽有向“准同盟”演化的趋势，但双方间也存在显著分歧与潜在矛盾，印美并非所谓“天然盟友”，印度也不会甘为美国制衡中国的走卒。在美国向亚太再平衡的同时，包括印度在内亚太地区国家也会有各自的再平衡战略。印度莫迪政府高度重视军事现代化特别是海军力量的建设。

2014年印度国防开支较前增长12%，据HIS简氏信息集团预测，到2020年，印度将成为全世界第四大军费支出国，仅次于美国、中国和俄罗斯。印度海军目前约有145艘军舰，但其中不少将进入退役阶段。印度政府打算在2023年前，打造一支拥有200艘舰船的海军。随着俄罗斯制造的“超日王”航空母舰交付使用，目前印度航母数量为2艘，为亚洲国家中最多的。而且，印度正在自主建造一艘航母，其自主建造的第一艘核潜艇也正在进行海试。

印度之所以如此重视海军建设，在于其希望确保与经济发展息息相关的海上通道安全。和中国、日本一样，印度国内能源需求大量依赖进口。到2030年，预计印度90%的原油将来自海外。2040年，印度的煤炭进口量将增长至3亿吨。这要求印度必须具备保护能源运输航道的能力。不少印度战略家认为，印度相对于中国的地缘优势是在海上而不是在陆空领域。印度可凭借海上力量阻截中国的海上能源供给线。近年，印度外长等高官频频访问越南、缅甸等国，旨在探讨与东南亚国家强化安全合作的可能。印度海军前司令D.K.乔西表示，印度应做好保护自己在南海地区利益的准备。莫迪政府还在推动制定新的印度洋战略，以帮助其他印度洋地区国家开展“能力建设”，维护印度在该地区的主导地位。因此，不应简单地将印度外交视为联美制华或联日制华，应看到满足自身发展需要和维护“战略自主性”才是印度对外政策的根本出发点。

对于中国而言，考虑到东北亚地区的美日同盟和太平洋地区的美澳同盟正进一步深化，美印“准同盟”关系如若继续增强，那便是中国最大的“地缘政治噩梦”。中国需在中印美新战略三角关系的大框架下思考和应对中印关系，进一步提升印度在中国总体外交布局中的作用。在看待美印关系发展时，应超越“中国因素”视角，认识到美印的“接近”势不可当，要对印度借助对美日等大国关系提高自我身价的用心做到心里有数，在某些问题上应避免“对号入座”。印度势将加大其在东南亚、中亚和西北亚地区的经济和军事存在，也将进一步涉足南海问题等涉华领土主权争端。海上安全问题将是中印、中美在未来一个时期面临的最棘手的安全问题，可考虑倡导四国海军论坛（美中印日），制定各国海军海上接触原则，将海上冲突风险降至最低。能源安全是中印关系中“零和性”特征最显著的领域，当然也是美印中三方最有望展开切实合作的领域。最后，应从“亚洲融合”的角度看待中印战略关系，要看到以中东为主的西亚、以中国为代表的东亚和以印度为代表的南亚之间的联系正在加深，中印正在成为连接中东与亚洲的地缘经济纽带。[88]“亚洲融合”的大趋势会给中印带来极为广阔的共同发展空间，也有助于中印倡导和培育“亚洲意识”。

实际上，为引领印度重新走上经济高速发展的道路，莫迪政府对印中关系十分看重，在此前担任古吉拉特邦首席部长的 12 年中，他曾四次访华，认为中国实现的发展成就令人震撼。加快市场化改革、以便利商业环境吸引外部投资、完善基础设施、发展制造业并创造更多就业岗位等，这些在中国获得成功的发展经验正被移植到南亚次大陆。发展经济是莫迪政府的重中之重。自 2014 年 5 月正式执政以来，莫迪大力整顿财政以抑制通胀，精简政府机构，成立改革顾问委员会，通过强化党政协调加快落实改革举措；积极发展劳动密集型企业，建立六个大型纺织中心，力图将印度打造成“世界制造业中心”；增加对农村地区的基础设施投入，促进以各种公私合营模式开发道路、铁路、港口和电力企业等；大幅放宽外国企业在国防、保险等领域的投资比例上限，为部分外资企业提供优惠税率，以激发国内市场活力和本国企业竞争力。莫迪曾在选举中承诺，将在印度建设 100 座新城市；2022 年，使每个印度家庭都住上拥有水、电和卫生设备的舒适房屋。

莫迪建设“新印度”的雄心和推进改革的实干作为给印中两国的互利务实合作提供了巨大机遇。2014 年 9 月，习近平在莫迪的家乡古吉拉特邦展开对印度的国事访问，莫迪破例在新德里以外迎接习主席。两国领导人共同见证古吉拉特邦与广东省结为友好省份。这种外交安排可为国事访问增添领导人之间个人友谊的色彩，也预示中印关系有望进入一个新阶段。中国将在古吉拉特邦的艾哈迈达巴德市、距离孟买 140 公里的浦那市建立两座工业园，分别占地 5 平方公里和 10 平方公里，引进能源设备与汽车制造等企业，扩大中国公司在印度本地的生产，仅浦那工业园就将获 50 亿美元投资。这不仅将有利于缓解目前 300 多亿美元的印度对华贸易逆差，也将使中国企业更便利地利用印度劳动力资源，进入印度本地大市场，并以印度为基地建立横跨印度洋区域、辐射亚洲、中东和非洲的产销网络。2000—2014 年，中国对印度投资仅有 4 亿美元，占印度所获外国直接投资的 0.18%。同一时期，日本对印度投资约为 160 亿美元，占日本对外投资总额的 8%。中国在加大对印投资方面还存在很大的增长空间。

除了经济合作机遇，印中两国在国际事务中的相互借重也有望增强。金砖国家新开发银行的首任行长来自印度，印度还是中国倡议成立的“亚洲基础设施投资银行”的创始成员国。印度将成为上海合作组织组织正式成员国，这将有助于增强该机制在全球事务中的分量，也会为中印强化地区性合作提供新机遇。作为发展中大国，中印在国际贸易规则制定、应对气候变化、维护发展中国家利益等方面拥有很多相似立场。印度对中国提出的“一带一路”构想表示支持，如果该构想与印度的“向东看”政策及其贯通南亚和中亚地区的政策实现良性对接，将大大改变欧亚大陆板块的一体化格局。总之，面对一个雄心勃勃的印度，中国需要在互利合作、安全关系、大国战略博弈之间进行更精到也更从容的运筹，努力使“两国互为机遇而非挑战”这一美好理念成为现实。

## 注释

1 Zalmay Khalilzad et al., *The United States and Asia: Toward a New U.S. Strategy and Force Posture*, RAND Corporation, 2001, pp.40–43.

2 Hillary R. Clinton, “Remarks on US Foreign Policy,” Council on Foreign Relations, Washington, DC, September 8, 2010, http://www.state.gov/secretary/rm/2010/09/146917.htm ；M. Patrick, “The Tricky ‘New American Moment’” , *First Take*, Council on Foreign Relations; Washington, DC, September 8, 2010.

3 “Post-midterms, Obama to Focus on Foreign Policy in Four-nation Asian Trip,” *The Washington Post*, November 4, 2010.

4 Joshua Kurlantzick, “Powerful Generals Fuel New Asian Arms Race,” *Newsweek*, November 22, 2010.

5 美国国家情报委员会编，中国现代国际关系研究院美国研究所译：《全球趋势 2025 ：转型的世界》，时事出版社 2009 年版，第 46—47 页。

6 Benjamin A. Shobert, “US Anti-China Rhetoric at Danger Lever,” *Asia Time Online*, July 8, 2010.

7 Robert D. Kaplan, “The Geography of Chinese Power,” *Foreign Affairs*, May/June, 2010.

8 Elizabeth C. Economy, “The Game Changer,” *Foreign Affairs*, November/December, 2010.

9 Hillary R. Clinton, “America’s Engagement in the Asia-Pacific,” October 28, 2010, http://www.state.gov/secretary/rm/2010/10/150141.htm.

10 Hillary R. Clinton, “America’s Pacific Century,” *Foreign Policy*, November 2011.

11 Dan Blumenthal, Randall Schriver, Mark Stokes, “Asian Alliances in the 21st Century,” Project 2049 Institute, September 2011.

12 美国学者 Michael J.Green 甚至认为，伊拉克战争不仅“测试”了美国在亚洲的同盟关系，甚至还促成美日同盟等由地区合作向全球合作的“转型”，“ The Iraq War and Asia: Assessing the Legacy,” *The Washington Quarterly*, Spring 2008,pp.182–188.

13 Andrew Shearer, “Uncharted Waters: the US Alliance and Australia’s New Era of Strategic Uncertainty,” Perspectives Paper, Lowy Institute for International Policy, August 2011 ；Rory Medcalf, “It’s our chance to align with the US pivot point,” *The Australian*, 15 November 2011, p.9.

14 《日本自卫队与美澳韩进行战略协商以牵制中国》，日本《产经新闻》2010 年 11 月 8 日。

15 John Ikenberry and Anne-Marie Slaughter, “Forging a World of Liberty under Law: U.S. National Security in the 21ST Century,” *Princeton Project on National Security*, September 27, 2006.

16 Dean Cheng, “China’s view of South Asia and India Ocean,” *Heritage Lecture*, No.1163, The Heritage Foundation, August 31, 2010.

17 Simon Smith, “U.S. Aims Clear in Embrace of Jakarta,” *The Australian*, August 10, 2010.

18 “They have returned” , the Economist, August 14, 2010; Michael Auslin, “China: The View from Hawaii,” *National Review*, September 2010.

19 Daniel Twining, "America's Grand Design in Asia, " *The Washington Quarterly*, Summer 2007, pp. 79 – 94; Stephen Walt, "How Long Can Beijing and Washington Handle their Relationship," *Foreign Policy*, September 15, 2010.

20 Hillary Clinton, "Economic Statecraft," Remarks at the Economic Club of New York, October 14 2011.

21 《美国欲借 TPP 遏制中国》，日本《产经新闻》2010 年 10 月 28 日。

22 Sabina Dewan, "The US and the Asia Pacific Century: Three Reasons why the TPP is Key to American Prosperity," Center for American Progress, November 18 2011.

23 John Lee, "The Stakes at the East Asia Summit," *The Wall Street Journal*, December 26, 2010.

24 张小明：《美国是东亚区域合作的推动者还是阻碍者?》，《世界经济与政治》2010 年第 7 期。

25 John Lee, "China's Water Grab," *Foreign Policy*, August 24, 2010; Simon Roughneen, "US Dips into Mekong Politics" , *Asia Time Online*, August 14, 2010.

26 "Post-midterms, Obama to Focus on Foreign Policy in Four-nation Asian Trip," *The Washington Post*, November 4, 2010.

27 Robert S.Ross, "Chinese Nationalism and Its Discontents," *The National Interest*, November/December 2011.

28 Jeffrey Hornung, "Japan Needs the TPP," PacNet, No. 63, Pacific Forum, CSIS, November 9 2011.

29 Trefor Moss, "Why India Chose to Disappoint the US," *Asia Times Online*, May 11 2011.

30 Hugh White, "Dear Mr. President, We Beg to Differ over the Future of Asia," *The Age*, November 16, 2011.

31 Richard Nixon, "Asia after Vietnam," *Foreign Affairs*, Vol. 46, No.1, October 1967.

32 Memo from Kissinger to Nixon, February 11,1969, FRUS （1969–1972）, Vol. XVII, pp.10–15.

33 ［日］五百旗头真主编：《战后日本外交史》，吴万虹译，世界知识出版社 2007 年版，第 103 页。

34 中共中央文献研究室编：《毛泽东外交文选》，中央文献出版社 1994 年版，第 226、438 页。

35 "National Security Decision Memorandum 13," Memo from Kissinger, May 28, 1969, Box H-058, NSC Institutional Files, NPM.

36 Memo of Meeting between Nixon, Kissinger and Haig, July 1 1971, FRUS （1969–1972）, Vol XVII, p.355.

37 Memo of Conversation between Kissinger and Chow, July 9 1971, FRUS （1969–1972）, Vol XVII, pp.382–395.

38 "NSSM-122" , August 2 1971; " SRG Meeting August 6 on NSSM-122" , August 5 1971.

39 John Meyer, *Assignment: Tokyo*, New York.: Bobbs-Merrill, 1974, pp.111–112.

40 Memo of Conversation between Nixon , Kissinger and Heath, December 20, 1971, Doc.01479,

NSAM; Kissinger, *White House Years*, pp.957–962.

41 Memo of Conversation between Mao and Nixon, Februray 21 1971, FRUS（1969–1972）, Vol XVII, pp.678–683.

42 Memo of Conversation between Nixon, Chou and Kissinger, February 23 1972, FRUS（1969–1972）, Vol XVII, pp.733–737.

43 H.R. Haldeman, *The Haldeman Diaries*, pp.318–324; Kissinger, *White House Years*, p.762.

44 ［日］佐桥亮：《亚太秩序的变化与日本的战略》，《中国国际战略评论 2012》，世界知识出版社 2012 年版。

45 Richard L. Armitage and Joseph S. Nye, “The U.S.-Japan Alliance: Anchoring Stability in Asia,” Report by CSIS, August 2012.

46 Doyle McManus, “Chuck Hagel: The Asia Pivot is still on,” *Los Angeles Times*, March 30, 2014.

47 Victor Cha, “China's Rise, the Changing Northeast Asian Security Environment, and the U.S.-ROK Strategic Response,” CSIS, December 2010.

48 Patrick Cronin, Paul Giarra and Zachary Hosford, “The China Challenge: Military Economic and Energy Choices Facing the US-Japan Alliance,” CNAS, April 2012.

49 吕耀东：《深化同盟机制：日美双边互动的战略愿景》，《日本学刊》2012 年第 3 期。

50 ［日］五味睦佳：《中国的海洋扩张与我国的海洋战略》，日本《军事研究》2012 年第 2 期。

51 傅高义：《邓小平时代》，三联书店 2012 年版，第 298—299 页。

52 Thomas Barnett, “The New World Order: America, India and China,” *The World Politics Review*, July 25 2011.

53 N.S.Sisodia and V. Krishanappa, eds., *Global Power Shifts and Strategic Transition in Asia*, New Delhi: Academic Foundation, 2009, p. 20.

54 参见印度年度国防报告，http://mod.nic.in/reports/welcome.html。

55 Deepa Ollapally and Rajesh Rajagopalan, “The Pragmatic Challenge to Indian Foreign Policy,” *The Washington Quarterly*, Spring 2011, pp.145–147.

56 Aseema Sinha and Jon P. Dorschner, “India: Rising Power or a Mere Revolution of Rising Expectations?” *Polity*, Vol. 42, No.1（January 2010）, pp. 74–99; C. Raja Mohan, “Diplomacy for the New Decade,” http://www.india-seminar.com/2010/605/605_c_raja_mohan.htm.

57 2007 年美国“21 世纪海上合作战略”宣布美国战略重心由大西洋和太平洋两洋战略转变为太平洋和印度洋两洋战略，这显然与印度重新界定的战略利益范围基本吻合。

58 Zalmay Khalilzad et al., *The United States and Asia: Toward a New U.S. Strategy and Force Posture*, RAND Corporation, 2001, pp.40–43.

59 刘建飞：《美国“民主联盟”战略对国际政治的影响》，《世界经济与政治》2011 年第 5 期。

60 Venu Rajamony, “India-China-U.S. Triangle: a ‘Soft’ Balance of Power System in the Making,” CSIS Paper,2002, pp.15–16.

61 目前有两名印度裔美国人分别当选为路易斯安那州和南卡罗来纳州的州长，详见王晓艳、时宏远：《印度游说集团——美印关系的助推器》，《世界知识》2010 年第 7 期。

62 美印民用核合作并不是一帆风顺的，但协议的最终达成也从侧面揭示了两国推进战略合作的巨大动力，参见张力：《印美民用核合作受挫及其对印美关系的影响》，《四川大学学报（哲学社会科学版）》2008 年第 4 期。

63 Robert Blackwill, "The Future of U.S-India Relations, Address to the Confederation of Indian Industry," New Delhi, May 5, 2009, http://www.stratpost.com/the-future-of-us-india-relations-blackwill.

64 Michael A. McDevitt, "The 2010 QDR and Asia: Messages for the Region," *Asia Pacific Bulletin*, East-West Center, No. 53, March 11 2010; Chidanand Rajghtta, "US More at Ease with India's Rise than China's Ascent," *Times of India*, February 3 2010.

65 *U.S. National Security Strategy*, May 2010, pp.43–44, http://www.whitehouse.gov/sites/default/files/rss_viewer/national_security_strategy.pdf.

66 "The United States and India: A Shared Strategic Future," Council on Foreign Relations and Aspen Institute India, September 2011.

67 2009 年 12 月，印度政府称，其高级官员的数百台计算机受到了中国黑客的侵害。在发展空间安全方面，2010 年印度国防部公布各军种专用军事卫星计划，并计划利用弹道导弹防御项目发展反卫星能力，但印度用于发展太空项目的预算仅有 22 亿美元，约为中国的 1/3。

68 Trefor Moss, "Why India Chose to Disappoint the US," *Asia Times Online*, May 11 2011.

69 "Bamboo Capitalism: the Rise of Entrepreneurial China," *The Economist*, March 12–18, 2011.

70 Mohan Malik, "India-China Relations: Giants Stir, Cooperate and Compete," http://www.apcss.org/Publications/SAS/AsiaBilateralRelations/India-ChinaRelationsMalik.pdf.

71 Jairam Ramesh, *Making Sense of CHINDIA Reflections on China and India*, India Research Press, 2006.

72 Andrew Hurrel, "Hegemony, Liberalism and Global Order: What Space for Would-be Great Powers?" *International Affairs* 82:1, 2006, pp.15–16.

73 高江龙认为中印两国所处的地缘现实决定了彼此之间的相互警惕和竞争，John W. Garver, *Protracted Contest: Sino-Indian Rivalry in the 20th Century*, University of Washington Press, 2001, pp.21–23.

74 Bhartendu Kumar Singh, "China's Military Modernization: The Pentagon Report and Indian Fears," India Institute of Peace and Conflict Studies, Sept.14 2011.

75 Lisa Curtis and Dean Cheng, "The China Challenge: A Strategic Vision for U.S.-India Relations," published by the Heritage Foundation, July 18 2011.

76 Virander Kumar, "Preparing for a Chinese 'Cold Start'," *IDSA Comment*, Institute for Defense Studies & Analyses, Sept.13 2011.

77 Farzaha Shah, "Cold Start: Indian Threat to Pakistan and China," *Asian Tribune*, Janurary 14 2010;Subhash Kapila, "India's New 'Cold Start' War Doctrine Strategically Reviewed," *SAAG Papers*, No.991, May 2004.

78 比如，印度学者认为中国对尼泊尔的政治影响力上升，并将尼泊尔视作中印之间的缓冲地带，"Global Insider: China-Nepal Relations," *The World Politics Review website*, Sept.13 2011.

79 M.K.Bhadrakumar, “India Picks a Quarrel with China,” *Asia Times Online*, Sept.17 2011.

80 张伟杰：《当前中印关系中的能源因素》，《现代国际关系》2010 年第 12 期。

81 Mohan Malik, “Asia's Great Naval Rivalry,” *The Wall Street Journal*, Sept.5 2011.

82 “Need to reduce trade deficit with China, says Manmohan Singh,” *India Today*, April 12 2011.

83 马丁·沃尔夫：《再谈中印龙象之争》，英国《金融时报》中文网，2007 年 3 月 29 日。

84 “Non-Alignment 2.0: A Foreign and Strategic Policy for India in 21 Century,” Center for Policy Research, New Delhi, Feburary, 2012.

85 关于美国的“隔岸平衡”大战略选择，参见 Christopher Layne, *The Peace of Illusions: American Grand Strategy from 1940 to the Present*, Cornell University Press, 2006; Stephen M. Walt, “The End of the American Era,” *The National Interest*, Oct 25 2011.

86 约翰·伊肯伯里：《地区秩序变革的四大核心议题》，《国际政治研究》2011 年第 1 期。

87 Rory Medcalf, “*Grand Stakes: Australia's Future between China and India*,” in *Strategic Asia 2011–12: Asia Responds to Its Rising Powers-China and India*, The Naitonal Bureau of Asian Research, Sept.2011.

88 Bryce Wakefield and Susan Levenstein eds, *China and the Persian Gulf: Implications for the US*, Woodrow Wilson International Center for Scholars, August 2011.

# 第五章

# 从新型冲突到新型合作

## 第一节　气候变化

2015 年 8 月，联合国通过“2030 年全球可持续发展目标”，以替代 2000 年制定的“千年发展目标”。在这份由国际社会共同制定的发展议程中，应对气候变化占据了突出位置。联合国秘书长潘基文警告说，我们将是最后一代可以应对气候变化的人。气候变化问题曾经一度是中美关系中的难题，但近年来双方在该领域的合作却不断取得重大进展，甚至有望成为两国关系的“新支柱”。同时，中美合作也极大推动了全球气候治理，显示出两国关系日益增强的全球性影响。在气候变化领域，中美双方缘何会从基本的冲突状态走向更多的合作？这一历程又会对中美构建新型关系带来哪些启示呢？

人类活动所导致的二氧化碳等温室气体排放带来了气候变化问题，气候变化不仅会造成全球变暖和极端天气的增加，也会破坏人类发展所依赖的生态系统。为了应对这一威胁，早在 20 世纪 90 年代，联合国政府间谈判委员会就达成一份公约——《联合国气候变化框架公约》，形成了国际社会就此问题开展合作的基础。该公约在1994年生效，此后在1997年达成具有法律约束力的《京都议定书》。参与《京都议定书》谈判的国家分为两类，一是工业化程度较高的发达国家，也被称为“附件一国家”；另一类则是包括中国在内的发展中国家。[1]《京都议定书》主要规定了发达国家减少温室气体排放的责任，这些国家数百年以来的工业化进程被认为是导致全球气候变化的主要原因，也即造成了温室气体的“存量”问题。发展中国家认为发达国家应当承担最主要的减排责任，而发达国家则提出发展中国家尤其是新兴经济体也应做出严格的减排承诺，因为这涉及温室气候的“增量”问题。由此，从一开始，发达国家和发展中国家之间的这种矛盾就成为全球气候治理的核心难题。

20世纪90年代主政美国的克林顿政府支持加入《京都议定书》，时任副总统阿尔·戈尔更是倡导积极应对气候变化问题的“急先锋”。但是，美国国会议员们却大多是反对者，其中还有不少人从根本上质疑气候变化的科学性，认为没有足够坚实的证据证明温室气体排放和全球气候变化之间的因果关系。他们的反对主要基于以下两点原因：一是减排承诺要求美国采取使用清洁能源等举措，而这将会伤害美国的消费者，增加美国企业的成本，降低美国出口产品的竞争力，进而加剧本来就已经很严重的“贸易失衡”；二是中国、印度等发展中国家不愿承担减排责任，这对于美国来说是不公平的。[2]由于国会的阻挠，克林顿政府虽然签署了《京都议定书》，但却几乎没有就减排采取什么实质性行动。2001年1月共和党的布什政府上台，两个月之后就明确表示美国不会执行《京都议定书》。[3]

《京都议定书》的首个承诺期是从2008年到2012年。为了制定一份在此之后可以规范全球气候治理的新协议，2007年12月《联合国气候变化框架公约》成员国在印度尼西亚巴厘岛开启新一轮的谈判，并把2009年12月作为结束谈判的最后期限。虽然美国和中国是世界上最大的两个温室气体排放国，但它们并没有将应对气候变化问题作为主要的政策目标。由于全球变暖的负面影响不断显露以及国际社会对美国的批评，布什政府也试图对气候变化政策作出一些调整，包括通过制定《国家能源政策法》《能源独立与安全法》等鼓励使用清洁能源和提高能效。2008 年 6 月，在其第二任期的尾声，布什政府就气候变化和环境问题加大了与中国的合作，如确立“中美能源和环境十年合作框架”。[4]

2009 年 1 月以“变革”为施政口号的奥巴马政府上台，能源和气候变化政策的变革是其重点推动的事项。曾担任克林顿白宫幕僚长的资深民主党人士约翰・波德斯塔（John Podesta）等人，大力推动和帮助奥巴马政府在应对气候变化方面有所作为。[5]奥巴马政府认为，气候变化对美国而言是一种实实在在的挑战，通过扩展清洁能源应用等措施，不仅能应对气候变化，也有助于振兴美国经济。在对于国际条约和多边机制方面，奥巴马政府也采取了不同于布什政府的积极态度，希望重振美国在全球气候治理中的领导地位。2009 年 7 月，中美签署了《加强气候变化、能源和环境合作的谅解备忘录》，强化双方针对气候政策的对话。2009 年 12 月，美国和中国领导人共同出席了联合国气候变化谈判哥本哈根会议。双方认识到，国际社会需要一份新的协议，以使发达国家和发展中国家都做出更明确的减排承诺并采取切实行动。但中美之间的分歧依然严重，双方仍旧很难走出一种对立的状态。[6]

然而，美国和中国政府实际上都没有放松调整各自的国内政策，试图以一种更具综合性的方式应对气候变化、能源安全、环境保护、经济增长转型等一系列相互缠绕的挑战。在美国，奥巴马政府推动制定了《清洁空气法》等新的法律。由于页岩油气开发的突破性进展，美国很多发电企业用天然气代替煤炭作为主要燃料，天然气所产生的二氧化碳大约是煤的一半，这使美国电力部门产生的温室气体大大减少。美国 700 多个地方城市承诺按照《京都议定书》的要求减排，加利福尼亚州等地则建立起温室气体排放交易体系。在奥巴马的第二任期，气候变化政策占据了更加重要的位置，奥巴马政府推出了《总统气候变化行动计划》，以建立更可持续的能源体系、强化美国对气候变化的适应能力等。根据这些计划，美国在 2020 年之前要实现可再生能源发电量翻番等目标，加大对新一代化石能源项目和其他清洁能源技术创新的投资，重新制定交通工具、建筑等领域的能效标准，建立四年一次的能源评估制度。奥巴马政府认识到，这些举措不仅能产生国内政策变革的效果，还将有助于提升美国在全球能源和技术竞争中的战略地位。[7]

与此同时，中国也越来越深刻地认识到，推动能源消费结构转变、实现低碳发展等本国的经济和社会转型至关重要，采取应对气候变化的举措并不是仅仅为了回应国际压力，而是确保中国自身可持续发展的切实需要。中国制定并实施了《"十二五"控制温室气体排放工作方案》《国家应对气候变化规划（2014—2020 年）》和《国家适应气候变化战略》，并就制定《应对气候变化法》开展调研起草工作。加快建设全国性的碳排放权交易市场，出台了多项重点行业企业碳排放核算与报告国家标准。2014 年，中国单位国内生产总值能耗和二氧化碳排放分别比 2005 年下降 29.9%和 33.8%。与此同时，中国完成了一个意义重大的转变：中国成为世界节能和利用新能源、可再生能源第一大国。截至 2014 年，中国非化石能源占能源消费的比重达 11.2%，比 2005 年提高了 4.4 个百分点。2015 年，中国可再生能源装机容量已经占全球总量的 24%，新增装机占全球增量的 42%。[8]

随着中美积极调整它们在各自国内的气候变化政策，两国也开始向世界展现共同应对这一全球性挑战的决心和领导力。推动全球气候治理，关键在于不断弥合发达国家和发展中国家在减排责任分担方面的分歧，在于促使各国更加主动、自主地承担应对气候变化的责任，在于充实和完善相关的国际多边合作机制。2013 年 4 月，双方在中美战略与经济对话框架下，设立气候变化问题特别工作组，由两国气候问题特使共同主持，在对话的基础上向中美领导人提供合作建议。同年 6 月，中美两国元首在加州安纳伯格庄园举行历史性的会晤，双方之后宣布将就控制氢氟碳化物（HFCs）排放展开更多合作，它是导致全球变暖的主要温室气体之一。2014 年 11 月美国总统奥巴马访华期间，双方发布应对气候变化的联合声明。两国分别提出了严格的减排目标，中国提出计划在 2030 年左右使二氧化碳排放达到峰值，并计划在 2030 年将非化石燃料占能源消费的比例提高到 20%；美国则计划在 2025 年之前使温室气体排放量低于 2005 年水平的 26%—28%，并尽力达到 28%。此外，该声明还表示，“双方致力于达成富有雄心的 2015 年协议，体现共同但有区别的责任和各自能力原则，考虑到各国不同国情”。[9] 这一表述是对“共同但有区别的责任”原则的完善，表明中美双方希望缩小发展中国家和发达国家之间的“责任鸿沟”。对于这份联合声明，就连一向挑剔的《纽约时报》也称其“从根本上改变了与气候变化问题相关的全球政治”。同年 12 月，《联合国气候变化框架公约》成员国在秘鲁首都利马举行会议，会议宣言借用了中美联合声明中的表述，以促进发达国家和发展中国家更有力地携手应对挑战。[10]

2015 年底在巴黎举行的联合国气候变化谈判会议，是国际社会针对 2020 年之后应对气候变化达成新协议的关键时刻。在此之前，中美双方保持了合作势头，致力于共同确保巴黎会议取得成功，推动全球气候治理更具有约束力、更加有效。2015 年 9 月，习近平对美国进行国事访问，其间中美双方就气候变化问题发表第二份联合声明。这份声明首先对 2014 年的联合声明作出肯定，称其“标志着多边气候外交的新时代和两国双边关系的新支柱”。在声明中，中国提出到 2030 年将实现单位国内生产总值二氧化碳排放比 2005 年下降 60%—65%，并计划于 2017 年启动全国碳排放交易体系，该体系将覆盖钢铁、电力、化工、建材、造纸和有色金属等重点工业行业。美国则提出在2016年进一步完善“清洁电力计划”和相关的碳排放标准、能效标准制定。此外，双方决定加强多边气候合作，支持巴黎会议达成有力的国际协议，推动“全球低碳转型”。美国重申将向绿色气候基金捐资30亿美元的许诺；中国宣布拿出200亿元人民币建立“中国气候变化南南合作基金”，支持其他发展中国家应对气候变化。双方还强调中美在“第三国”的投资应支持低碳技术和气候适应力。除在最贫穷的国家以外，美国将不再向新建传统燃煤电厂提供公共融资。中国则会强化绿色低碳政策规定，严控公共投资流向国外的高污染、高排放项目。

可以说，这份联合声明比2014年又向前迈进了一大步。中国和美国不仅扩展了在全球层面上的气候治理合作，而且开始对彼此在“第三国”的经济活动进行相互约束。作为世界上最大的发展中国家，中国拿出更多资金帮助其他发展中国家提升气候问题应对能力，这彰显了发展中国家和发达国家之间的“责任鸿沟”得到进一步的弥合，中国希望用自己的努力化解“富国”和“穷国”在气候变化问题上的对立。毫无疑问，中美之间的协调、合作与具有约束力的行动，是2015年12月国际社会成功达成《巴黎协定》的最重要保障。《巴黎协定》是《京都议定书》之后，各国在《联合国气候变化框架公约》之下达成的第二份具有法律约束力的国际协议。这一协定在2016年4月得到正式签署，成为2020年之后全球气候治理的最重要指针。然而，要使《巴黎协定》真正生效，需要至少55个国家在国内走完协定批准程序，而且这些国家的温室气体排放总量还须占全球的55%以上。2016年9月，在G20杭州峰会召开前夕，中国和美国选择在同一时间向联合国方面，交存两国气候变化《巴黎协定》批准文书。此举有助于促进《巴黎协定》尽快生效，是对全球气候治理的又一贡献。根据2016年9月3日发表的《中美气候变化合作成果》，下一阶段，两国将编制并发布各自本世纪中期温室气体低排放发展战略，继续采取有力度的国内行动，以进一步推动国内国际两个层面向绿色、低碳和气候适应型经济转型，包括在逐步淘汰氢氟碳化物及全球航空业减排等方面加强具体合作。[11]

人们不禁会问，中美为何能够将气候变化打造成两国关系的一大“亮点”？首先，气候变化给两国领导人带来了实实在在的政策压力。气候变化已经成为一个全局性问题，涉及经济转型、环境治理乃至国家安全等诸多重要的政策议程。过去，气候变化或许只是一个环境学者、外交官等精英关注的“高政治”话题，然而现如今却成为影响每一个普通民众的“低政治”关切。

其次，中美将气候变化视为展现国际领导力的政策领域。中美两国温室气体排放总量占全球的比例已超过40%，它们采取“相向而行”的切实行动意义重大。可以说，没有中美的协调与合作，全球气候治理就根本无从谈起。在全球气候协议缺乏足够权威的情况下，每个国家无论是发达国家和发展中国家都需要切实承担起自己的责任，全球气候治理迫切需要一种“自下而上”的模式。这需要中国和美国在“国家自主贡献”方面做出表率。值得强调的是，中国正从完善全球治理的角度看待气候变化问题，这是有关中国全球战略的一种范式性变化。习近平指出，作为全球治理的一个重要领域，应对气候变化的全球努力是一面镜子，给我们思考和探索未来全球治理模式、推动建设人类命运共同体带来宝贵启示。在承诺中国自身将做得更多的同时，习近平大力呼吁，进一步支持发展中国家特别是最不发达国家、内陆发展中国家、小岛屿发展中国家应对气候变化挑战。

值得强调的是，通过气候变化议题积极参与全球治理体系变革，已经成为中国实施“大国外交”的重要策略。在中国大力推动之下，2016年G20首次就气候变化问题发表联合声明，其成员承诺将共同推动《巴黎协定》尽快生效，这被认为是中国担任G20轮值主席国的突出贡献之一。2017年，联合国气候变化大会将在德国召开，而德国也恰巧成为2017年G20的轮值主席国。可以说，作为国际经济治理首要平台，G20 开始在应对气候变化挑战方面加大力度，而这对于带动全球气候治理至关重要。

最后，探索和扩展制度化的合作模式，尤其是专业人士构成的“政策网络”是中美在气候变化方面不断相向而行的重要保障。在“中美能源和环境十年合作框架之下”，两国政府部门、企业、研究机构、非政府组织等围绕“清洁和安全的电力”“清洁和高效的交通”“清洁空气”“绿色港口和船舶”等优先行动领域展开合作，并通过实施中美绿色合作伙伴计划项目（EcoPartnership）等吸纳更多的专业人士和组织参加。[12]2009 年 11 月，中美清洁能源研究中心在两国领导人的共同推动下设立，有 1 000 多位来自两国的研究者利用这一平台研发清洁煤、清洁建筑、清洁汽车等方面的新技术。[13]此外，在 2013 年 4 月成立的中美气候变化特别工作组之下，双方专业人士围绕减少汽车尾气排放、温室气候数据收集、智能电网等具体问题进行磋商。2015 年，中国国家能源局和美国能源部在蒙大拿州比林斯市召开年度中美煤炭清洁发展论坛。与会代表围绕煤炭清洁利用的政策和法规、煤炭转化技术、清洁煤炭高效发电及减排技术、碳捕集、利用和封存技术等问题进行了广泛交流。中美还针对碳捕获、利用和封存技术，设立了示范性联合项目。

展望未来，中美在气候变化领域存在广阔的合作空间，需要通过更多具体的行动，使气候变化真正成为双边关系的一大支柱，并借此带动中美在能源安全、环境治理等其他领域的合作。显而易见，要想保持中美气候合作的势头，不仅需要两国领导层拥有强大的政治决心，更需要思考如何进一步激发和利用市场、技术和民间社会的力量。具体而言，设计并实施碳排放总量控制和交易系统，是中美可以扩大合作的方向之一。这一系统涉及排放配额的分配、交易价格的设定、交易规则等，它可以成为调动两国市场力量积极参与气候变化应对行动的“指挥棒”。此外，中美也应当认识到，贸易和气候变化之间的联系日益紧密，在建设低碳社会的进程中双方都会面临贸易方面的挑战。这既需要中美加大双边沟通，也需要两国考虑如何在世界贸易组织等多边框架下推动相应变革。[14]

气候变化也有望为中美进一步扩展地方合作带来动力。根据联合国环境规划署的报告，城市消耗了全球约三分之二的能源，占据全球由能源消费造成的温室气体排放的四分之三。[15]城市日益成为全球气候治理的关键角色，以应对气候变化为目标建立的国际城市网络也越来越活跃，如“C40城市气候领导联盟”（C40 Cities Climate Leadership Group）。C40成员目前包括中国的北京、上海、深圳、广州、南京、武汉以及美国的纽约、洛杉矶、芝加哥等城市。根据中国政府制定的《城市适应气候变化行动方案》，到2020年，将普遍实现把适应气候变化相关指标纳入城乡规划体系、建设标准和产业发展规划，并建设30个适应气候变化试点城市。在这方面，美国城市拥有很多良好的经验，包括如何应对海平面上升、改善土地使用和交通规划等，中美双方可以促进相关知识、信息和技术的交流。

在上述双边合作之外，未来数年，世界势必将见证中美在全球气候治理层面的更多互动。《巴黎协定》的签署仅仅为2020年之后的全球气候治理提供了蓝图，需要制定更多具体的举措确保协定得到落实。其中很关键的一个方面，是对各国温室气体排放的核算，以及对它们各自减排努力的核查和比较。应当承认，由于发展阶段的显著不同，不能指望用同一个标准对各国进行约束，“共同但有区别的责任”原则依然需要得到坚持。中美需要就如何全面、客观、科学地监测和比较相关国家的减排努力加大磋商，既要增加透明度和强化共同行动，也要设法维护全球气候治理的公平正义。

近年来，发展中国家应对气候变化所需要获取的支持越来越多，但发达国家提供支持的意愿却在下降。中美需要在这方面展开更多合作。2015年9月，习近平宣布设立200亿元人民币的“中国气候变化南南合作基金”。

2016 年，中国将启动在发展中国家开展 10 个低碳示范区、100 个减缓和适应气候变化项目及 1 000 个应对气候变化培训名额的合作项目。中国将提供资金支持，大力帮助发展中国家提升在清洁能源、气候适应型农业、低碳智慧型城市建设等领域的能力。对此，美国应毫无保留地支持中国在这方面的努力，并在环境友好型技术转让等方面给予中国更多便利。中美两国的研究机构和企业可以在“第三国”实施更多联合项目。围绕“绿色金融”“可持续性基础设施”等，中美应加强在国际机制方面的合作，包括世界银行、亚洲基础设施投资银行和绿色气候基金（Green Climate Fund）等。

## 第二节　网络安全

如果思考 21 世纪人类会面临哪些新的重大安全挑战，网络安全无疑将位列其中。如果说海军力量塑造了 19 世纪的国际关系，核力量和空中力量影响了 20 世纪大国战争的输赢，那么，网络力量将是 21 世纪国家间冲突的决定性因素之一。习近平高度重视网络安全问题，他明确指出，“没有网络安全就没有国家安全，没有信息化就没有现代化”，建设“网络强国”的战略要与“两个一百年”奋斗目标同步推进。[16] 奥巴马政府则认为，网络攻击已经成为美国国家安全面临的最大安全威胁。[17] 值得注意的是，网络安全也开始成为中美关系的热门话题之，构成了两国分歧和摩擦的新来源。近年来，美国国会、网络安全公司等不断披露所谓中国政府支持的黑客或“军方黑客”持续对美进行网络攻击的报告，这些消息纷纷占据美国主要媒体的标题。2014 年 5 月，美国司法部以“网络窃密”为由对五名中国人民解放军军官提起诉讼，称这些供职于解放军总参谋部下属单位的军官直接参与了针对美国企业的网络窃密行动。这一举动招致中国方面强烈反对，中方决定暂停中美“战略与经济对话”框架下的网络工作组对话。与此同时，也爆出美国国家安全局等机构侵入中国企业、大学和政府网络系统的丑闻，中方抱怨自己长期是美国网络攻击的受害者。中美围绕网络安全问题所产生的冲突似乎越发显著。那么，到底该如何认识网络安全对美国和中国带来的挑战？中美能否以建设性态度而非对抗性方式应对这一新型的共同挑战？

## 一

过去20多年，世界见证了互联网的迅速发展。20世纪90年代，全球互联网用户只有上百万，占世界人口的比例不超过1%。如今，这一数字已经激增到30亿，仅在中国就有6亿多“网民”，互联网用户占世界人口的比例升至40%。网络已经成为全球经济和社会发展的基石，成为各国民众日常生活的一部分，互联网经济占全球最大的20个经济体GDP的比例超过5%。“美国在线”公司的联合创始人史蒂夫·凯斯认为，互联网世界正在迎来“第三波革命”，第一波革命让人们得以上网，第二波革命带来了以互联网为基础的软件和服务，而第三波革命将使互联网迅速融入人们的日常生活，并对医疗、教育、金融服务、能源等行业造成巨大冲击。[18]

在互联网迅猛扩展的同时，人们也不得不应对极为复杂的互联网治理难题。早在1996年“世界经济论坛”期间，约翰·巴洛就曾发表《网络空间独立宣言》，他毫不掩饰互联网对各国政府的轻视，“在我们中间，你们并不受欢迎。在我们聚集的地方，你们没有主权。我宣布，我们正在构建的全球社交空间不受你们企图施加的暴政的影响”。[19] 网络空间的确是开放的，但如何维护其安全和稳定，也日益成为各国面临的严峻挑战。一般而言，网络安全主要涉及两类大问题，一是和平时期的网络攻击，包括网络商业窃密、网络间谍、网络欺诈、网络恐怖主义等。高德纳咨询公司估测，2015

年全球在维护信息安全方面的花费高达 799 亿美元，2018 年将升至 1 010 亿美元。二是网络战，包括网络武器的研发、网络战部队的建设等。目前，大约有 30 个国家设立正式的军事或情报机构从事进攻性的网络活动。有美国专家认为，各国围绕网络战的活动已经引发了新的“数字军备竞赛”，以前所未有的规模打造网络战武器，用它们破坏敌国的电网、金融系统、雷达系统甚至是摧毁核开发所依赖的离心机。“由于技术成本低，分布式计算能力强，网络武器远比核军备竞赛巅峰时期的核武器易于获取和利用。”[20]

应当看到，网络攻击的驱动因素是多元、复杂的，包括获取经济利益、实现政治目标、传播极端主义意识形态等。网络攻击的实施者既可以是一个国家的政府机构，也可能是非政府组织或个人，这导致网络安全的治理更为困难。据报道，在 2012 年，美国和以色列联手对伊朗的核开发项目实施网络攻击。作为报复，2012 年 8 月，伊朗对沙特阿拉伯石油公司发动大规模网络袭击，释放一种名为“Shamoon”的病毒，该病毒在沙特石油公司的 3 万台电脑上自行复制，给这家公司造成巨大损失。2014 年，美国称朝鲜针对索尼影像娱乐公司进行网络袭击，起因是索尼公司坚持放映以刺杀朝鲜最高领导人金正恩为主题的一部影片。美国后来也不得不承认因为自己曾侵入过朝鲜网络系统，才能如此肯定地认定这一袭击是朝鲜所为。2015 年，美国司法部认定，两名以色列人和一名美国人侵入美国摩根大通国际公司的电脑系统，将该公司 7 600 万客户的联系方式窃取，这是一起由犯罪集团实施的典型网络攻击。

作为互联网的起源地，美国虽然在网络技术上相当领先，但却一直对自身的网络安全感到担忧。美国具有突出的信息基础优势，美国公司基本垄断了中央处理器、操作系统等互联网技术，其创制的网络标准成为全球标准。美国还保持了网络世界的管理大权，全球 13 个根服务器中，主根服务器和 9 个副根服务器都在美国境内，其管理者是 1998 年在美国政府支持下成立的“互联网域名与地址管理机构”（ICANN）。然而，网络化程度较高的美国恰恰更易受到来自网络的攻击，可谓“处处是前线”。网络安全已经成为美国最重要、最紧迫的国家安全挑战之一，美国政府一直在为应对“网络版的珍珠港事件”而做准备。仅在2014年，美国联邦政府就遭受6万余次的各类网络攻击。根据美国国土安全部的统计，针对该国电力、自来水等基础设施的网络攻击从2009年的9起猛增至2014年的245起。医疗保险、民用航空、汽车等行业也日益成为网络攻击的目标。2013年，联邦调查局专门通告3 000多家美国企业加强网络安全防备，包括银行、防务承包商和零售业公司等。有估计认为每年美国因网络安全遭受的损失多达3 000亿美元，而且这一数字还将持续上升。[21]

美国高级官员多次表示，他们最担忧的是俄罗斯、中国、伊朗和朝鲜等国所掌握的网络武器，以及来自这些国家的网络黑客行动。据美方称，俄罗斯黑客对五角大楼、国务院和白宫的网络长年展开攻击，甚至是“窃取”了奥巴马总统的每日活动安排和国务院非机密网络发送的外交信函。此外，恐怖主义分子利用网络招兵买马，并策划和实施对美国的袭击，也成为日益突出的威胁。

为了应对网络安全威胁，美国多管齐下，在军事、经济、外交等多领域强化其在网络空间的主导能力。2001年“9·11”事件之后，美国政府专门制定了《网络空间国家安全战略》，以此作为《本土安全战略》和《国家安全战略》的补充，以谋求包括网络安全在内的“整体安全”，并将网络恐怖主义视为21世纪美国国家安全的最严重威胁之一。2002年组建网络战联合功能司令部，2005年《国防安全战略报告》明确将网络定位为与陆海空同等重要的战略空间，而且提出美国必须在网络空间维持决定性优势。奥巴马政府上台后，美军加大了应对网络安全威胁的投入。2011年，美国国防部明确表示将网络攻击视为传统军事行动的范畴。2012年，奥巴马总统首次命令五角大楼必须具备保护美国免遭重要网络袭击的能力，美军随之增扩了网络安全部队的规模。2015 年 4 月，五角大楼公布的新战略称，“国防部必须能够为支持军事行动和应急计划提供综合性的网络能力”，美军可根据总统的命令“利用网络行动扰乱对手的指挥控制系统、与军事有关的关键基础设施和武器能力”。[22] 与 2011 年的网络战略相比，这一新战略将网络武器和能力像常规武器那样纳入军事计划。此外，美国还推动北约针对重大网络攻击做出共同防御安排，尤其是应对来自俄罗斯的挑战。2011 年 9 月，美国和澳大利亚将网络战纳入两国共同防御条约以反映“未来的战场”。这是网络战第一次在北约以外被纳入美国的双边防御条约。时任美国国防部部长帕内塔称，“网络是未来的战场，不仅要防范网络袭击，也要在网络袭击方面具有进攻性”。

与此同时，美国日益注重将网络经济优势转化为战略优势，特别是使美国企业在维护美国网络主导权方面发挥更大作用。正如约瑟夫·奈所言，“一个领导信息革命的国家将比其他国家拥有更多权力，信息优势是一种决定性的战略资源”。奥巴马政府与美国网络巨头公司的联系极为密切，美国前副总统戈尔曾言，没有网络，就没有“奥巴马奇迹”。奥巴马竞选期间“谷歌”首席执行官施密特即担任顾问，后任奥巴马总统的科技顾问。在论及如何更好地利用 Google、Facebook 等美国信息企业巨头实现网络安全目标时，国家安全局前局长迈克·海登（Michael Hayden）直言不讳地表示：“为何我们不能把世界上最强大的电信公司和计算管理架构为我所用呢?”在外交方面，美国国务院早在 2003 年就成立“网络外交办公室”，全面协调推进网络外交战略，包括“互联网自由”计划等。美国网络公司在这一战略中也扮演着重要角色，如在 2009 年 5 月，微软公司在美国政府授意下，将古巴、伊朗、叙利亚、苏丹和朝鲜五国的在线聊天服务功能关闭，声称担心这些国家利用网络危害美国国家利益。

然而，令美国始料未及的是，近年美国在全球网络空间实施秘密监控等丑闻不断遭到曝光，尤其是2013年的“斯诺登事件”可以说更是对美国的国家信誉和网络政策构成重大冲击。美国很早即对全球重要国家进行网络监控，包括德国、日本等盟友。由“维基解密”披露的资料显示，自2007年安倍晋三首次执政时，美国就对日本内阁办公室等重要政府机构和三菱等日本全球巨头企业实施监控，并将相关高度机密的情报与美国的第一级别盟友分享——英国、澳大利亚、加拿大、新西兰与美国组成了号称“五眼联盟”情报分享体系。美国国家安全局在重要的网络节点安置了秘密服务器，同“五眼联盟”的盟友一起监控全球光缆，用加装模块的方式将网络硬件变成窃取情报的工具。除了日美外交关系，美国国家安全局对日本政要和企业的监控主要集中在国际贸易政策、气候变化、核问题等。“维基解密”的曝光恰逢日美处于完成TPP有关谈判的关键阶段，虽然两国领导人喋喋不休地宣称TPP所具有的战略重要性，但正如监控事件所揭示的，他们也不得不直面双方之间令人尴尬的信任赤字。正如“维基解密”创办人阿桑奇所言，“日本从中应学到的教训是：不要期待一个全球监控大国会有所顾忌或敬畏。唯一的规则是：没有规则”。

欧洲国家也是美国秘密网络监控的“重灾区”。德国总理默克尔成为美国国家安全局的重要监控对象，为此默克尔和德国政府表示严重不满。在监控丑闻曝光后，欧洲最高法院裁定之前的所谓“安全港”协议非法。此前，按照该协议，只要美国公司承诺提供符合欧盟标准的隐私保护，欧洲公民的个人数据就很容易被转移至美国公司。而监控丑闻则让人担心，美国公司存储的欧洲公民个人信息会更易于受到美国情报机关的掌控。德国《明镜》周刊刊文称，美国随意左右全球网络世界的形象：在这个世界里，邪恶的中国利用官方黑客、爱国黑客或犯罪黑客攻击美国；善良的美国则利用社交网络和搜索引擎为全球提供信息、通信服务和言论自由……

然后，斯诺登出现了。他的揭秘撕下了希拉里宣称网络不可侵犯时的虚伪面具。[23]

## 二

2015年5月，《纽约时报》等媒体称，美国国家人事管理局网络系统遭到来自中国的攻击，上千万现任和前任联邦雇员的相关信息资料被窃取。这一报道迅即在美国国内引起轩然大波。国会议员、产业界人士等纷纷要求对中国进行报复和制裁，在这种压力下，一度传出白宫将对涉及网络攻击的中国公司和个人实施一揽子经济制裁措施。美国国家情报总监克拉帕指名道姓地批评中国，“中国以美国在安全保障、企业机密、知识产权等领域的利益为目标持续开展网络攻击”。美国专家宣称，中国黑客之所以窃取美国国家人事管理局的信息，是想对美国政府官员和军方高层的个人信息进行分析，利用他们的个人弱点和丑闻数据，以在必要时对美国实施心理战。

无疑，在美方看来，中国已经成为网络安全领域的主要威胁，虽然中国并不是网络攻击和窃密的唯一来源国，却可以说是最活跃的。2015年7月，美国联邦调查局称，2014年经济间谍案件较前年剧增53%，其中大多数和中国相关。在美国政府内部，越来越多人宣称要对中国进行网络报复。美国网军司令部司令、国家安全局局长迈克·罗杰斯（Michael Rogers）等人提出，要对中国实施“网络威慑”，甚至不惜对中国的电信、交通等关键基础设施进行网络攻击。可以说，网络安全问题已然成为影响美中关系发展的显著因素，在美方看来尤为敏感而紧迫。

在中美两国元首峰会的议程单上，网络安全开始占据重要位置。网络安全既是一个经济问题，更是一个战略问题。美国试图在此问题上给中国画出一条“明亮的红线”。美国方面的基本立场是，每个国家都在网络空间进行间谍活动，但为了加强本国公司的竞争地位而进行由国家机构参与的商业间谍活动是不能接受的。然而，斯诺登披露的信息显示，美国国安局最迟自2009年就侵入中国电信设备制造商华为公司的系统。对于美国对中国商业机构进行网络监视和渗透的这类行为，美国专家则辩称，这些行为旨在更清楚地了解中国相关机构的“违规”情况，并不是为了提高美国企业的市场竞争力，而中国企业则将通过网络窃取的项目价格、技术机密、企业计划等信息直接转换为自己的竞争优势。应该说，这种辩解显得苍白无力，“斯诺登事件”已经严重削弱了美国在网络安全问题上扮演受害者的道义基础。

无论如何，对于网络安全问题，如何深化沟通、聚同化异，如何将潜在的“冲突点”转化为“合作点”，是摆在中美双方面前的一大难题。目前，中美之间的网络安全问题主要集中在四个方面：一是通过网络窃取知识产权、商业信息和贸易秘密等网络犯罪；二是政治和军事方面的网络间谍行为；三是对电力设备、天然气管道等基础设施网络系统的侵入和攻击；四是网络恐怖主义问题。此外，网络安全也影响到中美之间的经济贸易关系。“斯诺登事件”加深了中国方面对自身网络体系脆弱性的担忧，在关键网络设备和技术方面降低对外国供应商的依赖显得尤为必要。比如，中国政府一度准备实施新的银行业网络安全规定，要求中国银行使用“安全和可控”的技术和装备，而美国公司则认为这一规定涉嫌贸易歧视，还要求美国政府诉诸世界贸易组织。

由此，中美之间的网络安全问题可谓成因复杂，涉及面广，各种利益相关主体的诉求也不尽一致。更令人担忧的是，中美两国政府在应对这一“21世纪新型挑战”方面实际上准备不足，无论是技术知识、经验还是相关人才资源。“新型挑战”呼唤“新型思维”和“新型关系”，需要两国政府之间、政府和网络产业界之间进行更具建设性的沟通以及更加深入的协作，用对立、对抗的态度处理网络安全问题注定是要失败的。正如美国东西方研究所学者格雷格·奥斯汀所言，“网络安全和网络外交仍然是较新的领域，许多决策者对它们知之甚少”。即便在美国，互联网企业与政府在讨论网络问题时仍会经常陷入“话不投机”的窘境。另一个问题则是，一些涉及网络安全的企业和行业，为了获取更多政府合同和其他商业利益，不惜过度夸大网络威胁。

为了有效应对网络安全问题，中美两国政府可以从气候变化领域借鉴经验。由于牵涉到经济发展战略等一系列重要问题，气候变化问题过去曾长期是中美进行“较量”的领域。作为世界上最大的两个温室气体排放国，中美总是担心不公平的减排责任分配会给本国经济带来冲击，在 2009 年哥本哈根联合国气候大会上，双方的矛盾和对立暴露无遗。然而，随着两国重新审视应对气候变化的重要性和紧迫性，中美关系近年在该领域取得了让人惊喜的进展，双方努力在应对气候变化方面扩展共同利益。从气候变化这个例子看，只要有充分的政治意愿，中美两国完全有能力为解决网络安全等 21 世纪人类面临的新问题寻求有效答案。

在网络安全方面，美方应反思自身一些站不住脚的假设和观点。首先，中国网民数量居世界之最，没理由不关注网络安全问题，也绝不会容许网络空间的犯罪和攻击行为横行。其次，网络空间的治理目前尚无国际社会接受的明确准则，故而指责中国公然违反准则实是“欲加之罪”。第三，美方低估了中国在网络空间的不安全感。奥巴马宣称美中若打网络战，美国想赢就一定能赢，这从侧面表明在网络安全问题上中方整体上处于劣势地位。第四，美国不断指责中国，对于它如何针对中国实施网络间谍和网络军事行动却闭口不谈，也一直未能对斯诺登曝光的网络监控行为给予解释。值得注意的是，中国与欧盟、俄罗斯、印度等其他大国，在网络问题上并没有那么紧张的关系，中美避免网络安全相关的摩擦和矛盾升级在理论上讲也是可行的。[24]

中国作为全球网民数量最多的国家及最大的电子信息产品生产基地，它完全有理由坚定维护网络安全，并应该跻身于网络安全领域的全球领导者之列。目前，中国约有6.7亿网民、413万多家网站，网络深度融入了经济社会发展的方方面面。互联网对中国经济发展的贡献不断增加，2014年在GDP中占比达7%。总部设在杭州的阿里巴巴公司市值超过2 300亿美元，已跃升为全球第二大互联网公司。中共十八届五中全会将建设“网络强国”提升为国家战略，并专门成立了中央网络安全和信息化领导小组。为缩小信息鸿沟带来的经济不平等，中国正在实施“宽带中国”战略，预计到2020年，中国宽带网络将基本覆盖所有农村。普华永道会计师事务所发布的报告称，仅仅在2014年，中国遭受网络攻击的增幅高达517%，中国企业的损失增加10%。毫无疑问，中国是世界上网络攻击和窃密等行为的主要受害者。中国加大发展互联网经济的同时，也必然会强化对网络安全的重视。另一方面，中国还在与哈萨克斯坦等国加强合作，通过发展跨境电子商务、建设信息经济示范区等，推动全球数字经济发展。这一趋势也推动中国在全球互联网治理领域寻求发挥更积极作用，加大参与相关国际规则的制定。2015年12月，习近平在第二届世界互联网大会发表演讲时强调，网络空间是人类共同的活动空间，网络空间前途命运应由世界各国共同掌握，各国应该加强沟通与合作，共同构建网络空间命运共同体。中国政府认为，国际网络空间治理应该采取多边主义方式，培养和发挥政府、国际组织、互联网企业、技术社群、民间机构、公民个人等各个主体的协同力。不论是商业窃密，还是对政府网络发起黑客攻击，都应该根据相关法律和国际公约予以坚决打击。

在处理中美之间的网络安全问题上，中方一直强调两国需以建设性态度而非对抗性方式予以应对，而且完全可以将网络安全打造成为双边关系新的合作亮点。中美双方如果能在网络安全问题上有所进展，不仅可以为双边关系“减压”，也有助于促使国际社会协力应对这一共同挑战。2015年9月上旬，在习近平对美国展开国事访问前夕，中共中央政治局委员、中央政法委书记孟建柱率领跨部门安全代表团访美，与美国国务卿克里、国土安全部部长约翰逊、总统国家安全事务助理赖斯等美国高官会谈，围绕合作打击网络犯罪、加强案件协查、信息共享等方面达成多项共识，双方同意开展有关网络安全的对话与合作。

后来，习近平在访美期间与奥巴马总统进一步就网络安全问题进行交流，中美双方同意，各自国家政府均不得从事或者在知情情况下支持网络窃取知识产权，包括贸易秘密，以及其他机密商业信息，以使其企业或商业行业在竞争中处于有利地位。这意味着，两国开始就如何在网络空间相处确立规则。奥巴马政府内部人士认为，围绕限制网络攻击制定"行为准则"堪比1963年美国肯尼迪政府与苏联达成的禁止在大气层进行核试验的协议，这种规则有助于防止网络武器引发严重灾难。此外，中美还宣布了在网络安全领域深化沟通的具体举措，包括建立中美共同打击网络犯罪及相关事项高级别联合对话机制、设立热线电话等。[25] 在国事访问期间，习近平专门到访西雅图并参加"中美互联网论坛"，与阿里巴巴、百度、苹果、IBM等两国重要互联网企业负责人共话网络经济、网络安全等问题。这一安排体现出中方希望更多私营机构参与互联网治理的意愿。

在习近平访美后，中美双方迅速落实两国领导人达成的共识。2015年12月初，首次中美打击网络犯罪及相关事项高级别联合对话在美国华盛顿举行。对话由中国国务院国务委员、公安部部长郭声琨与美国司法部部长林奇、国土安全部部长约翰逊共同主持。中方派出了由中央政法委和公安部、中央网信办、外交部、安全部、工信部、司法部等多个部门的部级高官组成的联合代表团参会。本着"依法、对等、坦诚、务实"的原则，中美双方就打击网络犯罪合作、加强机制建设、侦破重点个案、网络反恐、执法培训等方面，达成一系列共识和具体成果。

值得注意的是，对于敏感的网络安全问题，中美双方在对话中并没有回避。中方向美方通报了所谓美国联邦人事管理局电脑系统被入侵案件的进展。中方通过查办，证明入侵美国联邦人事管理局电脑系统系个人犯罪行为，且未获取有关信息。这一调查结果得到了美方的确认，其对中方行动表示赞赏。此外，中方还向美方通报了多起涉美网络攻击案件，包括美国公司窃取中国公民个人信息案件，中国软件技术服务公司、中国知识信息资源网站等遭受网络窃密等案件，要求美方尽快反馈调查结果。双方还就涉及网络传播儿童色情、电子邮箱诈骗、网上侵犯知识产权、网络恐怖主义活动等案件进行了讨论。双方同意将以上案件确定为未来合作重点。

在本次对话期间，中美双方达成《中美打击网络犯罪及相关事项指导原则》，对双方在各自法律框架内加强打击网络犯罪合作做出初步的框架性安排，涉及提出网络犯罪协查或信息请求的渠道、请求提交的形式和内容、对协助请求的响应以及保密措施等。中美双方还决定启动热线机制，继续合作打击网上传授简易爆炸装置制作活动，加强网络安全执法培训，将各自为对方举办网络执法培训班，以及举行网络反恐研讨等活动。从此次对话成果看，中美关于网络安全的交流合作非常务实，注重从共同遏制网络犯罪等低敏感领域做起，逐步累积合作经验和相互信任。正如郭声琨所言，中美双方正努力“把网络安全执法合作打造成中美关系的新亮点”。

在网络安全执法合作之外，中美也开始通过“战略与经济对话”等渠道就网络空间国际规则的制定进行交流。2015 年 6 月，两国在华盛顿举行第七轮“战略与经济对话”，其间双方就如何制定网络空间的国际规则和行为准则问题进行了探讨，中方希望美国能积极参与联合国框架内有关规则制定活动。2016 年 5 月，中美网络空间国际规则高级别专家组首次会议召开，标志着两国在这个问题上的合作更具实质性。显然，维护网络空间稳定是中美共同利益所在，而且双方也都认为需要制定更有共识基础和更具权威性的国际规则。正如美国国务卿克里所言，美国的政策目标是推动“国际网络稳定”（Internatiaonal Cyber Stability），建立“一种各国能够享有网络空间益处、各方愿意合作和避免冲突、各方不破坏或攻击彼此的环境”。[26]

但是，中美之间也有非常显著的分歧，主要集中在国际网络治理中联合国应发挥何种作用、政府应扮演何种角色等问题上。中国明确支持联合国的主导性作用，认为必须由国际社会共同制定规则。中国、俄罗斯等国希望将互联网的管理权交给联合国，包括由联合国框架下的国际电信联盟而非美国商务部所属的“国家电信和信息局”来管理“域名系统”（DNS），但美国方面对这些提议总体持反对态度。虽然2015年7月联合国信息安全政府专家组（UNGGE）就在报告中确认国家在网络空间具有主权和管辖权，但美国依然倾向于尽量弱化政府的作用，认为这有助于捍卫所谓“互联网自由”。[27]纽约大学法学院法律与安全中心执行主任扎卡里·古德曼（Zachary Goldman）等认为，中美两国所谈论的“网络安全”具有不同的含义，“在华盛顿，网络安全从根本上说就是防止在未经授权下进入数字系统，主要强调的是保护私营部门数据和关键基础设施。在北京，网络安全基本是以国家为中心的，即防范以数字手段对政权的内外部威胁”。[28]实际上，考虑到“任何国家的网络政策都必须在相互竞争的国家安全、执法和工业监管目标等问题上进行平衡。而且商业信息技术部门的创新，远比任何国家政策制定的步伐要快”[29]，一个国家的政府必须在维护网络空间安全方面积极发挥作用。

总之，网络安全已经成为中美关系中的主要问题，双方就此问题的沟通合作还处在初步探索阶段，网络安全对未来中美关系发展前景的影响不容低估。无论在哪个国家，网络空间都不能成为违法犯罪分子的“避风港”，利用网络空间进行的窃取商业秘密、恐怖主义、洗钱等犯罪活动应受到惩治，而这需要中美两国执法部门的通力协作。同时，无法否认的是，网络空间也在成为大国之间展开较量的“新战略边疆”，而网络空间的国际规则总体缺失，中美两国有责任保持自我克制、加大相互协调，共同探索包容、均衡、有效的国际治理模式。

## 第三节　海权博弈

自1840年鸦片战争以来，中国遭受的外部侵略大部分自海上而来，在“炮舰政策”的威逼之下，中国最早向世界开放的城市也多处于沿海地带。应该说，中国人对海洋有着异常复杂的情结，既有拥抱海洋的热情，也有面对海洋的陌生感，甚至是一种悲情。2012年中共十八大报告提出，“提高海洋资源开发能力，发展海洋经济，保护海洋生态环境，坚决维护国家海洋权益，建设海洋强国”。由此，中国明确宣示以“海洋强国”作为国家战略目标之一。2013年7月，习近平在中共中央政治局集体学习中指出，建设海洋强国“对实现全面建成小康社会目标、进而实现中华民族伟大复兴都具有重大而深远的意义”。同年10月，习近平又提出了建设“21世纪海上丝绸之路”的倡议。

2014年又是一个甲午年，120年前的1894年中国和日本之间爆发甲午海战，100年前的1914年第一次世界大战爆发，当时威廉二世统治下的德国与英法等国试图一决高下。日本和德国都曾是快速崛起的国家，也都曾大力发展海军力量。简单的历史类比似乎告诉人们，一个迫切希望拥有“海权”的崛起国通常会引发冲突，企图凭借战争消除国际体系对它们的束缚。美国知名战略学者罗伯特·卡普兰指出，中国正在成为“萌芽中的海洋帝国”，海洋帝国的建设往往不是有意识的大战略，而是几十年中逐步形成的。对于极力希望维持其全球霸主地位的美国而言，海权优势关乎其核心利益。相对于美国，作为海洋领域的“后来者”，中国如何在避免中美战略利益激烈碰撞的情况下实现“海洋强国”的梦想，这确乎是异常艰困的挑战。

## 一

第二次世界大战以来，海权成为美国全球霸权地位的重要支柱之一，凭借强大的航母战斗群、几乎遍布全球的海军基地等，美国牢牢掌握了对海洋空间的控制。海洋被视为“全球公域”的一部分，而对“全球公域”的进入权（Access）和控制，是维系美国绝对优势地位的基础，也是美国大战略的基点之一。

2014 年 5 月，美军参谋长联席会议主席邓普西（Martin Dempsey）在大西洋理事会的公开演讲中表示，从军事安全角度而言，美国面临“2+2+2+1”的挑战格局，即中国和俄罗斯是最大对手，朝鲜和伊朗是紧迫麻烦，恐怖主义势力和跨国有组织犯罪团伙的威胁性日趋增大，网络安全是美军最重视的安全挑战之一。[30] 而在美国方面看来，近年中国在海上安全方面构成的所谓“威胁”尤为突出。在美国专家看来，中国军队不断发展的反舰弹道导弹、反潜作战能力、防空体系、水下核威慑力量等对美国带来严重挑战，使美军在中国近海乃至西太平洋地区的行动自由受到限制，从日本延伸至菲律宾的“第一岛链”越发难以压制中国海军走向远海。在这种情况下，如果台海发生战事，美军介入的成本将会升高，甚至会发现自己根本无力介入。由此，中国被认为是在大力发展一种“区域拒止 / 反介入”（AD/A2）能力。[31]

2014 年年初，美国海军部情报局高级官员杰西 · 卡罗特金（Jesse Karotkin）在“美中经济与安全评估委员会”作证时表示，美国海军方面认为，中国约 65% 的驱逐舰和护卫舰是“现代化的”，预计到 2020 年该比例将升至 85%，中国海军正从海岸防御力量加快转型为在远海作战能力日益增强的力量。在美国军方人士和专家看来，除了水面舰艇，对美军构成更大威胁的是中国的核弹道导弹潜艇，可打击美军亚太基地的常规中程弹道导弹以及射程至少为 1 500 公里的“东风—21D”反舰弹道导弹。美国海军战争学院教授艾立信（Andrew Erickson）称，中国的对地攻击巡航导弹最远可打到夏威夷附近的关岛、澳大利亚的达尔文以及印度洋上的迪戈加西亚基地。美国国防部国家航空航天情报中心专家唐纳德·菲尔（Donald L.Fuell）的评估认为，人民解放军对“第二岛链”的近精确打击能力正在得到稳步增强。[32]

谁能想到，在 21 世纪之初，当美国军事评论家谈起中国海军时，还不无讥讽地称之为“百万人游泳大会”。美军太平洋司令部前司令威拉德上将（Robert Willard）在 2009 年曾表示，过去 10 余年时间里，中国军事现代化的进展每一年都超过美情报机构对中国军事实力的评估。美国国防部负责采购的副部长帮办弗兰克·肯德尔（Frank Kendall）称，中国对美军技术优势的挑战是其几十年来从未见过的，尤其是在亚太地区，美军在海上、空中和太空的绝对优势正遇到强有力的挑战。[33] 虽然中国海军实力在硬件上有所增强，但从指挥、情报和控制系统以及实际训练和联合作战能力等软件方面而言，中美之间的差距仍是极大的。此外，即便军事能力不断提升，但中国仍坚持积极防御的国防战略，倡导建立和谐海洋秩序。然而，在美国的战略文化中，“能力”比“意图”更受重视。他们的思维模式是，如果中国手中握有“锤子”，那么南海争端等挑战就会成为“钉子”，一个军事上强大的中国将更倾向于使用武力解决问题。

在美国方面看来，2012 年以来，中国在处理东海、南海等问题上的政策越发强势，这体现了中国挑战美国海权、进而将美国挤出亚太地区的深层战略意图。2012 年 4 月，菲律宾派出军舰对在黄岩岛海域作业的中国渔民实施袭扰，中国海警船随后与之形成对峙，进而对黄岩岛实现了实际控制。2013 年 11 月，为应对日本野田政府单方面宣布对“钓鱼岛”实施国有化，中方宣布划设东海防空识别区，此举引发美国国内战略界的震动。此后中国与菲律宾、越南等围绕南海问题再现新的争端，特别是中方在奥巴马 2014 年 4 月访问亚洲后即在西沙海域部署 981 钻井平台，“新美国安全中心”等智库认为此举表明中国的南海政策升级换挡，从“被动强硬”变为“主动强硬”，其深层次影响是撼动和削弱美国在该地区的同盟安全义务。

在此背景下，奥巴马政府加大钓鱼岛、南海等问题的介入力度，美国高级官员针对中国不断放出“狠话”。2014 年 2 月 5 日，美国东亚事务助理国务卿拉塞尔在国会听证时指责中国的“九段线”主张不符合国际法，这是美国官方首次在“九段线”问题上如此明确地拷问中国。2 月 13 日，美国海军作战部部长格林纳特表示将在中菲发生冲突时坚定支持菲律宾。2 月 17 日，国务卿克里访问印尼时谴责中国在南海问题上的“挑衅”举动，强调“九段线”不具合法性。美国国家安全委员会亚洲事务高级主任麦艾文还警告说，如果中国在南海地区划设防空识别区，美国将进一步增兵亚太。4 月，国防部部长哈格尔出访亚洲时也发表了力挺日本和菲律宾的言论，以致中央军委副主席范长龙当面向其表示不满。美国总统奥巴马在 2014 年 4 月访问日本前公开表示美日同盟条约适用钓鱼岛。克里则在 2014 年 7 月东盟地区论坛会议前后提出所谓有助于缓解南海紧张局势的“冻结”倡议，并且在西沙问题上为越南“站台”，美国对于南海问题的干预程度不断加深，体现了中美围绕“海权”问题的博弈复杂程度日趋增强。

显然，“印度洋—太平洋”地区的海上安全（确保美国海上霸权优势）是美国核心关切所在，也是奥巴马政府最易利用的地区安全议题，其要点在于如何“灵巧”利用亚太地区国家之间的矛盾来服务美国的战略利益。美国国防部部长哈格尔 2014 年 3 月在访问亚洲之前接受《洛杉矶时报》采访时直言，现在美军的关键任务在于少花钱多办事，办法就是帮助友好国家提高自身的武装力量，更加注重提高美军的质量而不是数量。4 月，美国众议院军事委员会海上力量小组委员会主席、共和党众议员兰迪·福布斯和民主党众议员花房若子提出“亚太地区优先法案”，要求奥巴马政府加强对中国海军现代化、太平洋地区各国海军力量平衡、台海两岸军力平衡等问题的研究，全面检查太平洋司令部的战备状态和后勤军需情况，该法案还特别要求美国国防部有关中国军力的年度报告将中国国家海洋局等部门的活动包含在内。

美国国防预算2013财年削减370亿美元，2014财年约减少520亿美元，在今后十年会比2012年下降约20%。时任国防部副部长卡特、陆军作战部部长麦克休、海军作战部部长格林纳特等高官警告说，这将影响美军对新型武器的采购和相关军事部署，美军设施的维修、基地运营和训练规模将明显缩水。2014财年，美国空军被迫缩短15%飞行时间，今后五年空军将裁员2.5万人，占总人数4%。目前美国海军拥有以11艘核动力航母为核心的280多艘舰船，到2020年将减至255—260艘，海军还不得不推迟由P—8A反潜巡逻机替代P—3C等装备更新进程。在预算紧缩的时期，美国要想妥善应对该地区的各类安全威胁，就必须加快与亚洲盟友和伙伴进行所谓“责任分担”或“责任转移”。

当前，美国亚太地区部署了33万多名官兵、180艘各类舰船以及2 000多架战机，但美方认为其军事资产的安全日益面临主要来自中国的反舰导弹、潜艇和高精度防空体系的挑战。为此，美国重要军事问题智库——战略和预算评估中心，曾在2010年5月公布“空海一体战”构想，主要强调要利用空军、海军和网络作战等高度融合的联合作战方式应对假想敌中国。但这一构想主要是为了对抗高强度威胁，如何防范“海监船、公务船频繁侵入领海”等低强度威胁，成为美国战略界人士思考的问题。退役海军陆战队上校、美国国防大学战略研究所资深研究员托马斯·黑姆斯（T.X.Hammes）提出“离岸控制”（Off-shore Control）战略，旨在通过加强与日本等盟友的合作，切断中国的能源和商品进出口通道，提高中国发动“夺岛战”等小规模军事行动的成本，避免中国误以为其可以速战速决。[34]

在美国的应对策略中，增强亚太盟友和安全伙伴的海上安全能力是重中之重，过去几年来，奥巴马政府显著加大了这方面的努力。2013 年 12 月，美国国务卿克里访问菲律宾、越南时承诺向东南亚国家提供约 8 000 万美元的特别援助，专门用于提升这些国家维护海洋安全的能力，而这些国家大都与中国存在海洋领土、权益冲突。此外，美国已向菲律宾承诺提供远程海上巡逻机等装备，增加美军舰访菲次数，美军在距黄岩岛 200 公里的苏比克湾基地、靠近南沙群岛的巴拉望省的军事基地进行轮驻。

值得关注的是，日本已成为美国利用海上安全问题加大对华制衡的关键角色。这不仅是因为日本与中国之间存在钓鱼岛主权争端，更是因为日本实际上拥有强大的海上军事力量。日本可充分扮演“二传手”的角色，向东南亚国家提供更适合它们的海上军事和准军事装备，在日本设立专门的培训基地，帮助菲律宾、越南等国提升维护海上安全的能力。日本在武器装备输出方面的潜力不容低估。2014 年 4 月 1 日，日本内阁会议通过《防卫装备转移三原则》，这是日本 47 年来首次对“武器出口三原则”进行全面修改，为日本扩大武器出口、在地区安全事务中发挥更大作用铺平道路。4 月 7 日，安倍首相与到访的澳大利亚总理阿博特，就两国联合研发新型潜艇等军事技术合作达成协议。2030 年前澳大利亚海军需要 12 艘排水量在 3 000 吨左右的大型潜艇，而除了美国外只有日本的“苍龙级”潜艇才能满足澳政府的需求。此外，日本向印度出口 US—2 型水上飞机的有关磋商也已展开。

由此不难看出，海上安全已经成为近年美国加大“武装日本”速度的重要背景因素。未来数年，美国对华“攻势”将进一步鼓噪地区国家对“强势中国”的忧惧，利用海洋权益和海上安全争端等“打楔子”，充分释放日本作为美国“重返亚太”急先锋的潜力，更加注重借助多边场合和灵活的“小多边”方式加大对中国的“绑缚”。

## 二

近年来，由于美国不断加大对南海问题的干预力度等因素，南海问题的性质发生了极为重要的变化，即从“地区性领土主权和权益争端”趋向转变为“大国地区主导权竞争”，越发具有大国博弈的色彩。这一变化将具有深远的影响，既给中美构建新型大国关系带来严峻挑战，也进一步增大了中国处理与周边国家关系（特别是东盟）的复杂程度。在美国因素的带动下，日本、澳大利亚、印度等位于“印太亚洲”战略空间内的大国或中等强国也都在加大对南海问题的介入，甚至有意从“观众”“助演”变为“主演”。在这种情况下，南海问题成为影响地区安全格局走势以及地区安全架构发展前景的关键性因素。

美国知名中国问题专家兰普顿（David Lampton）认为，在很大程度上，南海问题会加剧中美关系“战略漂移”的危险，体现了战略上日益加深的相互猜疑，反映了两国关系从“重防范”或在转向“重威慑”。[35]罗伯特·卡普兰称，南海问题实际上体现了美中两国之间一种“未来的冲突”模式。[36]约翰·费弗（John Feffer）认为，新保守主义者、自由主义鹰派和共和党总统候选人准备对奥巴马政府发起的控诉“谁丢掉了南海”，实际上关系到维护美国全球实力的问题。[37]美国众议员兰迪·福布斯（Randy Forbes）等保守派政治人士鼓吹将在南海实施的军事行动作为“亚太再平衡”战略的实质行动。

大约从2014年开始，中国在南沙群岛展开岛礁和设施建设，并多次表示此类建设活动不针对、不影响任何国家，也无意搞军事化。然而，美国智库和政策界人士多对此抱持疑虑和不满，他们就中国南海政策的走向展开讨论，并围绕美国如何在南海问题上加大对华制衡进行谋划。综合来看，美方人士普遍认为中国“填海造陆”具有多重目的，中国的南海政策进一步趋于强势，其基本判断主要包括以下几个方面。

第一，认为中国“造岛”的直接目的是强化对岛礁的控制，是中国继“黄岩岛模式”之后在南海问题上实施所谓“胁迫外交”（Coercive Diplomacy）的新政策手段。新美国安全中心克罗宁（Patrick M.Cronin）等认为，近年中国在处理黄岩岛等事件的过程中，善于使用“切香肠”战术，积小步成大步，在避免引发大规模冲突的情况下对“现状”做出渐进但重要的改变，使用“信息战、法律战、心理战”等多种手段加大对邻国的压制，提升美国等国进行介入的成本。[38] 美国国会研究局亚洲事务专家本·道尔文（Ben Dolven）等认为，中国将就“人造岛屿”邻近的12海里提出领海主张，或是就地物性质制造更多的“模糊性”，或是通过履行保护岛礁邻近地区的海洋环境等国际法义务强化自身主张的法律依据。[39] 中国近期建设的三个岛礁“在南海群岛的中心地带形成了一个三角”，使之相互拱卫。中国将在“人造岛礁”上部署军事设施，虽然这对于美国的短期影响是有限的，但却牢固确立了中国军队对菲律宾、越南等国的优势地位。美国海军战争学院学者艾立信（Andrew S.Erickson）等提出，中国在岛礁修建长距离飞机跑道等举动表明，中国有意单方面宣布设立“南海防空识别区”，进一步限制美国等国在该地区的军事行动。[40]

第二，认为中国岛礁建设的中期目标是增强在南海地区的力量投射能力，缩减与美军之间军事能力差距，突破“第一岛链”，进一步削弱美国在亚太地区的主导权。战略和国际问题中心高级研究员葛来仪（Bonnie S.Glaser）等人表示，中国在南海岛礁部署情报、监视和侦察设施以及反舰弹道导弹、先进战斗机等，将显著扩大中国军队的作战范围，并提高其反潜战等军事能力，不仅会对经常在该地区行动的美军“造成麻烦”，还会增加美国卷入相关冲突的概率。[41] 美国国防大学战争学院教授伯纳德·科尔（Bernard D.Cole）等认为，中国将利用“人造岛礁”在南海地区实施堡垒战略（A Bastion Strategy），以增强中国核潜艇部队的攻击能力，这些潜艇所配备的弹道导弹射程将能覆盖美国本土。[42] 美军太平洋舰队前司令詹姆斯·莱昂斯（James Lyons）等人称，通过“造岛”中国显然希望获取对包括台湾在内的“第一岛链”的霸权，最终这种霸权会延伸至包括关岛在内的“第二岛链”，面对这一情况，“要么美国在该地区带头建立新的‘武装和平’（Armed Peace），要么中国将会发动争夺主导权的战争”。[43]

第三，认为中国在南海“造岛”等政策举措反映的是美中大国博弈的新模式，即中国注重在“灰色区域”（Gray Zone）对美国发起攻势，并逐步耗减外界对美国实力的信心。美国东西方中心高级研究员丹尼·罗伊（Denny Roy）等人称，南海“造岛”和网络攻击等行动展现了中国在“灰色区域”挑战美国的高超能力，中国的行为具有挑衅性，在推进自身战略议程的同时削弱了美国的利益，但“又远远不逾越红线”，从而不会招致常规的军事报复；中国通过这种“机会主义的战术”不仅获取了利益，还强化了外界对美国国力正在衰落的认知；对此，“最紧迫的是把美国的智力和物质资产用于推动与中国在灰色区域的竞争”。[44] 美国海军战争学院中国海事研究所主任彼得·达顿（Peter Dutton）、詹姆斯敦基金会《中国简报》主编彼得·麦蒂斯（Peter Mattis）等认为，与网络问题一样，“南海问题已经成为美国对华政策内核遭到严重破坏的领域”；中国对新建岛礁的军事化将改变战略稳定和地区均势，已经达到美国做出回应的临界点，奥巴马政府在南海问题上的犹豫不定影响到美国对“中国崛起”的塑造；中国挑战美国的意图明确且手段多样，在这种情况下，美国不应只是等待中方主动出击再做出回应，而是应采取一种更具进攻性的“拒止性威慑”（Deterrence by Denial）方式。[45]

由上可见，在美国的智库和政策界人士中间，针对中国南海政策的意图、特点、性质和走向等问题，正在形成一种兼及近期、中期、远期影响的“政策话语”。而这些认知基本上是负面的，虽然它们并不必然会对决策者造成迅即而直接的影响，但这些论调势必在政策圈内外产生一种“回音室效应”（Echo-chamber Effect），并在美国展开新一轮对华政策辩论的进程中扩大其消极影响，从而对中美关系的发展构成不容忽视的挑战。[46]

从美国政府内部看，其对在南海问题上加大对华制衡并无异议，但在通过何种方式、手段来落实这一政策目标方面，仍存在一定的政策分歧，主要表现为白宫（也包括国务院）和军方之间“抚压并举”与“加大压制”的取向之争。应该说，奥巴马总统自上台以来，其与军方的关系就一直不甚协调，前防长罗伯特·盖茨、哈格尔等已卸任的军方高层人士纷纷披露他们与白宫方面的积怨，对奥巴马决策重用“小圈子”、轻视五角大楼、外交政策优柔寡断等问题予以指责。[47] 在南海问题上，美军多位高层人士很早就在公开场合表示应针对中国的南海政策作出强力反应，包括派遣舰机进入中国岛礁邻近海域、空域展开带有示威性质的军事行动。与白宫和国务院方面展现的相对稳健的姿态相对，美国防长卡特、参谋长联席会议主席乔·邓福德（Joe Dunford）、美军太平洋总部司令哈里·哈里斯（Harry Harris）、海军作战部部长约翰·理查德森（John Richardson）等人士纷纷提出或赞成向中国“示强”。[48] 哈里斯还积极推动美国国会向南海地区派遣议员调查团，以提升美国内各界对中国在南海实施“胁迫外交”的关注程度，进而使美国更好地以“府院联动”（Whole of the Government）方式在南海问题上应对中国。[49]

值得强调的是，美国军方和白宫在南海问题上的政策分歧，实际上体现了双方在更大战略层面针对中国的认知差异。从军方角度看，随着美国正式结束伊拉克、阿富汗两场战争，近年中国、俄罗斯、伊朗等大国带来的传统安全挑战正替代恐怖主义，重新成为美国国家安全的首要威胁。对于美国军方来说，更为严重的是，无论是俄罗斯在乌克兰展开的“混合战争”（Hybrid War），还是中国在南海地区带有“灰色区域”性质的挑战，都是美国军队过去未曾遇到过的新问题。[50] 美军方人士尤其担心，中国会模仿俄罗斯在亚太地区制造一种“克里米亚式的冲突”。[51] 在2015年11月举行的“里根国防论坛”上，美国防长卡特表示，五角大楼正在做大量的事情包括公开的和秘密的，以应对俄罗斯和中国的“攻势”。负责政策规划的副防长鲍勃·沃克（Bob Work）以防长代表的身份称，“我们面对两个强大的国家（俄罗斯和中国），这与我们过去12年面临的情况截然不同，而且很多情况我们从未应对过。过去12个月，我们的主要工作是组织起来参与战斗，并切实思考这些问题”。[52]

虽然美国智库和政界人士多认为美中两国需尽量避免在南海地区发生直接的大规模军事冲突，但他们普遍赞同加大对华威慑和制衡力度，并且不完全排除双方在南海摩擦升级甚至是“擦枪走火”的可能性。更需要引起注意的是，出现了一种对中美关系发展具有整体性影响的负面论调，即面对中国越发强势的对外政策尤其是在南海问题上的举动，美国需要尽快从战略思维、战略心态上做出调整，要学会适应与中国进入相互摩擦和紧张越发频繁的“新常态”。2015年7月众议院外交事务委员会亚太小组委员会专门就“美国在南海的安全角色”举行听证会，艾立信在会上表示，“中国领导层显然对一定程度的摩擦和紧张并未感到不舒服”，在南海问题上美国也应当接受“适度的摩擦”（Moderate Friction）和“竞争性共处”（Competitive Coexistence）；既然是大国关系，那么，在中国推进它的关键利益的时候，“我们需要行动起来保护我们自己的关键利益”。[53] 应该说，艾立信这一论调是对“大国关系”的一种曲解，但它的确在美国智库和政策界人士中有一定的代表性。

从智库和政策界人士的讨论看，可以用“成本强加”（Cost-imposing）来概括美国在南海问题上加大对华制衡的政策动向。[54] 实施“成本强加”这一核心策略的前提在于，美方认识到自身并没有足够的意愿和实力完全“推回”（Roll Back）中国在南海问题上的政策收益，但也难以承担面对中国不断推进的南海政策无所作为的地缘政治和安全代价。所谓“成本强加”，即一方面要避免与中国爆发直接的、大规模的武装冲突；一方面必须通过外交、政治、军事威慑、法律、舆论战等综合性的政策手段，提升中国推进南海政策的成本，让中国在南海问题上“既难看又难受”，使中国承受周边关系紧张、国家声誉受损等方面的政策代价，从而尽可能地抵消和否定中国在南海问题上的政策收益。这种以“成本强加”为导向的制衡政策包括军事和非军事层面的举措，也可以从直接性成本强加（美国发挥主导性）和间接性成本强加（他国发挥主导性）的角度进行辨析。从军事层面而言，美方在军力部署、军事行动、伙伴军事能力建设等方面或将采取的对华制衡举措包括以下几个方面。

首先，相对于东海方向，美国在南海区域的军力部署和投入较弱，美智库专家认为面对中国在南海区域不断增长的“反介入 / 区域拒止”（A2/AD）能力，应尽快补足军力建设方面的缺口。美国海军军事学院中国问题专家莱尔・戈尔茨坦（Lyle J.Goldstein）认为，在南海地区，“美中战争对美军而言绝非一场易如反掌的较量”，在高强度的海空战中中国将拥有一定的“主场”优势。[55] 美军事情报专家普遍认为，2020 年左右中国的导弹部署在数量和攻击距离上都将超越美海军舰载系统的应对能力。美须大力开发新一代长程反舰导弹（LRASM）以及与垂直发射系统相适应的“海上攻击导弹”（Naval Strike Missile）等新型武器和平台。再者，需要加紧建设核动力攻击型潜艇，强化反潜巡航导弹（ASCMs）的储备和部署。有专家建议，每年至少应建造两艘弗吉尼亚级核动力潜艇，加大部署攻击型水雷，确保和提升美军在南海区域的“水下战争”优势。[56] 此外，美还有必要协助该地区其他国家增强它们针对中国的“反介入 / 区域拒止”能力、非对称作战能力，尤其是提升相关国家的两栖作战、地雷战、近岸舰机巡逻、反潜战、海下作战等能力，并帮助相关国家完善符合海上安全需要的自动化指挥系统（C4ISR）。[57]

其次，美军在南海和西太平洋地区将更多采取“驻地而非基地”（Places not Bases）的军力部署方式，以轮换驻军强化前沿力量，增加美军在南海地区的存在感，提升盟友和安全伙伴应对中国的信心。[58] 美国可采取更多军事行动以表明其不接受中国针对南海问题的相关政策，如派遣战机进入中方的防空识别区、派潜艇访问相关国家港口等。2015 年 7 月，美国国防部特意安排 B—52 轰炸机从美国本土路易斯安那州的基地起飞，在澳大利亚、菲律宾等国协助下执行“轰炸机保证和威慑”任务（BAAD），国防部匿名官员称，这是美国针对中国在南海地区日益增多的威胁性活动而释放的信号。[59] 此外，美国正加紧与日本等国商讨在南海地区展开联合巡逻和反潜战等科目的演习，尤其是在热点的争议区域。美国考虑加大与日本、菲律宾等进行混编巡航和混编空中巡逻的力度和频次，使中国因担心与美、日爆发直接对抗而有所退缩。美还推动澳大利亚政府在中国新建的“人工岛屿”邻近区域进行舰机巡航，以向中国示威。美太平洋舰队司令斯威夫特有意将原来在该地区举行的双边演习进一步扩展为多国联合演习。美方拉拢尽可能多的国家展开针对中国的军事活动，目的在于降低各国独自抗衡中国的成本。

再次，美将运用更加灵活有效的手段，应对中国日益强大的海警和海监等力量，弥补所谓“灰色区域”的安全漏洞。对于如何防范中国“海监船、公务船频繁侵入领海”等低强度威胁，前已述及。美将加紧落实防长卡特 2015 年 5 月提出的“东南亚海洋安全倡议”，在南海地区建设“共同行动成像”（Common Operating picture）系统，强化相关国家的“海域感知”（Maritime Domain Awareness）能力。这些技术系统既可以被用于实施人道主义援助、救灾、舰船搜救等行动，也可以用以增强对中国军事和准军事力量的监控与防御，力图使中国在南海地区的行动完全透明。美专家提出，中国之前利用海警等准军事力量在前、海军舰机断后的方式阻止菲律宾军队对仁爱礁等进行补给，中国未来或将在南康暗沙、礼乐滩等地实施新的行动，在这些区域美国需与菲律宾等提前进行联合演练，在必要时派海军陆战队与菲军协同对坐滩军舰进行补给。美学者还建议，由美国、菲律宾、日本等相关国家的海岸警卫队力量组成混合编队，提升联合巡逻和训练的频度。此外，还可考虑在与中国有争议的东南亚国家之间，相互派遣海警力量参与各方进行的日常巡逻，或是互派海警人员长期驻扎、联合训练，以提升行动的一致性和灵活性。[60] 美国和越南目前已就两国海岸警卫队合作达成相关协议，重点是推动这种合作从“陆上”向“海上”延伸，逐步从海上搜救向反海盗演习、海洋监视巡航等科目转变。[61]

最后，美国将在海上安全方面加大对盟国和伙伴国的支持力度，推动地区国家开展多边安全合作以加大对中国的制衡，实施“共同的介入封锁”（Mutual Access Denial）。[62] 考虑进一步放宽针对外国军队进行军售和资金援助的法律限制，以及向这些国家出口军民两用技术的相关限制，更充分地利用“国际军事教育和训练项目”（IMET）等对南海地区国家进行各类安全援助。可将对菲律宾的援助打造成“样板工程”，在美国自身加大援助力度的同时，推动日本、澳大利亚等国向菲律宾进一步提供海上安全援助，包括输送巡逻船、人员培训等，不断完善这类整合双边、多边渠道的海上安全援助模式。美支持日菲在多次联合演训的基础上，尽快达成“部队访问协定”（VFA），该协定将使日本舰机以轮换的方式使用菲律宾的军事基地。[63] 在史文（Michael D.Swaine）等看来，2014 年 5 月越南决定加入美国提出的《防扩散安全倡议》（PSI），这为美国大力帮助越南提升其海域监控等能力提供了很好机遇，包括推动国会同意向越南出售 P—3 巡逻机等先进武器。值得注意的是，美国还希望推动越南与美日展开“三边安全对话”。此外，美国还推动越南、印度和日本进行三边安全政策协调，支持菲律宾、马来西亚、文莱等国就“部队访问协定”进行磋商。[64] 美国将大力促进这类多边安全活动，促使地区国家就海上安全问题构建更加紧密的关系，充分利用地区国家之间的“安全合作关系网络”加大对中国的制衡。[65]

从非军事层面而言，“成本强加”策略强调应通过舆论、外交、法律和规则制定等方面增大中国在南海问题上面临的压力。如此，不仅可以使美国占据道义和国际法方面的优势，凸显美国作为地区秩序维护者的姿态，还能借此强化与盟友和伙伴国的关系。而一旦中美因南海问题爆发直接武装冲突，非军事层面的“成本强加”举措则有助于美国获得更多的国际支持和道义优势。[66]

首先，加大对中国南海政策推进行动的“曝光”频度和程度，使中国面临更大的国际舆论压力。战略与国际研究中心“亚洲海事透明度倡议”主任拉普—胡珀（Mira Rapp-Hooper）等建议，应利用先进的技术手段和各种场合对中国在南海的动作及时、高调地进行传播，包括加快推进建设上述“海域感知”“共同行动成像”等系统，使相关国家和国际社会更易于捕捉中国在南海的行动和动向。[67] 拉特纳（Ely Ratner）等称，在美国国内，应充分利用国会渠道增进美国各界对中国南海政策的了解，具体的途径包括美国国防部在每年向国会提交的中国军力年度报告中增加专门用于阐述中国在南海政策和行动的篇幅，美军太平洋总部司令在国会做年度军力部署说明时也应更加详尽地介绍中国在南海的行动。此外，美国务院可专门就南海问题定期发布白皮书，积极利用“东盟地区论坛”（ARF）、“东盟海事论坛扩大会议”（EAMF）、“东盟防长扩大会议”（ADMM+）、“东亚峰会”（EAS）等场合宣扬中国的南海行动。美国防部、国务院可进一步为美国智库增加拨款，支持它们就中国的南海政策和行动进行研究、举办会议，更多邀请东南亚国家的学者和官员参加。鼓励美国军事和外交人员更加积极地参与在东盟国家内举办的智库活动。此外，美国还可以向外界曝光中国拒绝使用危机管理机制的做法，如拒不接听热线电话等。[68]

其次，在制度、规则等层面对中国造成更大压力，进一步迫使中国厘清“断续线”的法律内涵。2015 年，在美国方面的支持下，菲律宾单方面提起并执意推动“南海仲裁”，国际海洋法法庭预计将在 2016 年年中做出仲裁裁决。此次仲裁涉及海洋地物之争、海上划界、海洋环境保护等内容，备受国际社会关注。美方学者多认为，即便仲裁庭做出有限裁决，也会对中国的南海政策主张构成实质性冲击，他国采取相应行动也将拥有更加明确的国际法方面的支持。在此次仲裁后，美国可考虑推动越南等国针对中国继续提出仲裁申请，或是设法推动其他声索国互诉，从而在最大限度上实现南海争端的“法律化”。在“南海行为准则”（COC）问题上，美方认为中国的谈判策略是“拖”，利用“协商一致”原则等尽力阻挠形成不利于中国的条款，从而增大了该准则达成的难度。由于谈判尚缺少各方同意的图线路和时间表，中国便可以借机强化对南海岛礁和海域的实际控制。葛来仪等美学者提出，可考虑抛开既有的谈判进程，东盟国家、日本、印度、澳大利亚等国另起炉灶，就“南海行为准则”进行协商。这种方式如同“跨太平洋经济伙伴协定”（TPP）的谈判，在排除中国的情况下制定出有约束力的、高标准的国际规则，继而迫使中国在加入与否之间做出选择。[69]

再次，加强对东盟及其成员国的外交，利用区域主义、制度主义方式强化对中国的制衡。美方认为，在南海问题上东盟内部存在三类国家：作为抗衡中国的“前沿国家”的越南、菲律宾，同为声索国但相对温和的马来西亚、文莱，以及非声索国。由此，美国的政策目标应是，尽力减少中国在东盟内部实施“分而治之”策略的空间。美学者指出，应充分利用 2015 年 12 月东盟共同体正式建立之机，在南海问题上强化东南亚国家之间的团结，特别是促使声索国之间达成一定妥协。可考虑推动东盟在《东南亚友好合作条约》基础上推出专门针对海洋问题的《东南亚海洋区域友好合作条约》，此项条约的覆盖范围超出南海地区，包括马六甲海峡、泰国湾、印尼南部海域等，可适用于东南亚国家所涉及的任何海域。这类条约将吸收《联合国海洋法公约》《东南亚无核区条约》等既有相关国际和地区规则的条文，包括禁止在岛礁上部署反舰导弹系统等。此举的目的，不仅在于解决东盟国家之间的领土和海洋权益争端，更重要的是，迫使中国接受和遵守东盟制定的规矩，推动东盟针对海洋安全问题的处理方式从“重过程”（Process-oriented）向“重结果”（Results-oriented）转变。这类做法是东盟加强政治、安全共同体建设的应有之义，将显著增大中国面对的地区性压力，却又使中国难以反对和反制。[70]

最后，加大经济层面的应对力度。美方学者多认为，南海争端事关美国的重大经济利益，中国在南海的“造岛”等行为以及对“航行自由”等国际规则的不同认知，对该地区和国际经贸关系影响很大，美国需要进一步从经济的角度思考应对之道。为了推进自身的南海政策目标，中国近年综合运用贸易、投资、金融和国际发展援助等手段展开“魅力攻势”（Charm Offensive）。[71] 特别是，中国提出建设“21 世纪海上丝绸之路”倡议，并利用新设立的丝路基金、亚洲基础设施投资银行等作为杠杆，对东南亚国家进行经济上的安抚和拉拢，比如印度尼西亚、马来西亚等国。因此，美方也需要在经济上增加投入、多管齐下。[72] 一方面，美国需要大力推动“跨太平洋经伙伴关系协定”（TPP），充分发挥该协定的地缘战略作用，降低地区国家在经济上对中国的过度依赖，从而增大其在南海问题上采取对华制衡举措的空间。另一方面，加大对“湄公河发展倡议”等经济合作计划的投入，相对于中国在资金投入、基础设施建设等“硬件”方面的优势，美国应注重发挥自身在国际发展援助“软件”方面的优势，包括教育和人力资源培训、科技发展、价值观塑造等。[73] 此外，葛来仪等还提出，可考虑对中国海洋石油总公司等在南海争议区域实施作业的中国企业进行精准制裁。[74]

## 三

2015年9月，习近平对美国进行国事访问时表示，中国无意对南海岛礁军事化。他还特别指出，中美双方在南海问题上有着诸多共同利益，包括双方都支持维护南海和平稳定，支持直接当事国通过谈判协商和平解决争议，支持维护各国依据国际法享有航行和飞越自由，支持通过对话管控分歧，支持全面、有效落实《南海各方行为宣言》，并在协商一致基础上尽早完成“南海行为准则”磋商。习近平的这些表态被认为是向美方表达一种善意，目的是避免中美在南海地区“迎头相撞”，进而导致两国关系“破局”。

然而，美方似乎并没有理解这些讯息，反倒是不断加大在南海问题上的对华军事制衡动作。2015年10月底，美军派“拉森”号导弹驱逐舰进入中国南海岛礁邻近12海里内实施“航行自由行动”（FONA）。此后，美防长卡特宣布美军将定期进行此类行动，每季度至少两次。12月10日，可携带核弹头的美军B—52轰炸机以例行训练为由进入华阳礁12海里内空域，中国国防部发表声明称，此举严重危及中方岛礁驻守人员和设施安全，是一种“严重的军事挑衅行为”。与上一次做出的反应不同，中国国防部发言人明确表示，美国的这些做法将“促使南海地区局势复杂化，甚至军事化”。

2016年1月30日，在未通知中方更没有得到中方批准的情况下，美国海军“威尔伯”号导弹驱逐舰擅自进入中国的西沙领海。中国守岛部队和海军舰机当即采取应对行动，不过好在双方没有擦枪走火。此前，中美的摩擦主要针对南沙岛礁发生，而这一次却是美军首次高调在西沙海域进行挑衅。实际上，中方早在1992年即公布《领海及毗连区法》，规定外国军舰进入中国领海，必须经过事先批准。这一规定符合国际法和国际实践，也与世界上很多国家的法律相同。美国至今尚未批准《联合国海洋法公约》，但它作为海上霸主，却一直在滥用“无害通过权”。所谓“无害通过权”是指外国的船舶在不妨碍沿海国的和平、良好秩序和安全的前提下，享有通过沿海国领海的权利。但正如《奥本海国际法》所言，外国军舰无阻碍地通过别国领海的权利并没有获得普遍的承认。

由此，中美两国围绕国际海洋秩序实际上存在很大分歧，解决这一问题的出路，在于双方都要调整自身的“海权”观念。伦敦大学国王学院教授、英国海权战略知名学者杰弗瑞·蒂尔（Geoffrey Till）将海军分为前现代、现代和后现代三种基本类型，他认为在21世纪，海权观念正经历重大变化，如经济全球化使海洋体系“既是相当活跃，又是极度脆弱”，安全威胁的全球化要求传统大国需以合作性的观念重新审视海军力量的角色和作用。此外，海洋正在成为“全球公域”，“公海越来越被看作属于所有人，而不再是不属于任何人”，反海盗等打击海上非法行为的非战争军事行动将使“21世纪的海军显得比以往更忙碌”。[75]

显然，在21世纪，美国需要重新思考“霸权主义”的海权观，转而寻求一种“合作主义”的海权观，并学会与新兴的海洋力量和平相处。19世纪晚期，美国海军将军马汉提出的一系列海权思想，对全世界的海上力量建设具有深远影响。美国海军战争学院的两位学者吉原恒淑（Toshi Yoshihara）、詹姆斯·霍姆斯（James R.Holmes）曾在其《红星照耀太平洋》一书中，谈及德国、苏联等传统意义上的陆权国家在争夺“海权”过程中的战略失误，认为中国选择“积极防御”政策、强化非对称军事能力、开展海军外交、建设海洋软实力等做法是相当明智的。但是，作者也指出，中国战略界人士对于马汉海权理论中的军事部分过于着迷，而事实上，马汉更看重贸易和商业对海权的作用，理解海权的“起点和基础”是“通过政治措施增强军事或者海上力量，确保有利于商业的环境”。[76]

海权并不等同于“海军”，一个国家的海权至少是由地理因素、军事能力和战略意志三方面决定的。马汉的海权论常常遭到误读和片面的理解，海军在担负军事作战任务的同时也要扮演维持海上良好秩序的“警察”角色，正如马汉所言，“拥有海军的必要性在于和平海运与其休戚相关”。一个陆权国家往往会从陆权的角度思考海权问题，这正是德国、日本和苏联最终难逃折戟海上厄运的深刻教训。海权国家的战略着眼点是防止贸易航路自由受到损害，确保在海洋空间的“介入”能力，重视海洋作为交通媒介的动态资源作用；而陆权国家往往将海洋视为静态资源，企图筑起“篱笆”，划分自己的势力范围，防范外国海上力量的进入，将自己管辖海域内的渔业、油气等海洋资源揽入怀中。21世纪的中国不应仅仅热衷于19世纪的海权理论，拥有先进的海军装备不等于拥有强大海军，拥有强大海军不等于拥有海权，海权须服务于国家利益和总体战略，而不是相反。中国的战略人士应当更加深入地思考21世纪的中国到底应该追求什么样的海权，可以向人类社会贡献什么样的新型海权观，这将有助于中国避免陷入“国强必霸、霸而必败”的战略魔咒。

除了调整海权观念之外，中美还应推动两国的海上安全力量展开更多交流和良性互动。2014年，中国海军首次受邀参加了美国主导的“环太平洋”联合军演。该军演目前是全球最大规模的海上多国联合演习，它最早由美国在1971年发起，当时主要是为了威慑海军实力日益壮大的苏联。自美苏“冷战”开始，苏联领导人斯大林一直担心北约国家从欧亚大陆两侧对苏发起两栖进攻，但其继任者赫鲁晓夫并不认为海上形势如此严峻，直到1962年古巴导弹危机中苏军在海上“受辱”，莫斯科才下决心大力建造能挑战美国海军的深海舰队。在戈尔什科夫大元帅等一批苏联将领的直接推动下，到20世纪70年代，苏联海军实力大幅提升，当时装备50艘弹道导弹核潜艇，还有约300艘核攻击潜艇，苏军舰艇开始在美国的传统势力范围如地中海等地区游弋。更让美国不安的是，苏联还以海参崴（又称符拉迪沃斯托克）为基地，大力建设苏军太平洋舰队，将其30%的海军力量部署在该战区，以强化其在亚太地区针对美军的威慑。反观这一时期的美国，其舰队建设速度急剧下降三分之二，舰船数量从 1965 年的近 900 艘减至 1980 年的 500 多艘。虽然美军舰艇在质量上高于苏军，但数量上的劣势依然让美国感受到严重威胁，卡特总统执政时期的国防部部长哈罗德·布朗曾无奈地表示，“我们扩军时，他们（苏联）也扩军；我们裁军时，他们还扩军”。

显然，源于冷战时期的“环太”联合军演从根本上带有某种大国对抗的性质，这种性质并未因冷战的结束而消失。2012 年，俄罗斯和印度首次获邀参加“环太”军演，标志着亚太地区重要海军力量都已正式加入该演习，唯独中国仍只有观察员身份。直到 2014 年，中国才获得参加这一演习的邀请。中国军方派出“海口舰”等 4 艘先进舰艇、2 架舰载直升机、潜水分队和特战分队等 1 100 多名官兵参加演习，这一高调亮相在一定程度上旨在向外界发出信号：中国已成为该地区的强大海上“玩家”，谁也不应忽视这一点。中国海军首度入列该演习就能直接参加火炮射击等 7 个科目的演练，这是一种超出常规的安排，即便中国军队仍无法参与反潜、防空等该演习的核心科目。据称，这是中美双方经过反复协商作出的精心安排，正如美国国务院东亚事务助卿拉塞尔所言，此举旨在向外界发出信号：美中两国军事关系正在取得“持续且有实质内容的”进展。

中国海军参加“环太”联合演习是中美构建新型两军关系的积极步骤，但没有任何理由让过分的乐观主义冲昏头脑。由于美国《2000 财年国防授权法》等规定，美国国防部和美军不能参与可提高中国军事能力的任何活动，这是中美军事交流包括海军互动的最大障碍之一。也应看到，部分美国人士对中美军事交流持消极态度，甚至还有一些美国智库专家呼吁美方取消中国军队参加“环太”军演的资格。传统基金会学者成斌（Dean Cheng）称，美国试图利用双方军事会晤提出可操作的步骤，将发生意外事件和误解的可能性降至最低；然而中国却利用这些会晤要求美国改变其基本政策，对中国来说，海上军事安全磋商机制是一个重申对更远海域拥有主权的机会。[77]

这种看法显然误读了中国推动两军交流的意图。近年来，中美在海军高层交往、海空兵力行为、海上联演联训、一线官兵交流等多个领域实现了历史性突破，并协作推动通过《海上意外相遇规则》、制定《中美海空相遇安全行为准则》，管控一线兵力行为，全力避免战略误判、发生紧迫局面甚至擦枪走火。然而，中美关系犹如逆水行舟，两军关系更是挑战重重，双方应对未来在海洋方向可能发生的战略冲撞时刻保持高度警惕，需要两国军队尤其是海军持续深化沟通。

最后，中美应冷静、克制地对待地区海洋权益争端，避免让“第三方因素”过度发酵，进而将两国拖入冲突之中。过去几十年，越菲在南海区域已非法占据多个岛礁，中国虽无意以武力夺回，但必须以有效的威慑手段防止越菲得寸进尺。如其敢于继续侵犯、占据，中国不仅要“推回”，还将走得更远、占得更多。中国现在有能力做到“你不动，我不动；你要动，我就让你疼”。中国注意到并理解美国在有关问题上的利益和关切，但美国罔顾事实、选边站队、火上浇油的做法，无论对争端的和平解决还是对中美关系的发展都没有好处。中美关系中的麻烦已经够多了，美方低估了南海问题本身的复杂性以及美国插手南海问题给中美关系带来的危害性，美国国务院和军方人士（特别是一些中层官员）对相关国家发出的信号使其误判形势。随着美菲落实军事合作协定，美军部署日益靠近南海争端区域，客观上造成中美发生军事冲突的可能性增大。克里米亚问题是美国不顾俄罗斯地缘战略利益强力施压，将俄挤到墙角，从而“迫使”俄做出回应。中国不愿看到这一幕在南海地区重演。

中国一贯尊重国际法，始终坚定倡导以对话谈判等和平方式解决争端。但是，仅仅依靠国际法并不足以有效、持久、建设性地管控危机、解决争端。南海等问题涉及历史性权益，既有国际法并不完善，也不完全适用。各国对国际法有不同的阐释和理解，对于某些国际法条款也有所保留。国际法一般是静态的、原则性的规范，它对动态的、紧迫的危机管控难以发挥很大作用。国际法与通过双边谈判解决问题并不冲突，争议当事方严格遵守已签署的各类条约、协定和宣言，这是国际法的基本要求。中国对于《南海各方行为准则》谈判的态度是认真的、积极的，但某些国家持续挑起事端不利于推进该项谈判。同时，美国也不应忽视中国与邻国以和平方式管控争端的能力。比如，越南是中国重要邻邦，双方之间的贸易额已经超过 900 亿美元，中国连续 10 多年成为越南第一大贸易伙伴，中越关系因海洋权益争端而“破局”不符合两国的长远利益。实际上，中越此前已通过协商的方式成功解决了陆地和北部湾划界问题，双方正努力推动在北部湾湾口外海域进行共同开发。2015 年 11 月，习近平访问越南期间提出要“寻求双方均能接受的海上问题基本和长久解决办法”。此外，2016 年上台执政的菲律宾杜特尔特政府也表示寻求与中国重启对话。美国应支持中国与相关国家缓解紧张关系的努力。

## 注释

1 “Kyoto Protocol,” Essential Background Briefs, United Nations Framework Convention on Climate Change, http://unfccc.int/kyoto_protocol/items/2830.php.

2 Helen Dewar and Kevin Sullivan, “Senate Republicans Call Kyoto Pact Dead,” *Washington Post*, December 11, 1997.

3 The White House, “Text of a Letter from the President to Senators Hagel, Helms, Craig, and Roberts,” March 13, 2001, http://georgewbush-whitehouse.archives.gov/news/releases/2001/03/20010314.html.

4 U.S. Treasury Department,“Joint U.S.-China Fact Sheet: U.S.-China Ten Year Energy and Environment Cooperation Framework,” , June 18, 2008, http://www.treasury.gov/initiatives/Documents/uschinased10yrfactsheet.pdf.

5 John Podesta and Peter Ogden, “National Security Implications of Climate Change,” *The Washington Quarterly*, Winter 2008.

6 David Corn, “In Copenhagen, U.S. vs. China,” *The Atlantic*, December 2009; Anthony Faiola, Juliet Eilperin and John Pomfret, “Copenhagen Climate Deal Shows New World Order May be Led by U.S., China,” *The Washington Pos*t, December 20, 2009.

7 The White House, “President Obama’s Climate Action Plan Progress Report,” June 2014, https://

www.whitehouse.gov/sites/default/files/docs/cap_progress_report_update_062514_final.pdf.

8 《中国已成利用新能源、可再生能源第一大国》,《经济日报》2015 年 12 月 30 日。

9 The White House, "U.S.-China Joint Announcement on Climate Change," November 11, 2014, https://www.whitehouse.gov/the-press-office/2014/11/11/us-china-joint-announcement-climate-change.

10 Michael Jacobs, "Lima Deal Represents a Fundamental Change in Global Climate Regime," *The Guardian*, December 15, 2014, http://www.theguardian.com/environment/2014/dec/15/lima-deal-represents-a-fundamental-change-in-global-climate-regime.

11 新华社:《中美推动气候合作的"杭州时刻"》,2016 年 9 月 4 日,http://www.gov.cn/xinwen/2016-09/04/content_5105164.htm。

12 The EcoPartnerhips program website, https://ecopartnerships.lbl.gov/.

13 U.S.-China Clean Energy Research Center (CERC) Fact Sheet, http://www.us-china-cerc.org/pdfs/US-China-CERC-Fact-Sheet-Bilingual-v13--4-Dec-2014.pdf.

14 Harvard Project on Climate Agreements and National Center for Climate Change Strategy and International Cooperation, "*Bilateral Cooperation between China and the United States: Facilitating Progress on Climate-Change Policy*," February 2016, http://belfercenter.ksg.harvard.edu/files/harvard-nscs-paper-final-160224.pdf.

15 *Climate Finance for Cities and Buildings: A Handbook for Local Governments*, Division of Technology, United Nations Environment Programme, 2014, pp.4–5.

16 习近平:《没有网络安全就没有国家安全》,新华社,2014 年 2 月 27 日。

17 The Comprehensive National Cybersecurity Initiative, The White House, https://www.whitehouse.gov/sites/default/files/cybersecurity.pdf.

18 Steve Case, *The Third Wave: An Entrepreneur's Vision of the Future*, Simon & Schuster, 2016.

19 John Perry Barlow, *A Declaration of the Independence of Cyberspace*, Febuarary 8, 1996, https://www.eff.org/cyberspace-independence.

20 Damian Paletta, Cyberwar Ignites a New Arms Race, *The Wall Street Journal*, October 12, 2015.

21 Ian Bremmer, "These 5 Facts Explain the Threat of Cyber Warfare," *The Time*, June 19, 2015.

22 2015 DOD Cyber Strategy, April 23, 2015, http://www.defense.gov/home/features/2015/0415_cyber-strategy/Final_2015_DoD_CYBER_STRATEGY_for_web.pdf.

23 克里斯蒂安·施特克尔:《美中网络共识:多亏了斯诺登才少了些虚伪》,德国《明镜》周刊 2015 年 9 月 26 日。

24 Greg Austin, "The US-China Cyber War Needs Détente," *The Boston Globe*, August 30, 2015.

25 《习近平访美期间中美关于网络空间的共识与成果清单》,2015 年 9 月 29 日,新华网,http://news.xinhuanet.com/zgjx/2015-09/29/c_134669774.htm。

26 John Kerry, "An Open and Secure Internet: We Must Have Both," Remarks at Korea University, May 18, 2015, http://www.state.gov/secretary/remarks/2015/05/242553.htm.

27 "Group of Governmental Experts on Developments in the Field of Information and Telecommuncations in the Context of Inernational Security," UNGGE, July 22, 2015, http://www.un.org/ga/search/

view_doc.asp?symbol=A/70/174.

28 Zachary Goldman and Jerome A. Cohen, Differing Outlooks Impede Sino-US Cooperation to Enhance Cybersecurity, *South China Morning Post*, August 3, 2015.

29 Jon Lindsay, Tai Ming Cheung, Derek Reveron, "Will China and America Clash in Cyberspace?" *The National Interest*, April 12, 2015.

30 Transcript: Gen. Martin Dempsey at Disrupting Defense, the Atlantic Council, May 14, 2014, http://www.atlanticcouncil.org/news/transcripts/transcript-gen-martin-dempsey-at-disrupting-defense.

31 Dean Cheng, "Countering China's A2/AD Challenge," *The National Interest*, September 20, 2013.

32 "China's Military Modernization and its Implications for the US," Hearing before the US-China Economic and Security Review Commission, January 30, 2014, http://origin.www.uscc.gov/sites/default/files/USCC% 20Hearing% 20Transcript% 20-% 20January% 2030% 202014.pdf.

33 Frank Kendall, Testimony before the House Armed Services Committee, January 28, 2014; Tmothy Walton, "Are We Underestimating China's Military?" *The National Interest*, May 19, 2014.

34 T.X.Hammes, "Strategy for an Unthinkable Conflict," *The Diplomat*, July 27, 2012.

35 兰普顿认为，如今，中美两国精英的讨论重心已从伙伴关系和"战略合作论"经过彼此防范阶段而转向"威慑论"，中美关系正处于日趋消极的战略漂移状态，双方必须进行反思并采取行动，David Lampton, Three Perspectives to Stop the Sino-US Strategic Drift, *South China Morning Post*, November 24, 2015.

36 Robert D. Kaplan, "The South China Sea Is the Future of Conflict" , Foreign Policy, August 15, 2011.

37 John Feffer, "Asia: On the Rocks," *Foreign Policy In Focus*, June 17, 2015, http://fpif.org/asia-is-on-the-rocks/.

38 Patrick M. Cronin et al., *Tailored Coercion: Competition and Risk in Maritime Asia*, Center for New American Security（CNAS）, March 2014; Patrick M. Cronin, Testimony before the House Committee on Foreign Affairs, Hearing on America's Security Role in the South China Sea, July 23, 2015.

39 Ben Dolven et al., *Chinese Land Reclamation in the South China Sea: Implications and Policy Options*, Congressional Research Service, June 18, 2015, pp.5–7.

40 China's Island Airstrips to Heighten South China Sea Underwater Rivalry, Reuters, September 17, 2015; Bonnie S. Glaser, "Conflict in the South China Sea," *Contingency Planning Memo Update*, Council on Foreign Relations, April 2015; Andrew Erickson, "Lengthening Chinese Airstrips May Pave Way for South China Sea ADIZ," *The National Interest*, April 27, 2015.

41 John Chen and Bonnie Glaser, "What China's 'Militarization' of the South China Sea Would Actually Look Like," *The Diplomat*, November 5, 2015.

42 Stuart Leavenworth, "China may be Trying to Hide Its Submarines in the South China Sea," *Miami Herald*, June 22, 2015.

43 James Lyons, "Armed Peace: US Needs Bolder Strategy in South China Sea to Stop Beijing,"

November 4, 2015, http://www.breitbart.com/national-security/2015/11/04/armed-peace-u-s-needs-bolder-strategy-in-south-china-sea-to-stop-beijing/; James Lyons and Richard Fisher , "Checking China's Military Build-up in the South China Sea," *The Washington Times*, June 14, 2015.

44 Denny Roy, China's Strategy to Undermine the US in Asia: Win in the 'Gray Zone' , September 18, 2015; Patrick Cronin, *The Challenge of Responding to Maritime Coercion*, CNAS, 2014.

45 Peter Dutton, "Did the Game Just Change in the South China Sea?" , *A ChinaFile Conversation*, June 2, 2015; Peter Mattis, "The Great Unraveling of US Policy in the South China Sea," *The National Interest*, September 29, 2015.

46 笔者与哈佛大学江忆恩（Alastair Iain Johnston）教授的讨论，2015 年 6 月。

47 Bob Woodward, "Robert Gates, former defense Secretary, Offers Harsh Critique of Obama's Leadership in 'Duty' ," *The Washington Post*, January 7, 2014; Robert Gates, Duty: Memoirs of a Secretary at War, Knopf, 2014; "Hagel: The White House Tried to 'Destroy' Me," *Foreign Policy*, December 18, 2015; James Mann, The Obamians: *The Struggle Inside the White House to Redefine American Power*, Viking Adult, 2012.

48 Christopher P. Cavas, "New US CNO: South China Sea is 'Everybody's Sea' ," *Defense News*, October 22, 2015.

49 Austin Wright, Bryan Bender and Philip Ewing, "Obama Team, Militrary at Odds over South China Sea," *The Politico*, July 31, 2015; Greg Austin, "Intelligence Check: Just How Preposterous Are China's South China Sea Activities?" , *The Diplomat*, June 11, 2015.

50 Michael Kofman and Matthew Rojansky, "A Closer Look at Russia's 'Hybrid War' ," *Kennan Cable* No.7, The Wilson Center, April 2015.

51 Harry Harris, "We Must Avoid a Crimea-Type Conflict in the Pacific," The Huffington Post, March 20, 2014.

52 "The Pentagon's Lonely War Against Russia and China," *The Chicago Tribune,* November 11, 2015; US Defense Chief Warns of Conflict in South China Sea, AFP, November 8, 2015.

53 Andrew S. Erickson, Testimony before the House Committee on Foreign Affairs Subcommittee on Asia and the Pacific, Hearing on America's Security Role in the South China Sea, July 23, 2015, p.5.

54 Patrick M. Cronin and Alexander Sullivan, *Preserving the Rules: Countering Coercion in Maritime Asia,* Center for New American Security, March 2015.

55 Lyle J. Goldstein, "The South China Sea Showdown: 5 Dangerous Myths," *The National Interest*, September 29, 2015. 兰德公司的研究称，中国在与美国的冲突中会占据距离近的优势，地理优势和使用相关基地的便利，将在很大程度上抵消美国的军事优势，*The US-China Military Scorecard: Forces, Geography, and the Evolving Balance of Power, 1996–2017*.

56 Andrew S. Erickson, Testimony before the House Committee on Foreign Affairs Subcommittee on Asia and the Pacific, Hearing on America's Security Role in the South China Sea, July 23, 2015, pp.6–8; Patrick M. Cronin and Alexander Sullivan, *Preserving the Rules: Countering Coercion in Maritime Asia*, Center for New American Security, March 2015, p.18.

57 Van Jackson, Testimony before the House Committee on Foreign Affairs Subcommittee on Asia and the Pacific, Hearing on Across the Other Pond: U.S. Opportunities and Challenges in the Asia Pacific, February 26, 2015.

58 Ely Ratner et al., *More Willing and Able: Charting China's International Security Activism*, CNAS, May 2015, p.65.

59 Bill Gertz, "B–52s' BAAD Message to China," *The Washington Times*, July 15, 2015.

60 Carlyle A. Thayer, *Indirect Cost Imposition Strategies in the South China Sea: US Leadership and ASEAN Centrality*, CNAS, April 2015, pp.8–9.

61 Prashanth Parameswaran, "US, Vietnam Eye Deeper Coast Guard Cooperation," *The Diplomat*, September 20, 2015.

62 James Holms, "Faceoff: How America Can Really Stop China's Navy," *The National Interest*, October 5, 2015.

63 Mira Rapp-Hooper, Testimony before the House Committee on Foreign Affairs Subcommittee on Asia and the Pacific, Hearing on America's Security Role in the South China Sea, July 23, 2015.

64 Michael D. Swaine, Testimony before the House Committee on Foreign Affairs Subcommittee on Asia and the Pacific, Hearing on America's Security Role in the South China Sea, July 23, 2015.

65 Patrick M. Cronin et al., *The Emerging Asia Power Web: The Rise of Bilateral Intra-Asian Security Ties*, CNAS, June 2013.

66 Junichi Fukuda, "Denial and Cost Imposition: Long-Term Strategies for Competition with China," *Asia-Pacific Review*, Volume 22, Issue 1, 2015; Thomas G. Mahnken, *Cost-Imposing Strategies: A Brief Primer*, CNAS, November 2014.

67 Mira Rapp-Hooper, Testimony before the House Committee on Foreign Affairs Subcommittee on Asia and the Pacific, Hearing on America's Security Role in the South China Sea, July 23, 2015; Amy Chang, Ben FitzGerald and Van Jackson, *Shades of Gray: Technology, Strategic Competition, and Stability in Maritime Asia*, CNAS, March 2015.

68 Patrick M. Cronin, *The Challenge of Responding to Maritime Coercion*, CNAS, September 2014.

69 Bonnie S. Glaser, "Conflict in the South China Sea," *Contingency Planning Memo Update*, Council on Foreign Relations, April 2015.

70 Carlyle A. Thayer, *Indirect Cost Imposition Strategies in the South China Sea: US Leadership and ASEAN Centrality*, CNAS, April 2015, pp.10–12.

71 Gregory Poling, "China's Charm Offensive Isn't Defusing Tensions in the South China Sea," *The World Politics Review*, December 14, 2015.

72 Patrick M. Cronin and Alexander Sullivan, *Preserving the Rules: Countering Coercion in Maritime Asia*, Center for New American Security, March 2015, p.17.

73 John Feffer, "Asia: On the Rocks," *Foreign Policy In Focus*, June 17, 2015, http://fpif.org/asia-is-on-the-rocks/; Patrick M. Cronin and Alexander Sullivan, *Preserving the Rules: Countering Coercion in Maritime Asia*, pp.14–15.

74　Bonnie S. Glaser, "Conflict in the South China Sea," *Contingency Planning Memo Update, Council on Foreign Relations*, April 2015.

75　Geoffrey Till, *Seapower: A Guide for the Twenty-First Century*, Routledge, 2009.

76　[美] 吉原恒淑、詹姆斯·霍姆斯:《红星照耀太平洋：中国崛起与美国海上战略》，社会科学文献出版社 2015 年版，第 13 页。

77　Dean Cheng, "Chinese Military Modernization: The Future is Arriving Much Sooner than Expected," *WebMemo*, No.3090, The Heritage Foundation, December 30, 2010, http://thf_media.s3.amazonaws.com/2010/pdf/wm3090.pdf.

# 第六章

# 构建全球发展伙伴关系

## 第一节 非洲与中美合作

### 一

2000 年，英国《经济学家》杂志曾将非洲称为“毫无希望的大陆”（Hopeless Continent），但是到了 2011 年，该杂志以“正在崛起的非洲”（Africa rising）为主题对非洲发展进行探讨，2013 年 3 月谈及非洲问题的封面文章则题为“充满希望的大陆”（Hopeful Continent）。[1] 过去 10 余年来，非洲国家蓬勃发展的景象令人印象深刻。据国际货币基金组织统计，当今全球经济增长最快的 20 个国家，有 10 个在非洲地区。非洲的中产阶级群体在不断壮大，总数已接近 3.5 亿人，他们的消费能力也在不断增长。全球面积最大的商业中心“非洲商城”在 2016 年建成，它位于南非的约翰内斯堡和比勒陀利亚之间，是非洲中产阶级消费需求的一种直观体现。而在尼日利亚首都拉各斯，城市建设正按照“非洲版迪拜”的愿景推进。到 2050 年，尼日利亚的人口预计将超过美国。2000—2013 年，肯尼亚的互联网用户增长了近 100 倍，移动支付系统 M-Pesa 等越来越流行。如今非洲已经成为全球第二大电信市场，拥有 7.35 亿用户。根据麦肯锡全球研究所报告，预计到 2020 年，金融服务业、旅游、电信和零售等行业对非洲经济增长的贡献较之自然资源行业对该地区经济增长的贡献，或高达 5 倍。[2]

与此同时，自然资源丰富仍是非洲吸引力的重要来源。撒哈拉以南非洲被认为是全球石油和天然气的“新战场”，喀麦隆、加纳、赤道几内亚、刚果、肯尼亚、坦桑尼亚、乌干达正成为重要石油生产国，莫桑比克和坦桑尼亚还发现大量近海天然气资源，南非则拥有引人瞩目的页岩气资源。过去 10 多年，曾经是非洲大陆最穷国家之一的卢旺达在国家重建方面也取得了巨大成就，2014 年经济增速达到 7%，大部分民众拥有了医疗保障。拥有 9 100 万人口的东非大国埃塞俄比亚，长期与饥饿和贫穷作战，但近 10 年来它的贫困率已降低一半，年均经济增长率接近 11%。如今，埃塞俄比亚希望成为新的全球纺织业中心，首都亚的斯亚贝巴开通了整个非洲大陆上的首条地铁线。

无疑，非洲还远远不是一个“繁荣和稳定的大陆”。非洲国家在实现和平与可持续发展方面依然面临很多严峻挑战，包括一些由发展本身所带来的新的困难。目前，非洲拥有 50 个有百万居民的城市，交通、电力、网络等基础设施远远满足不了非洲中产阶级的需求。“极端贫困”群体在非洲仍然是庞大的，非洲有 2 000 多万难民和流离失所的人口。根据联合国难民署的统计，目前全球有 5 950 万人生活在祖国以外，其中约有 3 500 万人来自非洲。以厄立特里亚为例，这是一个拥有约 600 万人口的东非国家，但目前约有三分之一流散在该国之外。近年来，从非洲流散的“经济难民”日趋增多，如今每天都有很多非洲人在偷渡欧洲的路途上丧命。[3]

实际上，最让人感到担心的是非洲的“年轻人膨胀”（Youth Bulge）问题，尤其是那些对未来生活感到绝望的非洲年轻人。[4] 预计到2050年非洲的总人口将翻一番，而其中大部分是年轻人。目前，在撒哈拉以南非洲的大多数国家，中位年龄（Median Age）低于20岁，在南苏丹和莫桑比克等国则是17岁。非洲国家政府面临的巨大挑战之一是为年轻人创造工作机会，目前这些国家每年新增的就业人员多达1 100万。非洲开发银行指出，大约仅有10%—15%的非洲青年能够获得正规工作机会。联合国儿童基金会估计，到2050年之前，全世界将有大约41%的婴儿在非洲出生。人口增长既可以带来发展的资源，也会成为巨大的挑战，尤其是资源能源、基础设施和教育机会的供给压力会非常之大。

此外，非洲地区还面临各种安全冲突带来的威胁，包括伊斯兰极端主义的扩散。原本主要在尼日利亚境内活动的恐怖主义组织“博科圣地”已经宣布效忠“伊斯兰国”，其威胁正日益超出尼日利亚。而在非洲东部，以索马里为基地的伊斯兰极端主义组织“青年党”从肯尼亚等地招募大量成员，对商场、大学等民间目标发动袭击。而对于马里等国所处的萨赫勒地区，国际危机组织在2015年6月的一份报告中称，该地区正出现一场现实和潜在的动荡所构成的“完美风暴”。极端主义和恐怖主义成为整个非洲大陆需要面对的挑战，它比埃博拉病毒更加难以应对。

为什么一方面非洲国家近年实现了年均6%以上的GDP快速增长，另一方面却看到很多非洲人逃离家园。毫无疑问，增长并不是发展，“没有发展的增长”在非洲地区并不鲜见。对于非洲国家来说，如何促进可持续发展，并让发展的成果更多惠及普通民众是一个核心任务。在近年全球经济复苏乏力的大背景之下，非洲面临的挑战也存在进一步加剧的趋势。在不少非洲国家，经济和贸易结构的失衡日趋严重。近年来，原油和大宗商品价格下跌已重创了尼日利亚、安哥拉等非洲经济体。非洲多国货币贬值、通胀和公共债务比例的上升，使非洲经济雪上加霜。国际货币基金组织 2015 年 7 月估计，撒哈拉以南非洲 2015 年的经济增速只有 4.4%。由于贸易壁垒的存在，非洲的不少纺织品和农产品被排除在欧盟和美国市场之外。每年因美欧日等国的农业保护政策，非洲的出口收入就损失约 300 亿美元。还有专家指出，非洲国家政治精英的领导力在下降，这会加大相关国家应对发展挑战的困难程度。与数十年前领导国家实现民族解放和独立的政治人物相比，现在很多非洲领导人过于关心选票以及特定部落和族群的利益。除了索马里，非洲大部分都是多民族国家，国家内部的族群矛盾不断凸显，政治动荡因素增多、政府治理能力不足已经成为非洲国家普遍面临的挑战。[5]

## 二

2014 年 8 月 4 日，奥巴马与约 50 位非洲国家领导人在华盛顿举行集体会晤。《华盛顿邮报》刊发社论称，这是一次史无前例的峰会，会议有望重塑非洲大陆的形象，使其从冲突和疾病的代名词转变为经济发展的新希望。由于非洲地区自身转型、新兴大国对非关系蓬勃发展等因素，非洲在美国外交中的重要性不断上升。

奥巴马是美国首位非洲裔总统，其父亲是肯尼亚人。奥巴马任参议员期间曾三次回肯尼亚寻根，并在达尔富尔、刚果（金）、利比里亚、索马里等问题上发挥作用。2009 年之前，奥巴马在竞选总统期间曾就非洲政策提出不少倡议。一是帮助非洲实现和平与安全，要把美国在非洲的军事行动与其他战略目标结合起来，并广泛依靠非洲联盟（简称非盟）等地区组织的支持。二是在非洲“扩大繁荣”，鼓励更多美国企业投资非洲，帮助非洲国家发展农业，提升它们应对能源、环境、气候变化挑战的能力。三是大力支持非洲减少贫困，奥巴马曾承诺将美国对非洲援助金额从 2008 年的 250 亿美元提升至 2012 年的 500 亿美元，完全取消重债穷国的债务，为全面防治艾滋病提供更多政策支持。

奥巴马上台后，其对非政策总体上延续了布什时期的政策。2009 年 7 月，奥巴马在访问加纳时表示，美国对非政策关注民主化与良治（Good Governance）、发展、民众健康与和平解决争端等四大领域。奥巴马之所以选择加纳，主要是因为该国被视为非洲国家民主化的典范。奥巴马还宣称，美国要与非洲建立“相互尊重和相互负责的伙伴关系”，继续推进布什政府启动的“缓解艾滋病总统紧急计划”，该计划的 15 个受益国有 12 个位于撒哈拉以南非洲。[6] 在其第一任期内，由于中东地区局势牵绊以及美国推行“亚太再平衡”战略等，奥巴马政府被认为并未在对非政策方面予以足够投入。他上任后，非洲国家民众对其一度充满期待，甚至有人提出希望奥巴马能推出“非洲版的马歇尔计划”。但是，奥巴马对加纳这个非洲国家进行了不超过 24 小时的闪电式访问。虽然白宫方面表示其一贯重视非洲，但外界却普遍认为非洲并未成为奥巴马政府的政策重点。直到 2012 年 6 月，奥巴马政府才公布《对撒哈拉以南非洲地区的战略》，提出以加强地区国家民主化、推动经济贸易关系、提升非洲国家发展能力为主要内容的对非战略。

在奥巴马第一任期，美国对非关系的主要特点仍是对军事与安全事务的关注较大。“9・11”事件发生后，美国意识到自身处于更复杂的全球安全环境之中，需要在非洲寻求伙伴以应对恐怖主义等跨境势力给美国国家安全带来的挑战。2007 年 2 月，时任国防部部长盖茨宣称，布什政府决定建立美军非洲司令部，主要目的包括打击恐怖主义、提供人道主义援助，帮助训练非洲军队等。该计划提出后起初并不受到非洲国家的欢迎，美军非洲司令部因选址等问题一直无法在非洲真正落地。此后，主要由于非洲安全局势出现的新变化，特别是恐怖主义组织的增加，美国得以在非扩展军事安全关系。目前，非洲司令部已在非盟和西非国家经济共同体设立联络处，在尼日尔和埃塞俄比亚等地增建无人机基地，在吉布提设立驻军基地，在非兵力总计约为 5 000 多人（主要在吉布提、塞舌尔、埃塞俄比亚、肯尼亚和尼日利亚五国）。[7]

奥巴马上任以来，美军还着力完善在非后勤补给网络，利用塞内加尔、埃塞俄比亚等国国际机场进行燃料补给和运送兵力等任务，目前，美军与非洲地区的 29 个国际机场签署燃料补给协议。美国军方和中央情报局在非开展各类活动，如情报搜集、无人机攻击、武装人员培训、开展突击行动等。为加大对非洲恐怖主义组织的打击，美国对乌干达、布隆迪和肯尼亚等国家军队和警察力量进行培训，或是派出军事顾问。从 2010 年到 2012 年，这类活动耗资约 8.36 亿美元。此外，自 2007 年以来，美国国务院为非盟驻索马里特派团的后勤、装备和训练花费约 6.5 亿美元。近年，马里局势动荡，整个萨赫勒地区也面临更大安全威胁，美国加大了对毛里塔尼亚和尼日尔等国的援助，仅在 2012 年，美国国务院和国际开发署就为这类援助花费 5 200 万美元，国防部则耗资 4 600 万美元。为加强情报、监视等能力，美军在非洲部署“全球鹰”“食肉者”等无人机，EP—3C“猎户座”巡逻机，“联合星”空中预警指挥机。2012 年，美军非洲司令部在摩洛哥、乌干达、博茨瓦纳、莱索托、塞内加尔和尼日利亚等国进行 14 次大型联合军演。

但是，在美国直接军事干预日渐增多的情况下，非洲地区的安全局势却出现令人忧心的变化。[8] 一是恐怖主义组织数量上升，蔓延范围更广，且对在非美国和欧洲国家公民发动直接袭击。索马里“青年党”、尼日利亚“博科圣地”组织、马里“伊斯兰教法支持者”等不断招募人员，“基地”组织在北非也建立了分支机构。根据美国马里兰大学恐怖活动研究中心的统计，2001 年撒哈拉以南非洲地区共发生 119 起恐怖袭击事件，这一数字在 2011 年达到近 500 起。二是美国培训的非洲国家军队多有“政变者”出现，而且尼日利亚、刚果、乌干达等国军队在执行任务时普遍存在肆意杀戮、集体强奸等严重侵犯人权的暴行。三是利比亚战争后，卡扎菲政府此前拥有的武器以及非法武装人员向整个非洲地区持续扩散。美国学者尼克·特斯（Nick Turse）认为，美国在非洲的活动低估了这一地区社会、文化、环境的特殊性和复杂性，“错误理解了这片土地的现实情况”，美国运用军事手段维护非洲稳定的行动反而使该地区面临更多安全挑战。[9]

或许意识到第一任期对非洲重视程度不够，2013 年 6 月，于当年开始第二任期的奥巴马访问塞内加尔、南非和坦桑尼亚。同年 12 月，奥巴马还亲自参加了南非前总统曼德拉的葬礼。奥巴马在访非期间提出“电力非洲”（Power Africa）和“贸易非洲”（Trade Africa）倡议，并承诺延长克林顿执政时期确立的“非洲增长和机遇法案”，这将继续促使非洲的产品更便利地进入美国。奥巴马政府还决定扩大 2010 年发起的非洲青年领导人计划，该计划每年为 500 多名非洲年轻人提供赴美留学机会。

在撒哈拉以南非洲，有超过 2/3 的各国民众缺乏电力供应，而在农村地区，这一比例高达 85%，国际能源机构预测，要想在 2020 年实现普遍电气化的目标，需要 3 000 多亿美元的投资。“电力非洲”计划旨在使撒哈拉以南非洲用电人口数量翻番，促进利用地热、水力、风力和太阳能等进行发电，并强化发电和输电基础设施。该计划的先期对象国包括埃塞俄比亚、加纳、肯尼亚、利比里亚、尼日利亚和坦桑尼亚。2013—2018 年，美国政府将出资 70 亿美元，大企业等私营部门已承诺出资 90 亿美元。“贸易非洲”旨在促进非洲国家之间的贸易，首要关注东非地区，国家包括布隆迪、肯尼亚、卢旺达、坦桑尼亚和乌干达。美国将推动这些国家增加对美出口，还会支持地区经济一体化组织的发展。美国参议院非洲事务小组委员会主席克里斯托弗·库恩斯称，“时间会证明非洲是本世纪拥有最大机遇的大陆，时间正在流逝，美国必须打造与非洲的关系”。

然而，美国和非洲国家之间的经济和商业关系仍比较有限。2013 年双边贸易额仅有 1 000 亿美元左右，而中非贸易额是其两倍多，在 5 年前就已超过美非贸易额。2012 年美国对非洲的投资仅有 220 亿美元，美国全球直接投资仅有 1% 在非洲，而且其中一半以上都是采掘业。美国参议员克里斯·孔斯在 2013 年 3 月发布的《抓住非洲的经济潜力》报告序言中写道："与非洲展开接触对美国未来的经济利益至关重要。用美国的商品与服务满足非洲不断增长的需求将增强我们的经济，可以帮助促进美国企业的发展并在美国国内创造就业岗位。"针对如何促进美国与非洲商业关系进一步发展，美国布鲁金斯学会专家惠特尼·施奈德曼等建议，美国国会应首先延长原定于 2015 年 9 月到期的《促进非洲增长与机会法》，该法"仍将是美国—非洲商业关系的基石，但它必须更有助于美国公司赢得该大陆市场份额"。此外，美国商务部的海外经商处需要增加分支机构和人力资源，帮助美国企业更好地理解非洲市场的复杂性和机遇，而目前其仅在肯尼亚、尼日利亚和南非设有办事处。

发展问题是美国对非洲政策的一大支柱，奥巴马政府正努力将发展援助与经济利益扩展和实现外交目标等更加紧密地结合起来。2012 年 6 月发布的《美国对撒哈拉以南非洲战略》显示，经济增长、粮食安全、公共卫生、妇女与青少年、人道主义救援和气候变化是美国对非发展政策的重要组成部分。[10] 美国国际开发署和美国国务院对非洲国家提供的双边发展援助已从 2002 年 19.4 亿美元上升至 2012 年的 70.8 亿美元。目前，美国国际开发署在撒哈拉以南非洲设有 27 个双边和地区援助项目，2012 年为 47 个撒哈拉以南非洲国家接受其援助，受援助最多的前五个国家是肯尼亚、尼日利亚、埃塞俄比亚、坦桑尼亚和南非。近年，奥巴马政府还通过《保障未来粮食供给计划》等，重点支持有关国家的农业产业发展。未来，美国对非发展政策的主要关注点包括：一是帮助非洲国家建立可持续的卫生体系，2011 年美国对非卫生方面的援助达到48.2亿美元；二是进一步促进非洲国家的民主化和良治，包括提高这些国家的税收能力，增强预算透明度，强化公民社会和立法机构的力量等。此外，美国还在加大对非洲能源事业发展的支持力度。美国国务院近年设立能源资源局，着力将能源外交、能源安全、能源转型等领域的工作结合起来，撒哈拉以南非洲是其工作重点。有专家建议，应加大推动美国在撒哈拉以南非洲的能源投资、贸易和技术转让，通过国务院的非常规天然气技术交流项目、美国进出口银行、商务部“在非洲经商”项目以及双边和地区性的贸易投资协定，大力发展小型电网、可再生和清洁能源技术、石油和天然气的可持续开发等。

## 三

2015年12月，中非合作论坛在南非首都约翰内斯堡举行峰会，习近平出席此次会议。习近平已是第七次访问非洲，也是他担任国家主席后第二次踏上这片大陆，足见中国最高领导人对非洲的重视。在这次峰会上，双方宣布将中非关系提升为“全面战略合作伙伴关系”，并通过了“十大合作计划”等一系列重要政治文件，中方还提出将为落实相关计划提供约600亿美元的资金支持。

非洲是中国外交全局中具有特殊重要地位的板块，中国和非洲从没像今天这样紧迫地需要把握彼此带来的发展机遇，一种更加平衡、深具潜力的伙伴关系正在出现。2013年3月，习近平担任国家主席后首访非洲时用“真实亲诚”四个字概况新形势下的中非关系，并强调中方发展对非关系的力度不会削弱，只会加强。所谓“真实亲诚”，即中国对待非洲朋友讲一个“真”字，开展对非合作讲一个“实”字，加强中非友好讲一个“亲”字，解决合作中的问题讲一个“诚”字。习近平还在访问非洲国家期间着重阐述了“正确义利观”的外交思想，他说，“义，反映的是我们的一个理念，共产党人、社会主义国家的理念。这个世界上一部分人过得很好，一部分人过得很不好，不是个好现象。真正的快乐幸福是大家共同快乐、共同幸福。我们希望全世界共同发展，特别是希望广大发展中国家加快发展。利，就是要恪守互利共赢原则，不搞我赢你输，要实现双赢”。

中国在发展对非关系上不仅有新的理念，也有一系列实际举措。2014年5月，李克强总理访问非洲，他在非盟总部发表的演讲中提出“461”中非合作框架，即坚持平等相待、团结互信、包容发展、创新合作等四项原则，推进产业合作、金融合作、减贫合作、生态环保合作、人文交流合作、和平安全合作等六大工程，完善中非合作论坛这一重要平台，打造中非合作升级版，携手共创中非关系发展更加美好的未来。李克强在演讲中指出，“非洲堪称‘三个一极’。非洲是世界政治舞台上的重要一极，非洲是全球经济增长新的一极，非洲是人类文明的多彩一极”。[11] 这既是对非洲当今国际地位的高度概括，也彰显了中国未来发展对非关系的战略考量。

应该说，进入21世纪以来，中非经贸关系实现了迅猛发展。2000年以来，中非之间的贸易额从近100亿美元增加到近3 000亿美元，几乎上升了30倍。到2020年，双方贸易额有望接近中国和欧洲之间的贸易额，超过4 000亿美元。如前所述，在西方国家眼里，由于年均增长率达到5%—6%，非洲在过去十几年中从所谓“无望的大陆”变成了“希望的大陆”。但在中国人的眼中，非洲一直是“希望的大陆”。不仅中国企业在非洲承揽了很多欧洲和美国公司不愿做的工程项目，大量普通中国人也来到非洲寻求发家致富的机遇。目前，有近3 000家中国企业活跃在非洲大陆，100多万中国人在非洲工作，包括修建铁路、经营商店等，哪怕在非洲非常偏远的地方也能发现中国人的身影。

无论是从资源能源供给、市场空间扩展还是从国际事务协调等角度看，非洲在中国外交中的战略地位不可替代。然而，中非关系中也存在一些不容忽视的问题。走在非洲国家你常会看到由中国援建的医院，医院建筑美观、设备齐全，但在医院为当地民众看病的医生常常是来自欧洲某国的志愿者，或是曾经留学欧美西方国家的本地医生。这样的场景体现了中国发展对非关系的挑战：如何更深切地回应非洲民众的需求，如何在非洲持续不断地争取民心，如何更好地了解非洲文化和生态文明，如何更尊重普通非洲人的尊严和自信。应当看到，中国对非关系中的“行为体”日益增多，“角色”更为多元，在非活动难免会出现一些与当地人的矛盾。这些“行为体”既包括中国国有企业和私营企业，也包括在非洲从事小本生意的中国商人，以及移民非洲的个人或家庭。少数在非中国企业在履行社会责任方面的缺失和部分在非中国人的行为失范，常常被外界有意无意地置换为、解读为“中国的错误”。[12]

如今，中国在非洲的巨量经济存在，以及100多万中国人在非洲的所作所为，日益受到国际社会的关注。毋庸讳言，一些中国企业只想获取非洲自然资源和原材料而不注重环境保护，不尊重当地劳工的权利，甚至根本不愿雇用当地工人。来自中国的个体商贩在很多非洲国家从事经营活动，而部分中国商品的质量受到非洲消费者的抱怨。中国援建了不少大型体育场和其他大型建筑，但普通非洲民众仍在为用电、用水和粮食等日常生活的小问题所困扰。上述现象，导致中国的非洲政策受到质疑，部分华人群体在非洲国家的形象不佳，甚至尼日利亚中央银行行长拉米多·萨努西（Lamido Sanusi）2013年在英国《金融时报》公开撰文批评中国搞“新殖民主义”，而这位行长曾被美国《时代》杂志评为全球最具影响力的100位人物之一。[13]虽然给中国对非政策贴上“新殖民主义”等标签是不公正的，但中国政府直面挑战，正努力引导和积极塑造新时期的中非关系。近年中国围绕对非合作提出的新理念、新倡议将会有力补足中国对非政策的短板。

首先，中国将更加主动地了解和回应非洲普通民众的需求，没有“草根非洲”的支持，中非关系发展就不会有持久动力。中国承诺将大力支持非洲的减贫，通过“农业优质高产示范工程”等项目提升非洲国家农业技术水平和农产品质量，对非援助将更多向饮用水、传染病防治等民生领域倾斜。为了回应非洲民众对生态环境保护的重视，中国政府提出在肯尼亚建设“中非联合研究中心”，就生物多样性保护、荒漠化防治等寻求共同应对路径。中国将中非深化工业化、农业现代化合作作为重中之重，愿意与非洲分享包括高铁建设在内的先进产业技术，积极推进中非产业对接和产能合作，新建或升级一批工业园区，向非洲转让农业技术，在非洲100个乡村实施“农业富民工程”等。非洲国家发展面临巨大的“人才赤字”，中国未来将进一步从“能力建设”的角度加大支持。中国将向非洲国家派遣更多专家顾问，帮助制定发展规划，新设立一批区域性的职业教育中心和“能力建设学院”，为非洲培训20万名职业技术人才，提供4万个来华培训名额。为提升非洲的基础设施“软件”，中国在帮助“筑路修桥”的同时，还将支持非洲国家建设5所交通大学培养相关人才。此外，中方将参与非洲疾控中心等公共卫生防控体系和能力建设，鼓励中国医药企业在非洲开展本地化生产和经营。

其次，中国将更多参与非洲安全事务。非洲国家之所以期待中国在安全领域发挥更大作用，一是因为作为发展中国家，中国对安全与发展之间的关系有更深的理解，而且愿意在安全合作中充分尊重非洲国家的主权，二是中国在非洲的巨大经济利益，将使中国帮助非洲提升安全能力的工作具有持续性。实际上，中国是联合国在非洲维和行动的最重要贡献者之一，近年也开始更积极地帮助调解非洲大陆的安全冲突，比如力阻南北苏丹兵戎相见。稳定才能带来繁荣，但持久的和平不能靠外部力量的强加，中国支持非盟建立非洲常备军和快速反应部队，支持非洲集体安全机制建设，只有非洲人自己才是非洲持久和平的最终决定者。2015年12月，习近平宣布，中方将向非盟提供6 000万美元无偿援助，支持非洲常备军和危机应对快速反应部队的运作，支持非洲国家加强反恐、防暴、海关监管、移民管控等方面的能力建设。

最后，中国将更积极、更自信地与第三方加强在非洲问题上的合作，而这种合作将始终以尊重非洲人的意愿和尊严为前提。为了避免导致西方援助国和非洲受援助国家之间经常出现的主从（Patron-client）矛盾，中国的援助不附加任何政治条件，但常被国际舆论认为是有损非洲民主政治建设的问责与透明度。实际上，中国也开始重视解决这一问题，比如与联合国开发计划署合作建立中非企业理事会，加大中国在非企业的合规建设。未来，中国可深化与欧美国家以及相关国际组织的交流，共同探讨更贴合非洲实际、更有效的国际发展援助规范，将中国的经验应用于国际规范的完善，这本身也是一种重要的国际责任。如丹麦国际问题研究所高级研究员卢克·佩蒂所言，欧洲国家正开始效仿中国的做法，更注重与非洲的经贸往来；中国也开始向西方取经，学习如何提高其对非援助的影响和可持续性。

毫无疑问，在促进非洲实现更好发展方面，美国可以成为中国的重要伙伴。2014年8月，美国总统奥巴马接受《经济学人》杂志专访时表示，非洲的跨越式发展让世人震惊，非洲蕴藏巨大机会，美国将在促进非洲融入世界经济版图方面扮演核心角色。[14]美国对非政策调整与中非关系的迅速发展不无关系。有些美国专家认为，“中国与非洲的接触对美国在推动非洲民主化、良治和可持续发展方面的利益构成根本性挑战”，而且随着中国将外交资源更多向非洲地区投放，中国在经济、政治、文化等方面对非洲国家的影响力不断提升，美国的地缘政治利益也会受到损害。面对一些非洲国家人士批评中国的情况，哈佛大学肯尼迪政府学院资深研究员罗伯特·劳伦斯认为，这正是奥巴马政府推销美非新伙伴关系的好时机。但是，奥巴马总统国家安全事务副助理本·罗兹明确表示，美国不会与中国在非洲展开竞争。

对于诋毁中国在非洲行为的言辞，美利坚大学教授、专门从事中非关系研究的黛博拉·布罗迪加姆在其著作《龙的礼物：中国在非洲的真实故事》中予以反驳，肯定了中国在发展基础设施、创造基业岗位、给予医疗卫生和教育援助等方面对非洲作出的贡献。[15]

应该说，非洲的稳定与繁荣符合中美共同利益，中美在非洲并不必然陷入零和博弈，在两国都在加大对非洲关注和投入的情况下，应大力探索如何使非洲成为中美开展新型合作的舞台。非洲国家不希望中国、美国等大国过于注重开发其资源，而忽视帮助提升非洲的教育、医疗条件和人力资本。在这方面，美国不缺少国际发展援助的教科书和行动指南，但它缺少资金和对非洲人的足够尊重；中国方面虽然善于修建公路、桥梁和水坝等基础设施，但它相对缺乏与非洲公民社会进行深度接触的经验。实际上，中美已经意识到，双方可以借助彼此优势，共同促进非洲的可持续发展。比如，中国主动邀请美国共同建设总投资120亿美元的刚果民主共和国“因加三期”水坝项目，该国的水力发电潜力高达10万兆瓦，“因加三期”水坝有望成为世界最大的水电工程，世界银行为该工程的评估项目提供了资助。[16]2014年7月，第六轮中美战略与经济对话在北京举行，其间中美双方就该项目达成合作共识。在发展领域，中美两国政府还表示，愿探讨非洲粮食安全三方合作，共同支持“非洲农业综合发展计划”等。

公共卫生则是中美共同展开对非合作的另一重要领域。2014年2月西非国家爆发大规模埃博拉病毒疫情，中美两国不仅各自派出救助力量，双方还进行了合作。加强公共卫生能力建设是非洲国家的迫切需要，中美已决定共同支持非洲疾病预防与控制中心（ACDC）及其相关的区域协作中心尽早建成和启用。中美双方将进一步加强在传染病预防、发现和响应能力建设方面的合作伙伴关系，包括应对流感、疟疾等非洲国家常见疫病。中国国家卫生和计划生育委员会同美国卫生与公众服务部计划共同支持在非洲国家开展实验室系统的开发、科学研究，并共同开展现场流行病学和培训项目。此外，中美双方还将为塞拉利昂和利比里亚等西非国家公共卫生事业的发展提供协助，包括与在中方援建的塞拉利昂热带病研究中心的基础上建设国家级公共卫生机构。中美双方同意继续支持全球抗击艾滋病、肺结核和疟疾基金，并通过该基金帮助非洲国家应对公共卫生挑战。推动实施世界卫生组织《国际卫生条例》和全球卫生安全议程，也是中美在非洲合作的一大任务。[17]

## 第二节 “一带一路”与美国因素

### 一

2013 年 9 月和 10 月，中国国家主席习近平在访问哈萨克斯坦和印度尼西亚期间，分别提出建设“丝绸之路经济带”和“21 世纪海上丝绸之路”的合作构想，倡导相关国家打造互利共赢的“利益共同体”和共同发展繁荣的“命运共同体”。2015 年 3 月，中国国家发展和改革委员会、外交部和商务部三部门经国务院授权，联合对外发布《推动共建丝绸之路经济带和 21 世纪海上丝绸之路的愿景与行动》白皮书，标志着“一带一路”建设正式进入实施阶段。[18]“一带一路”业已成为理解未来一个时期中国国家发展总体战略的核心关键词，成为观察中国内政外交政策深刻变革的一个窗口。

对于“一带一路”合作倡议而言，中亚、南亚和西亚地区国家是重要组成部分，扩展与这些国家的经济、政治、社会乃至安全关系，对于中国确保国民经济稳定、保障对外发展权益，维护国家安全、扩展战略回旋空间等具有重大影响。中国之所以提出“一带一路”合作倡议，并不像有些国外学者所言，是针对美国“重返亚太”而被动实施的“敌进我退、敌退我追”，它是以我为主、自主能动的战略谋划。首先，中国加大向西开放有利于改善国内发展的不平衡。东西部发展差距过大依然是困扰中国现代化全局的最大短板之一。过去的思路是“内部帮扶”，让东部和中部先富起来的省份加大对西部支持。如今，实施“一带一路”建设，实际上是进一步构筑中国西部大开发总体战略的国际支柱，旨在完善沿海开放与向西开放、沿边开放与向西开放相适应的对外开放新格局。

其次，对于海洋方向的经营必不可缺少大陆腹地的战略支撑。从地缘政治看，中国面临的核心难题是“东西问题”，即实现向东开放和向西开放、拓展海权与强化陆权的平衡。近年来，中国周边东北、东南方向因钓鱼岛争端、南海问题等形势趋紧，这些短期内无法根本解决的纷争却牵扯中国大量外交资源。如此一来，一种巨大的潜在风险是，由于过度重视东部方向，中国对其他地缘方向的战略风险可能会失之预判与防范。西部边疆之稳定尤其不能忽视。此外，改革开放以来，中国实施了较为成功的“东进”，与美国、欧洲、日本等开展充分的经济合作，并由此实现了经济的快速发展。与之相比，“西进”则相对滞后，位于中国国境以西的中亚、南亚和西亚地区国家，并没有处于中国开展对外经济合作的核心位置。然而，地处欧亚大陆西端、居于亚太地区中心位置的中国，不应将眼光局限于沿海疆域、传统竞争对象与合作伙伴，而应关注自己广阔的西部疆域和位于中国西部的众多国家。[19] 当越来越多的中东、中亚和南亚（甚至包括中东欧）国家“向东看”之际，中国也需要以“向西看”和“向西走”予以回应。“西进”不等于偏废“东稳”，中国需要真正从“大周边”角度进行战略筹谋，按照东稳西进、力避两线的原则推动地缘战略实现“再平衡”。

最后，加大向西开放是中国施展全球大国外交的平台。比如，中美构建新型大国关系必然要从全球层面谋划。虽然中美在东亚的竞争日益明显，但若“西望”，中美在投资、能源、反恐、防扩散、维护地区稳定(如阿富汗)等方面的合作潜力较大。此外，随着俄罗斯、印度、日本等国加大对中亚、南亚等地区的外交投入，中国不能置之度外，应采取积极主动的新姿态，与有关国家共同塑造该地区的安全与发展环境，制定公平的游戏规则。

“一带一路”是以发展为导向的国际合作倡议，它不仅有助于解决中国自身的发展问题，也有望推动相关国家和地区的发展。[20] 以“一带一路”建设的先行项目“中巴经济走廊”为例，该项目旨在建成一条连接新疆喀什和巴基斯坦瓜达尔港的重要经济带，全长 2 000 多公里。瓜达尔港位于巴基斯坦的西海岸，距离能源资源富集的波斯湾地区较近，来自中东和非洲的石油等其他货物可在此卸载，并通过油气管线、新建或升级改造的公路直接运往中国，这将有助于中国提升能源安全水平。虽然促进能源供给的多元化是中国扩大向西开放的重要目标，但它却不是唯一重要目标。要想持久、稳健地扩展与西亚、中亚、南亚国家的友好合作，就必须做更大文章。由此，中国提出的“丝绸之路经济带”构想，其亮点在于“带”字，这一构想将着眼于更大开掘能源领域之外的各国合作潜力，提高区域经济一体化的速度和质量，以点带面、从线到片，逐渐使中国扩大向西开放的各部分、各层面互动融通，形成一盘大棋局。

“一带一路”建设将极大地推动相关国家和地区基础设施的改善。“一带一路”沿线国家中，大多数都处于较低的经济发展阶段，处于工业化、城镇化的初期，由于缺乏大规模投资、技术水平有限等因素，这些国家的基础设施条件普遍较为落后。另一方面，亚洲地区城市人口的快速增加、中产阶级消费群体的扩大又将给基础设施建设带来越来越大的需求。2010 年，亚洲开发银行发布对亚洲经济体基础设施需求所做的评估报告，这份报告指出，从 2010 年到 2020 年，亚洲地区的基础设施资金缺口为 8.2 万亿美元，发电、交通运输、供水、电信和卫生设施是亟须加强建设的重点领域。而根据联合国有关机构的预测，到2030年，生活在城市地区的亚洲民众将新增6.5亿人。

显而易见，在基础设施领域，需求和供给之间的巨大矛盾已成为拖累亚洲国家经济发展的重要因素，这种矛盾在近年变得越来越突出。以印度为例，它虽然是南亚地区经济发展水平最高的国家，但印度普通民众长期受到电力供应不足的折磨，一半国土没有公路，其铁路网也是非常落后。由于基础设施条件有限，“印度制造”也很难形成规模经济，印度的长期高速增长缺乏坚实的支撑力量。印度莫迪政府非常重视应对基础设施不足的问题，它已经提出2015年增加15%—20%基础设施的目标，包括新建26 000公里农村道路和6 300公里高速公路，新增20 371兆瓦装机容量，为3 500个农村通电等。但是，要想全面实现这些雄心勃勃的目标，仍是充满巨大挑战的。

而作为东南亚地区主导力量的印度尼西亚（印尼），同样也遇到基础设施落后的困扰。根据2015年世界银行发布的相关报告，印尼在全球投资便利度排名中仅列第114名，基础设施不完善极大地削弱了国家的整体竞争力。佐科政府上台后，非常重视这一问题，并制定了《2015—2019年中期建设发展规划》。未来5年，印尼将建设2 650公里公路、1 000公里高速公路、3 258公里铁路、24个大型港口、60个轮渡码头、15个现代化机场、14个工业园区、49个水库、33个水电站，并为约100万公顷农田建立灌溉系统，预计所需资金约4 245亿美元。值得强调的是，基础设施条件落后的问题，其实不仅影响到一个国家或地区的内部经济发展，也对它们参与国际经济合作带来非常显著的阻碍。

毫无疑问，“一带一路”合作倡议将极大有助于解决相关国家和地区在基础设施建设方面面临的诸多挑战。首先，有助于缩小基础设施投资需求的缺口。2015年年底前，由中国倡导成立的“亚洲基础设施投资银行”有望正式开始运行，该行拥有1 000亿美元的初始资本。来自欧洲、亚洲、非洲等地区的57个国家成为创始成员国，其中包括英国、德国、法国等发达国家。此外，中国还出资600多亿美元设立“丝路基金”。这些机构将为“一带一路”沿线国家的基础设施建设提供强有力的融资支持。

其次，有助于提升相关国家的基础设施建设水平。目前，中国在能源、通信、铁路、公路、港口、机场等基础设施建设领域已取得令世界瞩目的成就。2014年，中国对外承包工程新签合同额1 918亿美元，完成营业额1 424亿美元，业务遍及190个国家和地区。随着与中国企业相关合作的推进，“一带一路”沿线国家也将在基础设施的规划建设、运营管理等方面得到助益。中国和印度正考虑合作建立铁路大学，为印度培养数千名急需的铁路专业技术和管理人才。

最后，有助于促进区域性的基础设施联通。跨越国家边境的基础设施发展往往得不到足够重视和投入，由此影响了区域整体的经济一体化。“一带一路”建设将更加注重解决这一“自家各扫门前雪”的问题。近年来，中国积极开展亚洲公路网、泛亚铁路网规划和建设，与中亚、南亚及东南亚国家开通主要公路通路13条，铁路8条。中国与周边国家已建成18条跨国输电通道。中国将进一步推动创新融资和商业模式，促进相关国家和地区之间基础设施的共同发展，包括开展区域电网、光缆传输系统、跨界桥梁、油气管道的升级改造等。

除了基础设施建设，产能合作是“一带一路”建设的又一重要组成部分。经过改革开放以来30多年的快速发展，中国已经成为举世公认的“世界工厂”“制造业大国”，中国的钢铁、水泥、汽车等220多种工业品产量居世界首位，机床产量、造船完工量和发电设备量分别占世界38%、41%和60%。近年来，由于全球金融危机导致外部需求下降等因素，中国的产能过剩问题更为突出，包括电解铝、钢铁、水泥、汽车、光伏太阳能等传统和新兴的产业。产能过剩会造成企业的投资预期下降，进而导致民众收入下降和失业，降低社会的消费预期，从而加大经济增长面临的下行压力。如何应对产能过剩问题，已经成为当前中国宏观经济调控面临的最大挑战之一。

当中国为产能过剩问题而困扰的时候，“一带一路”沿线大多数国家却迫切需要解决产能不足的问题。以哈萨克斯坦为例，该国是中亚地区的领头羊，国土面积排世界第九，具有煤、铁、铜等丰富的自然资源。然而，受近年全球能源价格下跌等因素影响，哈萨克斯坦经济遭遇“寒流”，该国政府推出“光明之路”等新经济政策，希望通过加快基础设施建设等拉动经济增长。但是，哈国内在钢铁、水泥、玻璃、工程机械等产业领域方面的发展较为落后，中国国内的很多相关产业产能对哈萨克斯坦来说是相当“解渴”的。在“一带一路”建设中，不应把产能合作误解为“中国对外输出落后产能”。中国有富余和性价比高的产能，有先进、绿色、低碳的优势产能，中国装备适应正在实行工业化国家的需要。这种富余产能、优势产能“走出去”，不是中国的一厢情愿，而是基于相关国家的自主意愿和发展需要。2015 年 3 月，中国和哈萨克斯坦签署价值达 236 亿美元的产能合作协议，涉及钢铁、有色金属、平板玻璃、炼油、水电、汽车等领域多个重大产能合作项目。哈萨克斯坦总理马西莫夫向李克强总理表示，哈方感谢中方把哈作为“一带一路”倡议和国际产能合作的重点合作国家，两国产能合作开局良好，表明这一双边互利合作全新模式，具有广阔的前景，同时这一模式也可为地区产业产能合作提供借鉴。

中国在推动优势产能“走出去”的过程中，不仅向东道国迁移它们缺乏的生产线，也在大力就地建设产业园区，进行资源深加工，延长产业链和价值链，带动东道国中小企业和其他相关产业的发展。近年，中国正在推动印度浦那和巴罗达两个产业园区的建设项目，仅浦那园区建成后就可创造 10 万个就业岗位，实现年产值 200 亿美元。此外，2014 年正式启动的中国—白俄罗斯工业园是中国在海外最大的工业园区，将集高端装备制造、先进技术产业集群于园区。2015 年 5 月，习近平在访问白俄罗斯时提出，要将园区项目打造成“丝绸之路经济带上的明珠和双方互利合作的典范”。需要强调的是，产能合作不是单向的，不是中国单方面向其他国家施惠，中国也在引进其他国家的优势产业。比如印度的制药、软件等企业也在中国国内迅速拓展业务。印度软件巨头威普罗公司（WIPRO）在中国四川省成都市、广东省东莞市等地正在建立新的研发基地。而在山东省临沂市等中国城市也设立了中印软件园区。

应该说，“一带一路”倡议不仅对经济发展有着直接的积极作用，也有望为地区和平与稳定带来助益。“一带一路”首要针对的是那些长期处于全球经济体系边缘地带的国家，它们位于中亚、南亚、中东等地区，不仅经济欠发展，在政治和安全上也始终处于动荡之中，美国等西方国家学者将这些国家称为“失败国家”或“失败中的国家”。“阿拉伯之春”、利比亚政权更迭和叙利亚危机等，正共同破坏着中东地区本就极为脆弱的稳定。如今，该地区实际上面临三个层面的重大挑战。首先，在社会层面，教派矛盾和族群冲突愈演愈烈，逊尼派、什叶派、库尔德人都感到自己受到严重的不公正待遇。青年人的失业问题严重，他们中的很多人甚至选择加入恐怖主义和极端主义组织谋求生计。其次，沙特、伊朗、土耳其等地区大国开始激烈争夺主导权，一定程度上，他们都想要填补美国从中东撤出后留下的权力真空。此外，美国、俄罗斯等域外大国也在该地区展开激烈的地缘政治较量。

没有经济发展，持久的和平便无从保障，反恐行动、“定点清除”、无人机轰炸解决不了中东面临的“恐怖主义化”威胁。正如法国学者高大伟（David Gosset）所言，“欧亚大陆处于直接的本地化的恐怖主义威胁之下，这种恐怖主义用无人机是无法打败的……（中国提出的）新丝绸之路倡议将着力解决经济和社会进步的长期性需求，为铲除极端主义的根源创造条件”。[21]中国始终坚信，发展是解决中东问题的根本之道。2016 年 1 月，习近平在位于开罗的阿拉伯联盟总部发表演讲，他提出了令人痛心的“中东之问”：“中东是一块富饶的土地，但迄今仍未摆脱战争和冲突，中东向何处去？”无疑，中国不可能仅凭一己之力来解决中东的困境，但它仍尝试提出自己的方案。习近平针对中东之困提出，化解分歧，关键要加强对话；破解难题，关键要加快发展；道路选择，关键要符合国情。虽然中国正积极寻求“创造性介入”中东地区事务，但习近平强调，在中东地区，中国“不找代理人、不搞势力范围、不谋求填补‘真空’”。[22]

中东地区在“一带一路”建设占据非常重要的地位，它是“丝绸之路经济带”和“21 世纪丝绸之路”的交汇地区。沙特、埃及和伊朗等重要的中东地区国家也都明确支持“一带一路”倡议。2014 年 6 月，习近平在中阿合作论坛北京部长级会议上提出，中阿共建“一带一路”，推动形成“1+2+3”合作格局，即以能源合作为主轴，以基础设施建设、贸易和投资便利化为两翼，以核能、航天卫星、新能源三大高新领域为新的突破口。为促进中东国家发展战略与“一带一路”倡议的对接，2016 年 1 月习近平访问中东期间，又提出一系列新的举措。中国希望大力推动中东地区国家的工业化进程，同阿方探索“石油、贷款、工程”一揽子合作模式，参与中东工业园区建设，启动中阿科技伙伴计划等项目。除了联合建立工业园区之外，中国还将设立 150 亿美元的工业化专项贷款，分别向中东国家提供 100 亿美元商业性贷款和 100 亿美元优惠性质贷款，同阿联酋、卡塔尔设立共计 200 亿美元共同投资基金。

综上所述，“一带一路”合作倡议的重要目标，是推动中国扩大向西开放，加大与广大发展中国家的合作力度，这是中国外交新棋局的关键组成，是中国版本的“再平衡”战略，它对于中国确保国民经济稳定、保障对外发展权益，维护国家安全、扩展战略回旋空间等具有重大意义。

## 二

应当承认，落实“一带一路”倡议将面临一系列复杂的挑战，包括如何真正落实“共商、共建、共享”的原则，获取相关国家和国际组织的支持。“一带一路”建设涉及公路、铁路、港口、油气管线、通信等诸多基础设施重大项目，中国在贸易、货币等方面的联通进程中也处于优势地位。客观讲，无论从“国家安全”还是从“经济安全”角度，发展水平和国家实力普遍落后于中国的沿线中小国家对“一带一路”建设存在一定担忧。很多在中方看来有助于实现互利共赢的经济合作项目，在中小国家看来却有可能影响其国家安全利益，它们对安全问题的敏感程度普遍较高。

与此同时，大国也倾向于从地缘政治博弈视角看待“一带一路”倡议，担心中国以经济发展为“外衣”扩展在中亚、南亚等地区的安全存在和地缘政治影响力。虽然中俄两国政府已就“丝绸之路经济带”与“欧亚经济联盟”对接达成初步协议，俄方也期待借此获得中国在资本、技术等方面的支持，但俄战略界仍对中国的“西进”抱持较大疑虑。[23] 印度则对中国通过“海上丝绸之路”建设扩大在印度洋地区的影响力感到忧心，有印度专家称，“‘海上丝绸之路’成为‘珍珠链’战略的经济掩盖方式”，中国通过在孟加拉湾、阿拉伯海沿岸地区经营港口、铁路等基础设施，以及推动“中巴经济走廊”建设，对印度构成战略围堵之势。[24] 欧盟则担心“一带一路”对其“东部伙伴关系计划”“地中海伙伴关系计划”“中亚伙伴关系战略”带来不利影响。

显然，“一带一路”倡议的顺利落地，有赖于妥善应对大国博弈等因素带来的挑战，这也必然包括如何应对美国因素。中国提出“一带一路”国际合作倡议，并不像有些国外学者所言，是针对美国“亚太再平衡”战略的反制。[25] 不可否认的是，“一带一路”建设会对美国在相关国家和地区的利益带来一定影响，美国虽然并不位于“一带一路”沿线，但却具有对“一带一路”

建设形成牵制甚至是阻碍作用的力量。在“一带一路”沿线国家中，有 20 多个国家有美国驻军或与美国存在军事同盟关系，美国 16 个“非北约盟国”中有 10 个以上处于该区域。[26] 随着“一带一路”建设不断向西拓展，将有不少项目牵涉北约成员国，北约 28 个成员国中有 13 个位于该区域。美国担心中国通过“一带一路”建立“去美国化”的经济和政治安排。此外，美国也担心“一带一路”冲击美国提出或推动的地区合作方案，如“新丝绸之路”“印太经济走廊”“亚太全面能源伙伴计划”“湄公河下游倡议”等。[27]

对于“一带一路”倡议，不少美国政策精英都表达了担心和疑虑。他们认为，“一带一路”倡议是中国的“马歇尔计划”，中国意欲借此将经济实力转化为地缘政治影响力，建立和巩固自身对欧亚大陆的控制，并在国际秩序方面“另起炉灶”，推动中国版本的“全球化”。斯坦福大学高级研究员弗兰西斯·福山（Francis Fukuyama）甚至提出，中国将利用“一带一路”倡议向其他国家出口自己的发展模式，一场历史性的发展模式之争正在中国与美欧西方国家之间上演，而这会影响全球政治的未来。福山忧心忡忡地呼吁，“如果我们不行动起来，就有可能将欧亚大陆以及世界其他重要地域的未来拱手让给中国以及中国的发展模式”。[28] 在美国大西洋理事会高级研究员罗伯特·曼宁（Robert Manning）等人看来，中国并没有按照西方国家的期待成为“负责任的利益攸关方”，反而是通过“一带一路”、亚洲基础设施投资银行等打造“并行的机制”。[29]

此外，美国政策界人士也对“一带一路”背景下中欧相互走近感到担忧。[30] 美国全国亚洲研究局政治和安全事务高级项目主任罗兰德（Nadege Rolland）称，“如果欧洲逐渐转向亚洲而不是关注大西洋，如果中国成功将自己与俄罗斯、中亚、东欧和中东更加紧密地联系在一起，美国政策制定者或许将被迫彻底地改变他们对这些地区甚至是整个世界的传统方略”。[31] 布鲁金斯学会高级研究员波拉克（Jonathan Pollack）等则努力提醒欧洲国家要小心中国的“分而治之”策略，并称，“通过将新‘丝路’与欧洲的基础设施开放计划联系起来，中国试图在全球经济中扮演更加强势的角色，并加大自己在欧洲的影响力。”他们提出，面对中国带来的挑战，为了确保未来的经济秩序建立在法治和既有合作原则之上，欧洲不仅要加大内部协商，还需要加大与美国的协商并强化欧美关系。[32]

虽然美国方面对中国提出的“一带一路”倡议抱有疑虑，但并未对其予以全盘否定。2015 年 3 月，美国常务副国务卿布林肯（Antony Blinken）在布鲁金斯学会就“中亚的长久愿景”发表演讲称，中国在中亚是一个非常主要的参与者，中国的参与并非“零和游戏”，有助于加强亚洲在陆上和海上的互联互通。[33] 同年 5 月，负责南亚和中亚事务的助理国务卿比斯瓦尔（Nisha Biswal）称，中亚不是进行“零和性的地缘战略对抗的空间”，包括在中国在内的每个国家都可以扮演建设性的角色，美国欢迎亚投行等新多边机制在遵守国际规则的条件下满足该地区国家的紧迫需要。[34] 助理国务卿帮办理查德·霍格兰德（Richard Hoagland）称，“中国在中亚地区开发的能源、道路和交通基础设施与美国的努力并不冲突且完全是互补的”。[35] 与此同时，中国方面也明确表示“一带一路”倡议并不会刻意将美国排除在外。2015 年 9 月，习近平对美国进行国事访问期间强调，“一带一路”是开放包容的，欢迎美国参与到“一带一路”的合作中来。

美国方面应当认识到，“一带一路”倡议自提出以来，正受到越来越多国家和国际组织的欢迎，并已取得多方面的实质性进展，美国在“一带一路”合作中的“迟到”和“缺席”最终会影响自身利益。近年，在东北亚，中国和蒙古加快落实“丝绸之路”与“草原之路”的对接，中俄蒙就建设三国经济走廊制定三方合作中期路线图。在东南亚，尽管彼此在领土和海洋权益方面存在争端，中国仍和越南就“一带一路”和“两廊一圈”合作展开磋商。新加坡则成为中国在“一带一路”倡议下合作开拓第三方市场的关键伙伴。

中国领导人宣布“丝路基金”和“亚洲基础设施投资银行”将为“大湄公河次区域经济合作机制”（GSM）成员国提供融资服务。在重点项目方面，中国印尼雅万高铁项目敲定，中国—老挝、中国—泰国铁路开工在即，泛亚铁路网建设终于迈开实质性步伐。随着“孟中印缅经济走廊”规划的进一步完善，“中巴经济走廊”框架下重要项目的陆续开工，东亚与南亚发展机遇的深度对接也有望成为现实。

作为美国的长期盟友，欧洲国家对“一带一路”的热情也在不断增长。实际上，欧盟早在20世纪90年代就曾提出过自己的“丝绸之路计划”，包括建设欧洲—高加索—亚洲运输走廊（TRACECA）等项目。[36]2015年6月，李克强访问欧洲期间与容克等欧盟机构领导人举行会晤，双方决定将“一带一路”合作倡议与“容克计划”进行对接，并建立中欧共同投资基金以及中欧互联互通平台（EU-China Connectivity Platform），以推动对接方案的具体落实。英国、法国、德国等欧盟成员国对“一带一路”倡议予以明确支持，如卡梅伦政府力图使“一带一路”与英国的“北部经济引擎”计划形成对接，而法国也力推与中国在第三方市场的合作。2016年1月，中国正式加入欧洲复兴开发银行，双方将就推进“一带一路”倡议等强化合作。中国和相关欧洲国家之间的火车班列建设也取得显著进展，进一步打通中欧经贸的通道瓶颈。[37]匈牙利—塞尔维亚铁路（匈塞铁路）等具体项目已经开工建设。

实际上，中美围绕“一带一路”进行合作的空间是非常广阔的。早在克林顿总统执政时期，美国政府就提出过“丝绸之路”计划。1999年5月，美国国会通过了《丝绸之路战略法案》（Silk Road Strategy Act），旨在帮助冷战后新独立的中亚和南高加索地区国家强化与外界特别是欧洲的经济联系。2011年9月，时任美国国务卿希拉里·克林顿正式提出“新丝绸之路”（New Silk Road）计划，旨在推动中亚和南亚国家之间的经济一体化进程，并为应对阿富汗问题增添更多的经济动力。希拉里生动地描绘了“新丝绸之路”的愿景：“土库曼斯坦的气田将能满足巴基斯坦和印度不断增长的能源需求，并为阿富汗和巴基斯坦提供可观的过境收入。塔吉克斯坦的棉花将运往印度制成棉布。阿富汗的家具和水果将出现在阿斯塔纳、孟买甚至更远地方的市场。”[38]

“新丝绸之路”计划主要包括两类项目，一是能源、交通、基础设施等方面的“硬件”建设，二是推动跨境贸易便利化等一揽子“软件”项目，其目标是大力深化中亚和南亚国家业已存在的经济联系。[39]正如里德·斯坦迪什（Reid Standish）所言，“新丝绸之路”计划是要“将油气资源丰富的中亚国家与南亚大约16亿消费者联系起来，让发挥桥梁作用的阿富汗从中受益”。[40]该计划之下，跨境电力合作是非常重要的项目，即“中亚—南亚输电项目”（CASA—1000），该项目由美国国际开发署、世界银行和伊斯兰开发银行等多机构共同支持，旨在将塔吉克斯坦、吉尔吉斯斯坦的多余电力向南输送至阿富汗和巴基斯坦。[41]“新丝绸之路”计划下的另一重要能源项目，是连接土库曼斯坦、阿富汗、巴基斯坦和印度的天然气输送管道（TAPI）建设。这一项目自20世纪90年代提出以来一直未能取得实质性进展，2011年在美国“新丝绸之路”计划的影响下被重新激活。

到了2014年，“新丝绸之路”计划进一步聚焦四个主要领域，即发展地区能源市场、促进贸易和交通、提升海关和边境管控、加强商业和人员联系。从理论上讲，“新丝绸之路”计划与中国提出的“丝绸之路经济带”构想有不少相近之处，两者存在相互对接、相互促进的可能性。[42]曾供职于白宫国家安全委员会的南亚问题专家、美国进步中心研究员阿里拉·维耶赫（Ariella Viehe）认为，“如果‘一带一路’倡议和‘新丝绸之路’相互补充而不是为同样的资源而竞争，那么，它们就更有可能取得成功”。中美双方可在很多方面尝试开展合作，比如共同支持地区性的职业培训中心和劳动力市场、扩展电网等基础设施建设、减少海关障碍、升级边境和口岸设施、推动过境贸易协定谈判等。中美还可以在“中亚区域经济合作”（CAREC）等多边框架下合作推动地区经济发展。[43] 值得注意的是，中美两国政府已经就此合作开始进行接触。2015 年 6 月，美国助理国务卿帮办理查德·霍格兰德（Richard Hoagland）来华与中国国家发展和改革委官员商讨如何使“新丝绸之路”计划与“丝绸之路经济带”建设互为补充，探索美中在第三国合作的具体形式。

## 三

2015 年 11 月，经济合作与发展组织（OECD）发布《世界经济展望》报告称，2015 年全球贸易增速仅为 2%，在过去 50 年中，全球贸易增速仅有 5 次降至这一水平。在这一背景下，“一带一路”等发展合作倡议将有助于为世界经济注入新的动力。中国并不奢望美国政府会热情地支持“一带一路”，但希望美方能够认真对待中美构建“全球发展伙伴关系”的巨大潜力，而“一带一路”为此提供了一个重要窗口。美国不应对“一带一路”倡议过度反应，这并非“零和游戏”。

促进基础设施的建设与互联互通是“一带一路”倡议的核心目标之一，中国希望在这方面为相关国家提供帮助。实际上，美国自己的发展经验也表明，一个国家在他国的支持之下展开基础设施建设是多么重要。19 世纪中期以来，来自英国的投资者迅速带动了美国国内铁路的建设，1850—1890 年间美国的铁路总里程数增长 2 000%。美国政府也向铁路公司转让大片土地，以降低修建铁路的成本。这使得美国经济得以充分享受基础设施建设所带来的益处。1870—1880 年，跨大西洋运输成本下降 5%，美国内陆地区和东海岸的运输成本下降约15%，尤其是中西部地区的农产品可以更为便捷地运送到东海岸并向英国等国出口。

在推动“一带一路”建设方面，中国也格外重视基础设施，并提出建立亚洲基础设施投资银行倡议。但是，这一新的多边性开发机构却遭到奥巴马政府的“抵制”。基础设施建设可以在促进经济发展方面发挥“乘数效应”，而亚洲各国在基础设施项目融资等方面也都面临着巨大缺口。根据亚洲开发银行（ADB）的估计，2010—2020年亚洲地区基础设施投资面临的资金需求约为8万亿美元，每年大约是8 000亿美元。然而，亚洲开发银行和世界银行加起来每年仅能为基础设施建设提供600亿左右美元的贷款，这两大机构更重视的工作是“减贫”。1966年建立的亚洲开发银行由日本和美国共同主导，中国虽然是亚洲数一数二的大国，但它的出资额和表决权均不及日本和美国的一半。中国等国多次要求在亚洲开发银行中增加出资，并推动该行的改革，却遭到拒绝。

应该说，无论是从资金数量的角度，还是从工作优先领域的角度，亚投行都不会与亚洲开发银行和世界银行形成“对抗”关系。亚投行的注册资本金为1 000亿美元，其业务范围则侧重于基础设施建设。但是，自从2013年中国政府提出亚投行倡议以来，美国方面就表现出一种消极的甚至是“对抗”态度，奥巴马政府竭力阻止其亚洲和欧洲盟友对北京给予支持。美国财政部部长雅各布·卢多次亲自打电话给英国财长奥斯本，劝说英国不要加入亚投行。美国政府的借口主要是，认为亚投行达不到管理和贷款方面的“全球最高标准”，而且会成为被中国主导的、服务于中国地缘经济目标的工具。然而，美国的盟友们并不买账，最终英国、德国、法国、韩国、澳大利亚等不顾美国阻力，选择成为亚投行的创始成员国。2016年8月，美国另一重要盟友加拿大也提出加入亚投行的申请。

正如美国彼得森国际经济研究所资深学者弗雷德·伯格斯腾（C.Fred

Bergsten）所言，美国一直敦促中国在全球事务中发挥与其实力相符的领导作用，但当中国朝着这一方向努力时，比如建立亚投行，美国却试图加以阻挠，这显得短视而虚伪。[44] 证明美国“短视而虚伪”的并不止于此。2010 年，G20 峰会作出改革国际货币基金的决定，提升发展中国家在这一国际经济治理机制中的份额和投票权，以使其更加符合全球经济的现实，并更加有效。作为世界第二大经济体，中国在国际货币基金组织的出资额仅是 4%，表决权是 3.81%，美国则分别是 17.69%和 16.75%。但后来美国国会一直拒绝批准改革方案，并且给不出任何可以站得住脚的理由。以致国际货币基金组织总裁拉加德多次公开批评美国像一个“局外人”，甚至威胁将该组织总部从华盛顿迁至北京。

实际上，一方面，中国的确感到自己在国际经济治理机制中受到了不公正的对待，它迫切希望发挥更大作用，中国没有理由继续忍受美国这种损害发展中国家利益的“无所作为”。另一方面，英国、法国等其他西方国家也对美国阻挠国际经济机制的应有变革感到不满。这些西方盟友不顾美国劝阻，执意加入亚投行，实际上构成对美国的又一次严重警告。对此，曾供职于世界银行的英国《金融时报》首席评论员马丁·沃尔夫（Martin Wolf）称，美国真正担心的是中国建立的机制会削弱美国对全球经济的影响力，英国决定加入亚投行堪称对美国的可贵的冲击。沃尔夫直言不讳地指出，中国在经济上的崛起是有益的，也是不可避免的，世界需要新的机制，不会仅仅因为美国不参与就停止前进。[45]

2014 年 10 月，首批 22 个意向创始成员国代表签署了《筹建亚洲基础设施投资银行备忘录》。2015 年 6 月，50 个意向创始成员国代表共同签署《亚洲基础设施投资银行协定》，另外 7 个国家随后在年底前先后签署。同年 12 月，《亚洲基础设施投资银行协定》达到法定生效条件，亚投行宣告成立。2016 年 1 月 16 日，该行正式开始运营。仅仅用了 800 多天，亚投行便从“倡议”变为“现实”。中国并不会为亚投行的建立感到扬扬得意，如何真正使其获得成功才是真正的考验。亚投行是中国人首次尝试在国际发展融资领域提供“公共产品”，体现了中国对全球治理和多边主义的积极拥抱。习近平在亚投行开业仪式的演讲中强调，亚投行应该奉行开放的区域主义，同现有多边开发银行相互补充，应该以其优势和特色给现有多边体系增添新活力，促进多边机构共同发展，努力成为一个互利共赢和专业高效的基础设施投融资平台，在提高地区基础设施融资水平、促进地区经济社会发展中发挥应有作用。[46]

作为新的多边开发机构，亚投行秉持“精简、廉洁、绿色”（Lean, Clean, Green）的发展理念，以使自身能够更有效率、对腐败零容忍并致力于促进可持续发展。亚投行希望在其注册资本与世界银行同等规模时，雇员仅为后者的三分之一。为了预防腐败，该机构设立了专门的监察部门。绿色基础设施、可再生能源、清洁交通以及减缓气候变化等方面的项目是亚投行的重点关注领域。该行首任行长金立群表示，所谓“国际最佳实践”并不等同于西方实践，要吸收发达国家也要吸收发展中国家的良好经验，亚投行要创办成一个新型的、具有21世纪治理水平的国际多边机构。

美国政府虽然阻挠了亚投行的成立，但中方一直坚持亚投行对美国企业和人员采取开放态度。金立群多次强调，美国公司不会被排除在亚投行业务范围之外。曾经在世界银行任职近30年的美国律师娜塔利·里奇登斯坦（Natalie Lichtenstein）被聘请为亚投行的主要顾问。这表明亚投行重视的是人才资质和能力，而非这个人持哪国护照。2016年4月，亚投行行长金立群在华盛顿与世界银行行长金墉签署了双方首份联合融资框架协议。这份协议可让这两个机构共同资助和开发基础设施项目。亚投行预计在2016年批准约12亿美元的贷款。截至2016年6月，亚投行董事会已经通过批准了首批4个项目总计5.09亿美元的贷款，涉及能源、交通和城市发展等领域。4

个项目中，除孟加拉国的电力输送升级和扩容项目为亚投行独立提供贷款的项目，其余 3 个项目都是与世界银行、亚洲开发银行、欧洲复兴开发银行等其他多边开发银行联合融资。[47]

亚投行的例子表明，美国对中国所提倡议的“过度反应”给中美关系发展带来了阻碍，也让美国在信誉度等诸多方面付出代价。实际上，华盛顿原本可以更适当、更聪明的方式予以回应。未来十年全球基础设施融资需求高达 10 万亿美元，亚投行与世界银行、亚洲开发银行等多边开发机构拥有广阔的合作空间，双方完全可以通过一种互补关系让彼此受益。正如美国资深中国问题专家何汉理（Harry Harding）所言，“一个更加成功和具有自信的美国会以更大的平常心看待中国的崛起”。[48] 对于中国提出的“一带一路”倡议以及中国在国际发展领域日益增长的作用，华盛顿实在是不必过度紧张，它应当放弃零和思维，并且有信心采取另一种态度——让中国成功。

## 第三节　阿富汗问题

如果要预测 2015 年乃至今后几年世界的“风暴眼”，阿富汗将毫无悬念地排在前列。据称，“伊斯兰国”武装已派员进入阿富汗与巴基斯坦边境地区，旨在与盘踞在那里的各派伊斯兰极端主义势力实现声气相通、互援互助。[49] 而与此同时，在叙利亚战场上也发现了来自阿富汗的 1 000 多名“圣战者”。2011 年 7 月，美国启动从阿富汗撤军进程，2014 年年底基本结束在阿战斗任务，转而在阿富汗战场上扮演所谓“支持性”角色。美国的撤军不禁让人想起当年苏联的经历。1978 年，为了维护“傀儡”政权的生存，苏联入侵阿富汗，1988 年在历经十年痛苦挣扎后选择从阿撤军。大约三四年后，阿富汗就陷入了残酷而惨烈的内战之中。历史会不会重演，不得而知。

时下，中国“西进”的步伐正加快展开，伴随着“一带一路”政策构想的落实，中国与中亚、南亚和西亚等地区的经济、政治和安全关系也进入重塑期，而阿富汗正位于这三大亚洲次区域的连接点，处于欧亚大陆的中心地带，被视为“亚洲的十字路口”和“亚洲的心脏”。阿富汗与中国、巴基斯坦、伊朗、乌兹别克斯坦、塔吉克斯坦、土库曼斯坦六国接壤，是连通中亚、南亚和西亚的交通枢纽。虽然阿富汗具有地缘政治上的重要性，但它也一直是大国展开战略博弈的舞台，大英帝国、苏联和美国都曾在阿富汗陷入战争泥潭，尤其是 1979 年苏军入侵阿富汗是导致苏联最终走向衰亡道路的一大因素。因此，不少人将阿富汗称为“大国的坟墓”。在这种情况下，对于如何介入阿富汗事务，中国的政策界人士也展开了辩论。

无疑，阿富汗如果陷入巨大动荡或是重新成为恐怖主义势力的“避风港”，将极大损害中美两国各自的国家利益。近年来，虽然中美双方已经就阿富汗事务开始展开协作，但仍然处于探索阶段。这种探索对于两国构建新型关系意义重大，实际上，阿富汗问题集中体现了中美在 21 世纪面临的一大共同挑战，即如何有效应对“发展—安全相互联结”问题，如何帮助治理不善的国家维护稳定并走上可持续的发展道路。

## 一

2014 年 12 月 28 日，美国总统奥巴马正式宣布结束阿富汗战争，从 2001 年 10 月算起，阿富汗战争历时 13 年多，它已超过越南战争成为美国历史上“最长的战争”。据美国国会研究部专家肯尼思·卡茨曼（Kenneth Katzman）统计，截至 2013 年，这场战争耗资超过 5 500 亿美元，造成近 2 200 名美国人在阿富汗丧命，超过 18 000 人受伤。[50] 但与此同时，对于很多美国民众而言，阿富汗战争却也是一场“遥远的战争”（Distant War），它在美国国内引发的政治影响似乎并没有像越战那般强烈。

冷战期间以及“9·11”事件发生前的很多年里，阿富汗并未受到美国的特别重视，它的作用仅限于美国在欧亚大陆应对大国博弈的一枚冷棋。20世纪50年代初期，美国试图通过援助阿富汗来抗衡苏联影响力，阻止莫斯科沿着阿富汗向南亚地区实施扩张。时任副总统尼克松、总统艾森豪威尔分别于1953年和1959年短暂访问阿富汗，后来阿富汗末代国王穆哈默德·查希尔（Mohammed Zahir Shah）曾受时任总统肯尼迪邀请于1961年访美，美阿之间的高层往来可以说非常有限。阿富汗也不是美国在“第三世界”实施发展援助的主要对象，美国在农业等领域向阿富汗提供了一些零星援助，如美国国际开发署在阿南部赫尔曼德省援建了当地的发展灌溉项目和水电大坝，但这些项目的资金规模相对较小。1978年，阿富汗爆发“四月革命”，亲苏联的人民民主党（PDPA）在该国掌权，并试图在阿富汗开展激进的社会主义改造，包括重新分配土地、鼓励妇女参政等，以建立“完全的社会主义社会”，但这些举措不得民心，引起阿国内的强烈反抗。[51] 而伊朗的“伊斯兰革命”也发生在1978年，苏联方面认为这一事件可能加重其南部边境受到的威胁，也可能会导致美国在丧失伊朗之后又转向中亚—南亚地区寻找新的战略立足点。据此，苏联为维持阿富汗亲苏政权的生存以保障自身利益，于1979年底选择武力入侵阿富汗。[52] 苏联对阿富汗的侵略再一次挑动了美国的战略神经，美国与巴基斯坦、沙特、中国等结成事实上的“联合阵线”，共同向阿境内各类反苏武装势力提供军事和资金援助，美国中央情报局等针对阿富汗实施了大规模的“隐蔽性行动”（Covert Action）。[53]

1988年5月，苏联开始从阿富汗逐步撤军后，该国很快陷入激烈的内战。由于苏联势力的退出，美国也随之失去对阿富汗继续进行大规模援助的兴趣。1989年1月，美国关闭了其在喀布尔的大使馆。后来，塔利班武装在阿富汗军阀混战中胜出并最终建立政权。1994年，塔利班武装占领坎大哈后，克林顿政府与其展开谈判，但双方关系由于塔利班持坚定反美立场等因素而很快恶化，美国拒不承认塔利班政权。“基地”组织将塔利班治下的阿富汗选为藏身之地，而这一时期，“基地”组织对美国在海外的设施和人员实施了多次袭击，塔利班政权窝藏“基地”组织的问题成为克林顿政府的首要关切。[54]1998年8月，“基地”组织制造了美国驻肯尼亚和坦桑尼亚使馆的爆炸案，克林顿政府再度强烈要求塔利班驱逐本·拉登等人，并推动联合国通过相关决议对阿富汗实施制裁。同年8月20日，作为报复性举措，美军向位于阿富汗东部地区的“基地”组织训练营发射了数枚导弹。虽然美国政府想要扑杀本·拉登等人，但由于情报失误等原因，丧失数次机会，“基地”组织在阿富汗境内继续得到庇护和发展。

2001年9月11日，“基地”组织实施了针对美国的大规模恐怖主义袭击，布什政府迅即要求塔利班交出本·拉登和其他“基地”组织成员。但塔利班政权最终仅同意在阿富汗境内、以伊斯兰法律对相关人员进行审判，布什政府遂决定动用军事手段推翻塔利班政权。[55] 同年12月，仅仅用了不到三个月的时间，在美国特种作战力量、中央情报局行动小组与阿富汗反塔利班的“北方联盟”的配合下，塔利班政权就被推翻。然而，用美军中央司令部前司令汤姆•弗兰克的话说，这实际上是一场“灾难性的胜利”。因为，军事上打败一个政权容易，而在政治上重建一个国家实在太难。布什政府被美国的强大军力和在阿富汗的速胜冲昏了头脑，匆匆将炮口转向伊拉克的萨达姆政权，希望一鼓作气拔去眼中钉，对“大中东”地区进行改造。

大国最容易犯的错误之一，就是胃口太大、争强好胜，自己所拥有的政策资源与想要实现的目标难以匹配，或是目标游移不定。事实证明，由于美国的战略失焦，它不得不承受阿富汗局势的迅速恶化的代价。伊拉克战争严重削弱了美国对阿富汗的资源投入，最得力的军队指挥官、外交官和情报人员被从喀布尔调往巴格达，塔利班和“基地”组织残余势力得以逃往阿巴边境的山区重新集结，在战场上给美军出力的阿富汗各派军阀和地方强人开始争夺权力，新建立的中央政府缺乏资源、羸弱不堪，阿富汗普通民众对国家重建的希望很快破灭，很多人不得不继续靠给人扛枪或种植鸦片谋生。

与布什不同，奥巴马从担任联邦参议员时就认为美国应更加重视阿富汗战争，他上台后，不仅向阿富汗增派近 60 000 名美军，还大量增加对阿富汗的重建援助，派出更多的农业专家、工程师和禁毒小分队等。此外，奥巴马政府将巴基斯坦纳入解决阿富汗问题的整体框架，在加大军事反恐援助的同时，每年向该国提供 15 亿美元援助专门用于促进边境地区经济和社会发展，力求消除恐怖主义组织生存发展的土壤。然而，奥巴马做的所有这一切，都是出于一个目标："负责任地结束战争"。毫无疑问，是对美国民众负责任，而不是对阿富汗民众负责任。美国在阿富汗的失利，主要是因为它的战略中蕴含一系列内在矛盾，而战略在执行环节又常常带来新的难题，令其应接不暇。

从安全政策看，美国重视的是"反恐"而不是阿富汗人的"安全"。美国不愿部署过多军力，以免阿富汗政府过于依赖美国的保护；但由于兵力不足，阿民众的基本安全难以保障，使其不得已转向塔利班等势力寻求保护。美军的无人机袭击、夜间突袭等手段，造成阿平民大量伤亡，阿民众反美情绪高涨，进而加入塔利班为赶走外国"占领者"而战。

应该说，美国之所以在阿富汗很难实现安全目标，主要是因为它所面对的是由多股不同的叛乱势力（Insurgent Groups）构成的"复杂体系"。该体系主要包括以下五部分：一是塔利班、"基地"、哈卡尼网络、希克马蒂亚尔领导的"伊斯兰党"和"执行先知教法运动"（TNSM）等，它们以推翻阿富汗政府和驱逐外国军队为目标。二是进行毒品走私、非法木材和矿石资源交易的犯罪分子集团。三是与叛乱分子结盟的地方部落和家族势力。四是部分阿富汗军阀所掌控的民团军事组织。五是阿富汗地方和中央政府中叛乱组织的同谋者和同情者，尤其是混入阿富汗国民军、国家警察和巴基斯坦“边境团”（Frontier Corps）等机构的分子。上述叛乱组织的意识形态普遍以萨拉菲派思想为基础（“执行先知教法运动”是例外），主张回归严格的伊斯兰教法，认为应听从伊斯兰的“召唤”（Da'wa），将圣战（Jihad）作为让穆斯林团结起来以真正践行伊斯兰教法的方式，而最终建立乌玛（Umma）则是其奋斗目标。叛乱组织积极利用宗教资源进行宣传，将美国人与当年入侵阿富汗的苏联人相互比照，号召阿富汗民众加入它们，为赶走外国“占领者”而战。[56] 这些势力不仅在战斗层面进行协作，而且具有很强的相互学习与应变能力。

与布什政府不同，2009 年 1 月上台的奥巴马政府反对前任提出的“全球反恐战争”概念，倾向于缩小“反恐”战线，用“手术刀”而不是“锤子”更精准地打击恐怖主义势力，同时还主张要注重消除催生恐怖主义的社会经济因素。[57] 奥巴马政府高层认识到，要想在阿富汗稳定局势并尽快结束这场战争，需采取与布什时期有显著区别的新战略。2009 年 5 月 11 日，国防部部长盖茨宣布由美国特种作战司令部司令麦克里斯特尔接替麦基南，并称这一任命旨在寻求一种打赢阿富汗战争的“新思维”。麦克里斯特尔就任后迅即展开全面的战略评估，其战略评估的最重要结论即是，美国应在阿富汗尽快实施“有相应资源支撑的‘反叛乱’战略”，从原先“以敌人为中心”转为“以民众为中心”，努力使民众远离暴力、胁迫和腐败，增强他们对阿富汗政府的信心。麦克里斯特尔强调，美军的行动目标应以保护民众为重点，而不是聚焦于追剿和打败塔利班，与剿杀敌人的数量相比，阿富汗道路通行的便利程度、“舒拉”对当地事务的政治参与、阿民众的家庭正常生活等方面的成功指标更加重要。[58]

虽然奥巴马政府较其前任更加重视在阿富汗实施“反叛乱”战略，但阿富汗形势的持续恶化表明，美国进行的“反叛乱”行动效果有限。美军未能取得预期成效，主要原因包括以下几个方面：首先，实施这一战略的成本高昂，美军指挥官和士兵也不是完全具备相应能力。美国政府每年为派驻阿富汗的每位美军花费100万美元，如果驻扎10万人，每年就要花费1 000亿美元，而这一人数仍远未达到“反叛乱”战略所要求的兵员数量。为推进“反叛乱”行动，美军设立了“指挥官紧急应对项目”（Commander Emergent Response Programs, CERP），用于开展急需的重建项目，但这笔资金存在普遍的滥用状况，比如在喀布尔建立耗资甚巨的柴油发电厂，组建海军陆战队“女性接触小组”（Female Engagement Team）等。此外，美军士兵普遍缺乏必要的语言能力和对当地文化的了解，从而难以成为有能力的“社会工作者”。[59]

其次，美军和阿富汗政府之间缺乏实施“反叛乱”战略所需要的高度协同性。双方对于叛乱势力的看法不同，美军认为叛乱力量的生成主要是本土因素，抱怨卡尔扎伊政府施政不力，导致丧失民心；而卡尔扎伊政府则认为叛乱力量是“巴基斯坦制造”，指责美国对巴基斯坦方面施压不够，甚至说美国有意制造阿富汗国内的动荡。卡尔扎伊称，“‘基地’组织早在2001年就被逐出阿富汗了。它们在阿富汗并没有基地。反恐战争的地点不是在阿富汗的村庄，也不在阿富汗的乡镇”。此外，阿富汗政府对美军轰炸村庄、夜袭民居、任意拘禁阿公民、纵容地方武装等行径极为不满，其核心关切在于维护国家主权、提升政府的控制力等，而美军的“反叛乱”作战行动往往与阿方的这些核心关切相背离，因而双方很难产生“反叛乱”战略成功所需要的那种协同性。[60]

最后，阿富汗卡尔扎伊政府民众支持率较低，从根本上对美军的“反叛乱”行动带来负面影响。“反叛乱”行动能否取得成功，很大程度上取决于对象国的政府能否“持续地保护其公民，通过有效的治理维护和建设政府的合法性……并且能够管理和满足该国全体民众的期待”。[61] 然而，阿富汗的现实却是，一方面卡尔扎伊政府在美国看来极为腐败无能，双方的矛盾也在日益加深；另一方面阿富汗普通民众则抱怨腐败无能的喀布尔政权的支持者正是美国，美国陷入“两头不讨好”的困境，使“反叛乱”所需要的“赢得人心”努力难以奏效。事实证明，美军促进阿富汗实现良好治理的能力十分有限，但“脱节的（美国）政军关系却使卡尔扎伊能够在缝隙中行动，对（美国）官僚机构的分歧加以利用，并试图使美国驻阿使馆和军事指挥部门相互争斗”。[62]

美军攻占阿富汗后，为了迅速建立起集权程度较高的中央政府，美国方面不顾“北方联盟”等阿国内力量的反对，决定在阿富汗实施“总统制”。然而，这一选择与阿富汗的政治传统和文化不相适应，无法解决深植阿国内政治生态的族群矛盾。阿富汗历史上并非一个典型的民族国家，它作为“国家”（Nation）的存在有赖于两大因素：一是外部力量尤其是“外部侵略者”；一是国内以亲缘关系为基础的“氏族”（Qawm）力量。在阿富汗内部，其政治权力的社会基础源自“氏族”。“氏族”可以是一个大家庭、一个部落、一个村庄或是一个族群。[63] 每当阿富汗面临外部侵略的危机，各个“氏族”就会通过“支尔格”进行谈判并走到一起，以共同努力应对侵略者。普通阿富汗人对自己所归属的“氏族”的忠诚度要远远胜于对“国家”的忠诚度，当“氏族”认为其与国家领导者的联合对它们更为有利时，才会顺从中央政府的权威。[64]

不同族群、部落、教派之间的严重隔阂，以及 23 年内战造成的相互仇视和不信任，导致政治权力的集中和分享极为困难。2001 年 12 月，在美国的主导之下，国际社会开启“波恩进程”以推进阿富汗的政治重建，所造就的卡尔扎伊政府从一开始就面临代表性与正当性不足的问题，而普什图族则认为本族群的利益并没有在“波恩进程”中得到维护。在这种情况下，卡尔扎伊政府的执政基础较为薄弱，它只得依靠“裙带关系网络”护持自己的政治地位，而这一权力运作方式导致阿富汗的腐败问题不断加剧。在复杂的裙带关系网络中，美国成为被各方政治力量“啃噬”的对象。

美国总是抱怨卡尔扎伊政府太过腐败，因而绕过中央政府实施援助。

2012 年美国政府审计办公室（GAO）发布报告称，美国国际开发署拨付的援助资金，1 美元中只有 15 美分能到达受援者手中，30 美分用于非政府组织承担援助项目的行政管理费，而 55 美分都是在阿富汗当地政府环节中流失或被滥用。[65] 为避免援助资金被腐败的阿富汗政府所侵占，美国国务院、国际开发署等机构选择绕开阿富汗中央政府和地方政府使用援助款项，它们常会直接雇用一些非政府组织和企业在当地开展重建项目，很多这类举动根本不为阿富汗政府所知。有估计认为，大约三分之一来自美国和其他主要西方国家的外部援助都是在阿富汗政府不知情的状况下流入该国的。[66] 这种做法引起卡尔扎伊政府的强烈不满，他指责美国此举导致阿富汗出现“平行政府机构”，严重损害了阿富汗政府的权威，致使阿民众对政府的认同度更低。[67] 然而，阿民众却认为，恰恰是美国在支持卡尔扎伊等贪婪的“喀布尔精英”，从而进一步迁怒于美国。

此外，中情局还经常带着满箱的美元现钞，去收买军阀和地方强人为美国效力，这实际上也削弱了阿富汗新政府的权威。阿富汗能否建立有效的政治治理体制并实现稳定发展，其关键之处不是在中央层面，而是在地方层面；不是在城市，而是在乡村地区。如果不能将割据一方的军阀和地方强人纳入国家政治体系，阿富汗的混乱局面就很难真正结束，中央政府的权威也无法建立。2009 年，驻阿美军最高指挥官麦克尔斯托尔在其评估报告中非常直白地描绘了军阀和地方强人掌控权力的现象：

“一些地方和地区的权力掮客在这场战争的初期是盟友，而现在则帮助控制他们自己所在的区域。很多是阿富汗政府的现任和前任官员，他们的经济独立性和忠诚的武装支持者使其拥有自主权，这进一步阻碍了建设一个完整的阿富汗政权的努力。在绝大部分情况下，他们的利益既不与阿富汗民众一致，也不与阿政府一致，这导致出现叛乱组织可以借机利用的冲突。最后，一些权力掮客在阿富汗安全力量特别是阿富汗国家警察中任职，而他们一直是腐败和非法走私活动的主要参与者。”[68]

安全、治理和经济发展是阿富汗重建的三大支柱，但过去十余年来，美国在这些方面都出现了显著的政策失误。美国在阿富汗安全问题上陷入了一种困境：一方面它不希望部署过多美军力量，以避免被阿富汗人视为苏联一样的“外国占领者”，也可防止阿富汗政府过于依赖美国提供安全；但另一方面，由于兵力不足，阿富汗除喀布尔以外的地区难以保障安全，民众对基本安全的需求使其不得已转向或受制于塔利班等势力。在无法确保安全的状况下，阿富汗重建工作也难取得实质性、持续性进展。[69]从政治重建层面看，美国本想要在阿富汗建立权力集中的“总统制”，扶持有足够权威的中央政府，但这与阿富汗“马赛克”式的政治生态不相适应。事实证明，“总统制”缺乏有力的代表性与合法性基础，正向总统 + 总理的“双头”体制转变。但这种“双头”的政治体制却为阿富汗未来的政治不稳定埋下新的危机。正如耶鲁大学学者詹森·雷奥（Jason Lyall）所言，过去十余年间，美国在阿富汗拥有的其实只是一个在纸面上强大的中央政府，“民主的愿景已经消失，现在祈祷的事情就是（政府）能维持下去”。[70]2013 年 12 月，《华盛顿邮报》曾披露美国国家情报机构的机密报告，该报告认为 2017 年前后阿富汗安全局势将大幅倒退，美国及其北约盟友在过去几年中推动阿富汗重建的成果将大半付诸东流。

## 二

经济发展是阿富汗重建的重要支柱之一，而这也是见效最慢和最具挑战性的一项事业。经历了几十年的战争冲击，在 2001 年之前阿富汗的经济就已陷入很大困境。当时，全国约三分之一的人口（600 万左右）为躲避战火而逃离阿富汗，三分之一的儿童沦为孤儿。劳动力、资本、贸易和基础设施的严重匮乏导致阿富汗成为世界上最贫穷的国家之一。1995年联合国发布的“人类发展指数”排名，阿富汗在174个国家中位列第170位。[71] 在这种情况下，走私、毒品生产和贩运等非法经济活动，成为塔利班政权和军阀势力的主要收入来源。在“北方联盟”控制的地区，除了毒品之外，矿产资源的开发与贸易构成其主要经济活动，但这也让阿富汗付出了巨大的生态环境代价。当时，阿富汗国内货币超发和贬值的问题也非常严重，1996—2001年间，塔利班政权发行了7 000亿阿富汗尼（Afghani，简称阿尼），到了2002年一美元可兑换43 000阿尼。

2001年阿富汗战争开打后，帮助阿富汗民众满足基本生活需要并逐步摆脱贫困，培育和提升国家政府机构管理经济、推动社会发展的能力，成为阿富汗实现重建目标的紧迫需要。但是，对于如何在推翻塔利班政权后尽快恢复阿富汗国内的经济秩序和发展，布什政府并没有制定明确的规划。安全问题是布什政府对战后阿富汗局势的最大关切，与之相比，经济发展方面得到的政策关注和支持是非常有限的。一方面，援助资金总额与战争和军事行动开支相比有巨大悬殊。2002—2008年间，美国等各捐助国向阿富汗提供了大约250亿美元的资金援助，但主要是用于建设阿富汗国家安全力量，只有大约147亿美元用于民事援助和发展。同一时期，美国为阿富汗战争花费的军费大约为1 270亿美元。到了2005年后，美军开支约为每年360亿美元（平均约每天1亿美元）。然而，2001年以来，所有捐助国的资金全部加在一起，其用于阿富汗经济发展重建的开支每天仅有700万美元左右。

另一方面，来自国外的援助重承诺、轻兑现的现象比较突出。根据阿富汗政府财政部的统计，2002—2011年间，捐助国最终兑现的援助资金占其所承诺的金额比例不到40%。其中，美国是对阿富汗重建的最大援助国，大约占援助资金的三分之一，其承诺提供的援助是228亿美元，但实际兑现的仅有50亿左右。而在兑现的援助资金中，阿富汗中央政府可以得到的比例非常小。2002—2008 年，阿富汗政府只收到了捐助国全部兑现的援助资金的 20%。[72]

美国在阿富汗开展的经济援建主要采取两种基本形式：一是针对阿富汗政府机构和国有公司，二是针对项目本身。通过“阿富汗重建信托基金”，美国对阿富汗政府提出的“国家团结项目”（National Solidarity Program）提供了支持，该项目主要目标是促进阿富汗地方的发展，帮助 20 000 多个村镇建设由当地“社区发展理事会”（Community Development Council）所确定的优先发展项目，每个项目可得到最高 60 000 美元的资助。美国为该项目的实施提供了超过 90%的资金。[73] 美国还为阿富汗国家电力公司（DABS）提供 3.4 亿美元的资助，用于建设电力基础设施。此外，美国机构独立实施一些重大援建项目，比如在阿富汗南部地区赫尔曼德省的卡贾卡伊（Kajaki）大坝扩建工程。公路、铁路、桥梁、电力、水坝等基础设施建设是美国在阿富汗援建的重要领域。[74] 自 2001 年以来，阿富汗已修建了 10 000 多公里的公路，其中约有一半来自美国的资金支持，约为 20 亿美元。[75]

从经济重建政策看，美国严重忽视了对阿富汗农村和农业发展的投入。对阿富汗长期发展而言，城市不是关键，乡村才是关键。超过 80%的阿富汗人口都居住在乡村地区，他们基本上靠农业谋生。2001—2011 年间，国际援助资金中只有约 4 亿—5 亿美元进入农业领域，而来自美国的援助资金中投入阿富汗农业发展的少于总额的 5%，66%的资金流向了军事、安全和道路建设等领域。在阿富汗东北部的巴达赫尚省，其 83 万人口中绝大部分都要靠农业谋生，但在 2009 年该省用于农业、灌溉和畜牧业的预算仅有 40 000 美元，大致相当于在喀布尔的外国顾问的一两个月的工资。巴米扬省等战乱较少的省份也认为其受到忽视，来自美国等国的外部援助的 80%以上都进入了赫尔曼德省等南部和东部省份，为美军和国际联军在这些地区展开军事行动提供支持。[76] 阿富汗民众普遍抱怨，“城市精英”（the

Urban Elite）成为外国援助的主要受益者，用于喀布尔人的开支超过每人600美元。阿富汗政府无法在乡村地区提供工作、电力、饮用水等方面的基本服务。

此外，援助的大量涌入且低效使用将阿富汗变为“寄生国家”。美国国务院、国际开发署等过于依靠美国本国的承包商，要求阿政府高薪雇佣外国顾问，但项目管理不善、腐败和中饱私囊的现象比比皆是，这些承包商在美国对阿富汗展开重建的过程中也成为“寄生者”。美国的非政府组织一般都会为来自本国和其他西方国家的雇员提供高额薪水和补贴。外国公司和非政府组织的外籍顾问每年的收入为25万—50万美元，“羊毛出在羊身上”，这笔钱到头来都会从援助资金中支取。为了加强对在阿富汗开展活动的各类非政府组织的监管，阿富汗发展规划部部长拉马赞·巴沙杜斯特（Ramazan Bashardost）曾提出将2 000多个非政府组织进行削减。后来，在美国方面的压力下，卡尔扎伊政府没有接受该建议，巴沙杜斯特也辞职。据统计，2001—2008年间，40%的国际援助预算通过承包商的利润、外籍顾问的薪水和补贴等形式又回到了捐助国，总额超过60亿美元。[77]根据非政府组织“援助行动”（Action Aid）机构的统计，83%的美国对阿富汗援助属于“幻影援助”，即这些援助资金要么是回流美国，要么是被无效使用，根本无法给阿富汗民众带来好处。[78]

再者，毒品经济等非法经济对阿富汗发展造成严重的负面影响。阿富汗总统卡尔扎伊曾表示，必须打一场毒品战争，他将毒品问题视为1979年苏联入侵以来比恐怖主义更严重的“癌症”。[79]20世纪70年代晚期苏联入侵阿富汗以后，该国陷入持续战乱。苏联军队为了打击伊斯兰游击队势力，采取了与美国在越战中所使用的类似做法，包括破坏阿富汗的农业发展，减少乡村地区人口等，希借此铲除伊斯兰游击队的生存基础。由此导致阿富汗的农田、水利等基础设施受到极大损害，该国大部分民众陷入极为贫困的生活境况。苏军撤离后，阿富汗很快就陷入军阀之间的混战，经济发展基本陷入停滞。可以说，阿富汗的毒品经济即是在上述两个时期快速发展起来的，它逐渐成为普通民众谋生的基本手段，也是阿富汗军阀和地方强人解决财政问题、强化对当地掌控力的主要途径。在阿富汗战争期间，为了扶持伊斯兰游击队的抗苏力量，美国中央情报局还曾专门拨款 10 多亿美元，帮助阿富汗反苏武装在该国南部和北部的山区种植罂粟。

2001 年美国领导阿富汗战争推翻塔利班政权后，忙于推进“反恐”目标的布什政府并没有对阿富汗毒品经济问题予以足够重视。受阿富汗战争因素的影响，一方面社会更加无序，另一方面经济日趋凋敝，阿富汗的鸦片产量在这种情况下迅速增长。从 2002 年的 3 200 吨增至 2003 年的 3 600 吨，到了 2004 年接近创纪录的 4 200 吨，大致占当时全球鸦片产量的 87%，而历史上阿富汗的鸦片产量在 1999 年达到的峰值也不过才 4 600 吨。当时，超过 200 万的阿富汗人（约占总人口十分之一）都与罂粟种植和鸦片的生产贩运有关。[80]

对于阿富汗的普通民众而言，种植罂粟、参与鸦片的制售是其最重要的生计来源之一。由于阿富汗可耕地资源有限，乡村地区又缺乏必要的经济基础设施，种植藏红花、石榴等经济作物则需要种子、化肥等方面的大量投入，也缺乏稳定的市场需求保障，罂粟的种植对于阿富汗农民来说更加容易也更有利润。贩毒者会定期上门收货，不需要农民付出将农作物运到市场上出售的经济和安全成本。更重要的是，罂粟种植在乡村地区已经成为一种难以替代的金融手段。在阿富汗的大部分地区，冬季的自然条件往往极为恶劣，农民需要靠借贷来购买衣物、食品以维持家庭的基本生活，罂粟则成为一种颇有价值的金融抵押品。农民通过同意种植罂粟，从借贷者手中获取资金。此外，毒品经济与阿富汗当地的其他产业紧密联系在一起，很多民众会将种植罂粟的收入投资于购房置地，贩毒者则成为当地餐饮、住宿行业的重要消费者。

由此，要想消除毒品经济，需要实施成本高昂的系统性政策，而绝不是仅仅靠铲除罂粟种植就能实现。美国强压卡尔扎伊政府实施铲除罂粟种植的政策，在政治上引发反作用。很多阿富汗普通民众因此失去生计，成为失地农民或帮借贷者种植罂粟的佃户。不少人不堪忍受这一困境而逃往阿巴边境地区，加入塔利班等叛乱组织，既为谋生，也为“复仇”。奥巴马政府提出“优良表现者倡议”（Good Performers Initiative）等举措，不仅向那些成功减少罂粟种植的省提供资金奖励，还大力推动“替代种植”，帮助阿富汗农民逐步摆脱对毒品经济的依赖。然而，奥巴马政府的这一策略也面临很多阻碍性因素。“替代种植”意味着向农民提供合法的农作物和生计来源，在阿富汗，藏红花、石榴都是相对来说容易推广的合法农作物且市场价值较高。但是，“替代种植”的展开往往需要农业发展的配套设施和政策，如兴建或改善灌溉系统等基础设施、提供化肥和良种、帮助农民寻找国内和国外的市场、发展农村地区金融等。可以说，“替代种植”意味着“替代性发展”（Alternative Development），而“替代性发展”实际上意味着全面的农村农业发展，它的成功既有赖于一定时期内较稳定的安全环境，也需要政府能在农村地区更为有效地提供服务。但矛盾之处在于，一些促进“替代性发展”的举措不必然会使反毒品工作取得立竿见影的效果，反倒可能会给贩毒者提供方便，比如修建公路会使毒品贸易更为便捷。[81]

由于上述原因，在过去十几年来，阿富汗一直未能建立起自主发展的、可持续的国家经济体系。随着 2014 年美军和北约联军的撤离，阿富汗的经济发展前景变得较为黯淡。来自国际社会的援助资金将缩减，驻阿外国军队为阿富汗创造的经济机会将会大幅萎缩。重建项目受到撤军因素影响而进展受阻，此外外国投资也出现加速撤离的现象。根据世界银行的估计，2013 年阿富汗经济增速降至 3.1%，2014 年也不会超过 3.5%，相比 2012 年的

14.4%以及过去十余年大约9%的平均增速有巨大的落差。虽然从2001年以来阿富汗GDP的平均增长速度达到9%，但这一经济增长主要推动力一是外部援助，二是与军事相关的经济活动，阿富汗政府自主发展经济的能力依然严重不足。2013年，阿富汗政府的年度预算为70亿美元，而其政府收入低于25亿美元，大部分都要靠国外援助资金。在阿富汗，多达30%的人口依旧生活在贫困线以下，失业率高达40%；民众在教育和医疗方面的社会保障较差，2013年约有20%阿富汗人的至亲或朋友因为享受不到价格合理的医疗服务而死亡，婴儿出生死亡率较高，五个儿童中只有一个能活到5岁；[82] 由于教育的投入不足，阿富汗缺乏有技能的劳动者、经营者和专业人士，制约经济发展的人力资源问题突出。[83] 总之，阿富汗的经济发展状况极为堪忧。

## 三

随着2014年北约开启“撤军”行动，阿富汗进入了转型过渡的关键时期。美国、俄罗斯、印度、巴基斯坦、伊朗等各方都在不同程度地加大对阿富汗的关注。俄罗斯向阿富汗部队提供重武器和先进装备，并且在阿富汗和塔吉克斯坦边境一带部署数千士兵。印度大力支持阿富汗修建铁路等基础设施建设，寻求在其掌控的“南亚区域合作联盟”框架下推进与阿合作，防范巴基斯坦在阿建立制衡印度的“战略纵深”。伊朗则推动伊阿巴三方合作机制，旨在通过能源、交通等方面的项目扩大在阿影响力。阿富汗的前景事关整个中亚—南亚地区的稳定。显然，出于一系列战略利益考量，美国和中国更加需要增大对阿富汗事务的关注和投入。

毫无疑问，帮助维护“后撤军”时期阿富汗的稳定，符合中国的国家利益。首先，阿富汗正成为影响中国国家安全的一大因素。中国新疆地区经由南北长60公里、东西长120公里的瓦罕走廊与阿富汗接壤。早在塔利班执政时期，"基地"组织就曾在阿富汗境内为来自新疆的恐怖主义和分裂主义势力建立训练营，为其提供武器装备。英国路透社曾对盘踞在阿巴边境地区的"突厥斯坦伊斯兰党"头目阿卜杜拉·曼苏尔（Abdullah Mansour）进行专访，曼苏尔妄称，将在中国境内组织发动更多袭击。北约国家撤出军事力量后，阿富汗和阿巴边境地区恐怖主义、极端主义势力的回潮，将对中国国家安全和边境地区稳定构成直接威胁。

其次，来自阿富汗的毒品贩运和其他跨国有组织犯罪活动也会危及中国。中国周边地区的毒品威胁主要来自两大地带：一是缅甸、老挝等国边境地区构成的"金三角"地带；二是以阿富汗为中心的"金新月"（Golden Crescent）地带。仅在2010年，在中国查获的海洛因中大约有三分之一来自"金新月"。[84] 对于后2014时期的阿富汗来说，"毒品威胁有可能从原来位居恐怖主义和极端主义之后的'第三类'威胁上升为'第一类'威胁"。[85] 中国需要对此趋势做出及时的应对。

最后，中国在阿富汗拥有重要经济利益。中国企业对在阿富汗境内拥有不少投资，包括中国冶金集团的埃纳克铜矿项目和中国石油公司的阿姆达利亚（Amu Darya）项目。其中，价值40亿美元的埃纳克项目是阿富汗历史上的最大单笔投资。这些由中国国有企业所开展的重大投资项目具有一定的政治意涵，体现了中国支持阿富汗经济发展的决心。此外，华为公司等中国私营企业也在阿富汗承接了重要的基础设施项目。如果阿富汗局势在"后撤军"时期进一步恶化，还将对中国提出的"中巴经济走廊""丝绸之路经济带"等计划的实施带来显著的负面影响。

近年，为帮助阿富汗尽早实现政治和解与国家重建，中国不断加大外交上的努力。习近平在双边和多边场合多次与阿富汗领导人举行会晤。2014年10月，新当选的阿富汗总统加尼在就任后很快即对中国进行国事访问，其间中阿两国发表关于深化战略合作伙伴关系的联合声明，中方重申支持阿富汗和平重建进程，将一如既往地向阿富汗提供力所能及的帮助。双方同意，2014 年中国政府将向阿方提供 5 亿元人民币无偿援助，未来 3 年中方将向阿富汗提供总额 15 亿元人民币的无偿援助。与此同时，中方将积极支持阿方加强能力建设，未来 5 年将为阿富汗培训 3 000 名各领域专业人员。2015 年 7 月，习近平在俄罗斯乌法再次与阿富汗总统加尼会面。他表示，在阿富汗实现广泛和包容性的民族和解，是解决阿富汗问题的现实出路，中方支持“阿人主导、阿人所有”的和解进程，愿同有关各方一道，为早日解决阿富汗问题发挥建设性作用。2015 年 12 月，中国外长王毅访问阿富汗，向阿方传递明确信息，即中国是阿富汗可以信赖的好朋友和好邻居。中国将继续支持阿富汗国内和解进程，支持阿富汗政府与塔利班尽早重启和谈，中方愿积极参与阿富汗和平重建。王毅还强调，中国将切实落实对阿援助，帮助阿改善民生，为阿培训人才，制定基础设施发展规划，开展互联互通合作。

从多边关系角度而言，首先，中国试图借助与巴基斯坦的特殊友好关系，积极斡旋，助推阿富汗和巴基斯坦关系改善。2013 年 8 月中方举办首次“二轨”中巴阿三方对话。在“二轨”活动所做准备的基础上，2015 年 2 月，首轮中国—阿富汗—巴基斯坦三方战略对话在喀布尔举行，中国外交部部长助理刘建超、阿富汗外交部副部长卡尔扎伊、巴基斯坦外交部秘书乔杜里共同主持对话。中国还多次邀请阿富汗和巴基斯坦联合议员考察团、联合媒体代表团访华。其次，中国注重与其他地区国家协调立场。2014 年 1 月，中国、印度和俄罗斯关于阿富汗问题的三方会谈在北京举行。2014 年 7 月，中国政府任命长期处理南亚事务的资深外交官孙玉玺担任阿富汗事务特使，以加强与阿富汗及有关各方的密切沟通。最后，中国加大了通过多边机制参与阿富汗事务的力度。2014 年 10 月，中国首次承办“伊斯坦布尔进程第四次外长会”。“伊斯坦布尔进程”是有关阿富汗事务的地区合作机制，包括土耳其、中国等 14 个成员国，还有美国等 16 个国家和 12 个国际和地区组织作为支持方。

对于阿富汗来说，中国是地区国家中与其没有什么历史恩怨的国家，双方也不存在领土、族群等方面的矛盾。阿富汗对中国的发展成就抱有钦佩之情，阿富汗前总统卡尔扎伊曾表示：“如果阿富汗有机会重新选择的话，一定会走中国式的发展道路。”阿富汗迫切希望在经济发展等方面得到中国的支持。2014 年以来，加尼政府提出了一系列旨在增强阿富汗对外经济关系的构想，比如，开发经中亚国家和土耳其直抵欧洲的贸易通道（Azure Route），通过伊朗的恰巴哈尔港大幅增加与印度的贸易，设计修建连通塔吉克斯坦、阿富汗和土库曼斯坦的铁路。此外，阿富汗—土库曼斯坦—阿塞拜疆—格鲁吉亚交通运输走廊规划也在讨论之中。阿方认为中国提出的“一带一路”倡议为实现阿富汗自身的经济发展目标带来新的重大机遇。总统加尼多次表示，阿富汗是古代丝绸之路上的重要国家，迫切希望参与中国提出的“一带一路”倡议，加强与中方在基础设施建设、水利、能源领域合作，阿富汗还希望早日能够加入亚洲基础设施投资银行。

由此，无论是中国在阿富汗事务上的实际利益，还是中国对阿富汗的影响力，都表明中国是美国在应对阿富汗问题方面不可或缺的伙伴。实际上，中美围绕阿富汗事务展开的合作已经取得了不少成绩。2012 年，中美联合开展阿富汗青年外交官培训项目，阿青年外交官分别在北京和华盛顿参加培训课程，培训内容包括地区和国际形势、中美阿富汗政策、中美关系、公共外交、谈判技巧等。这一项目已成为中美阿富汗事务合作的成功案例之一。2013 年 9 月，王毅在美国智库布鲁金斯学会就中美构建新型大国关系发表演讲时表示，“阿富汗局势已进入一个关键转折期，能否顺利推进国内和解与重建进程，涉及中美以及本地区各国的共同利益。双方在这一问题上的合作刚刚开始，潜力和空间还很大。只要我们发挥各自优势，相互配合，阿富汗问题完全有望成为两国合作的新亮点”。[86]

未来，中美应当进一步扩大在阿富汗事务上的合作。首先，在针对阿富汗的经济援助和发展问题上双方要加大协调力度，帮助阿富汗政府提振本国经济，增加政府收入，支持阿富汗民族团结政府有效施政。根据美国机构的估测，虽然阿富汗的土地面积仅相当于美国得克萨斯州大小，但其石油、天然气和矿产等储备价值 3 万亿美元，阿富汗拥有至少 6 000 万吨煤矿以及 22 亿吨铁矿和铝矿。阿富汗的锂储备（约 5 400 万吨）仅次于玻利维亚，被认为是“锂之沙特”。该国还拥有镨、铈、钐等稀有金属，在特种玻璃、改善合金属性、太空技术、磁载体等多方面具有极大的商业价值。但是，这些矿产资源至今都未能得到有效的开发利用，主要是因为缺乏外部投资，经济项目缺少安全保障，同时也缺乏专业技术和必要的基础设施条件。[87]针对这些难题，中美可以就如何在阿富汗援助方面加大协作展开对话，美国需要承认中国在帮助阿富汗发展经济方面所具有的特殊优势。

其次，中美可以合作增进对阿富汗人力资源的培训，提供更多的职业教育和技术培训项目，尤其是在安全、公共卫生、农业、新闻媒体等领域。2016 年 2 月，中央军委联合参谋部参谋长房峰辉率领中国军方代表团访问阿富汗，这被认为是中国希望在安全领域与阿富汗加强联系的信号。据称，中国方面提出可进一步加大对阿富汗的安全援助，为阿富汗安全部队提供培训和装备，帮助阿富汗边境管理人员提升反毒品等方面的能力建设。过去几年来，中国为阿富汗培训了 1 000 多名医疗、水利等领域的专门人才。中美两国也已经连续四年联合举办阿富汗外交官的培训班，也积累了有益的经验。两国未来应当将这类合作继续扩大到农业技术、医疗等领域。我们将把这个合作继续扩大到农业技术和医疗的领域。

最后，中美应共同支持阿富汗参与地区性机制。在阿富汗问题上，上海合作组织（下称“上合组织”）是可以兼顾各方关切、平衡各方利益的地区性平台。2012 年，阿富汗获得上合组织观察员国地位，一直在努力申请成为正式成员国。虽然美国并不愿看到上合组织影响力的扩大，但不应忽视该机构对于稳定阿富汗形势的重要作用。早在 2009 年 11 月，美国高级官员就曾受邀参加上合组织阿富汗事务会议。针对“后撤军”时期的阿富汗形势，2014 年上合组织通过决议，同意加强对阿富汗边境地区的监控力度，设立若干缓冲地带。俄罗斯和中国还于当年在阿富汗展开联合边境行动。此外，“北方联盟”领导人杜斯塔姆于 2014 年年初访问上合组织成员国乌兹别克斯坦和哈萨克斯坦，与对方商讨如何防范塔利班的冲击。塔吉克斯坦总统拉赫蒙则于 2014 年 3 月访问阿富汗，要求加强两国执法和边境安全合作。此外，美国是“伊斯坦布尔进程”的支持国，并是“中亚区域经济合作”（CAREC）[88]与美欧日三方合作机制（“CAREC+3”）的成员国，中国也是这些机制的重要参与者，它们可以成为中美加强阿富汗事务协调的平台。

正如伦敦大学国王学院教授阿纳托尔·利芬（Anatol Lieven）所言，阿富汗问题正日益成为中美关系的重大考验，这场考验比朝鲜问题更要棘手，因为阿富汗安全局势更加多变无常。[89]值得关注的是，中美两国在阿富汗事务上的协作呈现不断加深的态势。2015 年 9 月，中国外交部部长王毅、美国国务卿克里、阿富汗首席执行官阿卜杜拉共同主持了阿富汗和平发展与区域合作高级别会议。2015 年 12 月，“伊斯坦布尔进程”外长会在巴基斯坦首都伊斯兰堡召开，会议期间中国外交部部长王毅会见美国常务副国务卿布林肯时表示，中美在阿富汗问题上的合作是中美全球战略合作的组成部分，符合双方共同战略利益。2016 年年初，在巴基斯坦、阿富汗、中国、美国等国的努力下，关于阿富汗问题的四方协调组机制启动，至今已经进行了多轮对话，在推动塔利班参与阿国内和平进程等方面有望发挥独特作用。可见，尽管阿富汗形势发展给中美两国带来诸多挑战，但双方在这方面的合作空间很大，而这正是一种可以促进中美构建新型大国关系的新型合作。

## 注释

1 "The Hopeless Continent," *The Economist*, May 2000; "Africa Rising" , *The Economist*, November 2011;"A Hopeful Continent," *The Economist*, March 2013.

2 Quand l' Afrique s' éveille, Par Maria Malagardis publié le 9 octobre 2015 sur Libération.

3 约亨・希贝尔：《非洲的希望正离开这个大洲》，德国《法兰克福汇报》2015 年 7 月 18 日。

4 Kingsley Ighobor, "Africa' s youth: a 'ticking time bomb' or an Opportunity?" *Africa Renewal*, May 2013, http://www.un.org/africarenewal/magazine/may-2013/africa' s-youth-"ticking-time-bomb" -or-opportunity.

5 卢凌宇、刘鸿武：《非洲的可持续发展：挑战与应对》，《国际问题研究》2016 年第 4 期。

6 Johnie Carson, "US-Africa Policy Under the Obama Administration," Remarks at Harvard University Africa Focus Program, April 5, 2010, http://www.state.gov/p/af/rls/rm/2010/139462.htm.

7 David Francis ed., *US Strategy in Africa: AFRICOM, Terrorism and Security Challenges*, Routledge, 2010; Lauren Ploch, "Africa Command: US Strategic Interests and the Role of the US Military in Africa," Report by Congressional Research Service, July 22, 2011.

8 Ken Opalo, "The Concequences of the US War on Terrorism in Africa," *Opinion*, Aljazeera America, June 2, 2014.

9 Nick Turse, "China, America, and a New Cold War in Africa?" *Foreign Policy in Focus*, August 5, 2014.

10 The White House, *US Strategy toward Sub-Saharan Africa*, June 2012, https://www.whitehouse.gov/sites/default/files/docs/africa_strategy_2.pdf.

11 李克强：《开创中非合作更加美好的未来》，新华网，2014 年 5 月 5 日，http://news.xinhuanet.com/world/2014-05/06/c_1110547295.htm。

12 详见赵明昊：《中非民间交往：进展及面临的挑战》，《国际展望》2010 年第 6 期。

13 Lamido Sanusi, "Africa must Get Real about Chinese Ties," *Financial Times*, March 11, 2013.

14 "Barack Obama Talks to the Economist," *The Econnomist*, August 2, 2014.

15 Deborah Brautigam, *the Dragon's Gift: the Real Story of China in Africa*, Oxford University Press, 2010.

16 Geoff Dyer, "Beijing Invites US to Link up over Africa," *Financial Times*, August 5, 2014.

17 《第八轮中美战略与经济对话框架下战略对话具体成果清单》，新华社，2016 年 6 月 8 日。

18 《推进共建丝绸之路经济带和 21 世纪海上丝绸之路的愿景与行动》，国家发改委、外交部、商务部，2015 年 3 月 28 日，http://finance.people.com.cn/n/2015/0328/c1004-26764666.html。

19 王缉思：《"西进"：中国地缘战略的再平衡》，《环球时报》2012 年 10 月 17 日；肖宪：《"向西开放"需外交全局统筹》，《环球时报》2013 年 7 月 31 日。

20 Zha Daojiong, "Chinese Economic Diplomacy: New Initiatives," *RSIS Policy Report*, March

2015.

21 David Gosset, "China's Grand Strategy: The New Silk Road," *The World Post*, January 8, 2015.

22 《习近平在阿拉伯国家联盟总部的演讲》，新华社，2016 年 1 月 21 日，http://news.xinhuanet.com/politics/2016-01/22/c_1117855467.htm。

23 Alexander Gabuev, "Eurasian Silk Road Union: Towards a Russia-China Consensus?," *The Diplomat*, 5 June 2015.

24 Zorawar Singh, "Indian Perceptions of China's Maritime Silk Road Idea," *Journal of Defence Studies*, Vol.8, No.4, 2014.

25 Yukon Huang, "Courting Asia: China's Maritime Silk Route vs America's Pivot," *The Diplomat*, April 25, 2014.

26 截至 2015 年 12 月，美国的"非北约盟国"包括澳大利亚、埃及、以色列、日本、韩国、约旦、新西兰、阿根廷、巴林、菲律宾、泰国、科威特、摩洛哥、巴基斯坦、阿富汗、突尼斯。

27 Ernest Bower and Prashanth Parameswaran, "US Moves to Strengthen ASEAN by Boosting the Lower Mekong Initiative," *Commentary*, Center for Strategic and International Studies, July 24, 2012; "US-Asia Pacific Comprehensive Energy Partnership," http://www.state.gov/e/enr/c56576.htm;Fatema Sumar, "Shaping the Future of Trade and Connectivity in the Indo-Pacific," Remarks at CII Kolkata Business Luncheon, May 8, 2014, http://www.state.gov/p/sca/rls/rmks/2014/226364.htm; Richard Weitz, "US New Silk Road Initiative Needs Urgent Renewal," *The Central Asia-Caucasus Analyst*, Central Asia-Caucasus Institute, March 4, 2015.

28 Francis Fukuyama, "Exporting the Chinese Model," *The Straits Times*, December 30, 2015.

29 Robert Manning and James Przystup, "How George Kennan Would Contend with China's Rise," *The National Interest*, June 30, 2015.

30 Daniel Twining, "China's Trans-Atlantic Wedge," *Foreign Policy*, March 23, 2015, http://foreignpolicy.com/2015/03/23/chinas-transatlantic-wedge/.

31 Nadege Rolland, "China's New Silk Road" , *NBR Commentary*, February 12, 2015, The National Bureau of Asian Research, http://nbr.org/downloads/pdfs/psa/rolland_commentary_021215.pdf.

32 Jonathan Pollack and Philippe Le Corre, "Why China Goes to Europe," The Brookings Institute, July 29, 2015, http://www.brookings.edu/blogs/order-from-chaos/posts/2015/07/29-europe-engagement-china-pollack-lecorre.

33 Anthony Blinken, "An Enduring Vision for Central Asia," Remarks at the Brookings Institute, March 31, 2015, http://www.state.gov/s/d/2015/240013.htm.

34 Nisha Biswal, "Central Asia in a Reconnecting Eurasia," Remarks at Center for Strategic and International Studies, May 12, 2015, http://www.traceca-org.org/en/traceca/.

35 "US Support for the New Silk Road," http://www.state.gov/p/sca/ci/af/newsilkroad/。Richard Hoagland, "Central Asia: What's Next" , Remarks at Georgetown University, March 30, 2015, http://www.state.gov/p/sca/rls/rmks/2015/240014.htm。另参见 Andrew Korybko, "The Hoagland-Blinken Doctrine is Washington's Updated Plan for Central Asia," *Oriental Review*, April 13, 2015, http://orientalreview.

org/2015/04/13/the-hoagland-blinken-doctrine-is-washingtons-updated-plan-for-central-asia-i/;Marc Grossman, "Seven Cities and Two Years: The Diplomatic Campaign in Afghanistan and Pakistan," *Yale Journal of International Affairs*, summer 2013, http://yalejournal.org/wp-content/uploads/2013/06/YJIA-SUMMER-VOL8-ISSUE2-FINAL-A7-Grossman-Copy.pdf.

36 TRACECA 项目相关信息见 http://www.traceca-org.org/en/traceca/。另见 Francois Godement, "Europe Scrambles to Benefit from China's 21st-Century Silk Road," *Global Asia*, September 26, 2015.

37 Alessandro Arduino, "The New Silk Road," *Short Term Policy Brief*, 91, Europe China Research and Advice Network（ECRAN）, May 2014.

38 Hillary Rodham Clinton, Remarks at the New Silk Road Ministerial Meeting, New York City, September 22, 2011.

39 关于新丝绸之路计划正式提出前，美国促进与中亚经济联系的考虑，见 William Burns, "Silk Road Trade and Investment: New Pathways for U.S.-Central Asia Economic Ties," Remarks at US Chamber of Commerce, October 7, 2009。

40 Reid Standish, "The United States' Silk Road to Nowhere," *Foreign Policy*, September 29, 2014.

41 土库曼斯坦与阿富汗的电力贸易始于 2002 年，目前土马雷电厂与阿北部边境城市间有 500 千伏高压输变电线，土方每年以每度电 2 美分的优惠价格向阿北部省份供电，每年供电量为 2 亿—4 亿度。

42 Erica Marat, "Following the New Silk Road," *The Diplomat*, October 22, 2014; Reid Standish, "The United States' Silk Road to Nowhere," *Foreign Policy*, September 29, 2014; Kathleen Collins, "The Limits of Cooperation: Central Asia, Afghanistan, and the New Silk Road," *Asia Policy*, January 2014.

43 Ariella Viehe, "US and China Silk Road Visions: Collaboration not Competition," in Rudy deLeon and Yang Jiemian eds., *Exploring Avenues for China-US Cooperation on the Middle East*, Center for American Progress,July 2015.

44 C. Fred Bergsten, "US Should Work with the Asian Infrastucture Investment Bank," *Financial Times*, March 15, 2015.

45 Martin Wolf, "A Rebuff of China's AIIB is Folly," *Financial Times*, March 24, 2015.

46 《习近平在亚洲基础设施投资银行开业仪式上的致辞》，2016 年 1 月 16 日，http://news.xinhuanet.com/politics/2016-01/16/c_1117796389.htm。

47 这 4 个项目具体包括：孟加拉国电力输配系统升级扩建项目，贷款额度 1.65 亿美元；印度尼西亚国家贫民窟改造升级项目，贷款额度 2.16 亿美元；巴基斯坦国家高速公路 M—4 的 Shorkot-Khanewal 路段，贷款额度 1 亿美元；杜尚别—乌兹别克斯坦边界道路塔吉克斯坦境内路段改善项目，贷款额度 2 750 万美元。

48 Harry Harding, "Has US China Policy Failed?" , *The Washington Quarterly*, Volume 38, Issue 3, July 2015.

49 Rebecca Zimmerman, "Has Islamic State Entered Afghanistan?" , 29 April 2015, http://www.worldaffairsjournal.org/blog/rebecca-zimmerman/has-islamic-state-entered-afghanistan.

50 Kenneth Katzman, "Afghanistan: Post-Taliban Governance, Security, and US Policy," *CRS Re-*

*port*, Congressional Research Service, May 29, 2014.

51　关于苏联对人民民主党政权的扶持情况，参见 Steve Hess, "Coming to Terms with Neopatrimonialism: Soviet and American Nation-Building Projects in Afghanistan," *Central Asian Survey*, vol.29, no.2, June 2010, pp.175–181.

52　Steve Hess, "Coming to Terms with neopatrimonialism: Soviet and American Nation-Building Projects in Afghanistan," *Central Asian Survey*, vol.29, no.2, July 2010, pp.175–176.

53　Meirav Mishali-Ram, "Afghanistan: A Legacy of Violence? Internal and External Factors of the Enduring Violent Conflict," *Comparative Studies of South Asia, Africa and the Middle East*, vol.28, no.3, 2008,pp.476–477.

54　Zalmay Khalilzad and Daniel Byman, "Afghanistan: The Consolidation of a Rogue State," *The Washington Quarterly*, Winter 2000, pp.65–70.

55　乔治・沃克・布什：《抉择时刻》，中信出版社 2011 年版，第 180—183 页。

56　Fotini Christia and Michael Semple, "Flipping the Taliban: How to Win in Afghanistan," *Foreign Affairs*, vol.88, no.4, 2009.

57　2011 年 6 月 29 日，美国继 2003 年和 2006 年后发布第三份《国家反恐战略》，收缩反恐战线，将反恐目标定为"打击、瓦解直至最终战胜基地组织及其分支机构和追随者，以确保美国公民和美国利益的安全"。重点打击基地及其分支，注重使用特种作战、无人机打击等方式实现低成本反恐。8 月，美国政府颁布《授权地方伙伴以防止在美国的暴力极端主义》，旨在强化美国本土的反恐网络。12 月，美国推出《反恐战略执行计划》。2011 年建立美国领导的"全球反恐论坛"。2012 年年初，美国国务院成立反恐局，增强反恐的国际协调与合作。

58　Stanley McChrystal, *Commander's Initial Assessment*, August 30, 2009.

59　Gian Gentile, "A Requiem for American Counterinsurgency," *Orbis*, vol.57, no.4, autumn 2013.

60　Stephen Biddle, "Afghanistan's Legacy: Emerging Lessons of an Ongoing War," *The Washington Quarterly*, vol.37, no.2, 2014, pp.78–79.

61　US Department of the Army, *The US Army/Marine Corps Counterinsurgency Field Manual*, Chicago: University of Chicago Press, 2007

62　Karl Eikenberry, "The Other Side of the COIN," *Foreign Affairs*, September/October 2013.

63　阿富汗主要有七大族群：普什图族、塔吉克族、哈扎拉族、乌兹别克族、艾马克族（Aimaqs）、土库曼族和俾路支族。

64　Larry Goodson, *Afghanistan's Endless War: State Failure, Regional Politics, and the Rise of Taliban*, Seattle: University of Washington Press, 2001.

65　J.R. Petersen, "Was $73B of Afghan Aid Wasted?" *Politico*, November 1, 2012, http://www.politico.com/news/stories/0112/71314.html.

66　"The Role of Foreign Aid in Afghanistan's Reconstruction," *Economic and Political Weekly*, September 29, 2012, 67.

67　2006 年伦敦阿富汗问题国际会议通过的"阿富汗契约"要求各方要尊重阿富汗政府，并协调彼此的援助工作。2010 年 7 月在喀布尔举行的捐助国会议上，阿政府提出捐助国的资金至少要有一半通过阿富汗政府渠道使用。另见 “US, NATO Running ‘Parallel’ Government, says Karzai,” November 27, 2008, http://www.dawn.com/news/430600/us-nato-running-ae%cb%9cparallelae-govt-says-karzai.

68 Stanley McChrystal, *Commander's Initial Assessment*, August 20, 2009.

69 Michael O'Hanlon, “A Flawed Masterpiece,” *Foreign Affairs*, vol.81, no.3, May/June 2002.

70 Jason Lyall, “Afghanistan's Lost Decade: What Went Wrong Between the Two Bonn Conferences,” *Foreign Affair.com*, December 15, 2011, http://www.foreignaffairs.com/articles/136787/jason-lyall/afghanistans-lost-decade.

71 Ranjit Sau, “Reconstruction of Afghanistan into a Modern Nation,” *Economic and Political Weekly*, vol.37, no.2, January 2002, 118; Perter Marsden, “Afghanistan: The Reconstruction Process,” *International Affairs*, vol.79, no.1, January 2003, 92.

72 Hikmatullah Fayez, “The Role of Foreign Aid in Afghanistan's Reconstruction: A Critical Assessment,” *Economic and Political Weekly*, vol. XLVII, no.39, September 29, 2012.

73 Alessandro Monsutti, “Fuzzy Sovereignty: Rural Reconstruction in Afghanistan, Between Democracy Promotion and Power Games,” *Comparative Studies in Society and History*, vol.54, no.3, 2012.

74 “Afghanistan: Infrastructure,” USAID, January 2006, http://pdf.usaid.gov/pdf_docs/PDACG278.pdf.

75 Kevin Seiff, “A Crumbling Investment,” *The Washington Post*, January 31, 2014.

76 Kenneth Katzman, “Afghanistan: Post-Taliban Governance, Security, and US Policy,” Report by Congressional Research Service, June 6, 2016.

77 Matt Waldman, “Aid Effectiveness in Afghanistan,” ACBAR Advocacy Series, March, 2008, http://www.oxfam.org/sites/www.oxfam.org/files/ACBAR_aid_effectiveness_paper_0803.pdf.

78 Matthew Nasuti, “America's Aid to Afghanistan,” October 2009.

79 John Lancaster, “Karzai Vows to Combat Flourishing Afghan Opium Trade,” *The Washington Post*, December 10, 2004.

80 杨恕、汪金国：《中亚安全和阿富汗毒品》，《东欧中亚研究》2001 年第 4 期；Alastair Mckenchnie, “Rebuilding a Robust Afghan Economy,” in Robert Rotberg ed., *Building a New Afghanistan*, New York: Brookings Institution Press, 2007.

81 Vanda Felbab-Brown, “Afghanistan: When Counternarcotics Undermines Counterterrorism”, *The Washington Quarterly*, Autumn 2005. p.67.

82 Rod Nordland, “Aid Group Sees Daunting Obstacles to Health Care for Afghans,” *New York Times*, February 26, 2014.

83 根据阿富汗宪法规定，政府将为阿富汗人提供免费的大学本科教育，但是在这方面的资金缺口较大，影响了阿富汗通过高等教育培育发展人才的努力，2012 年阿富汗政府需要 3 500 万美元用于大学和研究机构的开支，美国国际开发署约提供了其中的 2 000 多万美元，Josh Boak, “Afghan Universities Struggling for Funding,” *The Washington Post*, February 13, 2011.

84 Murray Scot Tanner, “China Confronts Afghan Drugs: Law Enforcement Views of ‘The Golden

Crescent'" Arlington, VA: CNA Analysis & Solutions, 2011,http://www.cna.org/sites/default/files/research/China% 20Confronts% 20Afghan% 20Drugs...% 20D0024793.A1_1.pdf.

85　吴大辉：《后反恐时代阿富汗的重建：关于中亚国家作用的探讨》，《中国国际战略评论2014》，世界知识出版社 2015 年版，第 227 页。

86　王毅：《如何构建中美新型大国关系》，2013 年 9 月 20 日，http://www.china.org.cn/chinese/2013-09/23/content_30101644_2.htm。

87　Donald McNeil, "Next for Afghanistan, the Curse of Plenty?," *The New York Times*, June 9, 2011; Xenia Dormandy and Michael Keating, "The US and Afghanistan: A Diminishing Transactional Relationship," *Asia Policy*, January 2014, 9.

88　CAREC 机制于 1996 年由亚洲开发银行发起成立，是中亚区域重要的经济合作机制之一，现有成员包括中国、阿富汗、阿塞拜疆、哈萨克斯坦、吉尔吉斯斯坦、蒙古、巴基斯坦、塔吉克斯坦、土库曼斯坦和乌兹别克斯坦 10 个成员国。2015 年 3 月，中亚区域经济合作学院（简称中亚学院）在新疆乌鲁木齐市正式设立。

89　Anatol Lieven, "China is Key to America's Afghan Endgame," *The New York Times*, May 26, 2011.

# 余　论

# 国际秩序之变与新型中美关系

未来数年，国际秩序问题将成为中美关系面临的核心挑战。环顾当今世界，各类危机层出不穷，地缘板块之变、国家转型之痛、发展方式之争、力量重组之显、有效治理之难无不表明，第二次世界大战之后所建立起来的国际秩序正在遭受空前的压力，一个全球政治的再平衡时代已然到来。国际秩序既涉及主要国家之间的力量对比，也关系到国家之间相处的规范规则，国际治理的机制安排，以及价值观念和社会思潮方面的深刻变化。人们常常说，作为世界上的“霸权国家”和最重要的“崛起国家”，中美之间存在着难以化解的“结构性矛盾”或“结构性冲突”，甚至是中美必有一战。然而，如果我们能准确把握当今国际秩序的转型之困，如果我们能认识到确保“全球基本稳定”有多么紧迫和重要，就会发现，中国和美国之间实际上也存在着“结构性合作”的巨大动力。中美建立一种能够有效避免战略对抗的“新型关系”，不仅是必要的，也是可能的。这需要双方保持“战略克制”，更准确地界定国家利益和优先任务，更诚实地面对自身局限和困难，更有力地推动国内变革，更明智地选择彼此相处之道。

## 一

2016 年 2 月，第 52 届慕尼黑安全会议在德国落幕。俄罗斯总理梅德韦杰夫、美国国务卿克里等 70 多位国家政要与 400 多位安全专家参加了此次会议。1962 年，美国和苏联爆发“古巴导弹危机”，一度将世界推向核战争边缘，冷战时期的安全挑战给世界带来的恐惧感难以言表。1963 年，首届慕尼黑安全会议召开，旨在为各国探讨如何应对安全困境提供一个非正式的讨论平台，后来还定期发布《慕尼黑安全报告》。时至今日，这一聚焦国际安全问题的多边会议已经成为人们观察世界走势的重要窗口之一，也被形象地称为“安全政策专家的奥斯卡”。

《2016 年慕尼黑安全报告》以“没有边界的危机、不顾危险的破坏者、软弱无力的守护者”为题，描绘国际安全的总体形势。[1] 慕尼黑安全会议主席、德国前驻美国大使伊辛格坦言，“国际秩序正处于冷战结束以来最糟糕的状态”，这反映了西方精英对当今全球局势的一种共识性认知。令人忧心的是，在此次会议上，俄罗斯和西方的相互指责升级。俄罗斯总理梅德韦杰夫称，俄与西方已经进入了一种“新冷战”的状态，每天都能听到西方叫嚣俄罗斯对其构成威胁，他不知自己是生活在 1962 年还是 2016 年。北约秘书长斯托尔腾贝格不甘示弱，他毫不客气地指责俄罗斯破坏欧洲安全秩序，包括“吞并”克里米亚、在乌克兰挑起内战等。他说，北约已决定全面加强针对俄罗斯的威慑，将增加在东欧和波罗的海国家的军事装备部署，同时在北约盟国之间进行更多的联合训练。而北约“盟主”美国将为此划拨 340 亿美元，达到原来相关军费的四倍之多。可以说，自从苏联解体、冷战结束，从来没有像今天这样，让人感到俄罗斯与西方的直接冲突似乎一触即发。

与此同时，参加此次会议的欧洲人士普遍表示，欧洲自身面临的安全挑战相当严峻，其复杂程度前所未有。2003 年，欧盟在其“全球战略”文件中提出，欧洲将塑造自己的周边地区，从而使欧洲被“良好治理的国家”所环绕。但正如欧洲资深政治家、德国外长施泰因迈尔在此次会议上所言，欧洲如今发现自己被“危机之火”所环绕。十几年之前欧盟的那种乐观情绪可以说是荡然无存。放眼望去，无论是欧洲的东部边境，还是其南部边境目前都是危机四伏。中东、地中海地区乃至非洲地区的不稳定因素都在不断向欧洲“外溢”，已经让欧洲方面如坐针毡的难民问题不过是一种表征而已。[2]欧洲正面临第二次世界大战以来“多个最严重危机的汇合”，包括主权债务危机、英国“脱欧”危机、难民危机、民族主义和民粹主义危机等，而这些都是在欧洲内部正在上演的危机。[3]法国总理瓦尔斯在会议上大谈“超级恐怖主义”的威胁，他认为巴黎恐怖袭击应引起欧洲各国的足够重视，“伊斯兰国”已经成为真正的全球性威胁。以往，慕尼黑安全会议主要是讨论欧洲之外的各种安全挑战，而如今，欧洲内部的安全挑战逐渐成为主要议题。

在此次慕安会上，欧洲政策精英们普遍认为，美国对叙利亚危机和乌克兰危机的回应表明，美国正力图从全球事务中“退缩”，美国不再像过去那样有意愿和能力帮助欧洲解决问题。特别是，美国方面对难民问题的袖手旁观态度让欧洲人感到愤怒。2015 年涌入欧洲的叙利亚、阿富汗等国难民超过 110 万，奥巴马政府曾提出接受 1 万多难民，但即便是这一象征性举措也遭到美国国会的激烈反对。美国国务卿克里在大会演讲中动情地谈起了自己年轻时在欧洲生活的经历，拼命重申美国对欧洲的承诺，包括增加应对难民问题的拨款，他还保证“跨大西洋贸易和投资伙伴关系协定”（TTIP）不会伤害欧洲的利益。然而，欧洲对美国的信心并不会轻易恢复，美国和欧洲之间的“跨大西洋同盟关系”受到进一步质疑，欧洲对美国的不满、失望甚至是愤怒情绪明显。地缘战略风险分析机构“欧亚集团”在预测未来几年的国际形势时，强调指出美欧之间的“空洞联盟”问题会继续深化。

实际上，2016 年慕安会为人们提供了一个观察当今世界局势的重要窗口。由上可以看出，作为世界主要政治力量，欧洲、美国、俄罗斯之间的关系正发生重大变化，不确定性在显著增多。虽然大国之间的战争短期内还不太可能发生，但大国冲突的升级不能排除。在这种情况下，人们有理由对叙利亚危机、乌克兰危机的前景感到悲观。更严重的是，在大国争斗的背景下，“伊斯兰国”等一系列“非国家行为体”正在极端主义意识形态、教派和族群冲突的驱动下“见缝插针”，在阿富汗、马里、利比亚、也门等地抢占“权力真空”。按照美国战略家托马斯·巴内特（Thomas Barnett）的观点，这些国家贫穷、脆弱，甚至是“国而不国”，长期处于世界的“断层线”地带，但却能对国际安全构成严重的长期性威胁。[4] 总之，大多数人会感到，世界似乎正变得越来越混乱。对于很多国家的普通民众而言，他们的“不安全感”正在上升。

那么，为什么国际秩序会面临如此显著的挑战？如何理解国际秩序的艰难转型？未来一个时期，全球基本稳定能否得到维护？这是中国和美国在构建新型关系的进程中，必须深入思考的问题，双方需要在如何应对国际秩序之“乱”与国际秩序之“变”方面展开更有效的对话并达成更多共识。[5]

简而言之，秩序就是对权力的管理，对相关行为体互动关系的安排。一个社会需要秩序，一个国家也需要秩序，秩序让生活在社会和国家中的人们感到稳定，让他们享有安全感。国际秩序则是对国家权力的管理，对世界中相关行为体互动关系的安排，也是为了实现一种相对稳定的状态。一个国家可以靠政府来实现和维持秩序，但由于并不存在“世界政府”，各国在处理外部关系方面不得不面对一种“无政府状态”难题。当今世界有约 200 个国家，而“民族国家”这一概念最早源自欧洲。从 17 世纪初期开始，欧洲王朝在王位继承、宗教等因素驱动下进行了长达 30 多年的混战。直到 1648 年，一系列和平约定（又称“威斯特伐利亚和约”）得到西班牙、神圣罗马帝国、奥地利哈布斯堡王朝等各方确认，欧洲才实现了一种和平稳定的状态。自那时起，国家主权、领土和国家独立等原则在欧洲大陆受到承认，维护国家利益被视为一国外交政策的出发点和落脚点，国家之间的势力均衡或曰“均势”（Balance of Power）成为欧洲和平的基础，以国际会议、协约、外交谈判而非战争方式来解决国际争端和冲突成为各国需要遵守的规范。

然而，在人类历史上，和平并不是持久的，和平时期甚至被认为只是一场战争和下一场战争之间的“休战期”。国际秩序的调整常常与战争相互伴随。过去几个世纪以来，国际关系基本上是一种“等级体系”，强国在上，弱国居下，强国可以对弱国发号施令，弱国往往成为强国的附庸、“卫星国”或追随者。当然，随着国家的兴衰成败，国家之间的实力对比也会发生变化，实力增强的那些国家一般会试图拓展自己的利益范围，追求更大的权力，在国际事务上也会要求更大的发言权和决策权。它们往往会认为，既有的国际秩序更多服务于那些强国的利益，因而是不公正的，它们甚至不惜发动战争推翻国际秩序，对处理国际事务的规则和机制重新进行安排。与此同时，强国则借助国际秩序维持“等级体系”的基本稳定，攫取更多利益，并希望能够一直保持自己对国际秩序的主导力，甚至是依靠这一秩序对其他崛起国家进行压制。一旦国家之间的矛盾和冲突到达难以调和的地步，就会发生战争，所谓“战争是政治的延续”。战争结束之后，在战胜国的主导之下，国家之间会达成新的和约，恢复或重新构建国际秩序。[6]

仅仅在20世纪这一百年时间里，国际秩序就经历了三次重大调整。由于欧洲列强在殖民地利益分配问题上发生激烈冲突，在1914年第一次世界大战爆发。这一惨烈的战争前后持续4年，约有6 500万人参战，1 000多万人丧生。1919—1920年间，作为胜出的一方，英国、法国等协约国与德国及其盟国奥地利、匈牙利等签订一系列和约，其中包括在巴黎凡尔赛宫签署的《协约国和参战各国对德国和约》（又称《凡尔赛和约》）。这些条约不仅对德国等战败国进行惩罚，还对相关国家在欧洲、西亚、非洲等地的势力范围进行划分，也被称为“凡尔赛体系”。1921—1922年间，为了管理各强国在亚洲—太平洋地区的关系，美国、英国、日本、法国等又签订相关条约，构成“华盛顿体系”。由此，在第一次世界大战之后，世界迎来一种新的国际秩序。

然而，好景不长，第二次世界大战仅仅在20年之后就爆发了。1939年1月，凭借强大的兵力和先进武器，希特勒所统治的纳粹德国对波兰发动了“闪电战”。德国与日本、意大利等国构成“轴心国”，它们在欧洲、亚洲、非洲等地与英国、法国等“同盟国”展开激烈战争。1941年6月，德国不顾《苏德互不侵犯条约》，大举进攻苏联。同年12月，日本军队则偷袭了位于夏威夷岛珍珠港的美军基地。苏联和美国最终也不得不直接卷入这场世界大战。二战直到1945年才结束，共有9 000余万人在战争中伤亡，各种规模不一的屠杀事件不计其数，战场面积超过2 200万平方公里。这无疑是人类历史上最惨烈的战争。

自1943年起，美国总统罗斯福、英国首相丘吉尔、苏联最高领导人斯大林等“同盟国”首脑先后在开罗、德黑兰、雅尔塔、波茨坦等地举行会议，就二战后的国际秩序做出安排，包括彻底铲除德日等国的法西斯主义、成立联合国、支持有关地区和民族实现独立。这一系列协约尤其是以《雅尔塔协定》为主体，构成了二战后国际秩序的基础。但是，由于意识形态和地缘政治利益等因素相互交织，美国和苏联在二战结束后不久就陷入对抗状态。以1949年成立的“北大西洋公约组织”和1955年成立的“华沙条约组织”为标志，以美国为中心的资本主义阵营与苏联领导的社会主义阵营开启冷战，世界出现一种以美苏对抗为特征的“两极”格局。

到了20世纪末，“两极”格局因为苏联的解体而宣告终结，两个“超级大国”相互抗衡的世界一时间变成美国人“独步天下”。不少美国人为本国在“冷战”中不战而胜欢呼雀跃，提出应建立一种以美国“绝对优势”

（Primacy）地位为基础的“单极”秩序。自苏联解体之后，原本主要存在于“西方国家”内部的、以美国为中心的国际秩序不断向外扩展。比如，始于1947年“关税与贸易总协定”在冷战结束后演变为“世界贸易组织”，包括中国在内的很多非西方国家积极寻求加入这一机制。美国和欧洲主导的世界银行、国际货币基金组织等国际组织向此前属于苏联阵营的国家提供资金援助，以“华盛顿共识”为基础推动这些国家实现内部政治、经济和社会制度的变革。1975年11月，为了应对“石油危机”等挑战，西方主要工业国美国、法国、德国、日本、英国、意大利六国领导人在法国举行首次最高级经济会议，次年加拿大应邀与会，形成七国集团（G7）。1997年俄罗斯的加入使G7转变为“八国集团”（G8）。冷战结束后，这一机制的影响力越发增大，几乎可以控制世界经济、政治乃至安全事务的走向。

可以说，时至今日，我们仍旧生活在美国所主导的国际秩序之下，美国是20世纪国际秩序最重要的构建者。普林斯顿大学教授约翰·伊肯伯里（G.John Ikenberry）认为，在过去两百年中，西方民主国家一直在努力构建开放的、以规则为基础的（Rule-based）的国际秩序，自20世纪中期以来，美国以其无可匹敌的实力地位，围绕着多边机制、同盟、特殊关系等，以威斯特伐利亚体系的主权规范为基石，推动建立了自由主义国际秩序的一种特殊形态——自由主义霸权秩序，这是一种“带有自由主义特征的等级性秩序”，是“自由主义和现实主义思想的融合”。在他看来，权力和规则的相互结合，使美国成为一种“自由主义利维坦”，美国“受他国邀请而进行领导”，并且反过来用自己的权力和财富为其他国家提供“服务”。“从提供安全、创造财富和促进社会进步而言，这一自由主义霸权秩序是世界历史上最为成功的秩序”。

在大多数美国学者看来，由于美国奉行自由民主的理念和政治制度，美国与世界历史上其他“帝国”有着根本差异，美国在二战后所构建和主导的国际秩序也是独一无二的。1953 年，英国学者加拉赫（John Gallagher）和罗宾逊（Ronald Robinson）曾发表一篇著名论文，指出英国通过一种“非正式帝国”的方式进行着统治，它在英帝国范围内推动自由贸易，并培植和利用当地精英作为代理人管理殖民地，尽可能少地使用武力解决问题。[7] 在这方面，美国人认为自己比英国做得更好，它不仅通过一系列国际机制使美国的权力受到约束，还借助广布世界的同盟体系保障和平，开放自己的国内市场，推动以资本、贸易、技术、人员自由流动为目标的全球化，使其他国家享受到安全与发展的红利，帮助它们实现崛起。在这一过程中，自由主义国际秩序的深层逻辑——开放性和以规则为基础——得到了各国的普遍接受，这一国际秩序可以说是“易于加入、难以推翻”。

然而，美国构建的这一国际秩序在现实中果真是如此完美吗？显然，“自由主义”和“利维坦”之间存在着根本性的紧张关系，霸权从其本质上而言并非民主的和自由的。即便是对二战后西方阵营内部的自由主义国际秩序，也有过分“美化”之嫌。“布雷顿森林体系”实际上鲜明地体现了美国、英国和法国等欧洲国家之间的深刻矛盾。从布雷顿森林协议得到全面执行的 1958 年，到 1965 年法国戴高乐政府推动建立欧洲经济共同体，再到 1971 年美国总统尼克松宣布美元和黄金“脱钩”，这一体系始终处在紧张之中。此外，冷战结束后，美国对“单极”秩序的迷恋使欧洲国家感到很大担忧，欧洲一体化的推进以及欧盟的发展，包括欧元区的建立，在一定程度上也体现出欧洲对美国和北约的猜忌和制衡。此外，美国国内政治力量对联合国等多边主义国际机制的不信任和轻视有目共睹，它们担心过多与国际机制相“捆绑”会损害美国在国际事务中自主行事的权力。从二战后的历史看，美国历任总统几乎从不根据什么自由主义原则或国际规则来处理安全事务，他们坚持“美国例外主义”，不认为美国维护自身安全利益的决定权应受到国际机制的牵绊，无论是越南战争，还是科索沃战争，抑或伊拉克和阿富汗战争，更不消说美国自二战后一直开展至今的“隐蔽性行动”（Covert Actions）。[8]

历史已经证明，世界上没有任何一种国际秩序是一成不变的。美国在二战后主导建立的国际秩序也不可避免地会面临挑战、遭遇危机，这一状况在21世纪以来的这十余年中越发明显。首先，作为国际秩序基础，国家间的实力对比已经发生了很大变化，但国际治理机制却未能实现相应的变革。美国经济学家伊斯瓦·普拉萨德（Eswar Prasad）在其所著《新兴市场》一书中指出，自1960年以来，包括中国、印度和巴西在内的新兴经济体的经济规模增长了600%，而比较富裕的工业国家的增幅是300%。到了2014年，“金砖国家”（中国、俄罗斯、印度、巴西、南非）的GDP总量占世界的25.7%，人口占全球人口的42%，贸易量占全球贸易额的17%，吸引外资占比18%，外汇储备占全球外汇储备总量的40%，其持有美国国债的数量占外国持有美国国债总额的30%。金砖五国的消费市场超过4万亿美元，相当于欧元区的水平。2014年10月，国际货币基金组织的统计显示，七个最大的新兴市场经济体（中国、俄罗斯、巴西、印度、墨西哥、印度尼西亚、土耳其）的GDP总量超过G7国家的GDP总量。虽然统计的方式方法仍受到争议，但却足以表明世界格局今非昔比，只靠美国等少数几个西方国家管理全球事务的时代已经过去了。然而，这一现实变化却没有反映到国际治理机制中来，国际货币基金组织等机构的改革显著滞后，新兴经济体在这些国际机制中的代表权和决策权严重不足，由此导致相关机制的合法性和效力受到质疑。

其次，一系列新的全球性挑战正不断涌现，但却缺乏有效的国际协调，“全球治理赤字”越发明显。以核安全问题为例，核不扩散机制远不健全，全球核安全治理形势严峻。奥巴马政府一边倡导“无核世界”，一边却在大规模升级美国的核武器库，力图巩固和扩展本国在核领域的安全优势。按照奥巴马政府提出的方案，未来30年，美国将花费约1万亿美元用于完善核武器库，包括更新 12 艘核潜艇和数百枚核弹。[9] 美国至今还没有通过《全面禁止核试验条约》。英国卡梅伦政府正大力购置新的核潜艇，以便在 2030 年左右使英国具备焕然一新的海上核威慑能力。日本则加紧推动向印度等国推销自己的核能力。如果日本在出口核电技术等方面给予印度特殊待遇，这无疑也会给核不扩散体系增加新的难题。更让美国战略家担心的是，俄罗斯正在大力修改自己的核军事学说，以降低在冲突中使用核武器的门槛，加大针对北约的战略威慑。

据预测，2015—2035 年将会有更多国家踏过“核门槛”，“核俱乐部”成员数量将由 9 个增加到 15 个或是更多。拥核过去长期只是世界主要大国的“特权”，但为了制衡对手的常规力量，核武器会越来越多地成为“穷国的武器”。[10] 这种状况增加了在局部战争中使用核武器的危险。据斯德哥尔摩国际和平研究所（SIPRI）估计，印度大约拥有 90—110 颗低当量核弹头，相比之下据估计巴基斯坦则拥有多达 120 颗。在朝鲜核问题越发紧张的情况下，近年韩国国内的“拥核”呼声进一步升高，约三分之二的韩国民众赞同本国开发核武器或要求美国将核武器重新部署在韩国。更重要的是，随着核能开发的推进，核设施和核原料的安全保障问题日益突出，这也需要强化国际合作机制。到 2020 年，中国大陆在运核电装机容量将达到 5 800 万千瓦，届时将超过日本成为世界上最大的核电使用国。再者，“核恐怖主义”威胁上升。近年国际上已发生多起高浓缩铀等核材料被偷窃和走私的案件，一旦恐怖主义团伙获得这些核材料，有可能制造出一些粗糙的核武器。它们可能还会蓄意破坏相关国家的核设施，用“脏弹”在城市散布放射性核污染。除了核领域，防范太空军备竞赛、限制新型生物武器（如通过遗传工程研制的武器）等方面也需要构建有效的国际治理机制。

最后，在价值观、制度理念和社会思潮方面，自由主义、全球化、文化多元主义等正受到越来越多的拷问，宗教极端主义、民族主义和民粹主义的影响日趋扩大，由此导致既有国际秩序的观念基础也在承受着巨大压力。在发达国家，“去全球化”和右翼民粹主义日渐成为一种潮流。除了美国出现“特朗普现象”之外，欧洲似乎也在一路向“右”。近年，主张反移民、反欧洲一体化政策的法国政党“国民阵线”在国内选举中表现抢眼，特别是吸引了大量年轻选民。法国舆论纷纷用“冲击”“惊雷”来描述“国民阵线”在法国的崛起。实际上，除了法国的“国民阵线”，“德国选择党”、英国“独立党”、丹麦“人民党”、芬兰“正统芬兰人党”等右翼民粹主义政党，纷纷在各国选举中颇有斩获，有的甚至占据本国议会的第二大党交椅。与此同时，欧洲的很多传统大党却在不断遭到削弱。不夸张地讲，欧洲的政治图景正在发生重要变化，右翼民粹主义思潮正在欧洲大陆蔓延，而这一进程或许还将加快。[11] 右翼民粹主义政党通常具有“反精英”“反主流”姿态以及高度的民族主义和排外倾向，主张建立族群、血统、文化意义上的“同质社会”，它们将矛头指向少数族群、非主流的宗教信徒以及外来移民，把后者视为本国经济社会和政治危机的根源。与此同时，这些政党也普遍具有疑欧倾向，甚至是公开反对欧洲一体化，嫌恶那些支持“更多欧洲”（More Europe）理念的政治精英群体。

应当说，右翼民粹主义政党之所以加快崛起，主要是因为欧洲国家普通民众在经济和社会方面的不安全感日益上升。民粹主义政党最核心的策略就是利用甚至是操纵民众的恐惧。而眼下，在欧债危机、难民危机、乌克兰危机等多重危机的冲击之下，弥漫在欧洲社会之中的那种不安全感正在加剧。尤其是难民危机堪称 1945 年以来世界最大规模的移民危机，正极大加剧欧洲民众的恐惧。一是担心政府财政被过多用于解决难民问题，从而挤占自己的养老金等社会经济福利。德国慕尼黑经济研究所称，2015 年实际入境德国的难民数量将超过 110 万，为此德国政府将花费 211 亿欧元。二是担心难民危机导致欧洲国家长期存在的族群融合挑战进一步加大。法国国内穆斯林人口已占该国总人口的8%左右，法国监狱中的囚犯有70%都是穆斯林，监狱被认为是制造伊斯兰恐怖主义分子的“工厂”。三是担心新来的难民会抢走本就数量有限的工作岗位，使欧洲国家的失业问题进一步恶化。

而在发展中国家，宗教极端主义、民族主义和民粹主义的上升是非常突出的现象，而且族群、教派等方面的矛盾往往与经济困境相互缠绕，使民众的政治和社会观念受到冲击。很多发展中国家都面临转型难题，发展失衡、贫富分化、社会不公等内生性问题十分突出，不少国家经济上开放，但相应的社会建设和政治建设严重滞后，形成“现代性梗阻”，外部世界的冲击非常容易演变为国家内部的动荡。近年，中东北非地区不少国家都发生政治动荡甚而是政权更迭，美国对此大多持支持立场，认为所谓“阿拉伯之春”能给这些国家带来自由民主。但现实却是，伊斯兰世界内部的教派和部族矛盾被重新激发，在大国角力的背景之下，愈演愈烈，将更多人卷入极端化的浪潮，削弱了当地民众本就有限的“国家认同感”，“阿拉伯之春”很快就变为“阿拉伯之冬”。暂且不论这些国家建立西方式民主体制希望渺茫，恐怖主义和极端主义势力却紧紧抓住利比亚、叙利亚、也门等国家爆发内乱的时机招兵买马，在中东、北非寻求新的立足点，将其影响力从阿富汗和巴基斯坦向阿拉伯半岛（也门）、东非（索马里）和萨赫勒地区（马里）扩展。美国频繁发动无人机战争，造成大量无辜平民死伤，这也给极端主义组织拉拢人心、招募人员提供了口实。在新恐怖势力和部落武装的串联下，正形成一条贯通阿拉伯半岛、东非、西非和北非的“恐怖动荡弧”。而在新兴经济体，由于中产阶级崛起、新经济发展、信息技术扩散等因素的影响，人们的政治观念也在发生深刻变化。

审视当今国际秩序所面临的各种挑战，应当看到，这其中既有国家实力对比变化的原因，也源于旧有国际治理机制滞后低效、民众观念和社会思潮转型等问题。二战之后所建立的国际秩序保障了世界的总体和平，大多数国家在这一秩序中实现了发展和繁荣。某种程度上，当前遇到的问题也是这一国际秩序取得成功的后果。国际秩序需要变革，也应当找到一条实现稳健变革的道路，而这无疑有赖于中国和美国的相互理解与协作。土耳其外交思想家、前总理达乌特奥卢曾言："在一个中国已经逐渐崛起的时代，你再也不能用完全是西方式的范式来思考世界了"，我们需要"一个参与性的全球政治秩序"。[12]

## 二

正如北京大学王缉思教授所言，中美构建新型大国关系，其核心是处理好"两个秩序"的问题。中美建交以来，两国关系保持稳定发展的最重要经验之一就是，美国尊重以中国共产党领导地位为核心的中国国内政治秩序，中国尊重并融入二战后主要由美国倡导和维护的国际秩序，不试图推翻也不谋求替代既有的国际秩序。2008 年金融危机以来，美国国内对华政策辩论的核心问题是，随着中美国家实力差距越来越小，中国会否带头推翻美国领导的所谓"自由主义国际秩序"。作为国际体系中的最有力的崛起国家，中国到底如何看待既有的国际秩序呢？

毋庸讳言，在二战结束后的相当长一段时期内，中国置身于社会主义阵营，在外交上采取了一种"反美"立场，与西方国家所主导的国际秩序相隔绝。20 世纪 70 年代以来，随着中美关系逐步实现"正常化"，中国也开启了"再国际化"进程。1974 年，时任国务院副总理邓小平率团参加联合国特别会议，并首次向国际社会阐述中国关于国际秩序的立场。邓小平说，中国是一个社会主义国家，也是一个发展中国家。中国属于第三世界。中国现在不是，将来也不做超级大国。中国支持广大发展中国家建立国际新秩序的主张。具体而言，这种新秩序意味着：国家之间的政治和经济关系都应该建立在和平共处五项原则的基础上；国际经济事务应该由世界各国共同来管，而不应该由少数国家垄断；占世界人口绝大多数的发展中国家应该参与决定国际贸易、货币、航运等方面的大事等等。

邓小平后来为中国开启的“改革开放时代”使中国与国际体系的关系发生了巨变。作为中国制定国际战略的认识基础，中国领导人对时代主题的判断发生了重要变化，即从“革命和战争”转向“和平与发展”。1985 年 3 月，邓小平在会见日本客人时指出，“现在世界上真正大的问题，带全球性的战略问题，一个是和平问题，一个是经济问题或者说发展问题。和平问题是东西问题，发展问题是南北问题。概括起来，就是东西南北四个字。南北问题是核心问题”。[13] 到了 20 世纪 80 年代晚期，面对美苏关系新发展等情势，邓小平就建立国际政治新秩序问题提出看法。1988 年 9 月 21 日，邓小平在会见来访的斯里兰卡总统普雷马达萨时说，中国坚定不移的对外政策是反对霸权主义，维护世界和平。既要建立国际经济新秩序，又要建立国际政治新秩序。12 月 2 日，邓小平在会见日本贸促会访华团时又指出，目前是建立国际政治新秩序的时期。国际政治领域由对抗转为对话，由紧张转向缓和，出现了许多新的情况，因此应该提出一个建立国际政治新秩序的理论。苏联解体和社会主义阵营的变化对中国造成了冲击，1990 年 3 月 3 日，邓小平在同当时几位中央负责同志的谈话中指出：“我们的对外政策还是两条，第一条是反对霸权主义、强权政治，维护世界和平；第二条是建立国际政治新秩序和经济新秩序。”

此后，中国更加明确地将建立国际新秩序作为对外政策的重要方针之一。1992 年，江泽民在中共十四大报告中指出，“根据历史经验和现实状况，我们主张在互相尊重主权和领土完整、互不侵犯、互不干涉内政、平等互利、和平共处等原则的基础上，建立和平、稳定、公正、合理的国际新秩序。这一新秩序包括建立平等互利的国际经济新秩序”。1997 年的中共十五大报告继续坚持“建立国际政治经济新秩序”的主张，2002 年的中共十六大报告则提出“推动建立公正合理的国际政治新秩序”。

最近十余年来，中国在国际秩序问题上的政策阐述发生了重要变化，在官方文件中不再坚持原先关于建立国际政治经济新秩序的主张，转而强调“中国积极推动国际政治经济秩序向公正合理的方向发展”。[14]2011 年 9 月，由时任国务委员戴秉国精心组织写作的《中国的和平发展》白皮书发布，其称中国要“积极参与多边事务和全球性问题治理，承担相应国际义务，发挥建设性作用，推动国际政治经济秩序朝着更加公正合理的方向发展”。2012 年的中共十八大报告强调“人类只有一个地球，各国共处一个世界”，中国“将积极参与多边事务，支持联合国、二十国集团、上海合作组织、金砖国家等发挥积极作用，推动国际秩序和国际体系朝着公正合理的方向发展”。

显然，中国对国际秩序问题的看法更加现实、稳健，它更加清楚地认识到自己是现行国际秩序和国际体系的受益者，以渐进改革的方式推动国际秩序更加公正合理、更加完善有效是中国应采取的明智策略。习近平 2014 年 4 月访问欧洲期间提出，中国愿意同欧洲“共同致力于基于规则的，更加透明、公正、合理、有效的国际治理体系建设”。由此，中方并不必然排斥美国所倡导的“基于规则的”国际秩序，但需要解决“谁制定规则、如何完善规则、谁确保规则执行、如何在捍卫规则中明确权责”等问题。2015 年 9 月，习近平在接受美国《华尔街日报》采访时明确指出，中国是现行国际体系的参与者、建设者、贡献者，一直维护以联合国为核心、以联合国宪章宗旨和原则为基础的国际秩序和国际体系。他表示，全球治理体系是由全球共建共享的，不可能由哪一个国家独自掌握。中国没有这种想法，也不会这样做。[15]

近年中国提出建立亚洲基础设施投资银行等倡议，外界质疑这是中国打造国际新秩序的一个表现。[16]对此，2015 年 4 月李克强向英国《金融时报》

表示，我们倡导建立这个银行不是要另起炉灶，应该是对国际金融体系的一个补充。中国要维护现行的国际金融体系，并且愿意做其中的建设者。李克强还称，“中国一开始就积极参与战后国际秩序的建设。我们是联合国常任理事国和创始成员国……无论是和平还是发展，中国都是现行国际体系的受益者。中国现在仍然是一个发展中国家，实现现代化还有很长的路要走，我们还要继续学习国外先进的技术和管理经验。事实告诉我们，只有互利才能共赢，才能符合多方利益，也符合中国根本利益，所以不存在打破现有秩序的问题”。至于中国如何发挥国际秩序的建设者作用，中国外长王毅表示，“中国主张对国际秩序和体系进行改革，但这种改革不是推倒重来，也非另起炉灶，而是创新完善。总的方向是推进国际关系民主化和国际治理法治化，尤其是维护好广大发展中国家的正当权益，从而使这个世界更平等，更和谐，更安全”。[17]

事实证明，“中国是国际体系的积极参与者、建设者、贡献者”并不仅仅是口头上的政策宣示，中国也的确是这么做的。自 20 世纪 70 年代实行改革开放政策以来，中国选择了积极融入国际体系的路径。至今，中国已加入 100 多个政府间国际组织，签署了 300 多个国际公约。加入世界贸易组织 10 多年来，中国不断降低进口产品关税税率，取消所有不符合世界贸易组织规则的进口配额、许可证等非关税措施，全面放开对外贸易经营权，扩大外资市场准入。中国还积极参与维和行动，累计向联合国 30 多项维和行动派出各类人员约 3 万人次，是派出维和人员最多的联合国安理会常任理事国。中国在亚丁湾、索马里海域开展护航行动，保卫了国际重要航道的安全。此外，中国还与国际社会和国际机构合作，积极应对恐怖主义、大规模杀伤性武器扩散、气候变化、粮食和能源安全、重大自然灾害等全球性挑战。2016 年，在欧洲难民危机愈演愈烈的背景下，中国正式加入国际移民组织，并希望借此为解决难民问题提供更多国际性援助。

总之，所谓“中国要推翻国际秩序”的论调是站不住脚的。这一方面是对中国战略意图的误解，另一方面也是对既存国际秩序的误解。英国牛津大学教授罗斯玛丽·富特（Rosemary Foot）和伦敦政治经济学院教授安德鲁·沃尔特（Andrew Walter）的研究表明，从核不扩散、气候变化、金融监管等国际制度领域看，中国的对外行为与国际规范的一致性要高于美国，中国希望被视为一个“和平的、没有威胁性的、负责任的大国”。[18]此外，也不必高估中国与既有国际秩序之间的紧张程度。正如约翰·伊肯伯里（G.John Ikenberry）所言，中国等新兴大国的崛起并不必然导致国际秩序的崩溃，当今的国际秩序具有可以容纳这些国家的开放性、经济融合性与能力。虽然美国在国际体系中不再具有绝对权威，但开放性、法治等现有国际秩序的核心要素仍会得到新兴大国的接受和保留。[19]

在外界担心中国崛起威胁国际秩序的背后，实际上是中国如何对待和运用自身权力的问题。近年来，中国国家实力迅速增长，但同时我们也日益看到这一过程给中国所带来的各种困扰。可以说，“权力困扰”是深入讨论中国对外战略选择的若干基本前提。如何准确地评估权力、如何持续地生成权力、如何有效地运用权力、如何稳健地分享权力、如何成功地存续权力，是中国正面临的五大“权力困扰”，也是中国必须回答的问题。[20]

权力的过多积聚常会引致祸端，对个人是这样，对国家亦如此。在世界政治中成为强国绝非易事。无论是钓鱼岛问题，还是南中国海争端，纷至沓来的各类外交难题的背后，实际上都有一幅中国和外部世界正经历新的“权力相互适应”的大图景。看不到这幅大图景，就难免头痛医头，就难免被动应对，就难免束手束脚。如果不能从大战略层面思考和应对“权力相互适应”，领土争端、资源争夺、军备竞逐等问题，就会像身上的恶癣一样，虽一时不足以致命，但却会始终困扰着中国，给中国的和平发展增添更大的不确定性。近年来中国在地区外交上所遇到的麻烦事表明，它在如何认知、获取、使用和筑牢自己的权力方面面临着重大挑战。

其一，如何准确地评估权力。应当承认，目前还没有一套完美的评价体系和指标，能够相当全面、精确地估算一个国家的真正权力及其未来可能拥有的权力。“中国是否在崛起”“中国崛起的速度有多快”等问题的答案，取决于如何界定、衡量和观察“崛起”。如前所述，中国是一个“多面相”的国家，甚至是一个充满着矛盾身份的国家。它是世界上人口最多的国家、世界第二大经济体、数一数二的贸易国和对外直接投资接受国。与此同时，中国的人均 GDP 和“人类发展指数”仍分别居于世界上较为落后的位置。中国人均占有的资源非常有限，人口也在迅速老化，社会福利开支的增长速度势将不断攀升。当然，更不可忘记，中国现在仍有数千万贫困人口，自身发展挑战依然严峻。

其二，如何持续地生成权力。权力资源是一回事，而权力和影响力是另一回事，不应草率地将实力、权力、影响力等混为一谈。值得强调的是，在 21 世纪，随着权力内涵和性质的显著变化，一个国家将自身的权力资源转化为真正的权力和影响力将会变得愈发复杂而艰巨。因其人口规模、快速的经济发展和不断推进的军事现代化，中国的确拥有客观的权力资源，而且这些权力资源还在持续地累积。但仅就权力资源来讲，中国在相当长的时间内仍然难以和美国旗鼓相当。特别是，中国在“软权力”建设方面仍需更富成效的战略和举措。软权力更多地源自社会而非国家，源自制度的信誉度和吸引力，源自价值观的推广和融通。大多关于中国权力资源增长趋势的预估都是建立在线性预测的基础上，而其前提是中国的国际环境保持平顺，中国国内发展不出现严重问题。

其三，如何有效地运用权力。我们正处于“数百年未见之大变局”（基辛格语），这是世界历史上具有极强“可塑性”的时刻，大时代充满着大混乱，也蕴藏着大机遇。世局之巨变，其重要原因之一在于 21 世纪以来国际政治中的“权力转移”和“权力分散”，不仅应看到西方大国陷入低迷，而新兴国家呈现群体崛起势头，还须看到亚太地区重新成为大国博弈的角力场，越来越多的强大的非国家行为体在国际舞台上呼风唤雨。在一个高度网络化的世界之中，一个国家如果不能居于多种网络的连接点上，并善于和重要玩家运筹关系，它就无法变得真正强大。对于参与这种新的“权力游戏”，中国仍未做好十足准备。中国所面临的各种国家安全威胁组成的复杂网络，需要它更加努力地将外交、国防和经济发展这些战略手段融为一体，硬的更硬、软的更软，既小心反应迟缓，又避免使用过度，在有效、灵活和大体平衡的权力运用过程中，彰显其外交韧性。更重要的是，中国需进一步开掘和利用“民间力量”来实现可持续的外交成就，化解在对外事务中官民脱节、官媒脱节、军民脱节所带来的种种内阻力。

其四，如何稳健地分享权力。分享权力的目标是使他国感到放心，二战后美国领导建立国际体系的一大经验即是，通过与他国订立经济、安全契约，制度化地运用其权力，为国际体系的运行提供公共产品等，来提升自身对外战略、政策行为以及力量使用的可预测性，从而在不同程度上获取他国对其主导地位的认可和接受。客观讲，一个拥有13多亿人口且基本实现工业化的国家，不会不引起别国的担心，随着中国国家海外利益的日益扩展以及军事力量不断上升，别国对中国的忧惧可能会继续深化，对中国的防范也会进一步增强。过去十几年来，中国通过较为成功的地区政策，使周边国家并未显著地对华实施制衡。但中国在地缘政治方面的劣势也很明显，如果缺少与他国分享权力和践行多边主义的决心、意志和智慧，未来盘踞其周边的反华、制华同盟网络就很有可能成为现实。虽然中国选择的和平发展战略是由衷的，但战略的本意和战略的实施及其影响并不总是一致，中国仍需采取实质性和创造性的政策举措，介入、引导有关地区合作的规则设立和制度安排并将自己嵌入（Lock—in）其中，在确保战略自主性的同时，努力使他国相信中国的和平发展战略意图，适当回应国际社会对中国“大国责任”的期待，与他国培育“命运共济、利益共享、责任共担”意识，最大限度地避免冲突和减少战略互疑带来的交往成本。

其五，如何成功地存续权力。对一个拥有可观权力的国家来说，最大的诱惑就是动用权力，甚而是浪费权力。过去30多年，中国是所有大国中唯一没有犯重大战略失误的国家，而未来则需力避“战略短视”和“战略虚耗”，前者指的是无法全面、准确、深入地认知国家安全的真正威胁，后者则是指不能坚持战略自律和克制，好勇斗狠、无谓逞强、过度伸张，特别是迷信通过单一力量手段即可短时间实现战略突破。对于中国来说，需要特别警觉“中央王国”般的历史无意识或大国沙文主义心态。考虑到与邻国的领土争端、民众中有所上升的民族主义情绪以及外交决策的多元性等因素，中国有必要在外交的积极有为中坚持韬光养晦的精神实质，不咄咄逼人，戒骄戒躁、谦虚谨慎。

一个成功的大战略应“以环境为导向”而不是“以地位为导向”。如果中国错将某个国家当成超越一切的威胁，并专注于世界老大的虚名，而不是投入足够精力推动必要改革、确保内政昌明，奠定雄厚实力基础，营造有利的外部环境，那么，这种大战略不仅成本颇巨且注定受挫。总之，在对待国家权力方面，“过犹不及”的传统哲学智慧依然适用，为了实现和平发展伟业，中国必须清醒地意识到自己面临的“权力困扰”，更好地管理其不断增长的权力，并坚定地抑制历史上崛起大国常常会陷入但不自知的“帝国式冲动”。正如英国战略学者利德尔·哈特（Liddell Hart）所言，“在战略上，最漫长的迂回道路，常常是达到目的的最短途径，历史反复证明，间接路线要比直接路线优越得多”。一方面，中国需要深入思考未来数十年国家利益界定、国家安全威胁评估、应对之道等问题，更新战略思维，完善战略规划的机制体制，增强运用权力的能力和艺术。另一方面，国际社会应该更好地理解中国在实现现代化和坚持和平发展道路方面的愿望、忧虑和挑战，对于中国实力和意图的过度夸大，不仅会带来不必要的恐惧，也可能最终引发冲突并导致悲剧性结果。中国未来的和平发展之路必然伴随着它与外部世界之间新一轮的“权力相互适应”。

总之，美国不应武断地认为崛起的中国必然会推翻国际秩序，也需要更加深入地理解中国面临的“权力困扰”。正如美国凯托学会高级研究员道格·班多（Doug Bandow）所言，“北京并不是一个不可避免的对手。它的战略地位依然脆弱，周边都是过去的和将来有可能出现的敌人。作为一个严重依赖对外贸易的穷国，中国有强大的动力避免极具挑衅性的政策。中美关系最重要的一点是‘避免冲突’。北京威胁的不是美国，而是美国在东亚的主导地位，后者是有益的，但并非不可或缺，不值得不惜一切进行捍卫。华盛顿必须重新学习外交艺术，更多地依靠友好国家保护它自己和稳定东亚局势，不再或明或暗地以干预相威胁，将自己的意图强加给中国”。[21]

## 三

近年，中美两国不少战略界人士担心中美关系从“竞争”滑向“对抗”，担心双方陷入“修昔底德陷阱”。尤其是，国际秩序问题开始成为双方争论的焦点，这是过去所不曾有的。应该看到，美国战略界正在对所谓“中国威胁”展开新一轮的评估。这类评估过去一般是“能力导向”，即着重分析中美在经济、军事等方面的实力对比及其政策影响。而现在更多是一种“意图导向”，即更加怀疑中国的长期政策意图是不是发生了一些根本性的变化，中国是不是已下决心要通过更“强硬”的姿态和手段来改变地区和国际秩序。[22]

大致从 2010 年以来，美国战略界就中国与国际秩序的关系逐渐形成一系列负面论调。更令人担忧的是，这些负面论调相互勾连、相互印证，继而形成一整套有关美国对中国认知的新“话语体系”(Discourse)。从国内政策看，一些美国智库学者提出“中国开始推行没有对外开放的改革”，这一观点主要基于所谓中国对外资企业实施的歧视性政策，以及由此呈现的“经济民族主义”情绪。欧亚集团总裁布雷默还称，中国政府对外企政策的调整显示，其试图构建美国、欧洲体系之外的“第三种市场监管体系”。他不无夸张地指出，这表明中国在经济持续增长30多年后，已经不再在乎外企的贡献，中国政府不公平对待外企、以政治权力“入侵”市场的做法，不啻为在全球商业界发动一种“新冷战”。在政治上，不少美国专家已经不再幻想中国走西方道路，认为美国所寄望的“市场化带来民主化”模式在中国近乎失效。

在地区和国际问题上，美国战略界人士对中国的“抱怨”更大，形成“中国正试图将美国赶出亚洲”“中国正在国际秩序上另起炉灶”等负面论调。拉特纳等人提出，美中在亚太地区的互动日益呈现对抗性色彩，北京开始推动“中国版门罗主义”，加紧构建以中国为中心的亚洲秩序框架。其所谓“论据”在于：一是认为2014年5月亚信会议上中国领导人提出的“亚洲安全观”，强调“亚洲的事情归根结底要靠亚洲人民来办，亚洲的问题归根结底要靠亚洲人民来处理，亚洲的安全归根结底要靠亚洲人民来维护”，表明中国要在亚洲排挤美国。二是认为中国在南海、东海争端中从“被动强硬”变为“主动强硬”，用“胁迫”手段、“切香肠方式”等改变现状，冲撞美国在海权问题上的战略底线。三是认为中国一手亲韩、拉印、联手环太平洋小国，另一手打日、压菲、挤澳，旨在分化削弱美国的亚太同盟体系。四是认为中国提出的“一带一路”等倡议，意欲将自身经济实力转化为地缘政治和安全影响力，全面增强对周边国家的吸附能力，进一步挤压美国的战略空间。

除了亚太政策，美国智库专家对中国在国际事务中的策略变化也“上纲上线”，无端指责中国要把美国主导的现存国际秩序晾在一边、另起炉灶。一是认为中国倡议建立金砖国家新开发银行、亚洲基础设施投资银行、上海合作组织银行等，是要搭建一种中国占主导地位、服务中国利益的国际金融新秩序。二是认为中国和俄罗斯结成“准联盟”，并在中亚、非洲、拉美、欧洲、中东等地区巩固老朋友、寻求新伙伴，正在悄然形成一个贯通欧亚大陆、连通各大“战略支点”、打通各大洋的新全球战略布局，有把美国主导的国际秩序架空的危险。[23] 三是认为中国正在“侵蚀”美国对国际规则、规范的控制权，并试图提出与美国相竞争的“全球秩序愿景”。“中国挑战的不仅是西方经济和军事霸权，还有核心价值观，西方逐渐丧失耐心，对北京的失望与日俱增，我们正进入中西方关系紧张加剧和争端频繁的漫长时期，这是地缘政治的新常态。”[24]

在这种情况之下，美国国内不少人对中美关系前景抱有悲观情绪。知名中国问题专家何汉理（Harry Harding）教授认为，围绕对华政策，美国国内正出现自20世纪60年代中期以来“最为激烈的辩论”，辩论的多数参与者主张美国应当对中国采取更加强硬的政策。[25] 兰普顿教授的“中美关系临界点论”，罗伯特·布莱克威尔（Robert D.Blackwill）和阿什利·泰利斯（Ashley J.Tellis）的“重修对华战略论”等在中国广被知晓，一向冷峻的分析家如前副国务卿詹姆斯·斯坦伯格也认为，由于“本能的竞争属性”，美中关系存在“恶化的危险”。2014年10月，一直认同民主党理念的鸽派军方将领、北约盟军前最高司令韦斯利·克拉克（Wesley Clark）在《纽约时报》撰文称，中国近期的国内政策和“胁迫性”外交表明，冷战结束以来美国对华实施的“建设性接触”政策已告失败，“中国变得更自信、更强硬，也更封闭”，美国对两国关系前路之坎坷不应抱有任何幻想，是时候对中国动真格的了。[26]

值得注意的是，在过去几年中，美国政府官员也更为明确地把中国描绘为美国的“对手”。2011年，时任国务卿希拉里·克林顿在接受《大西洋月刊》采访时称“中国体制注定失败”。[27] 奥巴马也在演讲中公然把中国称为“对手”，不断强调“中国在赶超我们”，“不能让中国这样的国家制定国际规则”等论调。在他看来，中国这一对手不仅是在军事和外交领域，而且在教育、经济、新能源开发等各方面都对美国构成挑战。过去主要作为外交政策议题的“中国问题”如今被更多地当作美国国内政策问题来对待，美国制造业的衰落、就业岗位的流失等与美国普通民众切身利益相关的问题都和中国扯上关系。过去如何应对中国多被用来衡量美国总统的强硬程度，而如今，中国成了“美国国家弱点的标尺”。

在美国对华认知出现上述转变的背景下，美国方面对“新型大国关系”的态度并不算十分积极。2013 年 6 月，习近平与奥巴马总统在美国加州举行“庄园会晤”，双方就中美探索建立“新型大国关系”达成初步共识。美方始终担心中国方面把定义和塑造两国关系的话语权、主导权抢走，对新型大国关系这一理念始终是“半推半就”，并试图用两国关系“新模式”等其他概念予以回应。当年 11 月，时任国家安全事务助理赖斯在乔治城大学的演讲中提及“新型大国关系”[28]，自那以后再无美方高层专门阐述如何构建这一关系。一些美国智库专家甚至呼吁美国政府全然拒绝接受“新型大国关系”理念。他们认为，“大国”一词使中国与美国平起平坐，无形中降低了欧洲、日本等美国传统盟友和印度等新兴大国伙伴的地位，会招致这些国家的不满。还担心“新型大国关系”所主张的“不对抗、不冲突”，实际上“冻结”了美国必要时以武力捍卫同盟的承诺义务，给中国“侵犯”美国及其盟友的利益提供了空间。认为“相互尊重”内容模糊，造成中国可以借此将自身核心利益“泛化”，使美国失去讨价还价的可能，况且中美彼此的核心利益本就有很多相互冲突之处。认为“合作共赢”仍较空泛，指责中国在朝鲜核、伊朗核等问题上的对美配合不够，在其他领域也缺乏可操作的、可视度高的合作方案。这些对“新型大国关系”的误读误解虽然并不是主流，但其对决策者和舆论的负面影响不容忽视。[29]

新型大国关系说到底是为了避免中美兵戎相见，是为了找到一种管理中美关系“竞争性共存”的方式。应当看到，在国际秩序面临更大压力的背景下，中美关系正处于冷战后新一轮的重大转型之中，中美关系的形态正在发生质变，正向“合作可以成大事，相争也可能坏大事”方向转换，既有老麻烦也有新挑战。双方领导层需要高度重视中美双方战略误判、两国关系“战略漂移”所带来的巨大风险和代价。[30] 中美构建新型大国关系更多是一种目标和愿景，不应将其庸俗化、狭隘化，双方需要注重把握避免冲突、发展合作的精神实质。[31]“不冲突不对抗”显示中国不挑战美国地位的善意和诚意；“合作共赢”表明中国愿意成为“负责任利益攸关方”，与美国一道参与全球治理的政治意愿；“相互尊重”并非指地位上的绝对平等，而是指在处理两国关系时的态度上应该是对等和平等的。虽然“新型大国关系”的具体路径、理论依据等需要充实和细化，但其基本理念、核心内涵符合时代潮流和中美关系方向，必须予以坚持。正如基辛格所言，“新型大国关系是规避历史上大国竞争悲剧的唯一道路”。[32]

虽然两国关系的竞争性因素增多甚至在某些领域较为紧张，但也不应忽视“硬币的另一面”。过去几年来，中美之间有官方背景的对话管道已增加至 100 多个，这有助于加深对彼此战略意图的了解，增大两国关系发展的可预见性。尤其是，两国高层交往的密切程度超出外界想象，自中美建交到奥巴马总统执政前两国元首共会晤总共才有 24 次，而 2009 年至今，中美之间各种形式的元首会晤已有近 20 次。中美两国高层管控分歧、防范危机的意识都在增强，在南海争端等问题上仍能把握住“止损点”，也都清楚双方承受不起陷入“恶斗”的代价。两国积极寻求新的协议和渠道，以释放经贸合作的新潜力，在国际经济治理方面也能够开展深度的沟通与协作。面对分歧和摩擦，中美关系所具有的韧性和成熟度也在增强。以中美军事关系为例，即便中美两军高层在国际场合相互“批评”，但中国军队仍按计划参加了美国主导的“环太平洋”多国海军联合军演。良性的军事关系有助于增加两国之间“不冲突、不对抗”的保险系数。以往两军交流常常成为两国政治关系遭遇挫折的“牺牲品”，但如今却在一定程度上变为中美碰撞的“减震器”，这的确是近20年来两国关系中出现的新现象。此外，近年中美在应对气候变化挑战、国际维和、反恐、公共卫生等领域开展了卓有成效的合作，双方还努力应对网络安全等“新型”难题。这表明中美两国完全有可能也有能力构建一种“新型”关系。

未来5—10年，中美要避免战略对抗并探索建立新型关系，关键是双方相向而行、“共同进化”，逐渐适应一种既有竞争又相互依赖的“竞争性共存”状态。中国需要应对的核心挑战是“权力”（Power）问题，即如何更好地使用自身不断增长的权力，如何推动实现中国与外部世界新的相互适应。美国需要应对的核心挑战在于，如何对待自身一直追求的“绝对优势”（Primacy），如何与中国等新兴大国分享权力，以及如何更明智地推动国际秩序的改革。

对于中美未来如何构建新型关系，中美两国战略界和决策者需要在以下几个方面做出进一步思考和努力：首先，中美需要审视各自正在推进的变革和转型，并努力在它们之间培育新的互补性、扩展更多更大的利益汇合空间。“好的外交政策始于国内”，中美构建新型大国关系也将“始于国内”。一个自信而成功的中国与一个自信而成功的美国，更容易打交道。两国的国内因素对中美关系的影响逐渐增大。中美领导层面临的最主要挑战实际上都在于国内事务，中美都在推进富有挑战性的国内变革议程。双方需要更深入地了解和把握对方的国内政策议程，也要避免中美受国内因素驱动而对对方做出战略误判。中美应充分认识在经济上对彼此的依赖程度，不做“确保相互摧毁”之事。比如，美方应切实履行放宽高技术产品出口限制等一系列对华承诺，中国也需要通过深化国内改革，为包括美商在内的外国企业和投资者创造更加公平的商业环境。随着中国经济结构的深入调整、中产阶层消费能力的提升等，美国的企业界正更多从“中国转型”而非“中国增速”中获得新的机遇。中国企业对美国的直接投资也在快速增长，这将进一步拉近中美两国商业界和社会之间的联系，有助于增加中美关系的稳定度。

其次，中美应当成为全球基本稳定的共同维护者。国际体系转型绝不仅仅是“中国崛起、美国衰落”的简单故事，全球“不稳定”因素正在多个地区、多个领域急剧涌现，如果放任自流，终将威胁两国的共同利益。作为世界上最大的两个经济体，中美有义务维护开放的世界经济格局，促进全球金融、贸易、货币、投资治理体制的应有变革，纠正全球经济失衡，而不是竞相建立排斥对方的经济集团。在地区热点问题、核安全、太空安全、网络完全等问题上应逐渐形成更多共识，并努力使之成为更大范围的国际共识，为中美在“全球公域”的互动建立新的规则与合作机制。可通过共建亚太自贸区等建立中美利益共同体，通过“跨太平洋安全合作架构”建立中美安全共同体，通过加强应对气候变化等全球性问题的合作构建中美责任共同体。一个包容、公正、开放、以规则为基础的国际秩序将为中美关系的长期健康发展提供有力的保证。

再次，妥善处理中美关系中既有的和新兴的“第三方因素”尤为关键，避免被“第三方因素”干扰甚至绑架，为中美在“第三方”的互动和竞争设立规则。在不同的“第三方因素”问题中，有些更多是美国的关切，需要中国予以配合；有些则更多是中国的关切，需要美国予以配合。双方需要切实管控那些可导致中美直接对抗的“第三方因素”，在那些有可能实现更大合作的“第三方因素”问题上加大协调协作。特别是，随着中美在东亚地区博弈激烈程度的变化，日本、菲律宾、朝鲜都可能是导致中美关系“破局”的“第三方因素”。中美需要摆脱冷战思维的干扰，用合作共赢精神和开放包容的姿态建构“中美 +X”的新型三边 / 多边合作框架。比如，缅甸在经历政治转型后，无论是在对美关系还是在对华关系上，都处于新的十字路口，已经不是中美谁能将缅甸纳入势力范围的简单问题，两国需要在缅甸逐渐找到相处之道。随着中国推动“一带一路”国际合作倡议等，中美在构建促进全球发展的伙伴关系方面具有广阔空间。

最后，要加深理解彼此的发展道路和历史文化，避免做出战略误判。美方应认识到国家统一、政治稳定等对中国的重要性，支持中国的自主变革努力。中方需认识到自由主义政治理念、全球领导地位等对美国的重要性。此外，还要大力寻求中美共通的核心价值。对自由、民主、公平、正义等重要价值理念的认知虽有不同，但在两个国家，这些理念在不同程度、不同语境和不同侧重点上其实都受到重视、得以倡导，“中国梦”和“美国梦”应有其相近相通之处。习近平强调民众的“幸福”已成为执政党奋斗的目标，而美国《独立宣言》所提出的人们“追求幸福的权利”则是美国宪政的基石性理念之一。在实践层面，儒家所倡导的中庸和实干思想与美国的主流哲学“实用主义”有异曲同工之妙。

应当看到，未来数年，世界仍将处于既有秩序受到冲击，新的秩序尚待建立的特殊阶段，这增加了中美关系整体外部环境的不确定性。冷战结束后，由美国主导的西方世界秩序逐渐向非西方国家扩展，真正意义上的“国际秩序”仍在建立之中。目前，全球基本稳定仍可得到保障，也不应夸大世界“失序”的程度，但仍需努力解决国际秩序中代表性不足、权威分配不合理等问题。在国际秩序面临转型的背景下，中美关系也在经历过去30多年来最深刻的转型，两国对彼此的能力、意图和动向都有些吃不准，由此带来的巨大不适应感和不确定感使人容易产生悲观情绪。中美关系的力量对比、基础支柱、战略环境和内在性质实际上正在发生重大变化，但是对于这些变化到底应如何描绘，到底会引发哪些影响，如何“管理”这些变化，人们莫衷一是。中美关系的走向已经成为塑造未来世界的最关键因素，而管理中美关系也已成为最艰难的挑战。中美双方都有较强的大国抱负和“例外论”情结，两国都需要保持战略克制，克服“必胜主义”情绪，在重新调适自我的基础上合力应对国际体系转型带来的挑战。中美构建新型关系，实际上并不是一种选择，而是一种必然之举，是一场谁也输不起的战略博弈。

## 注释

1 The Munich Security Report 2016, “Boundless Crises, Reckless Spoilers, Helpless Guardians,” February 2016, https://www.securityconference.de/en/activities/munich-security-report/.

2 Lukas Kaelin,“Europe’s Broken Borders: How to Manage the Refugee Crisis,” *Foreign Affairs*, September 2，2015, https://www.foreignaffairs.com/articles/western-europe/2015-09-02/europes-broken-borders.

3 另参见 Sven Biscop, “Global and Operational: A New Strategy for EU Foreign and Security Policy,” *IAI Working Papers* 15/27, Istituto Affari Internazionali（IAI）, July 2015.

4 Thomas Barnett, *Blueprint for Action: A Future Worth Creating*, Berley, 2006.

5 郑永年：《中美关系与国际秩序的未来》，《国际政治研究》2014 年第 1 期。

6 G. John Ikenberry, *After Victory: Institutions, Strategic Restraint, and the Rebuilding of Order after Major Wars*, Princeton University Press, 2001.

7 John Gallagher and Ronald Robinson, “The Imperialism of Free Trade,” *Economic History Review*, Vol.6, 1953.

8 Sarah-Jane Corke, *U.S. Covert Operations and Cold War Strategy: Truman, Secret Warfare, and the CIA, 1945–53*, London: Routledge, 2008; Bruce D. Berkowitz and Allen E. Goodman, “The Logic of Covert Action,” *The National Interest*, spring 1998.

9 “US Ramping Up Major Renewal in Nuclear Arms,” *The New York Times*, September 22, 2014.

10 Mathew Burrows and Alexander Dynkin, *Global System on the Brink: Pathways toward a New Normal*, the Atlantic Council, December 2, 2015.

11 Julian Rappold, “Time to Act: the Obligation of the European Mainstream to Respond to the Rise of Populism,” May 22, 2015, https://eu.boell.org/sites/default/files/uploads/2015/05/populism_boell_rappold.pdf.

12 Mustafa Akyol, “Footnotes to History from ‘Turkey’s Kissinger’,” *Turkish Daily News*, November 1, 2008.

13 《邓小平文选》（第三卷），人民出版社 1993 年版，第 105 页。

14 中国国务院新闻办公室：《中国的和平发展道路》白皮书，2005 年 12 月 22 日。

15 习近平：《打开欧洲之门，携手共创繁荣》，《新鹿特丹商业报》2014 年 3 月 23 日。习近平接受《华尔街日报》采访，新华网，2015 年 9 月 22 日。

16 Paola Subacchi, “The AIIB is a Threat to Global Economic Governance,” *Foreign Policy*, March 31, 2015, http://foreignpolicy.com/2015/03/31/the-aiib-is-a-threat-to-global-economic-governance-china/.

17　王毅：《中国是国际秩序的建设性力量》，中国网，2015 年 3 月 8 日。

18　Rosemary Foot and Andrew Walter, *China, the United States, and Global Order*, Cambridge University Press, 2010.

19　G. John Ikenberry, "The Rise of China and the Future of the West," *Foreign Affairs*, January/Febuary 2008; G.John Ikenberry, *Liberal Leviathan: The Origin, Crisis, and Transformation of the American World Order*, Princeton University Press, 2011.

20　Zhao Minghao, "The Predicments of Chinese Power," *The New York Times*, July 13, 2012.

21　Doug Bandow, "America and China: Finding Cooperation, Avoiding Conflict?," *Forbes*, May 23, 2015.

22　Robert D. Blackwill and Ashley J. Tellis, Revising U.S. Grand Strategy Toward China, Council Special Report No. 72, New York: Council on Foreign Relations, March 2015.

23　针对美国战略界对中俄关系的疑虑，外交部前副部长傅莹作出阐释，强调中俄并非盟友关系，Fu Ying, " How China Sees Russia," *Foreign Affairs*, January/February 2016。

24　Pei Minxin, "An Assertive China, the New Normal?" *The Diplomat*, November 24, 2010.

25　Harry Harding, "Has US China Policy Failed?" *The Washington Quarterly*, Fall 2015.

26　Wesley Clark, "Getting Real about China," *The New York Times*, October 10, 2014.

27　Jeffrey Goldberg, "Hillary Clinton: Chinese System Is Doomed, Leaders on a 'Fool's Errand,'" *Atlantic*, May 10, 2011, http://www. theatlantic.com/international/archive/2011/05/hillary-clinton-chinese-system-is-doomed-leaders-on-a-fools-errand/238591.

28　Susan Rice, "America's Future in Asia," Remarks at Georgtown Univeristy, November 20, 2013.

29　Andrew Erickson and Adam Liff, "Not-So-Empty Talk: the Danger of China's 'New Type of Great Power Relations' Slogan," *Foreign Affairs*, October 9, 2014.

30　David Lampton, Three Perspectives to Stop the Sino-US Strategic Drift, *South China Morning Post*, November 24, 2015.

31　袁鹏：《中国新一轮改革与中美"新型大国关系"》，《现代国际关系》2014 年第 11 期。

32　Henry Kissinger, *World Order*, Penguin Press, 2014, p.367.

责任编辑：曹　春
装帧设计：汪　莹
责任校对：吕　飞

**图书在版编目（CIP）数据**

战略克制：新型中美关系的构建／赵明昊 著．—北京：人民出版社，2016.12
ISBN 978－7－01－016903－3

Ⅰ.①战…　Ⅱ.①赵…　Ⅲ.①中美关系－研究　Ⅳ.① D822.371.2

中国版本图书馆 CIP 数据核字（2016）第 258928 号

**战 略 克 制**

ZHANLÜE KEZHI

——新型中美关系的构建

赵明昊　著

人民出版社 出版发行
（100706　北京市东城区隆福寺街 99 号）

北京盛通印刷股份有限公司印刷　新华书店经销

2016 年 12 月第 1 版　2016 年 12 月北京第 1 次印刷
开本：710 毫米 ×1000 毫米 1/16　印张：25
字数：330 千字

ISBN 978－7－01－016903－3　定价：58.00 元

邮购地址 100706　北京市东城区隆福寺街 99 号
人民东方图书销售中心　电话：（010）65250042　65289539